ESPERIENZE
46

Paul Burrell

AL SERVIZIO DELLA MIA REGINA
A Royal Duty

Traduzione di
Renata Moro

Ventiquattro tavole fuori testo

TEA - Tascabili degli Editori Associati S.p.A.
Corso Italia, 13 - 20122 Milano
www.tealibri.it

Referenze fotografiche: tavola 3, in alto: Shelly/Carro/Rex;
tavola 6, Nils Jorgensen/Rex; tavola 18, in alto: Tim Rooke/Rex;
tavola 19, in alto: Today/NI Syndication; tavola 19, in basso: Kelvin Bruce;
tavola 20, in alto: Mirrorpix; tavola 20, in basso: Camera Press London;
tavola 21, in alto a sinistra: Rex; tavola 21, in alto a destra: PA Photos;
tavola 21, in basso: Mirrorpix; tavola 22, in alto a destra: Mirrorpix;
in basso a sinistra e a destra: PA Photos; tavola 23, in altro: Robin Nunn;
tavola 23, in basso: PA Photos; tavola 24: PA Photos.

Copyright © 2003 by Paul Burrell
The moral right of the author has been asserted
© 2004 TEA S.p.A., Milano

Titolo originale
A Royal Duty

Prima edizione TEA Esperienze febbraio 2004

AL SERVIZIO DELLA MIA REGINA

A mia moglie, ai miei figli e alla principessa:
sarete sempre con me

GRAZIE. «È una parola semplice che significa molto e che la gente non usa abbastanza spesso, di questi tempi» diceva sempre la principessa.

Dubito che qualcuno abbia scritto più lettere di ringraziamento del mio Boss. Sedeva per ore nel salotto di Kensington Palace, scrivendo innumerevoli biglietti con la sua stilografica; trovava sempre il tempo di mettersi alla scrivania per ringraziare qualcuno del suo aiuto, della sua gentilezza, generosità, ospitalità, per un consiglio o per la sua amicizia.

Se c'è una cosa che l'ho incoraggiata a fare è mettere per iscritto i suoi pensieri. Se c'è qualcosa in cui lei mi ha incoraggiato, è non dimenticare mai l'importanza di una lettera di ringraziamento, una cosa che le aveva instillato suo padre sin dall'infanzia.

Questi sono i miei ringraziamenti a tutti coloro che mi hanno sostenuto in questo lavoro, che rappresenta il mio tributo alla vita e alle opere della principessa.

Il mio grazie va quindi:

prima di tutto a mia moglie Maria e ai nostri figli, Alexander e Nicholas: insieme – sostenuti da tutti i membri delle nostre famiglie d'origine – abbiamo attraversato momenti drammatici e la costanza del vostro amore, del vostro sostegno e della vostra comprensione mi rendono il più orgoglioso dei padri e dei mariti.

Al mio amico Steve Dennis: per aver fatto miracoli e per avermi seguito a ogni passo di questa avventura letteraria, e per aver condiviso con me il desiderio di mantenere vivo il ricordo della principessa.

Al mio agente Ali Gunn: per i tuoi consigli inestimabili, per il costante incoraggiamento e per le risate che ci siamo fatti lungo la strada. Ti sarò sempre debitore.

La realizzazione di questo libro mi ha fatto capire lo sforzo gigantesco che è necessario per rendere possibili lavori come questo; credo di aver avuto il migliore staff disponibile nell'industria editoriale. Un gigantesco grazie al mio editore Tom Weldon per la sua lungimiranza, per il suo giudizio critico e soprattutto per aver creduto in me e in questo libro; un grazie anche a tutto la squadra della Penguin, sia a Londra che a New York, e in particolare alla mia curatrice, Hazel Orme, per il suo occhio esperto, a Genevieve Pegg, Sophie Brewer e Kate Brunt, per il loro lavoro instancabile e paziente dietro le quinte; agli editori americani Carole Baron e Jennifer Harshey, che sono state «grandiose».

Grazie a tutti gli abitanti di Naas, nella Repubblica d'Irlanda, in particolare a Mary Elliffe, Laura e Kevin e a tutto il personale del Town House Hotel, dove Steve e io siamo stati ospiti, per averci fatto sentire a casa e per aver preservato la nostra sanità mentale in quei mesi con le loro canzoni e con la loro ospitalità.

Grazie alla mia brillante équipe legale, che ha fatto trionfare la giustizia al processo tenuto all'Old Bailey: l'avvocato lord Carlile QC (Queen's Counselor), Ray Herman, l'avvocato Andrew Shaw e le loro abili assistenti Lesley e Shona. Non ho parole per dire quanto hanno creduto in me durante quei mesi di incubo.

Grazie agli amici più intimi della principessa; non ho bisogno di fare nomi: loro sanno a chi mi riferisco e io non dimenticherò mai il sostegno incondizionato che mi hanno dato con la loro disponibilità a testimoniare in mia difesa. So che siamo unanimi nel difendere la memoria di una donna eccezionale, il cui calore e la cui amicizia ci hanno profondamente toccati.

Quella che vi preparate a leggere è una testimonianza che alcuni volevano distruggere, da parte di un uomo che quelle stesse persone hanno cercato di ridurre al silenzio.

Ottobre 2003

Paul Burrell

Prefazione

La principessa è morta alle 4 del mattino di domenica 31 agosto 1997 in un ospedale parigino. L'ultima volta che la vidi fu mentre salutava dal lunotto posteriore della sua BMW, allontanandosi dall'ingresso principale di Kensington Palace; era venerdì 15 agosto.

Il giorno prima eravamo stati alla libreria Waterstone in Kensington High Street. C'eravamo andati in auto perché il tempo stringeva, e poi non volevamo rientrare a piedi con quello che lei definiva il suo «pesante materiale di lettura»: una mezza dozzina di libri, rilegati e tascabili, sulla spiritualità, la psicologia e la salute. Li mise nel bagagliaio e prese posto sul sedile anteriore, dopo di che rientrammo a palazzo, in modo che potesse finire di fare i bagagli con l'aiuto della sua cameriera, Angela Benjamin.

Mentre imboccavamo il viale d'ingresso, aveva un'aria rilassata. «Non vedo l'ora di fare una vacanza tranquilla, in buona compagnia e con piacevoli letture!»

La sua amica Rosa Monckton aveva noleggiato uno yacht con un equipaggio di quattro persone per girare le isole greche insieme alla principessa, in una vacanza di sei giorni. Al suo ritorno, la principessa sarebbe dovuta partire con un'altra amica, Lana Marks, per un viaggio di cinque giorni in Italia, con base all'Hotel Four Seasons di Milano. Non aveva intenzione di trascorrere quell'ultimo weekend di agosto con Dodi Al Fayed. Erano già state fatte le prenotazioni del volo e dell'albergo per lei e per Lana. La vacanza saltò all'ultimo momento perché il padre di Lana morì all'improvviso e la principessa si trovò così a non sapere cosa fare fino al 31 agosto, quando i ragazzi sarebbero rientrati a Kensington Palace. Accettò quindi la proposta di Dodi di trascorrere qualche giorno con lui a bordo dello *Jonikal*, in navigazione tra la Costa Azzurra e la Sardegna.

Prima di partire per raggiungere Dodi, trascorse un giorno a palazzo, il 21 agosto, ma io non c'ero perché avevo programmato le mie vacanze con la famiglia a Naas, nella Repubblica d'Irlanda, in modo che coincidessero con i programmi della principessa. Mentre terminava di fare i bagagli, il 15 agosto, prima di partire per l'aeroporto, condividevo quella piacevole sensazione di smobilitazione con Rosa, a Kensington Palace. «Dobbiamo fare qualcosa» le dissi. «Quello non è l'uomo giusto per lei. Cercherà di convincerla?» Sapevo che la principessa avrebbe dato ascolto a Rosa e intuivo che lei condivideva i miei timori: «quello» era Dodi. Rosa annuì con un sorriso. Aveva capito.

La principessa si aggirava nel salotto, mettendo in ordine la scrivania, spostando fuori il cestino della carta perché venisse vuotato, controllando il contenuto della borsa a tracolla. Mentre le due amiche scendevano le scale, pronte a partire, si fermò a metà strada per un ultimo controllo di routine: «Passaporto, telefono, walkman...».

Io ero appoggiato alla balaustra di legno e guardavo verso di lei. Indossava uno chemisier molto semplice, di Versace. «Non vi ho mai visto così bella, sapete?» dissi. «Siete perfetta. Non avete bisogno di sole; siete già abbronzata!» Lei scese le scale sorridendo.

Attraversammo il corridoio. «Reggimela un secondo» mi disse. Mi tese la borsa a tracolla e sparì nella toilette delle signore. Pochi minuti dopo era pronta a partire. Uscì al sole e salì sul sedile posteriore della BMW mentre l'autista accendeva il motore. Io tirai la cintura di sicurezza e mi sporsi su di lei per allacciargliela. «Mi telefonerai se appena puoi, vero?» mi chiese.

«Certamente» le assicurai. Quella settimana avevo fatto in modo che al suo cellulare venisse assegnato un nuovo numero di cui erano a conoscenza solo poche persone fidate.

«Divertiti, Paul.»

Tornai sulla soglia del palazzo e la principessa mi salutò agitando la mano. Rimasi a guardare la BMW che svoltava a sinistra e spariva dalla mia visuale. Era diretta all'aeroporto, dove avrebbe preso un volo per Atene.

I Burrell raggiunsero i parenti di Maria, i Cosgrove, per una vacanza di quattro giorni a Naas. Visitammo il castello di Kilkenny e il villaggio dove fu girata la serie televisiva *Ballykissangel*, fermandoci al famoso pub di Fitzgerald. Maria mi aveva imposto di non pensare al lavoro e alla principessa. «Questa è una vacanza di famiglia e devi dedicare a noi il tuo tempo» aveva detto.

L'unico problema era che avevo promesso alla principessa che le avrei telefonato. Quattro giorni senza notizie le sarebbero parsi strani, così presi la scusa di una lunga passeggiata.

Quando chiamai, la principessa era sul ponte, insieme a Rosa. Mi disse che c'era il sole e che faceva molto caldo. Io le riferii quanto fosse umido e triste il clima dell'Irlanda. Aveva appena finito un libro sulla spiritualità e ne aveva già cominciato un altro. Chiusi la comunicazione promettendo che avrei richiamato una volta di ritorno nella mia casa di Farndon, nello Cheshire, quando lei sarebbe stata con Dodi a bordo dello *Jonikal*. Dissi a Maria che la camminata mi aveva fatto un gran bene.

Il 21 agosto la principessa tornò a Kensington Palace e subito dopo ripartì per l'aeroporto di Stansted, dove prese un volo per Nizza. Lì si sarebbe incontrata con Dodi e insieme sarebbero saliti sullo *Jonikal*. Durante la sua assenza, era stato rifatto il salotto, così poté vedere il divano con la nuova fodera e le tende azzurro cielo.

Quel rinnovamento aveva qualcosa di paradossale perché, sfogliando i cataloghi delle proprietà in vendita in America, si era presentata l'opportunità di acquistare una casa in cima a una scogliera, in California, che apparteneva all'attrice inglese Julie Andrews. La principessa stava considerando seriamente un nuovo futuro laggiù, ma non si trattava di un trasferimento definitivo. Voleva una casa di vacanze, dove poter trascorrere sei mesi all'anno, tenendo Kensington Palace come base a Londra.

Un trasferimento in America era in programma fin dalla primavera. In agosto, tra una vacanza e l'altra, aveva sfogliato i cataloghi e mi aveva detto: «Il mio destino è in America, Paul, e, se decido di trasferirmi, mi piacerebbe che veniste anche tu, Maria e i ragazzi».

Seduti sul pavimento del salotto, mi aveva mostrato la proprietà di Julie Andrews, illustrata su diverse pagine a colori, con la planimetria dei diversi piani. «Questa sarà la sala dei ricevimenti e qui ci saranno le stanze di William e di Harry. Questa dependance è dove vivrete tu, Maria e i ragazzi. Sarà una vita nuova. Non è eccitante? L'America è un Paese dove tutti possono realizzarsi» diceva.

Avevo un gran desiderio di andare in America, ma mi sembrava che succedesse tutto troppo in fretta. «Credo che dovreste rallentare il ritmo» le dissi, cercando di non smorzare il suo entusiasmo. «Perfino io faccio fatica a tenervi dietro.»

Quel pomeriggio la principessa mi tempestò di domande. «Be', se non andiamo in California, che cosa ne diresti di Cape Cod? È più vicino a Londra. Potremmo viaggiare in tutto il mondo, Paul, e aiutare tutte quelle persone che ne hanno bisogno.»

Sedevamo lì, immaginando la vita in America: il jogging sulla spiaggia, il sole perenne, quella sensazione di libertà. E poi c'era dell'altro, qualcosa di cui lei parlava sempre. L'unica cosa che aveva sempre desiderato a Kensington Palace, ma non era mai stata possibile. «Potremo avere un cane» diceva. Aveva sempre desiderato un labrador nero. Il pensiero dell'America la rendeva felice. «Ho sempre detto che avrei finito per vivere negli Stati Uniti, non è vero?»

La principessa stava programmando un taglio netto. Discutemmo di molte cose, segreti che non posso menzionare qui. Segreti che finiranno con me nella tomba. Ma non sarebbero mancate le sorprese e la prospettiva la eccitava.

Dopo la vacanza a Naas, parlai quasi ogni giorno con la principessa, ma non la chiamai mai da casa. Quando la sentivo, lei era sul ponte dello *Jonikal* oppure si riposava nella sua cabina, al riparo dal sole. Fin dalla prima telefonata, capii che stava diventando irrequieta in quell'ambiente. «Fuori si arrostisce e in coperta si gela» mi disse. «Mi arrampico sui vetri!» Dodi le aveva regalato una cornice d'argento con incisa una poesia. Me la lesse.

«È molto profonda e piena di significato, vero?» scherzai.

Lei rise. «No! È dolce e romantica.»

Le regalò anche una collana e un paio di orecchini. «È proprio cotto, non credi?» commentò ridendo.

Intuivo quello che stava succedendo. Il Boss provava il brivido di una nuova avventura, l'eccitazione della caccia, si sentiva adulata da un uomo pieno di attenzioni, che aveva perso la testa per lei. Come tutti. Ma questa volta la situazione le stava un po' stretta. Sapeva che Dodi era innamorato, gliel'aveva detto a cena, ma lei non lo ricambiava. Era troppo presto, disse.

«Che cosa gli avete detto?» volli sapere.

«Grazie per il complimento.»

In tutti i miti che sono stati diffusi dopo la morte della principessa, ce ne sono due particolarmente grotteschi: che lei e Dodi stavano per sposarsi e che era incinta. L'insinuazione di una gravidanza è grossolanamente falsa.

Quanto al matrimonio – una storia che sembra sia venuta alla luce per bocca degli amici di Dodi – può darsi che lui abbia detto che *stava pensando* di proporglielo, ma la principessa non aveva nessuna intenzione di accettare. Forse era stata felice con lui, ma certamente non aveva alcuna fretta.

In un'altra telefonata dallo yacht, si chiese se il prossimo regalo sarebbe stato un anello. Era eccitata all'idea, ma incominciava a preoccuparsi di quello che significava. «Che cosa faccio, Paul, se è un anello? Non voglio un altro matrimonio più di quanto desideri un eritema» mi disse.

«È semplice» risposi. «Lo accettate con grazia e lo infilate sul quarto dito della mano destra. Non mettetelo al dito sbagliato, se non volete che il messaggio venga frainteso!» la misi in guardia scherzando.

Il quarto dito. La mano destra. Continuammo a ripeterlo.

«Così sarà un simbolo di amicizia» dissi.

«Che splendida idea. Farò proprio così» affermò.

Non parlammo più di anelli, né seppi se gliene avesse mai regalato uno.

Un altro dubbio tormentava la mente della principessa a proposito di Dodi. «Va continuamente in bagno e si chiude dentro. Continua a tirare su con il naso e dà la colpa all'aria condizionata; la cosa mi preoccupa. Forse posso aiutarlo, Paul.» La conversazione si spostò sul fatto che non vedeva l'ora di trascorrere un po' di tempo con William e Harry. I giorni che la separavano da quel momento non sembravano trascorrere abbastanza in fretta. Era così ansiosa di tornare a casa che voleva abbreviare la vacanza con Dodi e rientrare a Londra due giorni prima del previsto. Aveva preso in considerazione l'idea di spostare il volo, ma Dodi la convinse a restare.

«Sono pronta per tornare a casa» mi disse. «Devo andare in palestra.»

«Ne avete abbastanza di farvi viziare nel lusso, vero?»

Mi rispose con un sospiro. Come facevo spesso, cercai di indovinare i suoi pensieri. «Non ditemelo. Vi sentite in trappola su quello yacht e lui controlla ogni vostro movimento?»

«Proprio così. Ho bisogno di tornare a casa.»

Il 29 agosto mi disse che avevano deciso all'ultimo momento di andare a Parigi. Mi chiamò dal ponte dello *Jonikal*. Fu una delle sei telefonate che fece nelle ultime ventiquattr'ore della sua vita, come risulta dalla memoria del suo cellulare.

Io ero disteso sul pavimento del salotto di mio cognato Peter Cosgrove, a Farndon, a due portoni di distanza dalla nostra prima casa, la casa per le vacanze che avevamo acquistato in primavera. Tutta la famiglia – Maria, i ragazzi, Peter, sua moglie Sue e le loro figlie Clare e Louise – mi avevano lasciato solo, ma stavano diventando impazienti in cucina, visto che probabilmente rimasi al telefono con la principessa per una quarantina di minuti.

Durante quella telefonata mi comunicò di aver posticipato la data del suo rientro. Originariamente avrebbe dovuto tornare a Londra direttamente dal Mediterraneo, arrivando sabato 30 agosto, prima del rientro dei ragazzi, previsto per domenica. Ma Dodi le aveva detto che doveva recarsi a Parigi «per affari». Lei si era mostrata riluttante, ma anche questa volta Dodi l'aveva convinta.

«Dobbiamo andare a Parigi, ma ti prometto che sarò di ritorno per domenica» mi disse. «Scommetto che non indovini dove mi trovo ora.»

Buttai lì la Sardegna.

«No. Monaco. E scommetto che non indovini dove andrò stasera.»

In un ristorante di lusso, azzardai.

«No. Andrò a visitare la tomba della principessa Grace. Sarà un momento speciale.»

Era la prima volta che visitava la sua tomba, dopo aver assistito ai funerali, nel 1982. «Le porterò dei fiori e dirò una preghiera» aggiunse.

Poi tornò con i piedi per terra. Stava facendo progetti per il futuro e mi diede alcune istruzioni: avrei dovuto fissare un appuntamento con Mr Qualch da Burberry (il sarto dei ragazzi) per il lunedì successivo. Prova da Armani il 4 settembre. Mi chiese cos'altro c'era sull'agenda. Le elencai un pranzo con Shirley Conran e un appuntamento con l'aromaterapeuta Sue Beechey. A parte questo, aveva tutto il tempo libero che voleva per stare con William e Harry.

Verso la fine di questa telefonata interminabile, la principessa mi disse: «Non vedo l'ora di raggiungere gli amici e di rivedere i ragazzi. Dobbiamo parlare di così tante cose! Non tardare, ti prego. Ti racconterò tutto appena ci vediamo».

In sottofondo, la famiglia impaziente mi stava chiamando dalla cucina.

«Paul?» disse la principessa. «Voglio che mi prometti una cosa.»

«Ma certo» risposi.

«Promettimi che ci sarai» disse in tono allegro e io risi del suo timore che arrivassi in ritardo o che non mi facessi trovare sulla soglia di casa.

«Prometti!» insisté. «Voglio sentirtelo dire!»

«Okay, okay» le assicurai ridendo. «Se vi fa sentire meglio, vi prometto che ci sarò.»

La principessa rise. La mia famiglia sbuffava da dietro la porta della cucina. La pregnanza di quelle ultime parole mi colpì solo in seguito, ma da allora sono rimaste dentro di me. Manterrò l'impegno di farmi trovare lì per lei, anche se qualcun altro avesse da obiettare.

«Bene!» concluse. «Ci vediamo presto.»

Fu l'ultima volta che le parlai.

1.

La giovinezza

L'autobus a due piani arrancava a fatica lungo le strade che collegano le comunità minerarie del Derbyshire, la terra di Dio. Era l'ultima corsa della notte e, come un minatore ubriaco che si avvia verso casa dopo l'ultimo bicchiere, sembrava non avere alcuna fretta di giungere a destinazione. L'aria era pregna dell'odore familiare di zolfo e catrame che veniva dal fronte di abbattimento dello strato carbonifero e si mischiava con l'odore di legna bruciata. Erano circa le undici di sera del 5 novembre 1956, il giorno in cui in tutto il paese si accendono falò per ricordare l'attentato al Parlamento del 1609.

Sul piano inferiore dell'autobus si stagliava la figura solitaria di una donna piuttosto robusta, vestita di nero, con un paio di occhiali dalla montatura rotonda. Sarah Kirk sedeva con una borsa sulle ginocchia e un cappello nero a cloche in testa e contava le fermate che le restavano fino al piccolo borgo di Grassmoor. Lì avrebbe attraversato la strada principale che tagliava in due il villaggio, sarebbe scesa lungo il pendio di ciottoli fino a Chapel Road e, una volta in fondo, avrebbe girato a destra, per raggiungere la sua casa al numero 57. Aveva passato una piacevole serata, bevendo qualche bicchiere di birra al pub Elm Tree di Clay Cross, a tre miglia di distanza.

Tutti i sabati sera si vedeva con Dolly, la maggiore dei suoi otto figli. Era l'unico respiro che si concedeva nel prendersi cura del marito William, un minatore che si era ammalato ai polmoni per aver respirato troppa polvere di carbone in una vita passata sottoterra nelle miniere intorno a Grassmoor. Sarah se ne andava sempre prima dell'ultimo giro di birre per prendere l'autobus diretto a casa. Alle undici e un quarto, William era felice di rivederla. Mentre l'autobus rallentava, Sarah raccolse i guanti, li infilò e si alzò. Era a casa. Quasi. Scese in strada, girò a sinistra e cominciò a camminare a fianco dell'autobus, con il fiato che si rapprendeva come fumo di sigaretta nell'aria fredda della sera. L'autobus le oscurava la visuale sul lato sinistro, così non vide la motocicletta che le venne addosso e la scaraventò in aria. Erano passate da poco le undici e un quarto.

Sarah Kirk era la nonna che non conobbi mai. Morì quella sera, sull'asfalto, all'imbocco della strada acciottolata che sarebbe diventata il terreno di gioco della mia infanzia. Aveva riportato ferite mortali alla testa. Aveva sessantatre anni.

Per uno dei crudeli colpi di scena della vita, quella tragedia, avvenuta due anni prima della mia nascita, fu un momento determinante. Indusse i miei genitori al matrimonio che, a sua volta, preparò il mondo in cui sarei nato.

Il nonno William Kirk, affetto da una pneumoconiosi ormai terminale, udì dei passi femminili sull'acciottolato, poi il rumore del chiavistello che veniva alzato. Il suo bene più prezioso, un orologio d'oro da tasca, gli disse che erano le undici e dieci. Sarah era in anticipo di cinque minuti.

I passi risalirono le scale di legno e un volto che adorava fece capolino dalla porta. Era la sua figlia minore – mia madre. Beryl Kirk sedette ai piedi del letto, raccontando a mio nonno della bella serata che aveva passato in compagnia di un giovane di Wingerworth, un paese vicino. Era la prima ragazza di Graham Burrell.

Papà, che all'epoca aveva ventun anni, stava percorrendo a piedi le due miglia che lo separavano da casa, lungo una strada secondaria non illuminata. Lo superò un autobus a due piani, diretto a Grassmoor.

I colpi frenetici alla porta del numero 57 di Chapel Road allarmarono padre e figlia. Un vicino afferrò la mamma per le spalle. «C'è stato un terribile incidente. Venite, presto! Presto!»

Mia madre, che all'epoca aveva vent'anni, scattò in piedi e un po' camminando e un po' correndo, risalì la collina. Una volta in cima, un amico la vide e la fece allontanare. Nessuno voleva che assistesse a una scena così terribile, ma tutti udirono le sue grida quando le dissero quello che era successo.

Fu una perdita dalla quale non si riprese mai completamente. Quando ero piccolo, piangeva spesso ricordando quel giorno. Ogni domenica, per tutta la sua vita, si recò al cimitero di Hasland, dove ripuliva la lapide di marmo e lasciava dei fiori freschi. Io andavo spesso con lei. Se ci fu mai un momento in cui cominciai a credere all'aldilà fu proprio l'infanzia. La mamma era molto spirituale: parlava con la nonna in cucina e accanto alla sua tomba, mettendola al corrente degli ultimi avvenimenti. La nonna era ancora con noi, diceva.

«Che cosa devo fare? Festeggiare i ventun anni o sposarmi?» chiese a mio padre. «Non possiamo affrontare la spesa di due feste.» Nelle settimane di lutto che seguirono l'incidente, sembrava che anche il romanticismo fosse morto. Era come se a mio padre avessero chiesto cosa volesse mangiare a pranzo, o all'ora del tè – come diciamo nell'Inghilterra del Nord. Carne e pasticcio di patate o stufato con le verdure?

«Mah», rispose non noncuranza, «suppongo che allora sia meglio sposarci.»

Se la nonna non fosse morta, i miei genitori non si sarebbero sposati così presto. Questo è quanto sosteneva mio padre, per lo meno. Le circostanze lo spinsero al matrimonio e alla paternità. La dipartita della nonna elevò mia madre al rango di donna della casa al numero 57 di Chapel Road: si occupava lei di accudire il nonno, dividendo il compito con la sorella maggiore, zia Pearl, che viveva nella stessa strada al numero 16.

Quattro mesi dopo l'uccisione della nonna, Beryl Kirk e Graham Burrell convolarono a nozze il 25 marzo 1957. Fu una cerimonia mesta, ricordata più per l'assenza di una persona che per i presenti. Dopo la mamma andò al cimitero, vestita ancora con l'abito da sposa, e depose il bouquet di rose rosse sulla tomba.

Erano passati quattro anni da quando mio padre e mia madre avevano avuto il primo appuntamento – una passeggiata romantica lungo Mill Lane, che collegava Grassmoor a Wingerworth, due paesi divisi dalla linea ferroviaria Sheffield-Londra. Benché avesse solo diciassette anni, la mamma spillava la birra per i minatori, dato che zia Pearl aveva la gestione di un pub – il Miner's Arm – insieme a suo marito Ernie Walker e lavorava a giornata come assistente cuoca alla miniera di carbone. Il pub e la miniera erano agli estremi opposti di Chapman Lane, che corre parallela a Chapel Road, equidistanti da casa. Le due strade formavano un fitto alternarsi di case a schiera. In ogni casa c'era un minatore e ogni cliente del pub era un minatore o la moglie di un minatore. Fu nel 1952 – l'anno in cui la Regina Elisabetta II salì al trono – che papà e suo fratello Cecil vi fecero il loro ingresso. La mamma ricordava che la fissava «come se fosse mezzo cotto». Papà ricordava «una ragazza molto carina che spillava la birra».

Papà aveva diciott'anni; era giovane, timido e ingenuo e non aveva mai avuto una ragazza. La mamma e io siamo convinti che sia stato l'alcool a dargli il coraggio di invitarla a uscire con lui. Lei accettò e non guardò mai più un altro uomo. Papà era uno dei cinque figli di un piccolo fattore ed era cresciuto tra il porcile, i recinti per i polli e una coltivazione di mele. Non diventò mai un minatore, ma lavorò sulle locomotive per la National Coal Board, smistando carri pieni di carbone diretti agli impianti di carbonizzazione e a quelli di conversione in coke di Wingerworth. Aveva sempre avuto paura delle gabbie che venivano calate nei pozzi, ma voleva anche dimostrare che non sarebbe diventato un minatore come si aspettavano tutti. Un giorno avrei provato anch'io la stessa cosa. Il servizio militare gli aveva offerto una via di fuga: due anni lontano da casa, al servizio della Corona e del Paese, era un'alternativa di gran lunga migliore di una vita al buio, così si arruolò come aviere nella

Raf Warrington. Ci disse di aver spazzato la pista da cui decollavano i bombardieri Vulcan, ma in realtà era di guardia alla stazione di controllo per il traffico aereo. Fece ritorno nel Derbyshire nel 1954.

Il 6 giugno 1958 non è una data memorabile per la maggior parte delle persone, ma lo è per i miei genitori. In uno splendido pomeriggio estivo, nacqui io, al reparto maternità dello Scarsdale Hospital di Chesterfield, e portai con me una sorpresa. Papà e mamma si aspettavano l'arrivo di una bambina e avevano già scelto il nome: Pamela Jane. Fu la levatrice a dare loro la notizia. «Non è una Pamela, signora Burrell, è un maschietto!» Così mi chiamarono Paul.

Fin dal momento in cui era uscita dalla chiesa, la mamma aveva desiderato un figlio. Papà non era convinto. Nei primi mesi del loro matrimonio, questa fu spesso una ragione di attriti. La mamma aveva lasciato il lavoro al pub per prendersi cura di nonno Kirk e si lamentava con il marito: «Sono chiusa qui dentro ventiquattr'ore al giorno. Sarebbe diverso se avessi un bambino da accudire». Aspettava sempre che il nonno si fosse addormentato prima di affrontare il discorso nella camera da letto di fronte. Alla fine la spuntò. Quando gli annunciò di essere incinta, una sera di novembre del 1957, lo fece con una certa trepidazione, ma papà era felice ed eccitato quanto lei.

La mamma continuò a occuparsi di suo padre fino alla mia nascita: lo aiutava a trovare una posizione confortevole a letto, lo lavava e lo radeva, gli portava i pasti su e giù per le scale. Questo finì per minare la sua salute. All'avvicinarsi della data prevista per il parto, venne ricoverata al reparto maternità in uno stato di esaurimento fisico e ipertensione. Papà la accompagnò in ambulanza lungo il tragitto di sei miglia fino in città. Quella notte la lasciò in ospedale e promise di tornare il giorno dopo.

Quando tornò, la mamma non era più lì. Percorse il corridoio e udì delle grida di dolore provenienti dalla sala parto: la mamma chiamava la nonna. Preso dal panico, corse fuori dall'ospedale e non si fermò finché non fu arrivato a casa dei suoi genitori a Wingerworth, a sei miglia di distanza.

Sua madre lo accolse bruscamente. «Qual è il problema? Sta solo mettendo al mondo un figlio» gli disse. «Ricomponiti.»

Quando tornò in ospedale io ero un già un fagottino avvolto nelle coperte. Alle otto di sera gli comunicarono che sua moglie e suo figlio stavano bene. Ero venuto al mondo nel reparto Regina Elisabetta II.

Sei mesi dopo il mio arrivo al numero 57 di Chapel Road, nonno Kirk si trasferì al numero 16 con zia Pearl, che era divenuta vedova di recente e aveva dovuto cedere la gestione del Miner's Arm. Si assunse l'onere di accudire il nonno perché la mamma non ce la faceva a stare dietro a entrambi. Due anni dopo era nuovamente incinta; questa volta era stato papà a insistere. Entrambi si immaginavano una bambinetta che correva per casa.

In un altro luogo, in un mondo molto diverso dal nostro, un'altra famiglia desiderava disperatamente un figlio maschio. A Park House, nel complesso residenziale di Sandringham, a Norfolk, gli Spencer avevano già due figlie: Jane e Sarah. Un figlio maschio, John, era morto dopo poche ore di vita. Era considerato un obbligo che il prossimo fosse un maschio, l'erede del visconte Althorp.

Nel 1961 le aspettative di entrambe le famiglie vennero deluse.

Mio fratello Anthony William nacque il 30 marzo. La mamma non andò in ospedale quella volta, ma partorì in casa, aiutata dalla vicina Annie Tunnicliffe. Lei e papà erano orgogliosi di avere un secondo figlio in buona salute. A Sandringham ci fu invece un'amara delusione. L'erede non era arrivato; al suo posto, quattro mesi più tardi, il 1° luglio, nacque una terza figlia, che chiamarono Diana Frances. Io avevo tre anni.

Tre mesi prima della nascita di Anthony, nel dicembre del 1960, morì nonno Kirk. Ricordo vagamente il suo funerale: una bara in salotto, la stanza piena di adulti vestiti di nero, io che piangevo e non riuscivo a vedere il nonno. La mamma mi raccontò in seguito che tutti i vicini erano venuti quel giorno e che in tutte le case della via avevano tirato le tende in segno di rispetto. Alla morte di un parente, era usanza passare una notte alla luce delle candele, con i parenti, gli amici e i vicini che sfilavano davanti alla bara aperta per rendere l'ultimo saluto. Alcuni la chiamano veglia. Al mio paese si chiamava «l'ultimo ritorno a casa».

Ero troppo piccolo per ricordare molto altro della vita al numero 57. L'unico ricordo vivido è quello del rito del bagno nella stanza sul retro. Una vasca di stagno veniva portata dentro dal lavatoio e riempita con acqua tiepida davanti al crepitio del fuoco di carbone. Mentre io mi lavavo, la mamma teneva un asciugamano davanti al fuoco per riscaldarlo. La casa era sempre fredda. Il momento del bagno non era così piacevole se la mamma aveva fretta: mi faceva stare in piedi nell'acquaio di ceramica in un angolo della stanza sul retro e mi sfregava con qualcosa che mi sembrava una paglietta per le pentole mentre io mi reggevo all'unico rubinetto, quello dell'acqua fredda, facendo sferragliare la tubazione verticale fissata alla parete.

Poco dopo i funerali del nonno, ci trasferimmo cinque portoni più avanti, al numero 47. Chapel Road aveva il fondo di ciottoli ed era illuminata da lanterne nere in ferro battuto. Entrambe le nostre case erano nell'ultima fila della strada a L e si affacciavano a ovest, con un cortile sul retro che dava sull'aperta campagna declinante verso est e lungo il perimetro delle miniere. In Chapel Road c'erano alcuni negozi: la merceria di Hartshorn dove la mamma comprava la lana da lavorare ai ferri; «Zia Hilda», con le sue insegne di lamiera sul muro esterno, che pubblicizzavano le marche più note di prodotti alimentari – Bovril, Cadbury e Oxo –, sopra una tenda a righe verdi; e la sala corse Fletcher, dove papà non entrava mai. Alla fine della strada, proprio sull'angolo, c'era la gelateria Monty White, la mia preferita, dove potevi avere un cono di gelato artigianale appena fatto per una moneta da tre penny. Non ho più mangiato un gelato come quello da allora. Proprio di fronte alla casa nuova c'era il forno di Eldred. Mi svegliavo ogni mattina con il profumo del pane fresco e, il Venerdì Santo, con quello dei panini dolci alla cannella, subito spazzato dall'odore di zolfo e catrame che veniva dalle miniere.

Dalla finestra della mia stanza vedevo i campi che terminavano contro enormi cumuli di scorie, dietro i quali torreggiavano due torri di estrazione gemelle. Ogni agosto novanta pony che lavoravano in miniera venivano fatti uscire all'aria fresca e lasciati al pascolo per i quindici giorni di ferie dei minatori.

Le case a schiera erano identiche una all'altra per forma e dimensioni: tutte avevano un'unica facciata con finestre scorrevoli; il rosso dei mattoni si era ricoperto nel tempo di fuliggine. Tutte avevano un lavatoio, una toilette esterna e un deposito per il carbone nel cortile sul retro, dove sventolavano le lenzuola stese ad asciugare. Dalla strada principale si vedeva in lontananza la distesa obliqua dei tetti grigi di ardesia, interrotta dai camini rossi merlati. Le strade brulicavano della vita indaffarata della classe operaia: madri in grembiule, con foulard annodati in testa, sfregavano gli scalini d'ingresso, andavano avanti e indietro tra i negozi, sostavano al cancello chiacchierando con le vicine; padri con pesanti stivali e cappelli flosci si trascinavano da casa alla miniera e viceversa, scambiandosi lazzi; bambini schiamazzanti giocavano a nascondino o a rincorrersi.

Per traslocare al numero 47 ci servimmo di un convoglio di carriole. La mamma disse che era la casa che aveva sempre desiderato: aveva un bagno. L'affitto salì a dodici sterline e sei penny, ma il lusso di poter andare al gabinetto senza dover uscire di casa valeva bene la spesa extra. Papà fece altri straordinari. Basta con le vasche di stagno davanti al fuoco e i pitali sotto al letto, con il contenuto che gelava di notte. Dato che non avevamo il riscaldamento centralizzato, la mia camera da letto era così fredda che ogni mattina mi alzavo con uno strato di condensa gelata ai vetri interni delle finestre.

Il bagno era l'unico lusso in una casa in cui si viveva perlopiù nella stanza sul retro. Non c'era niente di simile a una moquette: i pavimenti erano ricoperti di linoleum, con qualche tappetino di stracci fatto a mano. Sulla credenza campeggiava un televisore in bianco e nero e papà ricavò un'antenna con una padella per friggere e un filo metallico che appese alla parete.

Miracolosamente riceveva il segnale, anche se le immagini erano confuse e un po' traballanti. Questa invenzione rudimentale mi permise di vedere i programmi per ragazzi della BBC, con i Wooden Tops e Bill & Ben. Qualche anno dopo ci riunivamo intorno alla TV per assistere a *Saturday Night at the London Palladium*, con il presentatore più pagato d'Inghilterra Danny La Rue, allora sulla cresta dell'onda.

I lavori di casa spettavano anche ai bambini. Perfino prima di andare a scuola, alle cinque, dovevamo dare il nostro contributo. Il «lunedì di bucato» aiutavo la mamma a portare il carico settimanale e rimanevo a guardarla al treppiede di legno mentre torceva i panni sporchi nella vasca e vi immergeva l'acqua saponata con il «ponch», uno strumento simile a un grande infusore per il tè. Giravo la manovella quando passava al mangano gli indumenti sciacquati e strizzati. Martedì era il «giorno degli ottoni»: gli oggetti venivano disposti su un tappeto di carta di giornale steso sul tavolo di cucina. La mamma aveva le mani e le unghie nere e io l'aiutavo a sfregare e lucidare quei ninnoli. Un giorno avrei fatto brillare l'argenteria reale, non gli ottoni della mamma. In casa c'erano due oggetti di valore: una pendola di legno che segnò tutti i quarti d'ora della mia infanzia con il suo «scampanio da Westminster» e un enorme pianoforte verticale che occupava un'intera parete del salotto. Una volta alla settimana avevamo un concerto, quando la cucitrice e amica della mamma Gladys Leary e la sua amica Winifred Lee si esibivano in canzoni da music hall per me e mio fratello.

La mamma era una maniaca della pulizia. Ogni mattina metteva fuori la grata dal camino, sfregava gli scalini dell'ingresso con la soda, lavava le finestre con acqua e aceto e lavava le tende di pizzo.

I soldi scarseggiavano sempre. Avevamo diritto alla frutta fresca solo quando eravamo malati. Un attacco di itterizia all'età di otto anni mi procurò per la prima volta arance, uva e banane. Le famiglie che avevano un vassoio di frutta sulla credenza erano considerate snob. Un vaso di fiori freschi era qualcosa di impensabile se non era morto qualcuno.

La visita degli esattori del gas e della luce era vista come una possibilità di denaro extra. Le utenze venivano pagate con un contatore a monete. Quando veniva il funzionario, le monete venivano versate sul tavolo di cucina, contate e divise in piccole pile da una sterlina. La mamma assisteva all'operazione con occhi da falco, sperando che una volta pagata la bolletta avanzasse del denaro. Il contatore veniva considerato praticamente come un salvadanaio.

Il venerdì sera papà portava a casa la paga e la mamma si faceva subito avanti. Metteva da parte una somma in una teiera per l'affitto, poi papà andava alla friggitoria e faceva una coda di un'ora: fish-and-chips erano la nostra cena del fine settimana. Finivamo spesso il denaro prima della fine della settimana, così la mamma comprava a credito al negozio all'angolo e aveva aperto un conto alla Co-op, che la ricompensava con un dividendo. Era una specie di sistema di credito medioevale e i proventi venivano messi da parte per un'emergenza o per una vacanza estiva a Skegness, a Scaborough o a Newquay.

Crescendo, mi sembrava che la nostra famiglia fosse la più povera di tutte quelle che conoscevo. Zio Bill, il fratello maggiore della mamma, vendeva auto e benzina. Una grande insegna luminosa rossa e blu campeggiava davanti al distributore, con la pubblicità della benzina Regent. Possedeva così tante auto che credevo fosse milionario. Fu grazie a lui che papà ebbe una serie di automobili di seconda mano. La prima fu una Mini Morris nera, poi salimmo nella scala sociale con una Ford Zephir del 1957, con la carrozzeria bicolore, azzurro e crema. Entrambe avevano i sedili di pelle che d'estate diventavano incandescenti per due ragazzini con i calzoni corti.

La seconda moglie di zio Bill, zia Marge, era una donna snella che vestiva con impeccabili tailleur di sartoria, bordati di pelliccia. Ricordo di aver pensato che sembrava una diva del cinema. La mamma indossava cardigan sopra graziosi abitini a fiori. Zia Marge portò con sé un'altra famiglia, composta dalle due figlie Sandra e Sheila. Erano così benestanti che le ragazze potevano permettersi di comprare ogni mese la rivista «Photoplay», con le sue foto affascinanti delle dive del cinema: Elizabeth Taylor, Jean Simmons, Bette Davis e Jane Mansfield davano lustro alle copertine. Le riviste venivano conservate in una pila in un angolo.

«Puoi prenderne qualcuna, se vuoi. Noi le abbiamo già lette» mi diceva Sandra.

Io non riuscivo a credere alla mia fortuna e ne afferravo quante più potevo prima che cambiassero idea.

Mi immergevo nella lettura in camera mia e ritagliavo le foto delle mie attrici preferite per incollarle alla tappezzeria floreale azzurro e crema.

L'arrivo del mio fratello più piccolo, che chiamarono Graham come papà, non era previsto, e quando la mamma scoprì di essere incinta, tornò fuori nuovamente il nome di Pamela Jane. Ma c'era un'aspettativa ancora maggiore. Mamma e papà sapevano che il bambino sarebbe nato nel novembre del 1965 e la mamma pregò che fosse il giorno del nono anniversario della morte di nonna Kirk.

Le acque le si ruppero il 4 di novembre. All'età di sette anni, io piangevo vedendo che la mamma stava male e che la portavano via in ambulanza. Prima che la porta si richiudesse, la udii dire: «Ti prego, Gesù, non oggi». Avevo paura che morisse. Naturalmente lei voleva solo che il bambino ritardasse di qualche ora. Un angelo custode deve esserle rimasto accanto, quella notte, perché il travaglio si protrasse fino al giorno seguente. Alla fine Graham venne estratto con il forcipe e la ventosa alle undici di sera del 5 novembre – tre minuti prima l'esatto anniversario.

Ebbi un'infanzia tutto sommato felice in una comunità dove il duro lavoro procurava di che vivere alla gente che era il sale della terra, i cui valori si concentravano intorno alla famiglia. La nostra strada era come una casa aperta, calda e amichevole. Io ero il cocco di mamma: papà diceva che non mi staccavo dalle sue gonne.

Papà era nato il 2 agosto 1935, figlio di Cecil Burrell, un maniscalco che ferrava i pony e i cavalli utilizzati nelle miniere di Bonz Main, vicino a Chesterfield. Il nonno era l'ultimo maniscalco rimasto nella zona mineraria del Derbyshire nord-orientale. Papà era soprannominato Nip perché era il più giovane dei fratelli, piccolo di statura e magro: era il piccolino della famiglia. Non c'erano molte cose che gli facevano paura – a parte il lavoro in miniera. Era un lavoratore instancabile e, quando arrivarono le locomotive, divenne un conducente di carri merci. Aveva una volontà di ferro, una disciplina rigida e una mente acuta. Portava i capelli all'indietro, lucidi di brillantina. Ricordo che portava sempre i pantaloni con una piega impeccabile, un'abitudine che gli era rimasta dai tempi della RAF. Mi insegnò come metterli bene sotto pressa; direi che fu la mia prima lezione come cameriere personale. Quando usciva di casa ogni mattina, con il cappello floscio e la giacca pesante, sembrava che se ne andasse per sempre. Tornava giusto in tempo per augurarci la buonanotte mentre io e i miei due fratelli ci infilavamo nel letto in comune. La mamma diceva sempre scherzando che vedevamo più spesso il medico di famiglia che non nostro padre. Lavorava incessantemente per darci un futuro migliore.

La mamma era nata l'anno successivo, che era bisestile, il 29 febbraio. Per tre anni festeggiavamo il suo compleanno il 28 febbraio, ma ogni quattro anni si celebrava la data esatta, il 29. A trentasei anni diceva scherzando di averne compiuti solo nove. Non era una donna di grandi pretese. Tutto quello che guadagnava o che metteva da parte lo investiva nella casa. Alta e spigolosa, portava degli occhiali con la montatura in corno e aveva spesso una sigaretta tra le dita.

La nonna era sempre con lei in spirito. Quando perdeva qualcosa in casa – un gioiello, il modello di un golf o la borsa – si metteva seduta e diceva: «Andiamo, Sarah, aiutami a trovarlo». Trovava sempre quello che stava cercando e non pensò mai che si trattasse di una coincidenza. Era gentile e generosa senza limiti e non ricordo di averla mai sentita alzare la voce. Trovava sempre una parola gentile e aveva un orecchio attento per i problemi degli altri, un tocco gentile per i malati, un gesto per chi aveva bisogno, un regalo per chi era più povero di noi.

Una volta ci fu un incendio nella nostra via e una delle famiglie perse tutto quello che aveva. La mamma bussò di porta in porta per raccogliere vestiti e denaro. Quando lavorava alla mensa della miniera, prima che nascessi, le sue specialità erano spezzatino con le patate, torta di formaggio e cipolle e budino Yorkshire. Era così famosa per questi piatti, che anche dopo che ebbe lasciato il lavoro, i minatori bussavano alla nostra porta per chiederle di cucinarne uno. Allora cucinava per noi facendo delle razioni supplementari e portava i piatti a chi li aveva ordinati. Cucinava anche per i vicini poveri, senza che glielo chiedessero, e visitava le persone anziane, costrette a letto o sulle sedie a rotelle, che abitavano lungo la strada. Li radeva, li lavava e portava via i panni sporchi. Due volte alla settimana andava anche a fare le pulizia in casa di una donna malata di cancro.

Una donna si presentò da noi in lacrime perché aveva già quattro figli sotto i cinque anni ed era di nuovo incinta. La mamma sedette con lei e cercò di calmarla con una dose di buon senso. Tutti venivano da noi con i loro problemi, perché la mamma aveva sempre una risposta per tutto. Nei rari momenti in cui non aveva da fare, spesso quando noi eravamo a letto, sferruzzava maglioni, cardigan e indumenti per neonati per tutto il vicinato. Era insieme la nonna, l'infermiera, la cuoca e la confidente della comunità, conosciuta da tutti come zia Beryl.

Un giorno vidi il pianoforte che veniva portato fuori di casa. La mamma l'aveva regalato a un ragazzo dotato per la musica, la cui famiglia non poteva permettersi un simile lusso.

«Ma è il nostro piano!» protestai.

«Da lui starà meglio, Paul» mi disse per rassicurarmi.

La scuola elementare di Grassmoor, in stile vittoriano, con le grandi finestre a pannelli, i soffitti alti e i corridoi echeggianti, dalle pareti a piastrelle bianche, si trovava fuori dalla strada principale e dava su una distesa di verde, sede del club di cricket. I bambini sedavano in file di banchi di legno con il piano inclinato e scribacchiavano con penne di legno, intingendo il pennino nel calamaio. In qualità di «controllore dei calamai», ogni mattina il mio compito consisteva nel riempire di inchiostro Quink i vasetti di porcellana. Guardare la principessa che scriveva a Kensington Palace mi ricordava quei giorni. Lei usava sempre una stilografica dal pennino d'oro, ma invece di riempire il serbatoio, la intingeva in una bottiglietta di Quink. Scriveva tutta la sua corrispondenza a quel modo, le lettere personali, i biglietti di ringraziamento e i suoi promemoria.

Il signor Thomas, che mi insegnò tutte le materie, stava in piedi davanti alla classe. Un giorno disse con la sua voce bassa e tonante, appena ingentilita dalla cadenza gallese: «Scrivete un tema su quello che vorreste fare quando avrete finito la scuola».

Le menti di trenta bambini si misero in moto in silenzio. La maggior parte dei ragazzi si immaginava un futuro che calcava le orme dei genitori fino alle miniere di carbone, ma già a dieci anni io ero sicuro che non avrei fatto come loro. La miniera mi sembrava un destino punitivo, fatto di polveri di carbone, umido e buio. Un lavoro troppo pesante. «Quando sarò grande voglio diventare parroco» intitolai il mio tema. Una vita al servizio di Dio mi sembrava a quell'epoca una soluzione perfetta. Forse un tale pensiero mi era stato inculcato dalla spiritualità di mia madre e dalla consapevolezza che mi aveva instillato di quanto fosse importante aiutare chi era meno fortunato di me.

Ero un ragazzo tranquillo e penosamente timido. Non fu quindi una piacevole esperienza quando il signor Thomas mi fece uscire e lesse alla classe le mie ambizioni di carriera. Diventai rosso come un peperone mentre i miei compagni ridevano sotto i baffi. Non fui grato al signor Thomas in quell'occasione, ma in seguito ebbi diverse ragioni per ringraziarlo. Non mi considero certo un intellettuale, ma imparavo in fretta e lui lesse dentro di me il desiderio di rompere lo stampo prefissato di generazione in generazione per tutti noi. Nonno Burrell era un maniscalco, nonno Kirk un minatore, papà lavorava per il National Coal Board e suo fratello Cecil era un minatore. La mamma aveva lavorato alla mensa della miniera e i suoi tre fratelli – zio Stan, zio Bill e zia Keith – erano passati tutti dalla miniera. Anche i miei fratelli Anthony e Graham scesero a lavorare nei pozzi.

Il normale iter scolastico passava dalle elementari di Grassmoor alla scuola secondaria Danecourt nella vicina North Wingfield. Era lì che i ragazzi si trasformavano in uomini attraverso una campagna di reclutamento per le miniere. Dopo aver fallito l'esame di selezione per la Grammar School di Chesterfield, sembrava che anch'io fossi destinato a quel triste futuro, ma fu allora che intervenne il signor Thomas. Disse ai miei genitori che vedeva in me un potenziale che sarebbe stato sprecato a Danecourt e si diede da fare per farmi entrare alla Scuola secondaria maschile William Rhodes, di Chesterfield. Non era la Grammar School, ma era pur sempre la migliore dopo di questa. Mamma e papà ne furono felici. Lo stampo era stato spezzato.

Essere ammessi alla William Rhodes era una cosa importante nella mia strada. Avrei avuto un'uniforme *nuova*, non una di seconda mano. Era un acquisto costoso, che mi procurò il mio primo viaggio in treno a Sheffield, con la mamma. Cravatta e distintivo avevano i colori della squadra di calcio dei Wolverhampton Wanderers, nero e oro, e la mamma mi fece un maglione grigio. Era così orgogliosa che mi accompagnò fino allo scuola bus quel primo giorno di settembre del 1969, assicurandosi che tenessi in testa il cappellino nero.

Salii sull'autobus a due piani affollato di bambini e andai a sedermi vicino al primo che vidi con la mia stessa uniforme. «Togliti il cappello, sembri un cretino» mi disse. Obbedii. Kim Walters, più robusto e più tosto di me, più dotato per le materie artistiche, divenne il mio miglior amico e il mio protettore nei cinque anni che seguirono.

La William Rhodes era una scuola per soli ragazzi, dove gli insegnanti indossavano lunghi pastrani neri. La disciplina era rigida, mantenuta a colpi di verga. Il direttore, il signor Crooks, che portava sempre un tocco accademico e mi incuteva un timore divino, la usava spesso per riportare in riga gli insubordinati. Era un accanito sostenitore delle buone maniere e di un aspetto impeccabile. Veniva data molta importanza agli sport competitivi, ma il mio forte erano l'inglese e la letteratura. Kim eccelleva in tutte le attività all'aperto e divenne un giocatore professionista di calcio, nei Blackburn Rovers.

Andavo bene anche in storia. Collezionavo le figurine storiche delle bustine di tè con i grandi velieri, i trionfi del grande ingegnere navale Brunel, le bandiere del mondo e i re e le regine d'Inghilterra e Scozia. Coltivai il fascino che sentivo per le dinastie reali risalendo fino alla conquista normanna del 1066. Mentre gli altri ragazzi giocavano in strada, dopo la scuola, io restavo in casa a fare i compiti che Kim avrebbe copiato il giorno dopo sull'autobus. Quando avevo finito, restavo alla scrivania della mia stanza e leggevo un libro dopo l'altro sui re e le regine. Passai l'esame di letteratura inglese con un saggio su Riccardo III, una figura incompresa e denigrata, ritratto ingiustamente come un uomo gobbo, contorto e malvagio; in realtà si mostrò coraggioso e appassionato durante il suo regno, che durò solo due anni. Mi insegnò che i membri della famiglia reale che non hanno un aspetto fisico ritenuto idoneo possono essere giudicati crudelmente dalla storia.

Avevo quasi dodici anni quando tutta la mia famiglia si recò a Londra per la prima volta, nella primavera del 1970. Percorremmo il Mall, in St James's Park, e ci apparve alla vista la facciata imponente di Buckingham Palace, con le sue pietre bianche. Mamma e papà volevano «vedere dove vive la regina».

«Chissà se è a casa» scherzò papà.

Anthony e io eravamo incantati davanti a quell'edificio grandioso. Restammo con il volto infilato tra le sbarre dei cancelli, le mani strette alle inferriate, mentre assistevamo al cambio della guardia. Fu la scena più incredibile che avessi mai visto. Era qualcosa di lontano mille miglia dalla nostra vita. Non so perché mi venne in mente, ma in quel momento guardai i miei e dissi: «Un giorno voglio lavorare lì, mamma». Era quel genere di affermazioni assurde che fanno i bambini: vogliono essere un pilota se vedono un aereo in cielo, o un astronauta se vedono Neil Armstrong mettere per la prima volta il piede sulla Luna.

Papà mi scompigliò affettuosamente i capelli. «Ma certo, pulcino mio.»

Non poteva immaginare, come non potevo nemmeno io, che entro una decina di anni mi sarei trovato alle spalle di Sua Maestà la Regina, in qualità di valletto, mentre la sua carrozza usciva da quegli stessi cancelli in un corteo di stato.

Ma il mio primo «incarico regale» arrivò quello stesso anno, in autunno. Recitavo in una versione di *Aladino* messa in scena da un'amica di famiglia, Margaret Hardy. La mia parte? Ero il cameriere della principessa Sadie, davanti a un pubblico riunito nel dopolavoro di Grassmoor.

Lasciai la scuola secondaria William Rhodes all'età di sedici anni, diplomandomi brillantemente. La mia domanda di iscrizione all'High Peak Catering College di Buxton era stata accolta e, nel settembre del 1974, presi alloggio in una camera ammobiliata in città. La scuola prevedeva due anni di pratica nel servizio alberghiero e di catering. In quel periodo imparai di tutto: dal cucinare un pranzo perfetto a rifare i letti; divenni maggiordomo, contabile e cuoco tutto in uno. Vinsi un premio di catering per aver scolpito la famosa guglia ritorta di Chesterfield nella margarina. Fu un addestramento professionale completo, sia teorico che pratico. Ora mi mancava solo l'esperienza.

Stesi una lista di posti dove le mie competenze avrebbero potuto essere utilizzate al meglio: Trusthouse Forte, la catena di hotel Travco, la Pacific & Orient, con le sue navi da crociera e da trasporto, Cunard, per la nave da crociera più famosa del mondo, la *QE2*, e infine Buckingham Palace, dove c'era un esercito di domestici. Quell'estate inviai numerose lettere offrendo i miei servigi ed esprimendo la mia impazienza di lavorare.

La prima risposta arrivò dagli alberghi Travco: mi offrivano un lavoro al Lincombe Hall Hotel di Torquay, tre stelle. Questo significava lasciare la scuola prima del previsto per iniziare il lavoro a giugno, come assistente del direttore durante la stagione estiva, il che mi avrebbe tenuto lontano da casa per mesi. Era un lavoro, ma non era l'ideale. Accettai comunque e chiesi alla mamma di aprire tutta la corrispondenza che sarebbe arrivata a casa. Trusthouse Forte mi rispose con un rifiuto, come pure la P&O, ma poi ottenni un colloquio con Cunard a Southampton e uno a Buckingham Palace. Rientrai da Torquay e, insieme a mio fratello Graham, ci recammo in auto nella capitale.

Entrai a Buckingham Palace da un ingresso laterale, vestito con un abito scuro. Mi sentivo in soggezione in quel luogo, mentre percorrevo i corridoi ricoperti di tappeti rossi ed entravo in quella storia che avevo solo letto sui libri. Mi pareva di essere un servo che accedeva a un mondo in cui il mio viso e la mia classe sociale non sarebbero mai stati accettati.

Quando raggiunsi l'ufficio del signor Michael Timms, l'assistente del mastro di palazzo, udii mentalmente la voce rassicurante di mia madre. «Sii te stesso e vedrai che andrà tutto bene.» Non era il migliore dei consigli perché, entrando nella stanza, mi sedetti senza che mi avessero invitato a farlo e dimenticai di chiamare «sir» il mio futuro capo.

«Ti siedi sempre prima che te lo dicano?» domandò il signor Timms in tono altero. «Porti rispetto ai superiori?»

«Certamente.»

«E allora perché non ti rivolgi a loro chiamandoli "sir"?»

Nel giro di due settimane ricevetti una lettera in cui mi si informava che ero stato scartato «in quell'occasione», ma che avrebbero tenuto i miei dati in archivio. Da Cunard non arrivarono risposte. Entrambi i lavori sembravano fuori della mia portata.

Torquay era un posto dove un ragazzo timido e tranquillo poteva crescere fino a uscirne come un membro dello staff gestionale sicuro di sé e con un curriculum di tutto rispetto. Mi convinsi che potevo fare molta strada nell'industria alberghiera. La dirigenza riconobbe il mio potenziale e quell'ottobre mi trasferì all'hotel più prestigioso del gruppo, il Wessex di Bournemouth, in qualità di vicedirettore.

Bournemouth era un altro mondo. Odiai ogni minuto che vi

trascorsi. Vivevo in una stanza angusta e la nostalgia di casa cominciò a farsi sentire. I miei erano così preoccupati che quando vennero a trovarmi, mia madre avrebbe voluto riportarmi a casa, ma non c'era alternativa: era la mia sola opportunità di costruirmi una carriera.

Le cose andarono di male in peggio. Venni confinato nelle cantine, come addetto alle scorte, messo in cucina a preparare le colazioni quando il capocuoco era assente, spostato in sala a servire i tavoli nelle cerimonie. Non avevo amici e non andavo mai da nessuna parte.

Era un mattino gelido di novembre al 47 di Chapel Road. Papà era uscito per andare al lavoro e Anthony, che all'epoca aveva quindici anni, distribuiva il latte. Nella stanza sul retro, la mamma stava preparando la colazione per Graham, che dormiva ancora, quando udì tintinnare la cassetta della posta. Si asciugò le mani in un tovagliolo, uscì e prese la posta. C'erano due lettere indirizzate a Paul Burrell.

Non riconobbe il simbolo stampigliato sulla prima busta color crema, ma sul retro c'era scritto «Cunard, Southampton». La seconda lettera era uguale a una che aveva già visto: la busta bianca recava il timbro nero di Buckingham Palace. Sul retro c'era lo stemma in rilievo della regina. Le due lettere erano arrivate insieme alla bolletta del gas.

La mamma le mise nella tasca del grembiule, dove rimasero per mezz'ora mentre lei si dava da fare in cucina. Graham scese dalle scale per vestirsi accanto al fuoco. «Sono arrivate due lettere per Paul» gli disse la mamma. «Una viene da Cunard e l'altra da Buckingham Palace.» Sedette e prese un coltello dal tavolo della cucina. Aprì con cura la busta regale. Veniva dal signor Michael Timms, che mi offriva un posto come aiuto maggiordomo addetto all'argenteria. L'altra lettera veniva dall'ufficio personale di Cunard e mi offriva un posto di steward a bordo della *QE2*. La mamma le fissò entrambe. Sapeva che avrei fatto salti di gioia alla possibilità di viaggiare per mare e rifletté a lungo su cosa fare.

Poi si riscosse. «Si imbarcherà su quella nave e non lo rivedremo mai più» disse a Graham e gettò nel fuoco la lettera di Cunard. Lei e Graham rimasero a fissare la mia potenziale carriera in mare che andava in fumo. «Finché sarò viva, non dovrai mai dirgli quello che ho fatto» disse. Poi posò la lettera di Buckingham Palace al centro della mensola, sopra il camino.

Corse fino al forno di Eldred per telefonarmi.

Mi trovavo nella dispensa del Wessex quando vennero a chiamarmi.

«Paul, è arrivata una lettera da Buckingham Palace, ti offrono un lavoro. Accetterai, vero?»

Non c'era bisogno di chiederlo. Era un'occasione insperata e la mia incredulità superò l'euforia.

A mia insaputa, mia madre aveva preso per me la più grande decisione della mia vita, indirizzandomi verso una vita sulla terraferma e verso Buckingham Palace. Graham fu di parola e mantenne il segreto per diciannove anni, fino al momento in cui ci trovammo accanto alla tomba della mamma, nel cimitero di Hasland. Me lo disse subito dopo che la bara era stata calata nella fossa, accanto a quelle della nonna e di nonno Kirk. Era il 1995.

A quell'epoca lavoravo per la donna più straordinaria del mondo, la Principessa di Galles. Dovevo tutto a mia madre e non avevo avuto nemmeno la possibilità di ringraziarla.

Quando tutti se ne furono andati, feci quello che lei aveva sempre fatto con la nonna: le parlai accanto alla tomba e le dissi grazie.

2.

Buckingham Palace

Non riuscivo a credere ai miei occhi.

La regina, immersa in profonda concentrazione nel suo salotto di Buckingham Palace, alzò lo sguardo e vide che la stavo osservando a occhi spalancati, con un sorriso dipinto sul volto. Interruppe quello che stava facendo e mi chiese in tono divertito: «Perché sorridi, Paul?».

«Se solo Vostra Maestà potesse vedere quello che vedo io.»

Entrambi facemmo un ampio sorriso. Era tardi, mancava poco all'ora di ritirarsi, e lei sedeva alla scrivania accanto alla finestra, in un elegante abito di seta. Portava la corona imperiale e un paio di pantofole rosa. Era uno spettacolo incredibile: la Regina d'Inghilterra in corona e pantofole; era insieme maestosa e materna, un'icona dello stato senza cerimonie. Era affascinante quanto insolito e il suo sorriso mi diceva che anche lei lo trovava divertente.

L'avevo colta di sorpresa quando ero entrato nella stanza per augurare la buonanotte dopo aver portato a termine un ultimo compito: assicurarmi che i nove corgi fossero sistemati nelle loro brandine, in fondo al corridoio con il tappeto rosso. Un alto separé schermava la stanza a sinistra dell'ingresso. Entrando, si doveva fare qualche passo sul pavimento di legno, poi su un tappeto enorme, prima di essere in piena vista. Io mi ero fermato lì in silenzio.

La regina, con i suoi occhiali a mezza luna, senza montatura, sedeva alla scrivania; una lampada a braccio illuminava le scatole rosse dei dispacci governativi e i documenti a cui stava lavorando. La corona brillava di mille sfaccettature alla luce fioca della lampada. Non era la prima volta che vedevo la regina in pantofole, ma mai abbinate al più famoso e inestimabile gioiello della corona. Era la vigilia dell'apertura ufficiale del Parlamento e la regina, come ogni anno, doveva abituarsi al peso della corona, l'equivalente di due pacchi di zucchero sul capo.

Quando mi sorrise, le chiesi: «Vostra Maestà desidera altro?».

«No, grazie, Paul.» Chinò il capo per rimettersi al lavoro.

Io feci un inchino. «Buonanotte, Vostra Maestà.» Non vidi mai più la regina con la corona in privato. Quella fu l'unica volta.

La mia vita e il mio alloggio erano notevolmente migliorati il 20 dicembre 1976: ero passato dagli spazi claustrofobici del Wessex, Bournemouth, alla vastità di Buckingham Palace, Londra.

Tremavo quando entrai nel palazzo quel primo giorno, con il migliore dei miei abiti scuri e una valigetta in mano. Mi chiedevo se sarebbe stato come lavorare in un grande albergo. Non era niente del genere: gli alberghi hanno corridoi stretti; i palazzi viali ricoperti di tappeti. L'arredamento barocco e i titoli anacronistici della servitù mi facevano sentire come in un museo.

Se il mio vecchio compagno di scuola Kim Walters aveva trovato ridicolo il berretto della William Rhodes, avrebbe dovuto vedere la mia uniforme. Nella mia stanza, rimasi a lungo davanti allo specchio a figura intera nella porta interna dell'armadio. Si avvicinava il Natale ed era la stagione degli spettacoli teatrali per bambini. La figura che mi guardava dallo specchio era un'apparizione dal passato, uno sconosciuto vestito con la livrea reale, come se fosse al servizio di Giorgio III, non di Elisabetta II. Un berretto da cavallerizzo di velluto blu scuro; un panciotto nero ricamato con righe dorate sul davanti e il retro di seta nera, allacciato con bottoni d'oro che recavano lo stemma reale; pantaloni di velluto rosso stretti sotto al ginocchio da bottoni d'oro e una nappina; calze di seta rosa e scarpe nere, di vera pelle, con la fibbia. Al fianco sinistro mi pendeva una spada nel fodero. Infilai i guanti di cotone bianco.

Per qualche minuto mi sentii ridicolo, poi provai un profondo senso di orgoglio mentre indossavo l'ultimo capo che avrebbe completato la mia livrea da cerimonia: una marsina rossa con pesanti bordi dorati sul davanti e fasce dorate a entrambe le braccia. Era un'uniforme che si era tramandata per almeno duecento anni. Era vecchia e rammendata, ma conservava una magnificenza che non era sbiadita con il tempo. Solo un particolare era cambiato: lo stemma cucito all'avambraccio sinistro recava le iniziali «EIIR» circoscritte dal motto regale: «Honi soit qui mal y pense», che significa «Vergogna a colui che ne pensa male»; il tutto era sovrastato dalla corona imperiale.

Avevo già provato quegli abiti nel guardaroba che si trovava nel seminterrato del palazzo, con armadi alti fino al soffitto e un grande tavolo al centro. C'era voluto un giorno intero per equipaggiarmi dell'intera uniforme. Ogni indumento era già stato portato da altri prima di me; a Buckingham Palace, proprio come a Grassmoor, gli abiti di seconda mano erano di uso comune. Perfino le camicie, i pantaloni e i completi del principe Andrea venivano rimaneggiati e passati al principe Edoardo.

Il vice capocameriere, Martin Bubb, mi aveva consegnato cinque livree diverse: l'alta uniforme per le occasioni ufficiali, da indossare dentro e fuori palazzo; quella porpora, una marsina con cilindro, per le occasioni semi-ufficiali e per il Royal Ascot; l'*epaulet*, una giacca a doppio petto e collo alto, da indossare solo a bordo dello yacht regale, il *Britannia*; l'uniforme tropicale, una giacca bianca tipo safari da portare nei climi caldi, e infine la livrea di tutti i giorni, una marsina nera con camicia bianca, cravatta nera e panciotto rosso. Mi diede anche un mantello da cocchiere di feltro nero, scatole di camicie, attaccapanni e diversi cambi di pantaloni.

Il palazzo era deserto, a parte uno staff di domestici ridotto al minimo. La corte si era trasferita al castello di Windsor per le feste natalizie e il nuovo arrivato era pronto a prendere servizio. Se non altro per quanto riguardava l'abbigliamento.

Niente mi aveva preparato a quello che sarebbe stato il mio primo compito, la vigilia di Natale, dopo che mi ebbero mandato in treno a Windsor. Mi trovavo in una stanza ottagonale, al pianterreno di una torre di pietra nell'ala nordorientale del castello, che dava sulla terrazza est, con la vista panoramica dei giardini e del campo da golf. Le tazze da caffè col monogramma reale tintinnavano sul grande vassoio d'argento che reggevo con mani tremanti. Avevo lo stomaco stretto in una morsa. Temevo di commettere un errore e mi sentivo penosamente impacciato nell'uniforme. Mi sarei fatto notare per la mia goffaggine? Avrei rovesciato il vassoio? Ero all'altezza o sarebbe stato un disastro? Stavo entrando per la prima volta alla presenza dell'intera famiglia reale.

Aspettavo nella sala ottagonale, con un alto soffitto stile Pugin e pannelli di rovere alle pareti. Un breve corridoio con la passerella rossa conduceva alla sala in cui stavo per entrare – la sala da pranzo ufficiale dove i Windsor cenavano riuniti a lume di candela. Per due ore avevo assistito a un'interminabile processione di valletti in uniforme, aiuti maggiordomo, paggi e sommelier che andavano e venivano lungo il corridoio. Era una catena umana carica di piatti, argenteria, bicchieri e vassoi di cibo; un flusso incessante dagli antipasti alla portata principale, ai dolci. Poi arrivò il momento della frutta – una pera, una banana, qualche fetta d'ananas o una pesca – da tagliare con coltello e forchetta dorati. In una residenza reale non si può mangiare una banana come una scimmia: si usano coltello e forchetta come se fosse un melone di dimensioni più piccole.

Tutto quello che riguarda la famiglia reale viene pianificato e orchestrato alla perfezione, compresi i pasti privati. Molte persone, come me quel giorno, aspettano ansiose con una parte insignificante, come il cast di un musical che attende dietro le quinte in perfetta formazione. Dietro la porta, il personale è schierato nel backstage. Valletti in livrea con le schiene rigide e vassoi di cibo in mano, aspettano in una fila ordinata. Prima la carne. Poi le patate. Verdure. Insalata. Una voce dà inizio alla processione. «Carne... vai.» Passano trenta secondi.

«Patate e salse... vai.» Altri trenta secondi.

«Verdure... vai.»

«Insalata... vai.»

Ci volle del tempo prima che si fidassero a farmi portare la carne o le patate. Il mio primo incarico fu quello di portare le tazzine vuote.

A un certo punto mi resi conto che stava per essere servito il caffè: il mio grande momento era arrivato. Attraverso la porta semi aperta, con il vassoio che mi pesava sulle braccia, colsi un bagliore della magnificenza del salone. Intorno a me risuonavano le risate e le chiacchiere del dopo pasto. Il signor Dickman, il cerimoniere di palazzo che sovrintendeva alle operazioni, avvertì il mio nervosismo. «Non preoccuparti» mi disse. «Non c'è niente di cui aver paura.»

Era il più semplice degli incarichi e me l'avevano dato di proposito. Per me significava essere introdotto al servizio reale e per la famiglia reale fare conoscenza con un nuovo domestico.

«Entra nella sala da pranzo, mettiti nell'angolo e aspetta che il cameriere venga a riempire le tazze. Tutto quello che devi fare è stare fermo. Sarà il cameriere a servire il caffè» mi spiegò il signor Dickman.

Non dovevo pronunciare una sola battuta. Dovevo solo entrare. Ma il sorriso che gli rivolsi non doveva essere del tutto convincente. «Non ti mangiano mica!» mi disse il capo, dandomi una leggera pacca sulla schiena. «Vai, adesso, sei in buona compagnia.»

Mentre mi avviavo verso il salone con piedi di piombo, ricordai le parole che il signor Dickman mi aveva detto prima. «Non fissare nessuno negli occhi. La famiglia reale non ama essere osservata mentre mangia.» Tenni lo sguardo fisso sulle tazzine di porcellana e mi mossi con circospezione. Tutto quello che dovevo fare erano dieci passi, fino all'angolo della sala.

Raggiunsi la mia postazione. Davanti a me c'era la tavolata più grande che avessi mai visto: un ripiano di mogano levigato, lungo circa sei metri, con al centro una fila di candelabri, inframmezzata da elaborate composizioni floreali. Tende di velluto cremisi, con nappine d'oro, erano tirate sulle grandi finestre gotiche. Un colossale ritratto della regina Vittoria, appeso sopra il caminetto in pietra, vegliava sui suoi discendenti.

Poi feci quello che non era permesso: sgranai gli occhi. Scrutai la tavolata in cerca della regina, fra i trenta convitati della sua famiglia, tutti in abito da sera. Individuai la regina madre al centro, nella sedia dorata più grande, simile a un trono; era impegnata in un'animata conversazione con il preferito dei suoi nipoti, il principe Carlo. La regina sedeva all'altro lato del tavolo, in una sedia uguale a quella degli altri, di fronte al Principe Filippo, Duca di Edimburgo, intenta ad ascoltare una conversazione.

La maggior parte delle persone fa fatica a vedere oltre lo stereotipo di una donna, la cui vera personalità viene oscurata dai suoi doveri. Ma lì era a casa sua e si stava rilassando insieme alla sua famiglia. Era la prima volta che vedevo Sua Maestà a porte chiuse. Notai il suo sorriso spontaneo e pensai che sembrava molto più piccola nella vita reale. Ricordo di aver pensato a quanto le ero vicino. Se solo mia madre avesse potuto vedermi. Se tutta Grassmoor avesse potuto vedermi.

I gioielli brillavano alla luce delle candele. I valletti si davano da fare, rapidi ed efficienti nel servire a tavola e io ero felice di non dover fare nient'altro che impersonare una statua che regge un vassoio.

Potevo vedere i giovani principi Andrea ed Edoardo, la principessa Anna e suo marito, il capitano Mark Phillips, sposati da due anni. La principessa Margaret dominava la conversazione con la sua voce acuta. Tutti parlavano a volume molto alto, notai.

Distolsi lo sguardo prima che qualcuno si accorgesse che stavo fissando la famiglia reale. Tutt'a un tratto il vassoio rimase vuoto e mi allontanai lentamente dalla sala, senza che nessuno mi notasse.

«Hai visto? Non era poi così difficile, vero?» mi chiese sorridendo il signor Dickman, appena mi trovai dall'altro lato della porta. Mi sentii gonfio di orgoglio.

Nella mia famiglia era usanza che il primo dell'anno si facesse passare dalla porta d'ingresso un blocco di carbone che avrebbe portato fortuna per tutto l'anno. L'inizio del 1977 sarebbe stato diverso. Lo passai a Sandringham House e, dato che ero il più giovane dei domestici, toccò a me la terribile responsabilità di annunciare il nuovo anno alla famiglia reale. Ero in piedi nel vano dell'ingresso principale, in attesa del segnale di entrata. Attraverso le vetrate a pannelli, tremante di freddo e di nervosismo, vedevo gli altri valletti che servivano lo champagne. I Windsor erano tutti riuniti ed era già iniziato il conto alla rovescia fino alla mezzanotte. Al battere del dodicesimo colpo, la porta si aprì e io avanzai per svolgere il mio compito: dovevo attraversare la sala fino al camino, raccogliere un ciocco di legna dalla catasta e gettarlo tra le braci. Quando il nuovo ciocco cominciò a sfrigolare, si levò un applauso generale. Come ricompensa per aver celebrato il rito tradizionale, ebbi il privilegio di essere il primo membro dello staff a rivolgere al mio nuovo datore di lavoro gli auguri appropriati.

«Felice anno nuovo, Vostra Maestà» dissi con un sorriso radioso.

In realtà non avrei dovuto fare il valletto. La lettera che mia madre aveva aperto parlava di un posto di aiuto maggiordomo, il che significava che avrei dovuto lavorare nel locale dove vengono tenuti i cristalli e le porcellane, con le mani immerse nella saponata, a sfregare piatti e tazze fino a farli brillare negli scaffali di legno. Ma all'ultimo minuto si era liberato un posto tra i valletti, così ero entrato a far parte del loro numero sotto la supervisione del capocameriere John Floyd. Ero il quattordicesimo di quattordici valletti, con uno stipendio di 1200 sterline. Le due posizioni più ambite, come cameriere personale della regina, sembravano lontane anni luce.

Le stanze della servitù avevano le dimensioni di una camera d'albergo, arredate con pochi mobili indispensabili. Tutte avevano un lavandino nell'angolo, un letto singolo, un tavolo, un armadio, una cassettiera e un tappeto verde. Erano cupe, con finestre alte che lasciavano entrare poca luce.

Prima di consegnarmi le divise ufficiali, il vice capocameriere mi aveva mostrato la mia stanza nell'ala maschile «dei Paggi», che si cela dietro quella serie di strette finestre sulla facciata est di Buckingham Palace; quelle al piano più alto, appena sotto il frontone. Non ero all'altezza di avere una stanza che guardava sul monumento alla regina Vittoria e sul Mall, per cui la mia stanza era sull'altro lato del corridoio e dava sul quadrilatero interno, il cortile di ghiaia rossa racchiuso su tutti i lati dal palazzo. Stavo spesso seduto sul calorifero per guardare la veranda sostenuta da pilastri di pietra dell'ingresso principale, dove arrivavano tutti, dai capi di stato agli ospiti dei garden-party. Accanto c'era il portone nero chiamato «King's Door» e usato da coloro che avevano un'udienza privata con Sua Maestà, come il primo ministro che veniva ogni martedì sera per il briefing settimanale.

C'era una quantità esorbitante di informazioni da assorbire sulla vita a palazzo. C'era un labirinto di corridoi, di locali e atrii di passaggio che immettevano a oltre seicento stanze. Buckingham Palace è un paese straniero in patria. I suoi abitanti parlano la stessa lingua, ma vivono in un mondo diverso. Ha la propria stazione di polizia e una squadra di pompieri pronti a intervenire ventinquattr'ore su ventiquattro, l'ufficio postale, l'ambulatorio medico, la lavanderia, una cappella e un cappellano, carpentieri, doratori, elettricisti e idraulici. Ha anche il suo bar, gestito dai NAAFI, la stessa organizzazione che rifornisce i negozi delle forze armate.

Gli incarichi della servitù sono identificati da un'incredibile varietà di titoli che risalgono al XVIII secolo: mastro di palazzo e siniscalco di corte; paggio delle udienze; paggio delle scale di servizio, paggio delle camere; guardarobiera della regina (che dev'essere una duchessa); gentildonna da camera e dame di corte; custode degli argenti; custode dei cristalli e delle porcellane; funzionari di corte. Per non parlare del custode della borsa reale e del custode della spada di stato. Buckingham Palace viene amministrata dallo staff reale, sotto la guida del gran ciambellano. Sotto di lui si ramificano sei dipartimenti: Private Secretary's Office, Privy Purse and Treasurer's Office, Lord Chamberlain's Office, Master of the Household Department, Royal Mews Department e Royal Collection Department. Il personale come me lavorava alle dipendenze del mastro di palazzo, il cui dipartimento era a sua volta suddiviso in tre gruppi: gruppo H per l'economia domestica, gruppo F per il cibo e gruppo G per questioni generali. I valletti lavoravano nel gruppo G e riferivano al siniscalco di corte Cyril Dickman.

Poi c'erano le procedure: le regole, i protocolli e le tradizioni che non bisognava dimenticare mai. Per il primo anno, portai con me un taccuino dove annotavo i nomi e le cariche dei colleghi e dei superiori, registravo le scorciatoie per raggiungere i diversi posti e tracciavo piccoli schemi di come apparecchiare una tavola. Perfino la disposizione di un vassoio aveva le sue regole: i manici delle tazze e i cucchiaini dovevano essere orientati verso le ore cinque; piatti e piattini voltati in modo che lo stemma reale puntasse alle dodici; il sale a destra, la senape a sinistra, davanti al pepe; la zuccheriera con zollette di zucchero bianco, mai in polvere, e pinze; il pane tostato sempre sull'apposito strumento e non su un piatto; non più di tre riccioli di burro sul piattino di portata. E non dimenticare mai i tovaglioli di lino.

Persino il bagno mi metteva in confusione. Aveva diversi gabinetti, in stretti cubicoli con una doccia cromata che pendeva dal soffitto. Non avevo mai visto una doccia e fu con un certo imbarazzo che dovetti chiedere come funzionava.

Nei corridoi, con le pareti tappezzate di seta, le cameriere non erano autorizzate a passare l'aspirapolvere prima delle nove del mattino, per non disturbare la famiglia reale. Usavano invece delle spazzole di setola dura per pulire i tappeti alti rosso cupo. Era meglio non camminare al centro, perché era considerato «troppo presuntuoso per un cameriere». Un tappeto spazzolato di fresco si addiceva solamente a piedi reali. I domestici dovevano camminare ai bordi. Le passatoie rosse venivano trattate come il più meticoloso degli inservienti tratta le porte di un campo da cricket. Se un cameriere vedeva un membro della famiglia reale avvicinarsi lungo il corridoio, il protocollo imponeva di fermarsi, mettersi sull'attenti, voltarsi con le spalle al muro e fare un inchino al suo passaggio, senza pronunciare una parola.

L'arte di essere un buon domestico, imparai, consisteva nello svolgere le mie mansioni senza farmi notare. Un domestico vive nell'ombra e, al suo meglio, deve sapersi rendere invisibile. All'estremo, questa esigenza porta un esercito affaccendato di cameriere e domestici a nascondersi in attesa di avere campo libero. A Sandringham House, le cameriere si rifugiavano nell'armadio di un sottoscala per non essere viste dalla regina quando scendeva nella hall principale. Questo «nascondino» portava spesso a situazioni bizzarre, con il personale che si appostava dietro la porta chiusa di un corridoio che immetteva nelle camere da letto, con l'orecchio incollato al battente in attesa di percepire il silenzio che gli avrebbe dato via libera. Da oscuri recessi, i domestici osservavano una sala fino a quando era uscito anche l'ultimo ospite, poi raccoglievano i bicchieri vuoti, ravvivavano il fuoco, sprimacciavano i cuscini e spazzolavano il tappeto.

Quanto allo snobismo, scoprii che c'erano molti più nasi per aria tra la servitù che tra la famiglia reale. C'era una gerarchia rigorosa in ogni cosa, persino nei pasti della servitù. Era un sistema di classi preso direttamente dal *Titanic*, incoraggiato dai capi della servitù, che la Principessa di Galles chiamava «gli uomini in grigio».

I membri dello staff di grado più basso – dagli aiuti maggiordomo ai valletti, dai cuochi alle cameriere, dai facchini ai portalettere, dagli staffieri agli autisti – sedevano tutti insieme ai tavoli ricoperti da tovaglie bianche, con un menu self-service e brocche di acqua fresca, in un locale al pianterreno con sedie di plastica e pavimento di linoleum, che assomigliava alla mensa di una fabbrica.

La sala da pranzo degli Steward era al primo piano, con sedie imbottite e tappeti. L'atmosfera era quella di una riunione aziendale. Era riservata ai membri dello staff che erano in servizio da venti e più anni e a coloro che erano stati decorati per la loro lealtà – i paggi, i paggi delle udienze, i paggi delle scale di servizio, i custodi degli argenti, i capi valletto, le cameriere della regina, il suo autista – ed era presieduta dal siniscalco di corte. Un tratto peculiare era che avevano a disposizione diversi tipi di pane, una selezione di formaggi e *crackers*.

Accanto, uno scalino più in su della scala sociale, c'era la sala da pranzo degli Ufficiali, riservata ai segretari personali e ai loro assistenti, agli impiegati, agli addetti stampa, alle dattilografe e al personale amministrativo.

Poi veniva la sala di lady Barringon, molto più sontuosa, con i soffitti alti e un grande candelabro al centro. Qui, fra chiacchiere e conversazioni serie, si intrattenevano gli assistenti del mastro di palazzo, la capogovernante e il capocontabile. Questi personaggi erano di grado così elevato che a loro era concesso un aperitivo a base di sherry o whisky e di bere vino ai pasti.

Quindi, accanto alla Bow Room, c'era la sala più grande di tutte, riservata alla crème della servitù. Ritratti della famiglia reale erano appesi alle pareti, sopra credenze in stile Chippendal e Sheraton. I cibi venivano serviti in piatti di finissima porcellana, portati alla bocca con posate d'argento, e il vino delle cantine reali veniva versato in bicchieri di cristallo. Questa magnificenza era privilegio esclusivo delle dame di corte, delle gentildonne da camera, della guardarobiera della regina, dei segretari privati, dei portavoce ufficiali, del custode della borsa reale, del cappellano della regina, degli alti funzionari di corte e del gran ciambellano. Vi regnava un'atmosfera cerimoniosa e rigida, simile a quella di un club esclusivo. Curiosamente, era grande quattro volte la sala da pranzo di Sua Maestà e arredata in modo più lussuoso.

Le sale da pranzo dei gradi più alti erano la palestra di esercitazione dei giovani camerieri come me. Prima di essere ritenuto in grado di servire il tavolo reale, dovevo imparare e raffinare la mia arte alla presenza del gran ciambellano, cosa che mi innervosiva molto in quei primi giorni. Dovevo imparare ad apparecchiare la tavola perfettamente, con i coltelli e le forchette a un centimetro dal bordo del tavolo e assicurarmi che ogni posto fosse identico al successivo, senza la minima pecca. O a piegare un tovagliolo in modo che formasse le tre piume di struzzo dello stemma del Principe di Galles. O a controllare che i vini d'annata e lo champagne non riempissero più della metà di un bicchiere.

Per tre mesi, fui l'ombra di un cameriere più anziano e dovetti imparare rapidamente la complessità del mio compito, che andava dall'assicurarmi che i pasti della regina venissero portati direttamente dalle cucine e arrivassero caldi e puntuali in sala da pranzo al lucidare gli stivali di un funzionario. Era importante che passassi inosservato nel mio ruolo ma dovevo essere un osservatore ultra attento. Oltre a servire in tavola, un valletto doveva imparare a diventare cameriere personale.

Stavo in un angolo buio di una camera da letto in cui un ospite dormiva profondamente e osservavo mentre il mio mentore, Martin Bubb, sbrigava le sue mansioni: l'arte consisteva nell'essere perfettamente silenziosi, veloci, e nell'avere una vista da animale notturno. Nei palazzi e nei castelli reali non ci sono sveglie. Il cameriere o la cameriera entra in una stanza allo scadere di una determinata ora per svegliare il padrone o la padrona. Muovendosi abilmente al buio, Martin sistemava su una sedia a portata di mano dal letto un piccolo vassoio di legno con una tazza di tè appena fatto, un bicchiere di succo d'arancia e un biscotto. Se questa operazione non sortiva alcun effetto, di solito ci riusciva la successiva. Martin attraversava la stanza e scostava le tende per far entrare la luce del giorno. Io avevo la spiacevole sensazione di essere un intruso quando la luce rivelava la mia presenza non necessaria; me ne stavo in un angolo, rigido come un attaccapanni.

Mentre il gentiluomo si stiracchiava, Martin raccoglieva i vestiti smessi il giorno prima e prendeva dall'armadio un attaccapanni di legno per i pantaloni, per la camicia e per la giacca da sera, quindi li sistemava fuori della porta, insieme alle scarpe da lucidare e alla biancheria da lavare. Sceglieva poi abiti puliti da indossare e li disponeva in un modo che io dovevo imitare: i pantaloni stirati, piegati su una sedia con l'angolo di una tasca rivoltato, in modo che fossero pronti da infilare; la camicia piegata come se fosse nuova, perpendicolare ai pantaloni, con i bottoni slacciati e i gemelli già al loro posto; in cima la biancheria pulita; scarpe con le stringhe slacciate accanto a una poltroncina, le calze sopra. Martin si avvicinava poi alla toilette e apriva il primo cassetto per scegliere alcune cravatte (un cameriere deve sempre lasciare la scelta al padrone). Lasciava fuori anche un fazzoletto pulito, lavato e stirato.

Poi mi invitava a seguirlo nella stanza da bagno adiacente. L'ospite dormiva ancora. Chiudendo la porta, mi illustrava la «procedura del bagno». Apriva i rubinetti e preparava un bagno tiepido, stendeva un tappetino sul pavimento e vi avvicinava una sedia. «Qui metterai l'asciugamano» diceva Martin. Lo drappeggiava tutt'intorno alla sedia, in modo che il gentiluomo, sedendosi, potesse avvolgerselo attorno alle spalle come se fosse un accappatoio. Il lavoro di Martin era finito e noi uscivamo dalla stanza.

Questa era esattamente la stessa procedura adottata dai camerieri non solo per gli ospiti, ma anche per tutti i membri della famiglia reale. Era un addestramento prezioso, per lo meno in teoria. La prima volta che dovetti assistere da solo un gentiluomo piuttosto anziano, venni preso dal panico. Non riuscivo a trovare abiti smessi sul pavimento e mi chiedevo dove diavolo potesse averli lasciati. Poi spuntò fuori un braccio da sotto il piumino. Era ancora vestito di tutto punto.

Più tardi appresi che il Principe di Galles aveva delle esigenze particolari, che tutti i suoi camerieri, da Stephen Barry a Michael Fawcett, dovevano rispettare. Una chiave d'argento, che recava il suo stemma, era fissata all'estremità di un tubetto di dentifricio come se fosse una scatola di sardine e girandola dispensava l'esatta quantità di dentifricio sullo spazzolino. Il suo pigiama di cotone doveva essere stirato tutte le mattine.

Era compito dei valletti aprire tutte le porte e gli ingressi del palazzo e portare lungo i corridoi le scatole rosse degli incartamenti di stato, inviate dal ministero degli Interni, da quello degli Esteri e dal primo ministro, fino agli alloggi della regina.

A un esterno i vari gradi della servitù possono sembrare una stranezza, ma la monarchia non potrebbe sopravvivere senza quel complicato ingranaggio che è l'insieme della servitù reale. Rappresenta la sala macchine e nello stesso tempo fornisce la prima impressione della famiglia reale. Ogni ingranaggio, da un aiuto maggiordomo fino al Gran Ciambellano, gira ogni minuto e ogni ora del giorno per assicurare lo svolgersi regolare della vita e delle incombenze di palazzo.

La regina mantiene rapporti cordiali con la maggior parte dello staff e i rapporti tra dipendenti e datore di lavoro sono improntati al reciproco rispetto; i momenti formali si alternano a momenti più informali.

In un giorno di appuntamenti ufficiali, si apriva la porta dell'ascensore e la regina appariva come per magia al pianterreno, accolta dagli inchini delle dame di corte e da cenni rispettosi di segretari e funzionari. Tutto era estremamente formale e rigidamente controllato. Al rientro, tuttavia, la regina si fermava spesso a conversare accanto all'ascensore. Magari c'era stato un episodio divertente, un fatto curioso, e Sua Maestà sorrideva parlandone, poi ringraziava tutto lo staff per la piacevole giornata. Quando si voltava per entrare in ascensore, ricominciavano le formalità e gli inchini e le riverenze erano più sentiti. A volte erano un po' esagerati: ricordo una dama di corte, che si inchinava così profondamente che mi chiedevo se non sarebbe rimasta bloccata o non sarebbe caduta.

Dal primo momento in cui presi servizio a palazzo provai – e provo tuttora – un enorme rispetto per Sua Maestà. È una gentildonna notevole, gentile e profondamente cristiana, ma mi ci volle del tempo prima di conoscerla e capirla a fondo. Tra i camerieri mi guadagnai il soprannome di «Bottone». Martin Bubb e il suo compagno Alastair Wanless mi battezzarono così perché ero stato assegnato al guardaroba della servitù e dovevo lucidare e riattaccare i bottoni dorati di dozzine di uniformi. Era un compito noioso che riempì ore del mio tempo in quei primi tre mesi di apprendistato.

Mentre l'Inghilterra si preparava a festeggiare il Giubileo d'Argento della regina, i domestici di palazzo non avevano mai lavorato tanto, con il susseguirsi di ricevimenti e banchetti. Per tutto quell'anno eccezionale, non ebbi ruoli più importanti. Dalla finestra della mia stanza, in giugno, ebbi modo di seguire la carrozza dorata dell'Incoronazione, costruita per Giorgio III, mentre trasportava la regina dal quadrilatero interno in un corteo di stato per le vie di Londra, fino alla cattedrale di St Paul. Una schiera di valletti in livrea da cerimonia camminava a fianco della carrozza attorniata dagli Yeomen of the Guard (le Guardie Personali di Sua Maestà), chiamati popolarmente «Beefeaters», e dai cavalieri di palazzo. In lontananza, udivo le acclamazioni della folla festante.

Era solo la seconda volta che la regina saliva su quella carrozza imponente ma piuttosto scomoda; la prima volta era stata nel 1953, in occasione dell'incoronazione. Al suo ritorno, colsi il suo commento a un cocktail: «Mi ero dimenticata quanto fosse scomoda».

Chiunque fosse in servizio da almeno un anno, il 2 giugno 1977, ricevette una medaglia d'argento con un nastro bianco. Io fui l'unico domestico a non riceverla, perché avevo preso servizio da soli sei mesi. Mi chiedevo per quanti anni avrei dovuto languire come l'ultimo dei valletti. L'attesa si rivelò più breve del previsto.

Al castello di Windsor si sparse la voce di un «incidente» successo in una delle camere da letto, ma tutte le prove parlavano di un'altra verità. Sul tavolino accanto al letto c'erano una bottiglia di gin semivuota e un flacone di pillole. Un uomo che soffriva da tempo di depressione giaceva in stato d'incoscienza. Ci fu l'inconsueta apparizione di un'ambulanza che entrava dall'ingresso della Torre Augusta, sul lato sud del castello. Arrivò a luci spente, senza sirena, per non creare scalpore. Gli infermieri salirono al secondo piano. Il cameriere personale della regina – uno dei due che seguivano la sovrana ovunque andasse – venne portato via in barella, in condizioni critiche dopo aver tentato il suicidio in pieno giorno. Era l'aprile del 1978. Il cameriere sopravvisse ma non riprese mai più il lavoro e si ritirò per motivi di salute. Più o meno nello stesso periodo, il paggio della regina (una carica più prestigiosa di quella di cameriere) Ernest Bennett, si ritirò alla fine di un servizio impeccabile che risaliva alla fine della seconda guerra mondiale. Questi due eventi portarono a un rivolgimento tra la servitù più vicina alla sovrana, nel quale io guadagnai una promozione insperata.

Tra le chiacchiere rilassate nella stanza dei valletti, si facevano congetture su chi sarebbe stato promosso alla posizione privilegiata di cameriere personale della regina, un ruolo che includeva la cura dei nove corgi. Il mio collega Paul Whybrew fu il primo a essere scelto, ma ne occorreva un secondo. A mia insaputa, la regina aveva condotto una piccola indagine tra i valletti durante i pasti e i ricevimenti, osservando con la coda dell'occhio la loro cura dei particolari, i modi, l'aspetto e l'insieme del loro stato di servizio. Tutti noi eravamo stati in vetrina senza saperlo.

Qualche giorno dopo venni chiamato nell'ufficio del capocameriere John Floyd. «Ti piacerebbe avere l'opportunità di diventare cameriere personale della regina?» mi chiese.

C'era una sola risposta possibile: nel giro di sedici mesi ottenni quello che era considerato un lavoro di sogno, una posizione di prestigio tra la servitù. Chiunque sia così vicino alla regina è considerato un privilegiato. Solo un numero esclusivo di persone circonda la sovrana e ha libero accesso alle sue stanze. Le persone che le sono più vicine non sono i funzionari che dividono con lei i compiti amministrativi e i doveri di stato, ma la sua cameriera, i paggi e i valletti che partecipano al suo mondo più intimo. Tutt'a un tratto mi ritrovavo all'interno di quel numero. Non era raro che un segretario privato venisse da me a «tastare le acque» prima di un'udienza per avere qualche indicazione sull'umore della regina o sulla sua reazione a un determinato avvenimento. I membri della servitù si davano un gran da fare a spigolare frammenti di informazioni dai domestici che le erano più vicini. La mia parola cominciò a contare qualcosa.

Il fatto di avere due Paul al suo servizio rendeva la vita più facile alla regina perché, ogni volta che chiamava, compariva uno dei due. In compenso non fece che aumentare la nostra confusione. Così, per amor di chiarezza, Sua Maestà inventò dei soprannomi: io divenni «Piccolo Paul», con il mio metro e ottanta di statura e l'altro divenne «Grande Paul», con un metro e novanta.

Questo agevolava la regina, ma non la principessa Margaret, che al telefono non riusciva mai a distinguere con chi dei due stesse parlando. «Chi è? Piccolo Paul o Grande Paul?» diceva con il suo inconfondibile tono strascicato, molto più magniloquente di quello della sorella.

Mi era penoso rispondere: «Sono Piccolo Paul, Vostra Altezza Reale».

Per una decina di anni, l'intera famiglia reale ci chiamò con questi soprannomi.

C'era un considerevole vantaggio nell'essere il cameriere della regina. Venni trasferito all'altro lato del corridoio dell'ala dei paggi, in una stanza frontale con una magnifica vista sul Mall. La mia era la quarta finestra da sinistra, sotto il frontone.

Tutte le mattine alle sette, la mia giornata cominciava come finiva: portavo a passeggio i nove corgi: Brush, Jolly, Shadow, Myth, Smokey, Piper, Fable, Sparky e Chipper, l'unico maschio. Dopo la passeggiata, erano ammessi nella camera da letto della regina. I cani e una tazza di tè erano la sua sveglia, alle otto.

Alle nove era ora della seconda passeggiata. La regina apriva la porta della sua camera da letto; io aspettavo fuori e, a mano a mano che uscivano, mettevo il guinzaglio ai cani. Nove corgi al guinzaglio hanno una certa forza trainante e io ne ebbi una dimostrazione a Sandringham House. I corgi sono piccole creature molto determinate e ognuno di loro voleva essere il primo a uscire dal palazzo. Un mattino era caduta una spruzzata di neve e sia gli scalini che il vialetto sono notoriamente scivolosi in inverno.

Appena ebbi aperto la porta e mi fui voltato per richiuderla con una mano, nove guinzagli mi tirarono nella direzione opposta. Caddi, battendo la testa sugli scalini, e persi i sensi mentre i corgi schizzavano nella neve. Quando ripresi conoscenza, vidi sopra di me i volti della regina e della principessa Anna. «Paul, tutto bene?» si informò la regina. Ero rimasto svenuto per una decina di minuti prima che mi trovassero. Mi aiutarono a rialzarmi. Tastai un bernoccolo in testa e avvertii un dolore lancinante per uno strappo alla schiena. La regina chiamò il medico di Sandringham, il dottor Ford, che mi disse di rimanere a letto per il resto della giornata. Grazie al cielo, qualcuno aveva radunato i cani.

Nutrirli era meno impegnativo. Ogni volta era un vero banchetto, ma la regina amava occuparsi personalmente dei suoi adorati cagnolini ogni volta che poteva. In queste occasioni, sia a Buckingham Palace che al castello di Windsor, a Sandringham House come al castello di Balmoral, chiacchieravo con Sua Maestà nel più naturale dei modi. Il pasto dei cani divenne il mio momento a tu per tu con la regina, l'unica occasione che avevo di parlare con lei senza che nessuno ci ascoltasse o ci interrompesse.

Mi abituai a vederla con in mano un cucchiaio e una forchetta d'argento, felice di distribuire porzioni di «Pedigree Chum» mischiato a coniglio fresco e biscotti secchi e condito con sugo di carne. A volte, come trattamento speciale, venivano aggiunti pezzetti di fagiano avanzato dalla sera prima. Era mio compito sistemare nove ciotole di plastica gialla su tappetini individuali, mentre lei chiamava i cani uno a uno. In quei momenti la regina era al massimo dell'allegria, rilassata e loquace. Mi raccontava episodi accaduti durante la giornata, cogliendone sempre il lato divertente, e non era raro che dividessi con lei una risata di cuore.

Spesso incominciava con: «Sai? È successa una cosa incredibile...» Oppure, se aveva incontrato un vecchio amico, mi diceva: «Sai chi ho visto ieri?». Se era accaduto qualcosa di comico: «È successa la cosa più divertente del mondo...». Ancor meglio quando uno dei suoi cavalli era arrivato primo a una gara. «Sai che uno dei miei cavalli ha vinto...?»

Fu durante una di queste conversazioni che mi raccontò una storia interessante su un altro monarca, Carlo I, e mi riportò all'epoca della sua esecuzione, il 30 gennaio 1649, quando Oliver Cromwell entrò a Londra sull'onda del fervore antimonarchico. Cominciò così: «Sai? L'altro giorno è successa una cosa veramente strana. Ho ricevuto una lettera da una persona i cui antenati erano in mezzo alla folla quando venne giustiziato il re». Mi raccontò gli ultimi istanti di Carlo I, fuori dalla sala dei banchetti di Whitehall, prima che venisse decapitato. Mentre mescolava il cibo per i cani, Sua Maestà proseguì: «Quando gli tagliarono la testa, un frammento di clavicola schizzò in mezzo alla folla e venne raccolto dall'antenato di questa persona. Da allora è stato tramandato di generazione in generazione e ora è stato spedito a me».

A questo punto mi ero dimenticato dei corgi che aspettavano ai miei piedi. «E Vostra Maestà che cosa pensa di farne?» domandai.

«C'era una sola cosa che potevo fare, Paul: restituirlo al legittimo proprietario. Ho chiesto che venisse posto nella bara di re Carlo I.» Continuò il racconto, dicendomi che quando avevano aperto la cassa, avevano visto che la testa del re era stata ricucita sul collo. «E, sai, dato che la bara era ermetica, la sua barba era ancora intatta, conservata perfettamente.» La regina era attonita quanto me.

«Immaginate, Vostra Maestà? Questo significa guardare in faccia la storia!»

Una risata accolse questa osservazione.

Il senso dell'humour della regina viene fuori al suo meglio, insieme alla sua abilità nell'imitare le persone, quando si esibisce in privato. Il suo forte sono gli accenti regionali. Ha un debole per i dialetti dell'East End, dell'Irlanda, dello Yorkshire, del Merseyside e dell'Australia, che riproduce affettuosamente perché nutre una profonda ammirazione per il suo popolo, che incontra durante i viaggi ufficiali. Vederla durante una di queste esibizioni è qualcosa che non ci si aspetta, ma in più di un'occasione le sue dame di corte e i segretari privati sono stati colti da attacchi convulsi di riso.

Non dimenticherò mai quella volta che mi trovavo dietro Sua Maestà, in un landò aperto, per l'annuale raduno del Royal Ascot. A un certo punto una voce tra la folla gridò con uno spiccato accento cockney: «Facci un cenno, Liz!».

Un saluto così spontaneo e genuino fece sorridere la sovrana, ma il principe Carlo, che sedeva di fronte alla madre, non aveva sentito quello che aveva detto l'uomo. «Che cos'ha detto, mamma?» chiese.

Con un perfetto accento dell'East End, la regina ripeté: «Facci un cenno, Liz!». Carlo e suo padre scoppiarono a ridere, mentre la regina continuava a salutare con la mano.

Se solo più gente potesse sentire la risata spontanea della regina o vedere più spesso il suo sorriso. Dietro la pompa e l'ostentazione, il protocollo e la tradizione, il senso del dovere che mette sopra ogni altra cosa, c'è una donna piena di calore umano, con una leggerezza di spirito che renderebbe più dolce la caricatura fredda e austera costruita dal popolo. L'uomo della strada vede solo quest'immagine fuorviante. La regina è una delle persone con cui è più facile conversare e non è per niente tronfia o superba. Con me parlava dei giardini, delle specie protette e della servitù. La gente la affascina e mi diceva sempre chi aveva incontrato e chi avrebbe voluto vedere. Sua Maestà è come una gentildonna di campagna che solo per caso si trova a essere regina.

È anche la padrona di cani più premurosa del mondo. Quando uno dei suoi corgi aveva uno spasmo di tosse, si metteva a quattro zampe per tenergli aperta la bocca mentre io gli iniettavo con una siringa una dose della medicina per la tosse che era stata prescritta a Sua Maestà. Per quanto graziosi, i corgi sapevano anche essere cattivi. A Windsor, una sera che la regina era fuori a cena, io ero rimasto a guardare *Dallas* alla TV e mi preparavo a portarli fuori per un'ultima passeggiata. Mentre infilavo il cappotto, loro corsero per il corridoio, fino alla porta, e si scatenò l'inferno. Jolly, il corgi dei principi Andrea ed Edoardo, venne attaccata dagli altri come una volpe circondata dai segugi. Era la più piccola e la più debole e gli altri la assalirono con una violenza selvaggia. Quando girai l'angolo, la povera bestiola aveva lo stomaco squarciato e c'era sangue ovunque. Accorse anche Christopher Bray, il paggio della regina, che aveva udito i latrati e la confusione e insieme sedammo la rissa separando i cani e chiudendoli in stanze diverse. Ero convinto che la povera Jolly sarebbe morta. Poi mi assalì un pensiero terribile: la regina sarebbe andata su tutte le furie.

Chiamammo il veterinario per il corgi e il dottore per i morsi che avevamo ricevuto Christopher e io. Niente a cui non potesse porre rimedio un'antitetanica e qualche cerotto, ma Jolly venne portata via per essere sottoposta a un intervento di emergenza. Sopravvisse, ma dovettero ricucirle l'addome con venti punti.

Quando la regina rientrò dalla cena, le riferii dell'incidente con una certa trepidazione. Fu allora che scoprii per la prima volta la tolleranza di Sua Maestà. Si mostrò in ansia ma comprensiva. Andò nella stanza guardaroba e ritornò con due pillole omeopatiche di arnica per me. «Prendile, Paul, aiuteranno il processo di guarigione.» A quell'epoca non lo sapevo ancora, ma succedeva spesso che i cani facessero delle risse tra loro. Quando ringhiavano e si mostravano i denti all'ora dei pasti, la regina gridava: «Oh, basta! Sanno essere *così* ostinati!».

Mentre cibavamo i corgi, la conversazione si spostava spesso sugli argomenti che più le stavano a cuore: i cavalli, i cani, il principe Filippo e i figli. Era una battuta che circolava tra la servitù che questo fosse l'ordine di importanza in cui venivano. È un po' ingiusto. Forse sarebbe più corretto dire che ha *più passione* per i cavalli e i cani. I corgi la seguivano ovunque andasse. Il rumore delle loro zampe e il respiro ansimante divennero un segnale inconfondibile che la regina era nei dintorni.

Il Duca di Edimburgo conosceva bene la loro onnipresenza. Quando la regina sedeva alla scrivania, davanti ai contenitori con i documenti statali, i corgi sonnecchiavano come tanti fermaporte alle diverse entrate del soggiorno. Bloccavano spesso il passaggio e il principe doveva dare una gomitata alla porta. Una volta disse, con la sua voce roca: «Maledetti cani! Perché devono essere così tanti?».

La regina non capì mai la sua frustrazione. «Ma tesoro, è così bello collezionarli» rispose. Nel mondo esterno, la gente coleziona francobolli. La regina coleziona corgi. (È anche una filatelica e possiede la più ricca collezione privata del paese, iniziata dal nonno Giorgio V.)

Quando arriva un estraneo, i cani lo accolgono sempre con

un coro di ringhi e latrati, ma è sufficiente un secco «Zitti!» della regina per farli smettere. Perfino i cani le obbediscono.

Nutrirli era facile. Portarli fuori era un'impresa. Sua Maestà era solita suggerire che fosse ora di una passeggiata quando c'era brutto tempo. Sentivo la sua voce che chiamava i cani e, ogni volta che guardavo dalle finestre di Balmoral, lo scenario era sempre lo stesso: pioggia a dirotto. Oh no, pensavo, perché una passeggiata doveva durare almeno quarantacinque minuti. «Venite, Piper, Smokey...» Attaccavo i nove guinzagli e uscivo sotto la pioggia battente. Tra le colline brulle della Scozia, trovavo rifugio dal diluvio nella folta boscaglia che cresceva accanto al fiume Dee, non lontano dal castello, mentre i cani scorrazzavano in giro.

Ogni collare aveva una medaglietta rotonda con incise le parole «Sua Maestà la Regina», nel caso che uno dei cani si smarrisse, il che rappresentava l'eventualità più terribile quando ero incaricato di badare a loro. Non dimenticherò mai il giorno in cui tornai con otto cani anziché nove. Dopo quarantacinque minuti all'aperto, ero rientrato, stanco e bagnato, con i cani fradici.

«Oh, sono solo otto» osservò Sua Maestà, allarmata. Mancava Shadow.

Il mio viso dovette tradire l'orrore, ma la regina si limitò a guardarmi.

«Non preoccupatevi, Vostra Maestà, tornerò indietro a cercarla.» Pioveva ancora a dirotto.

Mezz'ora dopo la trovai accanto al fiume e potei tirare il fiato.

Chipper divenne il mio preferito e la regina si accorse del legame che c'era tra noi. Dopo un anno che ero al servizio al suo fianco, gli permise di dormire nella mia stanza, ma solo a Balmoral, Sandringham e Windsor, mai a Buckingham Palace perché i quartieri dove vivevo erano troppo lontani, all'ultimo piano. Ma quando non eravamo lì, Chipper dormì sempre ai piedi del mio letto singolo fino alla sua morte, nove anni dopo.

La vita della sovrana era governata da una routine puntuale come un orologio. La cameriera entrava nella sua stanza alle otto del mattino con il «vassoio del risveglio» e una teiera di Earl Grey. Mentre scostava le tende, i corgi si precipitavano a salutare la regina.

Il lattaio reale arrivava da Windsor con la cassa del latte molto prima che qualcuno fosse sveglio. Una mandria di vacche del Jersey, al pascolo nel grande parco di Windsor, fornisce alla regina e alla famiglia reale una razione giornaliera di latte intero, imbottigliato in bottiglie dal collo largo che recano stampigliato in blu «EIIR Royal Dairy, Windsor», sigillate con un tappo verde e oro.

Alle nove Sua Maestà attraversava il salotto e si recava nella sala da pranzo, portando con sé una vecchia radio Roberts sintonizzata sul secondo canale della BBC. Pochi minuti prima, io avevo apparecchiato un piccolo tavolo con una colazione frugale: una fetta di pane integrale tostato, con un velo di burro e un sottile strato di marmellata scura, con pezzetti di frutta. La stanza era adibita ai pasti della famiglia, ma la regina vi mangiava spesso da sola. Il tavolo rotondo da quattro posti era al centro della stanza; il sole proiettava la sagoma delle grandi vetrate a pannelli sul folto tappeto che ricopriva il pavimento. Paesaggi dalla cornice dorata, provenienti dalla collezione reale, pendevano da sottili catenelle alle pareti tappezzate in seta blu.

Mi divenne familiare la vista della regina in piedi accanto alla credenza, in attesa del fischio del bollitore per preparare il tè in una teiera d'argento. Sedeva sfogliando i giornali, disposti in una pila ordinata e piegati in modo che si vedessero tutte le testate. A partire dal fondo: «The Times», il «Daily Telegraph», il «Daily Express», il «Daily Mail» e il «Daily Mirror»; in cima la copertina di «Sporting-Life», dedicato alle corse dei cavalli. Le sue riviste preferite erano «Harpers & Queen», «Tatler» e «Horse and Hound». Non leggeva mai il «Sun» o il «Daily Star», ma era sempre informata di tutte le storie che riguardassero i reali grazie a una dettagliata rassegna fatta ogni mattina dal suo ufficio stampa e posata accanto ai giornali.

Il «Daily Telegraph» era piegato alla pagina dei cruciverba.

La regina doveva completare sempre entrambi gli schemi. A volte restava indietro di settimane, ma i cruciverba venivano conservati in una pila che aumentava di giorno in giorno e che si portava dietro nei suoi viaggi.

Il primo giornale che prendeva in mano era «Sporting-Life», per leggere le corse del giorno. Il suo taccuino delle corse veniva costantemente aggiornato dal responsabile delle scuderie con le date, i raduni e il tipo di corsa in cui avrebbero gareggiato i suoi cavalli. A quei tempi, quando i colori della regina erano presenti a ogni gara, era ancora più ansiosa di leggere le formazioni e valutare gli avversari. La passione per i cavalli era l'unica evasione che si concedeva dai doveri di stato. Era affascinata da tutto quello che riguardava lo «sport reale», dai cavalli agli allenatori, dai fantini ai cavallanti, dai vincitori e dai perdenti.

Se doveste trovarvi a ingaggiare una breve conversazione con la regina, i cavalli sarebbero un argomento vincente. Ma assicuratevi di sapere quello di cui state parlando: la sua conoscenza è vasta e approfondita e spazia dai vincitori delle gare classiche al sistema degli handicap e dei pesi, fino alla complessità dell'allevamento. Io non osai mai affrontare tali dettagli, ma occasionalmente buttavo lì un'osservazione quando sapevo che uno dei suoi cavalli preferiti avrebbe gareggiato.

«Ho visto che Highclere corre oggi, Vostra Maestà. Credete che abbia qualche possibilità?»

«Dipende, Paul» mi rispondeva, prima di lanciarsi una spiegazione scientifica dei pesi, dei rivali, delle classi e dell'andatura. Alla fine ne sapevo quanto prima.

Non ebbi mai una dritta ma, leale fino in fondo, sostenni sempre i cavalli della regina sia ad Ascot che a Epsom per il Derby, l'unica delle gare classiche che le sue scuderie non sono mai riuscite a vincere.

Il lavoro aveva inizio alle dieci. La regina sedeva alla scrivania, in soggiorno, accanto all'ampia vetrata, con un antiquato interfono davanti a sé. Premeva il massiccio pulsante quadrato contrassegnato dalla scritta «Segretario privato» e diceva, sempre di buon umore: «Vuole venire, per cortesia?».

«Subito, Madam.»
Pochi secondi dopo il segretario privato – a quell'epoca sir Martin Charteris – si affrettava lungo il corridoio con un cestino quadrato pieno di lettere. Dopo un leggero colpo alla porta, entrava nella stanza e, per circa un'ora, stava in piedi accanto alla regina, passando in rassegna le varie questioni e gli impegni che riguardavano la nazione e il Commonwealth. (Un segretario privato, o chiunque altro, non siede mai durante un'udienza con la regina, a meno che non venga invitato a farlo.)

La regina è abituata a lavorare da sola alla sua scrivania e a mangiare da sola. Non c'erano interfoni per chiamare un paggio o un valletto: premeva invece un campanello e nella stanza dirimpetto un piccolo disco rosso cadeva in una delle caselle di una scatoletta di legno appesa alla parete. Ogni casella aveva un'etichetta che indicava in quale stanza si trovava la regina: SALOTTO, CAMERA DA LETTO, SALA DA PRANZO, SALA DELLE UDIENZE, SOGGIORNO e così via.

Le ore fra le undici e l'una erano sempre riservate alle udienze private a palazzo o agli appuntamenti prima di pranzo. Era anche il momento in cui i ministri, i consiglieri privati e gli ambasciatori venivano presentati alla regina nello splendore della Bow Room o della sala del XVIII secolo, per ratificare il loro incarico in una cerimonia di antica tradizione, chiamata «baciamano». Il designato si inginocchiava e, con la mano destra, prendeva quella che gli tendeva la sovrana – con le dita leggermente chiuse – per sfiorarla con le labbra.

Durante tutti questi impegni, la regina restava in piedi, a volte anche per due ore di seguito. Non c'era da stupirsi che al suo rientro in soggiorno chiedesse: «È pronto il vassoio con i drink, Paul?». Io avevo già prevenuto la sua richiesta. Spesso si preparava da sola un bicchiere del suo aperitivo preferito, gin e Dubonnet, in uguale misura, con due cubetti di ghiaccio e una fettina di limone. Il pranzo veniva servito all'una in punto e durava circa un'ora.

Se non c'erano altri impegni, la regina usciva con i cani per una lunga passeggiata nei giardini, che durava circa due ore. Mentre indossava il foulard e il soprabito, spesso mi chiedeva:

«Ti spiace ricordarti di registrare le corse?». Voleva dire che dovevo preparare il videoregistratore per registrare una gara trasmessa in televisione tra le due e mezzo e le cinque: Epsom, Ascot, York o Goodwood. Se la gara non veniva trasmessa in TV, veniva predisposto un collegamento in diretta con Buckingham Palace, lo stesso servizio audio fornito alle sale corse di tutto il paese. La regina ascoltava attentamente la cronaca di una gara specifica, in attesa di sentire il nome di uno dei suoi cavalli. Paggi e valletti sapevano che non dovevano mai disturbarla durante una gara. Sarebbe stato il peggiore degli sgarbi. Per quei tre minuti, tutto il resto poteva attendere.

La regina non mangiava né beveva fra un pasto e l'altro. Ovunque si trovasse nel mondo, alle cinque in punto veniva servito il tè. Sia che fosse nel palazzo reale in Arabia Saudita, a bordo del *Britannia* o a Buckingham Palace, io mi assicuravo che ci fosse il suo Earl Grey con un'ombra di latte, un tramezzino morbido e qualcosa di dolce. I pasticcini da tè, confezionati ogni giorno dallo chef reale Robert Pine, non venivano mangiati quasi mai dai membri della famiglia reale. La regina li faceva a pezzetti e li dava uno a uno ai suoi corgi. Per averli guaivano, si rotolavano per terra e giravano come trottole.

Terminato il tè, riappariva il vassoio dei drink, ma non prima delle sei, quando la regina si concedeva un gin tonic. Una cerimonia ufficiale nel tardo pomeriggio, un cocktail o un impegno a cena potevano concludere la giornata reale. Se l'agenda lo permetteva, la regina e il Duca di Edimburgo potevano rilassarsi e godersi una cena insieme, con i corgi sparsi nella sala da pranzo. Era sempre alle otto e un quarto, a meno che non fosse ospite la regina madre, che era regolarmente in ritardo. Gli orari slittavano immancabilmente e la cena poteva essere servita alle otto e mezza o anche alle nove. E lei si presentava sempre con aria innocente. «Oh, sono in ritardo? Stavate aspettando me?» diceva con la sua vocina sottile.

Le lancette degli orologi si fermavano per lei quando era l'ora di andare in chiesa. Una volta, a Sandringham, gli uomini erano andati avanti e la regina era rimasta ad aspettare con una dama di corte, mentre io stavo come al solito al portone. Attesero, attesero, attesero; il servizio sarebbe dovuto cominciare alle undici. Con lo scorrere dei minuti, la regina, esasperata, tirava le dita dei suoi guanti neri. «Allora, la regina Elisabetta viene o stiamo aspettando per niente?» disse.

Alle undici in punto si udì un suono di passi strascicati che veniva dal corridoio e la regina madre comparve con il consueto cappello a tesa larga, munito di piume. «Oh, sono in ritardo? È tanto che aspetti?»

Non una parola venne pronunciata e la regina era tutta sorrisi mentre io uscivo e aprivo la portiera dell'auto. Una volta che si era sistemata sul sedile posteriore, io dovevo arrampicarmi all'interno dell'auto, in ginocchio, e posarle una coperta sulle gambe. Sempre.

Grazie al cielo, di solito la routine filava come un orologio. A Buckingham Palace, quando la regina cenava da sola, veniva accesa la televisione in sala da pranzo o in soggiorno. Io stavo in piedi sulla soglia – sempre in piedi – e le tenevo compagnia mentre guardava *Morecambe and Wise*, uno sceneggiato giallo, o il notiziario delle nove della BBC.

Una volta mi trovavo nell'office quando udii un grido di gioia provenire dal soggiorno, seguito da un coro di cani che abbaiavano. Il paggio, Christopher Bray, e io, ci scambiammo un'occhiata perplessa.

Senza farci annunciare, ci precipitammo alla porta e l'aprimmo. La regina ci invitò a entrare. «Venite, presto!» disse, eccitata. Era in piedi e sorrideva felice. «Che meraviglia!» esclamò. Torvill e Dean avevano appena vinto la medaglia d'oro per il pattinaggio artistico alle Olimpiadi di Sarajevo, con la loro esibizione del *Bolero* di Ravel.

Dopo cena, prima che finisse la giornata lavorativa, io avevo ancora due compiti da svolgere. Preparavo un vassoio con due bicchieri, una bottiglia di acqua Malvern non gasata per la regina, una di whisky Glenfiddich e una bottiglietta di birra Double Diamond per il Duca di Edimburgo. Poi portavo i corgi a fare l'ultima passeggiata. Al mio ritorno, li portavo nella stanza in cui dormivano, nello stesso corridoio della regina. A volte Sua Maestà mi raggiungeva per questo rito serale. Ancora in abito da sera, magari con un collier e gli orecchini di diamanti, si metteva a quattro zampe per assicurarsi che ognuna delle sue bestiole fosse comodamente sistemata nella sua cesta o nella brandina. «Controlla che la finestra sia aperta. Buonanotte, Paul.» Un altro giorno era finito.

Ma alla regina restava un ultimo compito. Prima di spegnere la luce, compilava religiosamente il suo diario personale – sempre a matita. Un documento che sarebbe finito come quello della regina Vittoria nella collezione reale. Perfino a letto, la regina era legata al senso del dovere.

Una nuova cucitrice entrò a far parte della servitù nel maggio del 1978. Il suo compito era quello di rammendare i calzini del principe Filippo, apportare modifiche ad abiti e camicie, aggiustare le lenzuola e lavare gli asciugamani dei cani. Per i primi tempi non feci molto caso a lei. Era diligente e a una prima impressione mi era parsa accomodante, di carattere allegro e vivace. Io non le piacevo.

Credo che l'essere divenuto così rapidamente cameriere personale della regina mi avesse dato alla testa. L'adolescente venuto da un villaggio minerario del nord si trovava ora a conversare con la sovrana, con la responsabilità di far sì che la sua vita funzionasse. Un tale successo aveva allargato i miei orizzonti. Mi rendevo conto che tutto era possibile e avevo conquistato una nuova sicurezza, che mi faceva attraversare i corridoi di palazzo come se fossi alto due metri. Persino il mio accento era sparito, mascherato dalla grandiosità del linguaggio di corte.

Ero sempre il proletario di prima, non potevo dimenticare le mie radici né i miei valori, ma, forse, a qualcuno della servitù davo un'altra impressione e poteva sembrare che mi dessi delle arie. La nuova cucitrice la pensava certamente così. Figlia di cattolici osservanti di Liverpool, era venuta a Londra dal piccolo villaggio di Holt, nel Galles settentrionale.

Sembra che il mio errore fosse stato quello di entrare nel

guardaroba della biancheria con i panni sporchi dei cani e lasciarli ai suoi piedi annunciando: «Gli asciugamani!»

Non ebbe bisogno di esprimere il proprio sdegno. L'espressione del suo volto era abbastanza eloquente. Disse ai suoi amici che non ero altro che «un damerino da quattro soldi». Si chiamava Maria Cosgrove, la mia futura moglie.

Nel 1979 Maria era stata promossa a capocameriera e aveva la responsabilità della Suite Belga, un appartamento indipendente che si affacciava sui giardini. Era la suite più importante del palazzo perché vi venivano ospitati i capi di stato in visita.

La promozione di Maria coincise con la mia prima uscita nella carrozza di stato in qualità di cameriere della regina, in primavera. Nella livrea delle grandi occasioni, con il berretto di velluto blu in testa, ero appollaiato sul retro del landò dorato che risale al 1902, con le grandi lanterne d'ottone, nel corteo che da Victoria Station andava a palazzo, passando per Whitehall e il Mall. Il compito tradizionale del cameriere è quello di proteggere con la spada le persone all'interno della carrozza, ma il solo fatto di essere così vicino a Sua Maestà e di presentarmi con lei a una folla acclamante mi procurava un'euforia che solo il mio profondo senso del dovere riusciva a contenere.

Ero sul lato sinistro, proprio dietro alla regina, che indossava un cappello rosa. Accanto a lei c'era il presidente della Romania Nicolae Ceausescu, che alloggiava nella Suite Belga e dormiva con una pistola sotto il cuscino. Al mio fianco, su uno dei cavalli della divisione di cavalleria Blues and Royals che scortava il landò, c'era una persona che la regina conosceva molto bene: il tenente colonnello Andrew Parker Bowles, marito di Camilla da sei anni.

Un piccolo gruppo di valletti si accalcava intorno ai vassoi dei rinfreschi nella sala dei ricevimenti di Sandringham House, la residenza di campagna in stile edoardiano che sorge su una tenuta di ventimila acri, nel Norfolk, uno dei due palazzi di proprietà privata della regina, insieme al castello di Balmoral, nell'Aberdeenshire.

Accanto al grande pianoforte, sotto la balaustra in legno della galleria dei menestrelli, i valletti e le cameriere si davano un gran da fare: nuovi ciocchi di legna erano stati accatastati accanto al caminetto in pietra, alto più di due metri, con i parafuochi a foggia di leoni e unicorni, i bicchieri di cristallo vuoti erano stati raccolti dai tavoli di servizio, i tappeti erano stati spazzolati, i cuscini sprimacciati e le carte da gioco riposte dopo la canasta e il bridge. La famiglia reale si era ritirata nei suoi alloggi per cambiarsi per la cena.

Visto il campo libero, i domestici avevano deciso di farsi un bicchierino di gin di nascosto. Dopo tutto, nessuno avrebbe potuto controllare quanto era stato consumato dagli ospiti.

Mentre uno di loro piegava il capo all'indietro per mandar giù quel rapido cicchetto, il suo sguardo colse una figura familiare che lo guardava dall'intelaiatura in legno di una piccola finestra interna che si affacciava sul salone, accanto alla galleria dei menestrelli. Per poco il gin non gli andò di traverso. La regina non fece alcun accenno a una tale infrazione. Il suo sguardo diceva tutto. Eppure nessuno meglio di lei sa quanto sia duro il lavoro dei suoi domestici. La sua indulgenza è la dimostrazione di come capisca che il suo staff possa aver bisogno di qualcosa di forte di tanto in tanto per reggere il duro lavoro e l'isolamento del mondo esterno. La tolleranza della regina era leggendaria.

Una volta, mentre ero con lei e stavamo dando da mangiare ai corgi in un corridoio del pianterreno, a Sandringham House, si aprì la porta che immetteva in una rampa di scale che collegava gli alloggi della servitù con la casa padronale. Ne uscì uno dei domestici più anziani, visibilmente ubriaco, che barcollò e andò a sbattere contro la parete di fronte. Serpeggiando in un campo minato di corgi, vide la regina che lo fissava con cucchiaio e forchetta in mano, borbottò qualcosa di incomprensibile e passò oltre. Mi aspettavo che si sarebbe infuriata e che avrebbe licenziato quell'individuo per il suo comportamento, nonostante fosse al suo servizio da molti anni.

La regina si limitò a inarcare un sopracciglio, non disse nulla e riprese a nutrire i cani. Il domestico se la cavò. A differenza di me. Una volta, a Sandringham, rimossi un bicchiere di gin tonic dal salotto della regina, credendo erroneamente che avesse finito di bere e fosse andata a cambiarsi per la cena.

Maria e la cameriera personale della regina, Elizabeth Andrew, si erano nascoste in un armadio nel sottoscala, fuori dalla sua vista come volevano le regole, in attesa che Sua Maestà scendesse per cena, in modo che loro potessero riordinare la stanza, quando udirono la sua costernazione. «Che bestia – che bestia. Si è portato via il mio drink!» disse, scendendo per venire a cercarmi. Io le riportai il gin tonic e mi profusi in scuse.

La regina cercava sempre di non procurare noie alla servitù, anche se era lei a esercitare il potere supremo. Una sera che cenava da sola a Buckingham Palace, le servii un trancio di pesce. Sua Maestà aggrottò la fronte, lo allontanò con la forchetta e mi guardò con aria desolata. «Che cosa dovrei farne?» disse.

«Lo riporterò in cucina, Vostra Maestà, e lo farò sostituire.»

«No, no, lascia stare. Qualcuno potrebbe avere dei problemi» disse, accontentandosi delle verdure e dell'insalata. Nessuno lo venne mai a sapere.

La sovrana era nota per la sua tolleranza nei confronti dei suoi domestici favoriti, sia che si trattasse di una bevuta, di un errore nella cucina o nel servizio, di un gesto scortese; capiva la pressione a cui erano sottoposti e cercava di mantenere la pace. Aveva le sue regole, ma anche la pazienza di un santo. A differenza della sorella, la principessa Margaret, che era leggendaria per la sua intolleranza. Non ammetteva deroghe al servizio o al protocollo. Guai a chi usciva dai ranghi, perché il suo carattere era tagliente come il suo spirito.

Attaccata alle regole, non ammetteva infrazioni. Lo staff non aveva il permesso di guardare la televisione reale. Dopo un barbecue nello chalet di Balmoral, la famiglia reale sarebbe rientrata nel soggiorno del castello. Nella biblioteca adiacente, io, un altro valletto e due paggi restammo alzati fino a tardi. Per passare il tempo avevamo acceso il televisore, sperando che nessuno se ne sarebbe accorto.

Il rumore della Land Rover sulla ghiaia del vialetto ci fece scattare in azione. Spegnemmo il televisore e tornammo ai nostri posti. Ma la principessa Margaret subodorò qualcosa. Avanzò verso l'apparecchio, posò una mano sul retro, lo sentì ancora caldo e disse: «Lilibet, *qualcuno* stava guardando la TV!»

C'erano solo quattro possibili colpevoli nella stanza e tutti noi eravamo mortificati. La principessa Margaret ci lanciò uno sguardo fulminante. Grazie al cielo, la regina non disse nulla.

La principessa Margaret era anche molto indipendente. Un pomeriggio la vidi nel sottoscala, chinata in due, che frugava nel cesto della legna per raccogliere qualche ciocco da aggiungere al camino del salotto. Pensai che avrebbe gradito una mano, così mi avvicinai, diedi un leggero colpo di tosse e le chiesi: «Posso essere d'aiuto a Vostra Altezza Reale?».

Lei si raddrizzò lentamente, si voltò verso di me e replicò: «Ero una guida scout, sai?»; quindi riprese il lavoro. La principessa Margaret aveva anche un lato più leggero, come scoprì il mio migliore amico a palazzo, il cameriere Roger Gleed. Una volta, a Sandringham, pensando che la sala dei ricevimenti fosse vuota, entrò mentre il giradischi suonava l'aria di un'opera e imitò ad alta voce il tenore, tendendo le braccia. Noi tutti lo guardammo tremanti, a occhi spalancati, cercando di fargli capire che la principessa Margaret era rimasta accanto al camino a fumare una sigaretta con un lungo bocchino nero. Finalmente capì. Si zittì di colpo e si fece piccolo piccolo. Nel silenzio, la principessa batté lentamente le mani e disse: «Bravo... bravo. Non sapevo che avessi tanto talento».

Forse la regina non sarebbe stata così magnanime se fosse stata a conoscenza di tutto quello che la servitù combinava di nascosto. Molti domestici avevano un debole per il gin, che era anche il liquore più accessibile. I camerieri divennero esperti nel prelevare il gin dai decanter di cristallo e travasarlo in bollitori cromati. Nessuno, incontrandolo in un corridoio, avrebbe sospettato di un cameriere che portava un bollitore. I paggi erano ancora più astuti. Le bottigliette vuote di acqua tonica venivano riempite di gin e nascoste nel retro delle loro marsine, che avevano capienti tasche all'interno della fodera.

Queste provviste venivano usate per vivacizzare i piccoli party che si svolgevano di frequente nei corridoi. La servitù lavorava sodo e si concedeva qualche momento di svago: le occasioni sociali nascevano spontaneamente quasi ogni settimana a Buckingham Palace, durante le ore dei pasti o di sera. Se la regina non era a conoscenza delle scorte di gin, sapeva però dell'esistenza di questi party e li tollerava, senza dubbio perché offrivano un momento di svago ai fedeli domestici.

La vita di un domestico era isolata e limitata, faticosa e con scarse occasioni di socializzazione. Il luogo di lavoro – che fosse un palazzo, un castello o una residenza di campagna – era anche la nostra casa. La vita a palazzo può essere limitativa e soffocante per chi mangia, dorme, respira e lavora entro i suoi confini. Produce una comunità molto affiatata ed estranea al mondo di fuori; i party tra la servitù nascono da un bisogno di svago misto a un bisogno di fuga.

Non era un ambiente dove si potesse invitare gli amici o la fidanzata. Nessuno dei domestici che non fosse sposato poteva uscire in città e proporre a qualcuno: «Fermati da me stanotte». Tutti gli ospiti, che dovevano sottoporsi a un rigido controllo di sicurezza, dovevano lasciare il palazzo prima delle undici e mezza di sera.

La paga, comprensiva di vitto e alloggio, era bassa per molti domestici. Molti di loro, comunque, erano lì per il privilegio e l'onore di servire la regina.

Come i soldati che servono la monarchia e il paese per difendere le libertà acquisite, così lo staff reale dedica la sua vita a far sì che la struttura della monarchia venga mantenuta e funzioni in perfetto ordine. Chiunque scelga questa strada adatta la propria vita agli orari, alle norme e ai regolamenti. Come nell'esercito, anche qui c'era un senso di infantile cameratismo. La servitù ha la sua bella dose di burloni. Un valletto appena assunto poteva andare nella sua stanza e scoprire che tutto il mobilio, comprese le lampadine, era stato rimosso. Una giovane cameriera trovò un pipistrello morto, preso dalla torre di Balmoral, sul suo cuscino. Noi lo venimmo a sapere quando la sentimmo gridare. A Balmoral, nel cortile sul retro, dei valletti dispettosi pavesarono la corda da bucato con capi di biancheria intima a mo' di bandiere. Sfortunatamente, lo scherzo si ritorse su di loro quando si scoprì che avevano usato un paio di mutande che appartenevano a una dama di corte. La signora in questione non ne fu affatto divertita e il siniscalco di corte ordinò che quella decorazione offensiva venisse tolta perché considerata «di cattivo gusto».

Gli scherzi e i party spezzavano la noia e la monotonia della routine. Al piani superiori del palazzo, le luci fioche che si potevano vedere dai cancelli principali tradivano l'atmosfera da discoteca che vi regnava. A partire da dopo la mia stanza nell'ala dei paggi, esclusivamente maschile, fino all'equivalente femminile, era tutto un incontrarsi e mescolarsi. I sottoscala erano decorati con festoni. Nessuno teneva la porta chiusa e le stanze erano di tutti, come i corridoi di un albergo preso d'assalto dai delegati di una conferenza. La musica riempiva i locali e si ballava tutta la notte sulle note di Donna Summer, Barry White e degli Abba. Dovevamo stare attenti alla governante, miss Victoria Martin, che aveva una predisposizione alla disciplina da direttrice di scuola. «I ragazzi non possono entrare nell'ala femminile!» tuonò contro di me un pomeriggio. Tutto quello che avevo fatto era stato prendere una scorciatoia dal corridoio della nursery fino all'ala dei paggi, passando per quella femminile. Miss Martin era molto protettiva nei confronti delle sue ragazze e aborriva l'idea che una delle cameriere o delle domestiche si facesse trovare nei corridoi dei paggi e dei valletti.

Pattugliava regolarmente tutto il piano. Le domestiche non osavano lasciare un mozzicone di sigaretta nemmeno nel portacenere della loro stanza. Una ferrea regola di pulizia veniva applicata ai quartieri femminili della servitù e miss Martin, un ex ufficiale della Marina, voleva che i portacenere venissero vuotati ogni mattina. Un solo mozzicone rimasto la faceva andare su tutte le furie. Si udiva spesso una delle domestiche borbottare: «Miss Martin ha dato di nuovo fuori di testa». I party dovevano essere accuratamente programmati in modo da coincidere con l'assenza della governante: un viaggio, una vacanza, o una malattia che la costringesse a letto.

Lo staff che si trasferiva a Balmoral o a Sandringham si trovava agli ordini di governanti meno severe. Ogni sera c'era una festa, in cui tutti smettevano i panni del dovere e si lasciavano andare. Forse non c'era da stupirsi che, almeno nelle Highlands scozzesi dell'Aberdeenshire, lo staff chiamasse quella residenza la «Immoral Balmoral».

La corte si trasferisce da Buckingham Palace al castello di Balmoral ogni anno, dai primi di agosto ai primi di ottobre, per le vacanze estive della regina. In quel periodo, gli Windsor viaggiano verso nord a bordo del *Britannia*, partendo da Portsmouth per una crociera di una settimana fra le Western Islands; lo yacht risale lungo la costa nord occidentale, attraverso il mare d'Irlanda e le isolette della Scozia, prima di dirigersi verso est, in rotta per Aberdeen.

La cabina numero 44 sul ponte inferiore fu mia dal 1979 al 1986, con le sue porte scorrevoli in metallo, un oblò, una cuccetta singola, uno scrittoio e un lavandino in acciaio inossidabile. Mi innervosiva sapere che solo una sottile lamina metallica, tenuta insieme da ribattini, mi separava dal mare. Proprio sotto la cabina c'erano le eliche e di notte il mio sonno era accompagnato dal ronzio meccanico, rapido e pulsante, che facevano fendendo la corrente. Quando c'era il mare grosso, guardare dall'oblò era come guardare una lavatrice in piena centrifuga, con le onde che turbinavano intorno al portellino.

Tutto quello che si stendeva dall'albero maestro in avanti (a prua) era occupato dagli alloggi della Marina reale, con 250 ufficiali e yachtmen, mentre tutto quello che si stendeva dietro (a poppa), ospitava la famiglia reale e i domestici, in tutto una trentina di persone, con la regina in testa.

Trovarsi sullo yacht voleva dire essere sollevati da uno dei compiti più importanti: la passeggiata dei corgi. I cani raggiungevano Aberdeen a bordo di un Andover della flotta aerea della regina. I miei compiti consistevano nel servire Sua Maestà sulla veranda di poppa, che comprendeva una sala con una grande vetrata che dava sul ponte e forniva una vista ininterrotta del mare, con la scia del battello che si perdeva in lontananza. Una fregata seguiva sempre lo yacht.

Ogni giorno per la colazione delle nove e per il tè delle cinque, apparecchiavo un tavolino da gioco per la regina e il principe Filippo. Per il pranzo, all'una, e per la cena, alle otto e un quarto, raggiungevano gli altri ospiti nella sala da pranzo sul ponte principale. Ogni giorno si usava il servizio di porcellana con lo stemma della corona, proveniente dallo yacht reale *Victoria and Albert*.

Muoversi sulla nave con il vassoio di legno dalla regina era un'arte. Dovevo voltarlo per il lungo per attraversare gli stretti passaggi e salire i ripidi scalini metallici. Più di una volta il rollio dello scafo in condizioni di mare mosso finiva per farmi rovesciare il vassoio e mandare in frantumi tazze e piattini. Se solo i vassoi fossero stati fatti come la tavola da pranzo: benché perfettamente levigato, il ripiano aveva una specie di campo magnetico che impediva di cadere alle preziose porcellane, agli argenti e ai cristalli.

Quando c'era burrasca, i pasti erano una vera sofferenza. Mentre il battello rollava sulle acque agitate, io andavo su e giù con due piatti pieni di verdure. Imparai a tenere i piedi bene aperti e le ginocchia piegate per restare in equilibrio; la regina trovava divertente non solo vedere i membri del suo staff diventare verdi in viso, ma anche il suo cameriere muoversi con quell'andatura da clown. Nei giorni di bonaccia, nel tardo pomeriggio il *Britannia* gettava l'ancora nell'acqua poco profonda di una baia. Lance a motore portavano la famiglia reale a riva per un barbecue su una spiaggia deserta, con la carne già preparata dallo chef. Gli ufficiali allestivano un fuoco all'aperto e i reali sedevano sulle rocce e sui tappetini. Questo consentiva ai domestici di rilassarsi sullo yacht con un drink o con un quiz a squadre, con l'operatore del radiotelefono che trasmetteva le domande dall'altoparlante.

Per la regina uno dei momenti culminanti del viaggio era quando il *Britannia* passava davanti alla dimora di sua madre, sulla costa scozzese all'altezza di Caithness. Il castello di Mey è appollaiato sull'orlo di una scogliera. Tutto lo staff reale si raccoglieva sul ponte agitando fazzoletti, tovaglie e lenzuola mentre gli ufficiali lanciavano i razzi e azionavano la sirena.

In risposta, lo staff della regina madre faceva sventolare la biancheria dalle torri e dalle finestre piombate e lanciava fuochi d'artificio dal tetto. Era uno spettacolo grandioso. La regina, munita di binocolo, stava in piedi sul ponte e scrutava la riva per vedere la regina madre che, da terra, scrutava a sua volta il mare in cerca della figlia. Quando si individuavano, sventolavano le mani eccitate. Pochi giorni dopo si sarebbero riviste a Balmoral, dove la regina madre si fermava per due settimane prima di rientrare nella sua residenza di Birkhall.

In vista delle vacanze a Balmoral, mente il *Britannia* risaliva la costa, l'esercito aveva trasportato tonnellate di bagagli in centinaia di bauli partiti da Buckingham Palace. La regina porta con sé tutto e lascia il palazzo praticamente deserto. Grandi teli bianchi vengono distesi in tutte le sale del suo appartamento per proteggere dalla polvere la scrivania, i divani, le sedie, la tavola da pranzo e le credenze. Interi armadi guardaroba su ruote, bauli di cappelli, vasellame, argenti, cristalli, foto incorniciate, scatoloni di libri, televisori, videoregistratori, radio, liquori e vini pregiati la accompagnano. Abiti per ogni possibile occasione vengono accuratamente impacchettati, compreso un vestito nero con cappello nero, nell'eventualità di un lutto. Un baule di cuoio conteneva almeno venti plaid scozzesi e un altro una preziosa collezione di kilt. A Balmoral, Sua Maestà indossa tutti i giorni il kilt, come pure la regina madre, la principessa Margaret e la principessa Anna. La regina porta il tartan rosso Royal Steward o quello verde Hunting Steward, ma il suo preferito era il tartan grigio Balmoral, che può essere indossato solo dai membri della famiglia reale.

I principi Filippo, Carlo, Andrea ed Edoardo indossano il kilt di giorno e di sera, con la cravatta nera, mentre le signore si cambiano sempre per la cena e indossano l'abito da sera. Una marea di tartan volteggia sul parquet del salone da ballo quando i danzatori saltellano e intrecciano le braccia nelle danze tradizionali per il grande Gillies Ball, il culmine della stagione sociale a Balmoral. Le signore indossano sciarpe scozzesi fermate da spille di diamanti. Era l'unica festa che approvava perfino miss Victoria Martin, quando la famiglia reale si mescolava ai domestici e tutti danzavano insieme: regina, duca, principi e principesse, valletti, cameriere, giardinieri e i *gillies*, che facevano da guida ai signori a caccia o a pesca. Un reggimento della Guardia Scozzese, il Black Watch, che ha per uniforme un kilt blu e verde, era schierato nella galleria dei menestrelli e riempiva il salone con il suono delle cornamuse e delle fisarmoniche, mentre il pubblico della sala batteva le mani a ritmo e lanciava grida di gioia.

Fu nel 1979 che danzai con la regina – non esattamente da solo, in una sala affollata da 150 persone. Nello scambio dei partner, il valletto si trova di fronte al sovrano nel ballo chiamato «Dashing White Sergeant». La mia fila, composta di tre domestici, si trovò faccia a faccia con un'altra fila di tre ballerini, di cui una era Sua Maestà. Le due file si unirono in cerchio e la mia mano incontrò quella della regina. Tutto quello che ricordo è che cercavo di non stringere troppo con il mio palmo sudato.

La cornamusa maggiore annunciava ogni ballo e ogni volta che c'era una cena di famiglia, suonava lo strumento al tavolo. Ma aveva anche un altro compito più tradizionale da svolgere ogni mattina, secondo un'usanza istituita dalla regina Vittoria e tramandata alle generazioni successive. Al rintocco delle nove, ovunque si trovi la regina, suona una selezione di brani con la cornamusa, marciando da solo per dieci minuti sotto la finestra della sua camera da letto. È un rituale mattutino che accompagna l'inizio del giorno. Questa tradizione rivelava tutto il suo fascino quando il suono della cornamusa riecheggiava lungo le valli che circondano Balmoral.

Balmoral è un castello magico, fatto erigere dal principe Alberto nel 1853 per la regina Vittoria, perché potesse evadere dal peso della vita pubblica e rilassarsi in solitudine con la famiglia. Più di ogni altra residenza reale, conserva quell'atmosfera calda e accogliente di una casa di famiglia, dove l'etichetta non è così rigida, la vita è meno formale e la regina è in piena forma.

Come fu già per la sua antenata Vittoria, l'isolamento di Balmoral offre il rifugio perfetto alla sovrana; da signora di campagna qual è, non c'è niente che ami di più al mondo di una passeggiata tra queste colline scozzesi. Se Buckingham Palace è il suo ufficio, il castello di Windsor è il suo rifugio preferito durante i weekend. Sandringham House è perfetta per le battute di caccia ma, in un mondo ideale, Balmoral sarebbe la sua casa.

Il tempo sembra essersi fermato sulle torri del castello, con l'edera che si arrampica sui muri di pietra grigia. VRI, il monogramma imperiale della regina Vittoria, campeggia ancora sulla carta da parati dei sontuosi corridoi, ricoperti da una passatoia in tartan Hunting Steward. In tutto il castello si respira l'amore per la vita di campagna e per gli sport all'aria aperta: canne e retini da pesca, insieme agli stivali di gomma, sono appesi nell'atrio con le pareti rivestite di pannelli di legno, dove una pendola del nonno campeggia sul pavimento di marmo a scacchi bianchi e neri; teste di cervo guardano dall'alto di quasi tutte le pareti dei corridoi, trofei provenienti dalle battute di caccia dei sovrani del passato; sotto di loro, i dipinti di Edwin Landseer ritraggono altri cervi al pascolo nelle vallate velate di nebbia e coker spaniel che corrono tra l'erica e la torba.

Era una vita autosufficiente. I salmoni pescati nel fiume Dee e i cervi cacciati sulle colline rappresentavano la portata principale a cena. Come dessert venivano serviti i frutti di bosco raccolti ogni giorno dai giardini delle cucine: mirtilli, lamponi e more selvatiche. I pasti non erano mai molto costosi a Balmoral; la regina era parsimoniosa nella conduzione di una residenza privata dove paga di tasca sua e odiava gli sprechi. Gli avanzi dei pasti venivano dati ai cani. Sua Maestà girava tutte le stanze del castello per spegnere le luci che non erano necessarie. Al mattino, accendeva solo un elemento del termosifone elettrico nel suo guardaroba. Era abituata al freddo e al vento; di notte dormiva sempre con la finestra aperta. Nelle Highland l'inverno è precoce e verso la metà di ottobre non era raro che le cameriere trovassero neve e brina ghiacciata sul tappeto sotto il davanzale della finestra. I corgi si rannicchiavano spesso attorno a quell'unico elemento acceso.

I miei alloggi erano altrettanto gelidi, tanto che un castello reale, a ottobre, mi ricordava la casa della mia infanzia a Grassmoor: pavimenti di freddo linoleum e ghiaccio sui vetri interni delle finestre, in una stanza spartana, senza riscaldamento centrale.

Da bambino scrivevo il mio nome sulla brina dei vetri. A Balmoral, per tradizione, le giovani spose in luna di miele che alloggiano nella suite degli ospiti incidono il proprio nome sui pannelli delle finestre con il diamante del loro anello di fidanzamento.

Alla fine del 1979, la stampa faceva congetture su chi sarebbe stata la prossima sposa a palazzo. Era iniziata la ricerca della donna che sarebbe diventata la Principessa di Galles.

3.

Una principessa innamorata

«Posso esserle d'aiuto? Si è persa?» domandai all'ospite dall'aria smarrita.

«Oh, sì, mi dispiace. Per favore, potrebbe indicarmi la strada per tornare nella mia stanza?» replicò la giovane donna. Era a pochi passi da me, quel sabato mattina del settembre 1980, e vagava nel corridoio scarsamente illuminato del pianterreno del castello di Balmoral. La sua apparizione mi aveva interrotto mentre mi avviavo a passo svelto verso le scale che conducevano al corridoio della regina. Lei stava esaminando i biglietti inseriti nelle targhette d'ottone sulla porta di ogni ospite. La riconobbi dalla sera prima, quando avevo portato la sua valigia dalla hall principale alla sua stanza al primo piano. Era facile perdersi. Ogni corridoio era uguale al successivo, con le stesse porte di legno, le passatoie di tartan verde, la carta da parati beige e le teste di cervo alle pareti. Il castello era deserto. Il principe Carlo era con il Duca di Edimburgo, i principi Andrea ed Edoardo erano a una battuta di caccia. La regina madre e la principessa Margaret si facevano vedere raramente prima di mezzogiorno. La regina era nel suo salotto.

La giovane donna si profuse in scuse mentre la accompagnavo lungo le scale. «Sono così mortificata. Non è facile trovare la strada la prima volta che ci si trova in una dimora così strana» disse con un timido sorriso.

Mentre ci avvicinavamo alla sua stanza, la rassicurai. «Non si preoccupi, è normale. Se avesse bisogno di qualcosa, non esiti a chiamare. Il personale qui è molto disponibile.»

Mi ringraziò, entrò nella sua stanza con un letto singolo e

chiuse la porta. La targhetta diceva: «Lady Diana Spencer».
Pochi metri più avanti, sullo stesso corridoio, la porta successiva recava la scritta «Sua Altezza Reale il Principe di Galles». In una precedente visita, in agosto, lady Diana era venuta insieme alla sorella Jane, che aveva sposato sir Robert Fellowes, l'assistente del segretario privato della regina. In quell'occasione era stata ospite al cottage concesso loro in vitalizio da Sua Maestà, a più di un miglio di distanza. Era quindi la seconda volta che veniva al castello di Balmoral, ma la prima che vi alloggiava in qualità di ospite del principe Carlo, insieme ad altri amici.

Pauline Hillier, la cameriera assegnata al corridoio della nursery, entrò nella stanza di servizio del pianterreno reggendo un semplice abito nero, lungo fino ai piedi. Io stavo bevendo una tazza di caffè. «Questo è l'abito della mia signora. Ne ha portato solo uno e si fermerà qui per tre notti. Che cosa può fare?» domandò, preoccupata per lady Diana Spencer, una maestra d'asilo che veniva da Londra.

La maggior parte delle signore in visita portava con sé più di un abito da sera e tutti ci guardammo in ansia, chiedendoci se si sarebbe sentita in imbarazzo. Aveva solo diciannove anni, praticamente un'adolescente nella cerchia sociale dei reali, composta perlopiù da uomini e donne fra i trenta e i quaranta.

Un ospite che veniva per la prima volta aveva abbastanza cose di cui preoccuparsi oltre al problema del guardaroba. Soggiornare al castello poteva essere un'esperienza davvero impegnativa per un neofita: doveva sapere come rivolgersi ai membri della famiglia reale; a che ora scendere per i drink; doveva superare l'esame di conversazione a tavola; il tutto chiedendosi se sarebbe stato accettato con calore in quella cerchia. Nell'occasione, l'atmosfera cordiale delle serate salvò lady Diana da un passo falso: dovette indossare l'abito da sera una sola volta, perché gli altri due giorni la cena fu un barbecue allo chalet che la regina aveva regalato al Duca di Edimburgo per le loro nozze d'argento.

Agli occhi della servitù lady Diana era solo un'ospite come

tante, una ragazza della Londra bene che faceva parte della compagnia del principe Carlo, allora trentaduenne. Era tranquilla e arrossiva facilmente, ma in lei non c'era nulla di eccezionale. Se notammo qualcosa fu che era molto graziosa, semplice e gentile, e che il suo guardaroba non era adeguato per una donna che compariva al braccio dell'erede al trono.

Le dame di corte avevano passato in rassegna l'esiguo guardaroba della donna conosciuta universalmente come «Lady D.». Fu per questo che ordinarono un completo a un negozio di Londra: gonna bluette azzurra e giacca senza collo con una camicia bianca a collo alto e scarpe dello stesso colore. La futura principessa non aveva nulla che fosse ritenuto idoneo per un'occasione speciale e un tailleur elegante era di rigore per il 24 febbraio 1981, quando Buckingham Palace avrebbe dato l'annuncio ufficiale del suo fidanzamento con il principe Carlo.

Tra la servitù fiorivano i pettegolezzi e la stampa si sprecava in congetture. Fin dai giorni precedenti il Natale, il passaparola negli alloggi dei camerieri, nelle stanze di servizio e nelle cucine era stato «Lady D. è la prescelta». Prima di lei era circolato il nome di lady Amanda Knatchbull, nipote di lord Mountbatten, lo zio del principe Filippo che era stato ucciso in un attentato dell'IRA. Ma le scommesse su lady Amanda erano state spazzate via nel momento in cui il gioielliere della Corona David Thomas era venuto in visita la settimana prima del fidanzamento. Recava con sé una piccola ventiquattrore e le voci ufficiali dicevano che contenesse una scelta di anelli con sigillo, perché il principe Andrea ne scegliesse uno come regalo del suo ventunesimo compleanno. Pochi ci credettero perché l'operazione era stata condotta in un'atmosfera di mistero e i pettegolezzi ripresero vigore. In realtà David Thomas, che era il responsabile dei gioielli della Corona custoditi nella Torre di Londra, aveva portato con sé un assortimento di anelli da donna, con precise istruzioni di escludere rubini e smeraldi. Una selezione di diamanti e zaffiri venne disposta su un vassoio per essere sottoposta – stranamente – all'esame della regina. Dopo che Sua Maestà ebbe fatto la sua scelta, il Principe di Galles diede l'approvazione. Lady Diana fu la terza a esprimere la propria opinione. La futura principessa accettò la scelta che era stata già fatta per lei per non sembrare scortese o ingrata. Come mi disse in seguito: «Non avrei mai scelto qualcosa di così vistoso. Se potessi scegliere oggi, vorrei un anello più semplice ed elegante».

Il giorno in cui doveva essere svelato il segreto, nessuno di noi aveva idea di quello che sarebbe stato annunciato. La mattina era iniziata come al solito, quando avevo servito la colazione a Sua Maestà, alle nove. Poi c'era stata una variazione alla rigida tabella di marcia. «Prenderemo il tè alle quattro» annunciò la regina, anticipando il programma di un'ora. «Saremo in quattro: Sua Altezza Reale [il Duca di Edimburgo], il Principe di Galles e lady Diana Spencer.» Mi aveva informato perché io dovevo sapere quanti posti disporre per le signore e i signori. Per le signore c'erano le tazze da tè, più piccole, per i gentiluomini grandi tazze da colazione. Capii che l'annuncio del fidanzamento era imminente: il programma era stato cambiato con un breve preavviso ed era la prima volta che lady Diana prendeva il tè con la regina.

In quella circostanza fui tra i primi in Inghilterra a sapere e mi sentivo al colmo dell'eccitazione. Dopo aver apparecchiato, mi attardai volutamente nel corridoio della regina per poter vedere la lieta coppia. Il principe Carlo e lady Diana sorridevano quando mi oltrepassarono, mano nella mano, per sparire nel salotto della regina e trasferirsi poi nella sala da pranzo.

John Taylor, il paggio della regina, entrò e posò in tavola un vassoio di pasticcini appena sfornati. Non potei resistere alla tentazione di sbirciare dalla fessura tra la porta e i cardini. Lady Diana, con il nuovo completo bluette, sedeva ben dritta accanto alla futura suocera. Sembrava terrorizzata. Più tardi, sparecchiando la tavola, notai che non aveva assaggiato i pasticcini né bevuto il tè. Seppi solo in seguito che beveva solo caffè. Ma non c'era da stupirsi che fosse nervosa: dopo il tè con la regina ci fu un'apparizione pubblica della coppia, prima che i media di tutto il mondo dessero l'annuncio accuratamente preparato. Il principe e la sua fidanzata dovevano uscire dalla Bow Room, la stanza centrale sul retro del pianterreno, scendere i grandi scalini di pietra e uscire in giardino dove si era raccolta una moltitudine di telecamere e giraffe della televisione, giornalisti e fotografi.

Io avevo dieci minuti liberi e mi ero preparato ad assistere a quel momento storico da una stanza del primo piano, ma non avevo previsto che la regina avrebbe mandato all'aria i miei piani. «Paul, puoi portare i cani al King's Border [un'ampia distesa di verde che circonda il lago] e costeggiare il retro del lago? Ci sarà meno confusione» mi istruì.

Non fui mai così rapido a mettere il guinzaglio ai corgi o a camminare, perché non volevo perdermi l'annuncio. Con nove corgi al rimorchio, mi affrettai fino all'estremità del lago, giusto in tempo per vedere il principe e lady Diana che scendevano gli scalini.

Da quell'osservatorio privilegiato, assistetti in lontananza allo storico evento: avrei avuto bisogno di un binocolo per vedere le due figure che uscivano sul prato e si rendevano disponibili alle interviste sotto l'esplosione silenziosa dei flash.

«L'hai vista? È rimasta seduta lì, tutta sola» mi disse Mark Simpson una sera sul tardi. Era andato a vedere discretamente cosa facesse lady Diana, che si era trasferita a Buckingham Palace dopo il fidanzamento. Mark non poteva evitare di sentirsi in pena per lei. «Andiamo da McDonald's e portiamole un hamburger» suggerì nel suo fervore caritatevole.

Lady Diana Spencer era sola nella sua stanza. Il principe Carlo era partito per un viaggio di un mese in Australia. La sua fidanzata, abituata a vivere nell'appartamento di Londra che divideva con delle amiche, si era ritrovata sola con se stessa per ore e ore nella residenza più vasta della capitale. Mark era il mio nuovo vicino nell'ala dei paggi. Era anche il valletto assegnato al corridoio della nursery reale, dove i principi Andrea ed Edoardo avevano le loro stanze fin da bambini. Lì c'era anche la suite dov'era stata sistemata la fidanzata del fratello, con una camera da letto, un bagno, una cucina e un disimpegno. Si era trasferita a palazzo per i cinque mesi che mancavano alle nozze, in luglio. L'appartamento da scapolo del principe Carlo era sullo stesso piano, ma lontano dalla nursery. Occupava tutta un'ala del palazzo e comprendeva una camera da letto, un bagno, una stanza guardaroba, un soggiorno e una sala da pranzo. Se lady Diana aveva bisogno di un volto amico in quelle ore di solitudine, capì presto che le persone come Mike Simpson, sempre gentile e premuroso, erano disponibili nei suoi confronti. Fin dall'inizio riuscì a farsi degli amici. Per lo meno tra la servitù.

Mark era stanco dopo una giornata di lavoro, ma non sopportava di vederla così isolata. «Potremmo fare un picnic e distrarla un po'. Dai, andiamo da McDonald's» insisté. Io mi sentivo nervoso. E se fosse venuta a saperlo la regina? Se lady Diana l'avesse detto al principe Carlo? Che cosa sarebbe successo se ci avesse visti il mastro di palazzo? Non faceva parte dei nostri compiti tenere compagnia alla futura Principessa di Galles e procurarle qualche svago innocente. Lei viveva nelle stanze reali e noi non avremmo dovuto trovarci lì, e tanto meno intrattenerla.

Raccomandai il massimo della prudenza. «Non so, Mark. Dobbiamo stare molto attenti. Se ci scoprono rischiamo la testa.»

Non conoscevo bene la signora per cui si preoccupava. Mark la conosceva molto meglio di me, perché la vedeva tutti i giorni. Per di più, io ero il cameriere personale della regina e mi trovavo in quella posizione privilegiata da solo due anni.

«Andiamo, Paul, le farà piacere avere un po' di compagnia.» Mark afferrò il soprabito e si avviò verso la porta.

La sua determinazione finì per convincermi e, nonostante i miei scrupoli, lo accompagnai in Victoria Street, dove comprammo tre hamburger Big Mac. Io portavo il mio sacchetto, Mark portava quello che conteneva due porzioni, una per lui e una per la signora. Rientrammo da un ingresso laterale, fingendo di essere andati a prendere da mangiare per la servitù. I domestici andavano spesso al fast food per cui non c'era niente di strano mentre ci dirigevamo verso l'ala dei paggi.

Io ero troppo nervoso per accompagnare Mark nella sua missione e temevo la reazione di lady Diana trovandosi di fronte una persona che aveva incontrato una sola volta nei corridoi di Balmoral e che aveva visto più spesso alle spalle della regina. «Vai tu, Mark» dissi, e così fece. Non pensavo che sarebbe tornato ma, quando ebbe consegnato il Big Mac, venne a chiamarmi dopo essersi assicurato che il campo fosse sgombro. «Dai, vieni!»

Attraversammo il corridoio come due scolaretti disubbidienti. Senza uniforme. Mi tornò alla mente un avvertimento che mi era stato dato nei primi giorni di apprendistato: «Non farti *mai* trovare nei corridoi reali in abiti civili!». Quello che stavo facendo era un vero sacrilegio e una pazzia, ma ero incuriosito da lady Diana, che mi era parsa così cordiale al nostro primo incontro, e mi fidavo di Mark. Lo seguii sul tappeto rosso. Oltrepassammo la nursery, la stanza del principe Andrea, quella del principe Edoardo. Quindi arrivammo a una porta appena socchiusa, che dava sulla piccola cucina annessa alla stanza di lady Diana.

Lei era lì e stava mangiando il suo Big Mac. Rise e si mostrò molto cordiale e alla mano. Continuava a ripetere che Mark era stato proprio gentile e quanto le avesse fatto piacere quell'intermezzo inaspettato. Se la nostra compagnia l'aveva sorpresa, lo stesso effetto ci fece la sua accoglienza rilassata e calorosa. Mark mi aveva detto spesso che era una persona normale; anche se c'era un limite di confidenza da rispettare, non ci furono barriere alla nostra conversazione. Era una tranquilla chiacchierata in cucina. Se io non fossi stato così preoccupato di trovarmi lì, forse avrei apprezzato maggiormente il suo fascino, ma quella che avevamo commesso era un'infrazione ben più grave che non farsi trovare nell'ala femminile della servitù. Ce ne andammo dopo una decina di minuti e io non mi sentii mai così sollevato.

«Hai visto? È come una di noi» osservò Mark, mentre percorrevamo di fretta i corridoi.

Non corsi mai più un simile rischio a palazzo, anche se Mark lo fece. Le sue visite serali divennero un'abitudine e alla fine, accadde l'inevitabile. Fu scoperto nella camera da letto della principessa, seduto sul bordo del letto, da un attonito principe Carlo. Non poteva essere più mortificato quando ritornò all'ala dei paggi. Lady Diana indossava la camicia da notte e, anche se non c'era assolutamente nulla di male, non faceva una bella impressione. Fu considerata un'infrazione alla forma, ma per fortuna Mark non ebbe grossi problemi.

Poco dopo, ricevette la copia di una fotografia della futura sposa, fatta per la stampa. Era firmata con il pennarello nero: «A Mark, con affetto, Diana» Credo che fosse la prima foto che avesse mai autografato.

Lady Diana conduceva una vita molto solitaria in quei mesi precedenti al matrimonio. Non osava uscire a causa dell'assedio dei media. Per lei dev'essere stato come trasferirsi in un municipio. Buckingham Palace è un labirinto sconcertante per gli estranei, un intrico di corridoi e di stanze. Nessuno le faceva da guida e non c'erano mappe né istruzioni. Sbagliare una svolta in un corridoio poteva significare trovarsi nel mezzo di un cocktail party o di un ricevimento ufficiale. Nessuno sapeva chi o che cosa si trovasse dietro l'angolo. Una porta chiusa poteva aprirsi su una riunione privata. Non è un posto confortevole né facile per un neofita, che si tratti di qualcuno che sta per entrare nella famiglia o di un domestico meticoloso. Nei quartieri della servitù c'era almeno una sorta di cameratismo che rendeva la vita più sopportabile: si scherzava e ci si sentiva all'interno di una piccola comunità. Lady Diana non aveva questo tipo di sostegno a cui aggrapparsi. Sedeva fino a tardi alla sua scrivania, a scrivere lettere agli amici. Durante le assenze del principe, si fece coraggio e cercò di imbastire un rapporto con la regina. Una volta alla settimana squillava l'apparecchio nel corridoio di Sua Maestà. «La regina cenerà da sola stasera?» chiedeva con voce sommessa, quasi intimorita.

Se non erano previsti altri impegni, uno di noi riferiva alla sovrana: «Lady Diana vorrebbe sapere se Vostra Maestà cenerà da sola stasera».

«Oh, dille di farmi compagnia» rispondeva la regina. «La cena sarà servita alle otto e un quarto.» Non rifiutò una sola volta. Ma il fatto di dover passare attraverso i paggi o i valletti per comunicare con la futura suocera metteva a disagio lady Diana. Bloccava la sua spontaneità e i pasti erano molto formali. Una volta alla settimana faceva uno sforzo, ma di solito preferiva una cena veloce nella sua stanza, dove poteva raggomitolarsi e rilassarsi.

Provava un sincero affetto per la regina. Ricordo che appariva spesso sul corridoio, con i capelli ancora umidi dopo una nuotata. «La regina è sola?» domandava. Poi bussava alla porta ed entrava nel soggiorno, fresca e briosa: «Buongiorno, Vostra Maestà». Il volto della regina si illuminava di un sorriso, perché lady Diana era così piena di vita. Una volta sposata, non ebbe più bisogno di chiamare la regina «Vostra Maestà». Ricevette istruzioni di chiamala «Mamma» in privato e di chiamare «Pa» il principe Filippo.

La regina era sempre accomodante, anche se raramente fece un'eccezione alle regole per consentire che la futura nuora si sentisse a suo agio. In ogni caso la capacità di adattarsi e la forza di carattere sono considerate parte del dovere e lei stessa aveva dovuto apprendere il rigido protocollo e l'isolamento della vita di palazzo durante la sua infanzia. Dato che lady Diana veniva da una famiglia nobile ed era abituata a uno stuolo di domestici, veniva dato per scontato che si sarebbe adattata al cambiamento. Ma avrebbe dovuto avere un aiuto. Quello che le mancava era la volontà ferrea della regina. Socievole di natura, non afferrò interamente la diversità della vita a palazzo, che le sembrava fredda, strana e distante. D'altra parte la regina la lasciò libera di fare come credeva proprio perché aveva fiducia in lei; il suo atteggiamento era «se ha bisogno di me, sa dove trovarmi». Credeva nella futura Principessa di Galles più di quanto non facesse lei stessa.

Il distacco dalla sua vita precedente – dall'appartamento di Londra e dai bambini dell'asilo – era doloroso. Un giorno tornò a trovarli e i più piccoli, che lei adorava, le si aggrapparono alla manica chiedendo: «Dove sei stata?» e «Quando tornerai?». Visse quell'esperienza come un incubo e quando uscì tratteneva a stento le lacrime.

Non fu meno penoso quando tornò all'appartamento al numero 60 di Colherne Court, che divideva con alcune amiche, per prendere gli effetti personali a cui teneva di più. Mentre vuotava e ripuliva l'appartamento, si trovò sola con i suoi pensieri in un luogo pieno di ricordi. Richiudendo la porta dietro di sé, le venne da piangere.

Ma in fondo era anche eccitata e sapeva che avrebbe dovuto mostrarsi forte. Per combattere la noia, cercò di tenersi occupata. Si concentrò sulle nozze; David ed Elizabeth Emmanuel, i due stilisti incaricati di disegnare l'abito da sposa, venivano regolarmente per le consultazioni e le prove. Ogni volta dovevano stringere la vita perché lady Diana si era messa a dieta in vista del gran giorno.

Prendeva lezioni di danza e tip-tap nella Sala del Trono, in calzamaglia. Lì, su una pedana rialzata a un'estremità del salone, due troni imponenti si innalzavano sotto un baldacchino cremisi con fiocchetti d'oro, che pendeva da una mantovana con ornamenti dorati, morbidamente drappeggiato a forma di W. Le pareti erano tappezzate con seta di una tonalità più chiara, a losanghe segnate da un sottile bordo più scuro.

I due troni, con braccioli e piedi dorati, erano fianco a fianco e gli alti schienali imbottiti, color cremisi intessuti d'oro, recavano uno la scritta «EIIR» e l'altro la lettera «P». Il trono della regina era un paio di centimetri più alto di quello del Duca di Edimburgo, come voleva la tradizione. L'enormità di quel privilegio non dev'essere sfuggito a lady Diana.

Era anche una provetta nuotatrice e, come la principessa Margaret, usava quasi ogni mattina la piscina a piastrelle bianche e blu, con i suoi trampolini. L'unico accesso alla piscina era tramite un corridoio che partiva dalla Suite Belga, dove ogni giorno la futura principessa si imbatteva nella cameriera Maria Cosgrove. Un saluto educato si trasformò ben presto in una breve conversazione, che a poco a poco divenne uno scambio di vedute. Nessuna delle due era a corto di parole. Maria era priva di artifici e lady Diana trovò in lei un'alleata altrettanto disponibile e cordiale di Mark Simpson.

Lady Diana si fece molti amici tra la servitù. Si trovava a suo agio con i domestici molto di più di quanto non si trovasse nell'entourage reale, forse perché gli Spencer conoscevano la vita del personale di servizio come quella dei nobili. La nonna di lady Diana, Ruth, lady Fermoy, era molto amica della regina madre ed era stata gentildonna da camera della regina. Suo padre, il conte Spencer, era stato scudiero di Giorgio VI. Nel fervore di attività dei domestici, la futura principessa trovava svago e buona compagnia.

Dopo aver percorso con circospezione le passatoie rosse dei corridoi nobiliari, attenta a ogni passo falso, esplorava liberamente i pavimenti piastrellati della servitù. Sedeva spesso con il custode degli argenti Victor Fletcher, un uomo dai modi diretti dello Yorkshire, che teneva sempre la stanghetta degli occhiali dalla montatura nera in un angolo della bocca, come se fosse una pipa. Era un esperto in fatto di dovere e dedizione e prodigava le proprie riflessioni a un'attenta ascoltatrice, che gli portava rispetto e lo chiamava signor Fletcher. Era commosso che provasse interesse per il suo lavoro. Lady Diana visitava anche le cucine reali e il pasticciere Robert Pine, un uomo alto e di bell'aspetto, con folti capelli e baffi neri. La faceva sempre ridere con le sue battute, pronunciate con uno spiccato accento del Devon, e le offriva assaggi di gelato artigianale o di budino. Lady Diana si intratteneva nella stanza del caffè con la capocameriera Ann Gardner che, dietro un'aria ordinata e meticolosa, nascondeva un forte senso dell'umorismo. Le piaceva ascoltare i suoi infiniti aneddoti mentre faceva colazione con le sue tazze di cereali.

Faceva capolino nel guardaroba della biancheria per chiacchierare con le ragazze addette al bucato, o andava nelle cucine per intrattenersi con lo chef Mervyn Wycherley, un uomo tarchiato e muscoloso di un'onestà cristallina, con la passione del body-building, che la faceva ridere. Le piaceva la sua natura gentile, che nascondeva dietro un atteggiamento chiassoso ed eccessivo. Subito divenne uno dei suoi favoriti. Anche Evelyn Dagley, una cameriera addetta al corridoio della nursery, era sua sincera alleata. Insieme a quello di Mark Simpson, il suo era stato uno dei primi volti amichevoli che aveva incontrato.

Evelyn – diligente e appassionata al suo lavoro quanto lo era all'hockey – fece in modo che la sua stanza fosse il più confortevole possibile e si prese la responsabilità del suo guardaroba in continua crescita.

Lady Diana si fece molti amici tra lo staff di Buckingham Palace; simpatizzò perfino con Cyril Dickman, il siniscalco di corte. Essendo il capo ci si sarebbe potuti aspettare che tenesse le distanze, ma era invece una persona disponibile e alla mano. Possedeva un forte istinto paterno e nessuno meglio di lui capiva le difficoltà del periodo di transizione che la futura principessa si trovava a sperimentare. Era un pozzo di scienza su tutto quello che riguardava le case reali, un manuale vivente di tradizioni, etichetta e protocollo. Lady Diana non dimenticò mai la sua gentilezza e il tempo che le dedicò in quei primi giorni. Negli anni successivi, a Balmoral, sceglieva sempre Mr Dickman, provetto ballerino, per un foxtrot o un valzer al Gillies Ball. Si trovava così a suo agio con lo staff, che prese a girare da sola i corridoi di palazzo in cerca di qualche domestico intento al proprio lavoro, disposto a scambiare quattro chiacchiere o a prestare un orecchio amichevole. Questo atteggiamento andava contro il protocollo e alcuni dei domestici preferivano che questa confidenza rimanesse confinata negli spazi della servitù, anche se non osavano dirle niente.

Malgrado avesse trovato degli alleati nella «sala macchine» della vita di palazzo, lady Diana non aveva l'approvazione di tutti. Anche tra i domestici c'erano le personalità eminenti e intransigenti nei riguardi della tradizione. Alcuni di loro, in servizio da molti anni, aggrottavano la fronte alla vista di questa giovane donna che «si intrometteva» nel loro mondo. Era opinione diffusa in certi settori che avrebbe dovuto «stare al suo posto». Una donna che era al servizio da quarant'anni non riusciva a credere alla sua audacia una volta che vide lady Diana aprire una credenza e prendere da sola dei biscotti. Era il massimo della maleducazione, disse indignata. Uno dei cuochi arrivò ad affrontarla mentre entrava nella sua cucina. «Non dovrebbe essere qui nelle cucine» le disse in tono altero. Lady Diana, così abituata a essere accolta con cordialità dai domestici, girò sui tacchi e corse di sopra.

Ma la maggior parte dei membri dello staff, specie i più giovani, l'accoglievano con gioia e chiudevano un occhio alle cosiddette infrazioni al protocollo. Era quel che si dice «una boccata d'aria fresca».

Quello di cui erano probabilmente in pochi a rendersi conto, all'epoca, è che lady Diana era anche in perlustrazione; stava scegliendo il personale che avrebbe potuto condurre le due nuove case del Principe e della Principessa di Galles: il ritiro di campagna di Highgrove, Gloucestershire, e un appartamento a Kensington Palace, Londra. Il principe Carlo aveva acquistato Highgrove, una tenuta con una casa di tre piani, in stile georgiano, nel 1980, un anno prima del fidanzamento. La sua posizione nei Cotswolds era conveniente sotto molti aspetti. Era a circa otto miglia da Gatcombe Park e dalla principessa Anna, vicina a Beaufort Hunt e raggiungibile in auto da Bolehyde Manor, dove vivevano il tenente colonnello Andrew Parker Bowles e sua moglie Camilla.

La Principessa di Galles sorrideva radiosa mentre correva con la grazia di una ballerina lungo la passatoia rossa, con le scarpette color crema in una mano e il lungo strascico arrotolato sull'altro braccio. Era finalmente libera di essere se stessa dopo una giornata soffocante e pomposa, senza un solo momento che non fosse dettato dal protocollo. Erano passati solo pochi minuti da quando il mondo intero l'aveva vista baciare il principe sul balcone di Buckingham Palace, il 29 luglio 1981.

Il suo arrivo mi aveva colto di sorpresa. Me ne stavo da solo, con la livrea rossa, appoggiato a una parete del corridoio della regina, e mi chiedevo quando Sua Maestà sarebbe rientrata ai suoi appartamenti, segno che il corteo nuziale stava lasciando la sala centrale, con la balconata, per dirigersi verso la galleria dei quadri, con i soffitti in vetro, sul retro del palazzo, dove tutti si sarebbero riuniti per il banchetto.

La neoprincipessa, avvolta in una nuvola di seta color avorio, con il velo svolazzante, credeva di avere tutto il tappeto per sé. Su un lato del corridoio si apriva la fila di porte finestre alte fino al soffitto che davano sul quadrilatero interno. Lei ballava tra i raggi di luce che inondavano il tappeto e il sole faceva brillare la tiara di famiglia che portava sul capo. Era sicura di sé, piena di vita. Sembrava felice e radiosa. Sapevo che era un'immagine che avrei ricordato per il resto della mia vita, ma mi sentii un intruso e non volevo metterla in imbarazzo, nel caso mi avesse colto a fissarla. Arretrai, entrando nell'appartamento della regina, e chiusi la porta.

Era in quel salotto che avevo assistito alla trasformazione di lady Diana Spencer nella Principessa di Galles, insieme a 750 milioni di telespettatori. Sedevo a gambe incrociate sul tappeto di fronte al televisore della regina, circondato dai suoi corgi. A rigore era proibito guardare la televisione ma sapevo che, almeno in quell'occasione, la regina avrebbe chiuso un occhio.

Come il resto della nazione, anche il valletto di Sua Maestà era incantato da quelle immagini: la folla imponente, lady Diana insieme al padre, il conte Spencer, che salutava dalla carrozza reale diretta alla cattedrale di St Paul; lo strascico del suo abito – oltre sette metri – che inondava la navata con la passatoia rossa; il Principe e la Principessa di Galles che uscivano sugli scalini della chiesa. Il mio compito era quello di restare a palazzo per allestire il banchetto nel salone da ballo accanto alla galleria dei quadri, e il televisore mi era utile per seguire il progredire della cerimonia, anche se passavo metà del mio tempo a guardare fuori in cerca dell'altro cameriere della regina, Paul Whybrew, che aveva avuto la fortuna di seguire il landò di Sua Maestà e del Duca di Edimburgo nel corteo di stato.

Mentre i novelli sposi entravano nel quadrilatero, io rimasi incollato al televisore. Sullo schermo vidi il Principe e la Principessa di Galles che uscivano sulla balconata, mentre dall'esterno mi arrivavano le acclamazioni della folla in delirio. Corsi alla mia stanza all'ultimo piano, che si affacciava sul monumento alla regina Vittoria e sul Mall, e mi inginocchiai davanti alla lunga finestra bassa. Mentre migliaia di persone, là fuori, scattavano foto alla coppia d'oro, io, dall'interno, ne feci una della gente, poi mi precipitai al piano di sotto.

Era la stessa folla che mi aveva tenuto sveglio la vigilia delle nozze cantando *God Bless the Prince of Wales* e *God Save the Queen* nell'atmosfera festosa che aveva invaso il paese. Per tutta la settimana era stato un crescendo di euforia.

Due giorni prima delle nozze, a Buckingham Palace si tenne un ricevimento con danze e cena per almeno mille invitati. C'erano le teste coronate di tutta Europa, ambasciatori, alti diplomatici, vescovi e arcivescovi, ministri e capi di governo presenti e passati, che riempivano ogni stanza del palazzo. Io ero stato assegnato alla Sala del Trono e, insieme a uno dei paggi che era al servizio da più anni, servivo a un tavolo rotondo con dieci convitati, tra cui il Principe di Galles, lady Diana e la Principessa Grace di Monaco accompagnata dal figlio Alberto. Non ho mai visto una donna più bella della principessa Grace, l'attrice leggendaria che il mondo conosceva come Grace Kelly prima che sposasse il Principe Ranieri di Monaco. Quella sera oscurava perfino la bellezza della futura sposa e la sua tiara era ancora più splendida di quella della regina.

Lady Diana era affascinata da lei. Stabilirono un'intesa immediata e prima che si aprissero le danze erano impegnate in una fitta conversazione. Nella principessa Grace lady Diana aveva trovato un modello e una figura a cui ispirarsi: era come lei un'outsider, arrivata alla corona tramite il matrimonio; una star del cinema abituata ai riflettori dei media; una donna legata a un matrimonio reale in cui l'amore doveva fare i conti con il dovere. Le chiese ogni tipo di consiglio. «Sarai perfetta» le disse l'ex attrice. «Non è facile, ma imparerai a cavartela.»

Al banchetto nuziale, stavo ben attento a non calpestare l'abito della sposa, che sembrava spandersi ovunque. Servii la tavolata principale, che comprendeva gli sposi, i rispettivi genitori, le damigelle della sposa, i paggi, i principi Andrea ed Edoardo.

L'esuberanza spontanea della principessa, che poco prima l'aveva fatta correre lungo il corridoio, sembrava trattenuta dal cerimoniale e dal protocollo. Era tranquilla e ascoltava più che intervenire nella conversazione. Toccò appena cibo. Molti anni dopo mi avrebbe detto: «Avevo un nodo allo stomaco. Ero a pezzi». Ma quel giorno, se non altro, intravedeva davanti a sé un luminoso futuro. Tutto quello che desiderava era un matrimonio felice con il principe Carlo. Non solo era innamorata di lui: lo adorava.

Negli ultimi tempi la principessa aveva un solo desiderio: che il pubblico avesse un'idea più aderente alla realtà di quello che era stato il suo amore sincero per il principe Carlo. Sentiva che era stata data un'impressione fuorviante del loro rapporto. Libri dopo libri e articoli dopo articoli avevano distorto la storia cancellando praticamente la felicità e l'amore che esistevano nel primo periodo del loro matrimonio. Si può obiettare che lei stessa si era resa in parte responsabile di alcune di queste distorsioni collaborando con il giornalista Andrew Morton al suo libro (*Diana, la sua vera storia*), uscito nel giugno del 1992 e ripubblicato dopo la sua morte. Era quanto di più simile a un'autobiografia della principessa si potesse leggere, proclamava l'autore. Niente di meno vero. Perché, se un giorno la principessa avesse scelto di scrivere le sue memorie, avrebbe cancellato quella falsa immagine di eterna infelicità che si disse iniziata il giorno stesso del matrimonio. Se le sue opinioni fossero state raccolte più tardi, con il beneficio di una visione a posteriori, e non nel 1992, quando erano dettate da uno sfogo emotivo, il mondo avrebbe un quadro diverso dei motivi che stavano alla base del matrimonio. Il vero amore – perché questo era quello che c'era da entrambe le parti – sopravvisse alle difficoltà dei primi anni e, lungi dal respingere la moglie, il principe Carlo fece del suo meglio per capirla e si mostrò paziente con i suoi cambiamenti d'umore provocati da un disordine alimentare, la bulimia, di cui lei stessa ammise di aver sofferto. In realtà, l'amore che la principessa portava al marito non si spense mai del tutto. Dopo il 1985, quando insorsero differenze inconciliabili, il divario divenne un baratro. L'amarezza portò a uno scambio di invettive tra due persone che non riuscivano più a comprendere le rispettive necessità, ma non ci fu una «Guerra dei Galles»: la guerra ha bisogno dell'odio, e non c'era odio fra loro. Se una guerra ci fu, fu quella combattuta sopra le loro teste, che divise in due fazioni funzionari e consiglieri iperprotettivi.

Quello che bisogna capire è che la principessa collaborò con Andrew Morton, tramite amici, in un momento in cui il suo matrimonio stava andando in pezzi, quando lei era emotivamente confusa, aveva subito la perdita dell'amato padre, il conte Spencer, e si sentiva sotto attacco da parte degli amici del principe Carlo, che si erano coalizzati contro di lei. Come spiegò lei stessa: «Era come se tutte le persone che mi circondavano avessero sei paia di occhi anziché uno: mi fissavano e mi giudicavano continuamente». Era offesa e amareggiata e collaborò con Morton nel periodo in cui era più vulnerabile.

Il libro sortì l'effetto desiderato. La principessa non si sentiva più sola, perché il popolo conosceva la verità e il motivo per cui non ci sarebbero stati più figli. «Mi capivano meglio. Il libro fu una liberazione sia per me che per Carlo, perché non dovevamo più fingere, anche se lui era furioso con me» disse.

Ma fu una classica azione dettata dall'impulso, di cui si sarebbe pentita col tempo. Dopo la pubblicazione del libro, il senno di poi le fece capire che il suo bisogno disperato di far sentire la propria voce aveva creato un'impressione fuorviante del principe Carlo, e si rese conto che il libro aveva cancellato i momenti felici. Con quell'istantanea dettata dal risentimento aveva fatto un errore, riconobbe più tardi.

Per questo motivo non si dovrebbero considerare le sue dichiarazione del 1992 come la testimonianza di quelle che avrebbe dato nel 1997, come invece pretende in buona fede Morton. La principessa voleva dire dell'altro. Il mio resoconto, insieme alle lettere scritte a un'amica di lunga data, fornisce i particolari necessari a bilanciare il quadro.

Durante la luna di miele, il Principe e la Principessa di Galles viaggiarono nel Mediterraneo a bordo del *Britannia* e la principessa era al settimo cielo. Non si sentiva affatto respinta – come ci dicono altre fonti – dall'uomo che chiamava affettuosamente «maritino». Come scrisse a un'amica dallo yacht:

> Non potrei essere più felice. Neppure io avrei mai potuto immaginare la gioia che provo.
> La crociera è stata stupenda: passavamo la maggior parte del tempo a ridere e a saltarci addosso. Il matrimonio fa davvero per me: adoro avere qualcuno da accudire e viziare. È la cosa più bella che mi sia mai capitata e mi considero la donna più fortunata del mondo.

Sullo yacht, poterono vedere per la prima volta il filmato delle nozze e lo rividero più volte. Entrambi venivano presi da un accesso di riso alla gaffe che la principessa aveva fatto all'altare quando, nel pronunciare i voti, aveva sbagliato l'ordine dei nomi del principe Carlo. Erano così felici che mentre guardavano la cerimonia, tenendosi per mano, piangevano entrambi.

Come scrisse la principessa alla stessa amica:

> Ci veniva da piangere ogni volta che vedevamo il filmato delle nozze e io già mi immagino, tra una decina d'anni, uno dei principini che chiede «Perché hai chiamato papà Philip?» Oh, non vedo l'ora!

A differenza di altre spose, la principessa non sarebbe tornata alla sua vecchia vita e all'asilo di Londra. La aspettava un drastico cambiamento, di cui pochi di noi possono capire la portata. Con l'inizio della bulimia, le sue emozioni e i suoi stati d'animo subivano forti oscillazioni. Mi risulta incomprensibile che la gente ne sia rimasta sorpresa, alla luce del cambiamento radicale che si era trovata ad affrontare. La verità è che, se non fosse stato per il principe Carlo, da sola non ce l'avrebbe mai fatta. Lei lo sapeva bene. Lui capiva gli adattamenti a cui doveva sottoporsi e, lungi dal mostrarsi distante e sconcertato dal suo comportamento come si ritiene, fece del suo meglio per sollevarle il morale. Come scrisse la principessa: «*Se ho superato la mia depressione è tutto merito di Carlo, è grazie alla sua pazienza e alla sua gentilezza. Non ce l'avrei fatta da sola, da tanto mi sentivo stanca e infelice, e anche lui ne soffriva*».

Dallo yacht, la coppia reale si diresse a Balmoral. Lo staff del castello era così felice di accoglierli che allestì un carretto a mano a due posti, ricoperto di erica violetta. Li stava aspettando davanti ai cancelli principali e il principe e la principessa salirono a bordo, ridendo dell'assurdità di essere trasportati a braccia da una schiera di *gillies*, giardinieri e stallieri, lungo il leggero pendio che conduce al castello. La principessa arrivò con 160 manghi, dono del presidente d'Egitto Sadat, che era stato loro ospite a bordo dello yacht.

Nella romantica cornice del castello di Balmoral, il principe Carlo leggeva ad alta voce alla moglie, mentre lei ricamava. Passeggiavano mano nella mano nelle vallate e, in quelle calde sere d'estate, lei adorava i barbecue al cottage della tenuta. Per la prima volta nella sua vita, riuscì perfino a leggere un intero libro in un solo giorno. Un'altra cosa che rallegrò le sue giornate fu la visita inaspettata dell'amica che aveva diviso con lei l'appartamento di Londra, Carolyn Pride, poi sposata Bartholomew, che venne a stare al castello come ospite del principe Andrea. La principessa era felice di avere due persone della sua età come Andrea e Carolyn, con cui chiacchierare e divertirsi.

Forse fu in quel periodo che scoprì che Carlo portava ai polsi un paio di gemelli con due C intrecciate, regalo di Camilla. Gliene parlò, ma non permise che questo fatto incrinasse la sua felicità e reagì nell'unico modo che conosceva: prendendosi una rivincita. Sulla carta da lettere intestata di Kensington Palace e di Highgrove, volle una C e una D intrecciate, sotto lo stemma della corona. La principessa credeva che sarebbe stato il simbolo di un matrimonio felice, destinato a durare per sempre. Comprò anche un soprammobile che raffigurava due colombe abbracciate.

Era l'ora del tè a Balmoral e la principessa, in impermeabile, giacca di tweed e calzoni alla zuava, comparve sulla soglia con il volto imbrattato di sangue. Io reagii a scoppio ritardato mentre lei oltrepassava la statua in marmo a grandezza naturale del principe Alberto. Aveva trascorso la giornata a caccia con il principe Carlo, un *gillie* e molte altre persone, e rientrava come se indossasse i colori di guerra. Era stata sottoposta a un rito di iniziazione regale per i cacciatori al loro debutto, dopo che avevano conquistato la prima preda. Era rimasta in piedi nella radura mentre il ventre dell'animale veniva squarciato e il suo sangue usato per segnarle le guance. Aveva avuto il suo «battesimo del sangue». Il cervo ucciso era stato caricato sul dorso di un pony e portato a palazzo da un soldato. Gli avevano tagliato la testa, le corna erano state messe da parte e la carcassa pendeva nell'apposita dispensa, insieme a file di beccacce, fagiani e pernici, in attesa di essere cucinata per la tavola reale.

La principessa amava i soggiorni nelle Highlands ma non aveva la stessa passione dei Windsor per gli sport sanguinari. Quando andava a caccia, lo faceva solo per far piacere al principe. Capiva e accettava che la caccia – come la pesca – era parte integrante della vita di Balmoral e che erano importanti per lui. Qualcuno ha detto che tenne il broncio per tutta la luna di miele e che non fece mai uno sforzo, ma invece faceva del suo meglio per adeguarsi a qualsiasi impegno fosse in programma.

Anche dopo due anni di matrimonio, le piaceva essere presente per il marito. Nel 1983 scrisse a un'amica: «*Credo che sia giusto fare uno sforzo, così sto per andare a vedere la partita di polo... per il secondo giorno consecutivo. Avrei preferito restare a dormire, ma sembra che C ci tenga molto. Sono sicura che si diverte a mettersi in mostra!*» Anche il principe, a sua volta, faceva qualche concessione. Sapeva che la principessa preferiva Londra alla campagna e cambiò di proposito le proprie abitudini. La principessa dovette darsi un pizzicotto per essere sicura di non sognare quando, una mattina, si svegliò a fianco del marito a Kensington Palace e non a Highgrove. Era un dare e ricevere da parte di entrambi.

Per il principe Carlo il massimo della felicità era una battuta di caccia a Balmoral. Dopo una sostanziosa colazione a base di porridge, aringhe affumicate e *kedgeree*, un piatto indiano con riso, uova e cipolle, il gruppo tutto maschile dei cacciatori e degli inseguitori caricava nelle Land Rover i cani, i fucili e le munizioni e si dirigeva verso la destinazione prescelta per passarvi tutta la giornata. Ogni partecipante prendeva con sé una busta impermeabile alla Tower Door di fianco al castello, che conteneva un panino ripieno di carne, cotolette d'agnello, frutta e budino di prugne avvolto in carta oleata. C'era anche una fiaschetta di gin aromatizzato con prugne selvatiche o di whisky.

 Una volta il principe entrò nella hall e chiamò aiuto. «Qualcuno può venire a darmi una mano?» Io lo udii dal Vestibolo dei Paggi e andai a vedere. Ai suoi piedi, sul pavimento di marmo, c'erano due salmoni giganteschi. «Per favore, puoi portarli allo chef? Potrebbe prepararli per cena» mi disse. Io mi chinai a raccoglierli, ma erano scivolosi e mi sfuggirono di mano. Il principe Carlo restò a guardare i miei goffi tentativi. «Oh, andiamo!» esclamò impaziente. «Non sporcare dappertutto! Guarda!» Mi afferrò una mano e infilò due dita nelle branchie. Credetti di svenire. «E adesso portali in cucina» disse. Li portai allo chef tenendoli a distanza con il braccio teso.

 Io non avrei mai avuto lo stomaco di andare a caccia come i reali.

 Dopo la colazione, la regina cavalcava per la tenuta in sella a un cavallo fatto venire da Windsor. Tornava giusto in tempo per unirsi alle altre signore, che si facevano vedere verso mezzogiorno, nel salotto. Il Duca di Edimburgo aveva già stabilito con la moglie dove si sarebbero incontrati. Le signore, inclusa la regina madre e la principessa Margaret, le dame di corte e le altre ospiti, uscivano in auto con un cesto da picnic. La principessa Anna era già sul posto, dato che era uscita prima, unica donna nel gruppo di uomini.

 Le spedizioni di caccia non rientravano quasi mai al castello prima del tardo pomeriggio. Un poveraccio tornò affamato per la cena, solo per essere rispedito nella brughiera dopo aver confessato di aver lasciato un animale ferito. La regina era scandalizzata. Da gentildonna di campagna, andava a caccia ma non ammetteva che si facessero soffrire gli animali e, una volta ferita, era d'obbligo che la preda venisse uccisa per por termine alle sue sofferenze. Non poteva sopportare l'idea di una morte lenta. «Devi tornare a cercarlo e finirlo» disse.

Il poveraccio non rientrò in tempo per la cena.

Mentre controllavo con la regina la disposizione dei posti, che doveva essere riassestata all'ultimo momento, la udii mormorare: «È inconcepibile che un gentiluomo si presenti in ritardo a cena». Mentre lo sventurato era ancora fuori al freddo, aggiunse: «Dovremo invitare l'ufficiale della guardia a prendere il suo posto».

Così la disposizione dei posti tornò alla tradizionale simmetria che voleva un alternarsi di uomini e donne. La regina era sempre un anfitrione perfetto e faceva di tutto perché i suoi ospiti si divertissero. Faceva in modo che nessuno sedesse due volte di fianco alla stessa persona nel corso di una visita. Questo faceva infuriare la principessa, perché lei avrebbe voluto sedere sempre accanto al principe Carlo, ma questo sistema di rotazione li teneva sempre più lontani. La regina è bravissima a prendere nota mentalmente di dove siedono le persone e con chi e fa in modo che tutti si mischino il più possibile e parlino con ospiti diversi. Evita anche di avere tredici invitati a tavola. È una delle regole non scritte. Quando non c'è modo di evitarlo, fa disporre il tavolo in modo da non avere tredici commensali tutti insieme. Una specie di manovella aziona un meccanismo per allungare il tavolo, creando uno spazio in cui può essere inserita un'altra asse di mogano. Quando si profila il temuto tredici, il tavolo viene allungato, ma lo spazio rimane vuoto, in modo che ci sia una divisione al centro. Si hanno così una tavolata di sette e una di sei.

La regina diceva sempre che il numero tredici è riservato a Cristo e ai suoi discepoli.

Sua Maestà, capo supremo della Chiesa d'Inghilterra e Difensore della Fede, è profondamente religiosa: ogni domenica, in qualsiasi parte del mondo si trovi, assiste alla funzione mattutina. Solo una volta all'anno – la Domenica della Rimembranza – vi assiste a Buckingham Palace, tutte le altre volte a Windsor, Sandringham o Balmoral. Perfino a bordo del *Britannia*, il tavolo della sala da pranzo veniva rimosso e sostituito da file di sedie. L'ammiraglio, in qualità di capitano della nave, officia e tutti si alzano in piedi per intonare la «Preghiera del Navigante» per coloro che sono in pericolo in mare. Mentre canta il coro, composto prevalentemente da voci maschili, con tutti gli ufficiali e l'equipaggio in uniforme, un quartetto d'archi della Marina Reale, di stanza a bordo, suona nell'anticamera appena fuori della porta. Sulla terraferma, quando è in chiesa la regina deposita sempre una banconota da cinque sterline nella cassetta delle elemosine. In precedenza la sua cameriera la piega in quattro e l'appiattisce con il ferro da stiro, così la regina può infilarla nella cassetta in modo che si veda solo la testa riprodotta sulla facciata. Nella festività più importante del calendario cristiano, il Venerdì Santo, la regina faceva un'eccezione alla routine e riceveva la Comunione dal diacono di Windsor nella sua cappella privata al castello di Windsor, raggiungibile in pochi passi dal suo appartamento, attraverso il Grande Corridoio con la passatoia verde. Ogni Pasqua il diacono della Cattedrale di Glastonbury mandava un ramo del biancospino di Glastonbury, simbolo della corona di spine che Cristo portava sulla croce, che veniva messo sulla scrivania di Sua Maestà al castello. La regina riceveva sempre un uovo di Pasqua da Charbonnel and Walker, in Bond Street, che viaggiava il mondo con lei finché non era finita l'ultima briciola. Ho visto un uovo di Pasqua durare per sei mesi. Le scaglie di cioccolato venivano impacchettate insieme ai suoi dolci preferiti: una scatola di Bittermints Bendicks e di Peppermint Creams Elizabeth Shaw.

In ogni occasione il Duca di Edimburgo è una presenza fedele e costante al fianco della regina. I momenti più felici della coppia sono quando si trovano da soli, dopo aver sostenuto tutti gli impegni della giornata. Hanno salotti, studi e stanze delle udienze separate per garantire loro l'indipendenza, ma una grande camera da letto mette in connessione le loro suite. In undici anni passati al servizio della regina, entrando e uscendo dal suo mondo privato, non li ho mai sentiti alzare la voce fra di loro. A volte il principe Filippo può brontolare o mostrarsi privo di tatto in pubblico, ma è un marito devoto e pieno di attenzioni. La loro unione è uno strana combinazione di formalità e informalità, ma è soprattutto un vero sodalizio.

Il 20 novembre 1947, quando la principessa Elisabetta, allora ventunenne, sposò il lontano cugino di origini greche, che all'epoca aveva ventisei anni, pronunciarono un voto come marito e moglie. Sei anni dopo, all'Incoronazione, l'ufficiale della marina ribadì quell'impegno giurando in un atto d'obbedienza davanti a Dio che avrebbe servito la regina, sua moglie. Prese quel voto molto seriamente. Più di chiunque altro lui sa che cosa significhi essere sposati al dovere. Dopo quattro anni di matrimonio, rinunciò alla professione che adorava per adattarsi alla vita di palazzo. Anche nei rapporti con la moglie, il principe Filippo osserva il protocollo e in pubblico cammina un passo indietro alla regina. Come regina lei è superiore a un duca ma, nelle questioni di famiglia, è l'uomo che guida la donna. A porte chiuse, nel castello di Windsor, è il principe Filippo che comanda. Dal decidere fra un picnic e un barbecue – «Chiedi a Sua Altezza Reale, io non lo so» dice la regina – al tenere i cordoni della borsa, agli occhi del personale è lui il vero padrone di casa.

La vita può essere molto solitaria per la regina, il dovere ti isola, così lei si appoggia al consorte come fece la regina Vittoria con il principe Alberto. Il principe Filippo è la cassa di risonanza della regina, la persona di cui lei si fida maggiormente, una fonte inesauribile di equilibrio. Il caldo affetto che li legava era visibile a tutti. Lui faceva sempre colazione alle otto e mezza e spesso era ancora a tavola quando arrivava la regina, alle nove. La salutava con un buffetto sulla guancia e un «Buongiorno, cara».

L'altro lato del suo carattere non è così tenero. Il suo temperamento è leggendario ed è riuscito a ridurre in lacrime più di un cameriere e di un paggio. La sua presenza incute timore e rispetto e le sue aspettative sono sempre ai livelli più alti, senza deroghe. Aveva un occhio particolare per tutto quello che *non si doveva fare*. Se qualcuno veniva colto in fallo, il suo carattere vulcanico esplodeva e la sua voce profonda si tramutava in un boato spaventoso. Le porte sbattevano e l'intero piano risuonava delle sue uscite furiose: «Siete un branco di idioti!» o «Sono tutte balle!» Da ex ufficiale della Marina, si aspettava che i suoi uomini reggessero le sue sfuriate, ma con le cameriere era sempre gentile e comprensivo.

Dopo la luna di miele, il Principe e la Principessa di Galles, novelli sposi, tornarono a Buckingham Palace con la regina e il principe Filippo, mentre i decoratori e i mobilieri preparavano la casa della coppia a Highrove e gli appartamenti 8 e 9 di Kensington Palace, sotto la supervisione del designer di interni sudafricano Dudley Poplak.

Nei primi tempi del suo matrimonio, a palazzo, la principessa si concentrò sulla felicità domestica che intendeva costruire con il marito e si diede da fare a scegliere tappeti, tende e arredi per le nuove case. La maggior parte dei fine settimana visitava Highrove per controllare l'avanzamento dei lavori. Iniziò anche a guardarsi intorno per la scelta dello staff, indagando tra le amicizie che si era fatta nei piani inferiori del palazzo. Si scontrò ben presto con la questione spinosa della gestione del personale quando, in un messaggio inviato tramite la guardia del corpo Graham Smith, incoraggiò Maria Cosgrove a inoltrare domanda per il posto di sua cameriera personale. Nel febbraio del 1981, Maria era stata promossa a cameriera del Duca di Edimburgo. Lei sarebbe stata felice di seguire la principessa, ma lady Susan Hussey, la dama di corte della regina, venne a conoscenza dell'approccio. Maria non ebbe scelta. Le venne comunicato che non poteva lasciare il servizio del principe Filippo. Così la principessa scelse per Kensington Palace altri due alleati: la cameriera della nursery Evelyn Dagerly come cameriera personale e Mervyn Wycherley come chef.

In quel primo periodo il principe e la principessa conducevano una vita notoriamente tranquilla. C'erano le serate all'Opera o al balletto, come pure le cene con la cerchia di amici del principe Carlo, ma nessuno dei due era un animale da party né un ospite scatenato. La principessa non aveva ancora acquisito quella sicurezza di sé per cui sarebbe andata famosa, né la determinazione che un giorno i suoi domestici avrebbero temuto. Tastava ancora timidamente il terreno nell'ambiente reale, ma era consapevole di quanto fosse fortunata a trovarsi in una posizione del genere. Fino al giorno in cui non ebbe un brusco scontro con un membro dello staff e si rese conto di non essere affatto benvoluta.

La principessa aveva avuto da ridire con un domestico a proposito delle ore dei pasti della servitù: ci fu uno scambio di vedute, nel quale ognuno dei due voleva far valere il proprio peso. Il domestico si oppose alla principessa, che si fece rossa in viso mentre cercava di affermare la propria autorità. Lui credeva di saperla più lunga di un'ex maestra d'asilo, diventata principessa, anche se era il suo nuovo capo. Alzò la voce e cominciò a strepitare. Avanzò verso di lei, che era con le spalle al muro, e posò le mani sulla parete, ai lati del suo capo. «Se lei non fosse così noiosa, faremmo di meglio» disse. Nel giro di poche settimane, quel domestico era stato rimosso dal suo incarico.

Dopo un anno di matrimonio, il colpo più duro per la Principessa di Galles fu la morte della Principessa Grace di Monaco, avvenuta il 13 settembre 1982 in un incidente d'auto. La principessa Grace, insieme alla figlia Stephanie, stava attraversando le Alpi Marittime da Roc Angel, l'equivalente di Balmoral per la famiglia Grimaldi, a Monaco. Non avevano percorso ancora due miglia quando la Rover prese male un tornante, scavalcò il parapetto e fece un volo di una trentina di metri lungo il pendio sottostante. La principessa Stephanie sopravvisse, ma sua madre morì all'Ospedale Principessa Grace di Monaco. Ci furono parecchie speculazioni sulle condizioni dei freni e del freno a mano.

La Principessa di Galles si trovava a Balmoral quando la famiglia reale ricevette la notizia. Lasciò cadere ogni impegno e si recò ai funerali dell'amica senza il principe Carlo. Era il suo primo viaggio da sola in rappresentanza della famiglia reale.

La principessa non dimenticò mai la donna che chiamava

semplicemente Grace. Parlava spesso della sua eleganza e del suo stile. Ricordava la sua morte come una tragica perdita per il mondo. Possedeva un vestito da cocktail in chiffon bianco, che lasciava libere le spalle, e lo chiamava «il mio abito alla Grace Kelly» perché era «così raffinato ed elegante».

4.

La regina e io

Se la principessa era costretta ogni tanto a darsi un pizzicotto per poter credere alla realtà del mondo incredibile in cui si trovava, lo stesso valeva anche per un certo valletto. Me ne stavo spesso seduto sotto la grande finestra della mia stanza da letto a guardare Londra da Buckingham Palace e a ripensare alle strade acciottolate di Chapel Road, chiedendomi cosa sarebbe stato della mia vita se fossi rimasto al Wessex Hotel.

Lavorare all'ombra della regina mi faceva sentire incredibilmente fortunato. E ciò che vedevo da quella finestra non faceva che accrescere la mia incredulità: il monumento alla regina Vittoria, l'imponenza del Mall che andava a sfociare nell'Admirality Arch, la distesa di St James's Park che d'estate era punteggiata di sdraio bianche e blu, il Big Ben che si stagliava all'orizzonte. Se nella mia infanzia mia madre aveva avuto su di me un'influenza fondamentale, fu la regina a fare di me l'uomo che sarei diventato. La vita di tutti noi è modellata da una molteplicità di persone e di luoghi, e io mi trovavo nel cuore della residenza dei Windsor a osservare e ad assorbire l'esempio della sovrana: la sua innata gentilezza, la sua tolleranza, la sua calma serena, il suo amore per la gente, il suo implacabile e altruistico senso del dovere.

Se mia madre passava le giornate pensando in primo luogo agli interessi della gente di Chapel Road, la regina metteva in primo piano il suo dovere nei confronti del proprio paese e del proprio popolo. E io ero lì, un minuscolo ingranaggio che contribuiva al regolare svolgimento della sua vita. Desiderai spesso che mia madre potesse vedermi, ma il mio lavoro si svolgeva perlopiù a porte chiuse. Il personale viene raramente lodato per il fatto di gestire una casa come uno spettacolo teatrale che va in scena ininterrottamente. Chi sta dietro le quinte non viene mai chiamato a ricevere gli applausi sul palco, ma un sorriso o un cenno del capo da parte di Sua Maestà era sufficiente a farci sentire enormemente soddisfatti del nostro lavoro.

Anche il fatto di dare alla mia famiglia la possibilità di gettare uno sguardo su questa vita era una grande emozione. Quanti figli hanno la possibilità di telefonare alla madre e invitare i genitori a incontrare la regina e il resto della famiglia reale? La mamma si era fatta installare una linea telefonica a Chapel Road, in modo che potessimo tenerci in contatto. «Non posso credere che tu mi stia veramente parlando da Buckingham Palace!» Era emozionatissima per me. Se ne stava seduta nel salotto di casa nostra, incollata al telefono a fumare una sigaretta dopo l'altra, rapita dalla mia routine quotidiana. Bastava che le dicessi di avere servito il tè alla regina per farla sussultare per l'emozione.

Nel primo anno che passai come valletto personale di Sua Maestà, non vedevo l'ora che arrivasse il ballo di Natale, in occasione del quale, ad anni alterni, i parenti del personale potevano essere invitati a palazzo o al castello di Windsor.

«Mamma, vorrei che tu mi facessi l'onore di partecipare al ballo di Natale con me... e con la regina» le dissi. Fece partire uno strillo tanto forte da far uscire i minatori dai pozzi. Ma poi disse: «Oh, mi piacerebbe tanto, ma non penso sia il caso, Paul. Ti farei fare una figuraccia».

«Mamma, non dire sciocchezze. Ci saranno anche le mamme degli altri e tra loro tu non sfigurerai affatto. E poi ci sarò io, vicino a te.»

Quella settimana diede fondo al conto corrente di famiglia per comprarsi un abito da sera lungo, semplice e blu, con una cintura di catenella, che indossò con uno scialle fatto a mano. Disse a tutto il paese che avrebbe incontrato la regina a un ballo. Nessuno da quelle parti conosceva qualcuno che avesse incontrato personalmente la regina. E certamente non era successo a nessuno dei frequentatori della sala bingo Top Rank di Chesterfield.

Al ballo, la mamma era intimorita da tutti i presenti, per non parlare dei reali. Non riusciva a credere di trovarsi nello stesso ambiente della regina, del Duca di Edimburgo, del principe Carlo e della principessa Anna. «Mi sento come se fossi Cenerentola» mi disse, «e tu sei il mio Principe Azzurro!». Entrammo insieme, tenendoci a braccetto.

Quando la regina si presentò ai parenti del personale, mi chiesi se la mamma sarebbe sopravvissuta. «A questo punto mi ci vorrebbe proprio una fumatina!» mi disse. Io le strinsi forte la mano tremante.

«Buonasera, Paul» disse Sua Maestà avvicinandosi a noi.

Hai sentito, mamma?, pensai. Mi ha chiamato Paul. Desideravo disperatamente che la mamma avesse notato quell'informalità, ma credo fosse troppo sconvolta dalla collana di diamanti che le si parava davanti.

Ma si può fare sempre affidamento sulla regina per rompere il ghiaccio: quando ingaggiò una conversazione con la mamma sui minatori e sul Derbyshire, lei iniziò finalmente a sorridere. In seguito disse che non riusciva a togliere gli occhi dal collo della regina. Non aveva mai visto dei veri diamanti, prima. Così tanti insieme, poi... «Lei è tutto quello che ti aspetteresti da una regina» disse. Fu così che iniziò a conoscere la vita che conducevo. Nel corso degli anni avrebbe incontrato una paio di volte la mia datrice di lavoro a palazzo e una volta a Balmoral, quando ci imbattemmo per caso nella regina che stava portando a spasso i suoi corgi.

L'etichetta della mamma fu comunque migliore di quella della mia zietta Pearl. L'avevo invitata a un altro ballo. Vestita di tutto punto, se ne stava rigida e a occhi sgranati mentre la regina si preparava a incontrare i parenti.

Zia Pearl aspettò che fosse la regina a dare inizio alla conversazione.

«Mi dicono che ultimamente nel Derbyshire avete avuto un tempo terribile» disse la regina, come sempre ben informata.

Zia Pearl restò per un istante come paralizzata. Poi disse la prima cosa che le passava per la mente: «Sì, *oribbile*, Vostra Maestà, veramente *oribbile*». Al che fece seguire un'esagerata riverenza.

Dopo l'incontro la zia era mortificata per avere sbagliato le doppie di fronte alla regina. Io risi e le assicurai che Sua Maestà adorava gli accenti regionali.

Parenti ed esterni non erano i soli a essere colti dal terrore di fronte alla regina. C'erano persone che lavoravano a Buckingham Palace ed erano agitatissime all'idea di esserle presentate, cosa che accadeva per Natale. Nell'ultimo giorno prima che la corte si trasferisse al castello di Windsor, come d'abitudine, l'ultimo impegno annuale della regina era quello di incontrare e salutare tutti i membri del personale. Si trattava di oltre trecento persone. La regina stava in piedi per due ore a ricevere personalmente ogni membro dello staff, dal più giovane al più anziano, e augurargli un buon Natale.

Naturalmente i brindisi erano esclusi, ma credo che in quell'occasione un cicchetto avrebbe potuto aiutare molte persone. C'erano cameriere, lavandaie, aiuti maggiordomo e portieri del piano terra che si riducevano a dei relitti tremebondi alla sola idea di avvicinarsi a una regina con cui non entravano mai in contatto durante le loro attività quotidiane.

La regina teneva a mantenere questa usanza per dare riconoscimento al lavoro del personale che consentiva alla sua vita di svolgersi regolarmente. Una volta, quando le venne chiesto da quante persone fosse composta la sua servitù, rispose: «Nessuna. Ho molti membri del personale, ma nessun servo».

Anche la presentazione del personale era orchestrata in modo classico. Tutti quanti riponevano i propri utensili di lavoro e si allineavano in una coda che serpeggiava lungo i corridoi sul retro, attraversava la Marble Hall del piano terra, la sala della colazione, la stanza 1844 e giungeva infine alla porta della Bow Room. La coda era composta in ordine di anzianità. C'erano valletti dai panciotti rossi, paggi in marsina blu e colletti di velluto, cuochi dagli abiti e cappelli candidi, cameriere con il classico abito nero e grembiule bianco. Tra i quattordici valletti, Paul Whybrew andava per primo e io per secondo. Ci faceva sempre una curiosa impressione perché noi vedevamo la regina tutti i giorni, mattino, pomeriggio e sera, ma dovevamo comunque sottoporci a quel rituale, essere annunciati e presentanti, per poi tornare al piano di sopra ad aiutarla a preparare il bagaglio per il trasferimento a Windsor. Per noi avvicinarci alla regina era come una seconda natura, ma per molti era terrorizzante quanto un debutto teatrale.

La regina e il Duca di Edimburgo stavano in piedi in fondo alla Bow Room e i membri del personale stavano sulla porta all'estremità opposta finché il siniscalco di corte chiamava il loro nome. Sembrava un'investitura ma, anziché una medaglia, il personale riceveva un piccolo dono che era stato precedentemente scelto da un catalogo. Le donne addette alla pulizia delle stoviglie dovevano abbandonare i loro guanti di gomma per adottarne un paio in cotone bianco: tutte le donne dovevano indossare i guanti quando venivano presentate alla regina. Curiosamente la regina, che per i suoi impegni ufficiali indossava sempre i guanti, riceveva il personale a mani nude.

Il Natale di casa reale è magico quanto faticoso. Lo spirito delle feste si faceva solitamente sentire al castello di Windsor quando i bambini di tutta la tenuta, compresi i coristi della St George's Chapel, salivano a piedi la collina *en masse* reggendo delle lanterne accese su delle pertiche e si raccoglievano nel quadrilatero per cantare delle carole. La regina usciva da sola sui gradini coperti da una passatoia all'angolo dell'Ingresso Reale, sorseggiava vino caldo e si immergeva in quell'atmosfera. Poteva rilassarsi sapendo che non avrebbe dovuto incartare personalmente i suoi regali: era compito del suo valletto personale.

Era affascinante lavorare alla catena di montaggio dei doni reali, condividendo così la sorpresa di ciò che avrebbero ricevuto i rampolli reali e altri parenti. All'inizio di dicembre la regina sceglieva i regali a palazzo. Il commerciante Peter Knight portava con sé duemila oggetti – giochi, giocattoli, porcellane, prodotti per la casa e per la cucina – e allestiva un enorme chiosco in una delle sale per le udienze. Ogni sera dopo cena Sua Maestà faceva shopping da sola, sceglieva un oggetto, scriveva il nome del destinatario su un biglietto e metteva il tutto all'esterno della stanza perché fosse portato via e incartato. Io e Paul Whybrew sceglievamo la carta da regalo e il nastro e ci sfidavamo a chi riusciva a impacchettarne di più. Ogni anno c'erano circa cento regali, per cui si trattava sempre di una gara piuttosto accanita.

Una sera, mentre ero circondato da rotoli di scotch, carta e nastri, la regina entrò all'improvviso nella stanza. Era ormai passata la mezzanotte. «È ora che tu vada a letto, Paul. Ne hai fatti abbastanza.» Ci volevano circa tre settimane per incartare tutti quei regali e a volte sembrava che non ci fossero ore a sufficienza in un giorno.

La regina non aveva un albero o delle decorazioni nei suoi appartamenti. Non veniva attaccato nessun addobbo finché non arrivava al castello di Windsor. A Buckingham Palace non c'era alcuna decorazione natalizia, a eccezione di un unico albero alto cinque metri proveniente dalla tenuta di Windsor e posto al centro della Marble Hall. Ancora oggi, se dal cancello principale si guarda attraverso l'arco in direzione del quadrilatero, si riescono a intravedere i guizzi delle sue luci colorate.

I regali che avevamo incartato con tanta cura venivano aperti dopo il tè delle cinque della vigilia di Natale, come voleva la tradizione, nella Sala Rossa del primo piano, dove i grandi ritratti di re Giorgio VI e della regina Elisabetta, eseguiti nel 1937 da sir Gerald Kelly in occasione dell'incoronazione, occupavano interamente le pareti su entrambi i lati del camino di marmo. Un altro enorme albero di Natale occupava un bovindo al centro della stanza e un tavolo a cavalletto da 15 metri veniva montato lungo una delle pareti laterali. Il tavolo era diviso da nastri rossi in modo che ognuno avesse una zona con i propri doni: a un'estremità la regina e il Duca di Edimburgo, all'altra le dame di corte e gli scudieri. Il personale si trovava sempre all'esterno della stanza ma le grida di gioia, l'abbaiare degli allegri corgi e un'atmosfera generale di convivialità ci facevano sapere che il Natale dei Windsor era iniziato. Al piano di sotto, nelle cantine simili a segrete dal perfetto isolamento acustico, il personale – che aveva lavorato quasi sempre fino a mezzanotte – si rilassava con feste e balli.

Il giorno di Natale tutte le nazioni del Commonwealth si sintonizzavano per assistere alla trasmissione televisiva del discorso della regina (che a quell'epoca veniva registrato a metà dicembre). Il castello di Windsor non faceva eccezione. Alle tre in punto tutti i membri della famiglia reale si riunivano nella Oak Room e si piazzavano davanti al televisore. Qualcuno si sedeva su divani e poltrone, altri stavano in piedi. La regina stava in silenzio, alle spalle del gruppo. Alla fine della trasmissione era già scomparsa nei giardini a portare a spasso i corgi. La regina non ama concentrare l'attenzione su di sé.

Le visite ufficiali portavano con sé un'eccitazione del tutto speciale, che spezzava la routine almeno quanto il Natale. La visita di Ronald Reagan al castello di Windsor resta per me il caro ricordo di un'occasione in cui i Servizi Segreti vennero ridotti al silenzio dalla sovrana.

Una settimana prima dell'arrivo del presidente, una flotta di veicoli neri corazzati entrò nel quadrilatero per «preparare» gli edifici per quella che sarebbe stata la prima occasione in cui un presidente degli Stati Uniti avrebbe alloggiato ufficialmente al castello. La regina sorrise guardando la spettacolare processione degli uomini dei Servizi. Non aveva alcuna intenzione di cedere. Un membro del personale venne incaricato di consegnare loro un suo messaggio: «Questo è il mio castello e se la sicurezza va bene per me, andrà bene anche per il presidente.» Come darle torto?

Quando il presidente Reagan arrivò in elicottero il 7 giugno 1982, io e un paggio delle udienze ricevemmo l'incarico di occuparci di lui e di sua moglie Nancy nella Suite 240, che occupa tutto il primo piano della Lancaster Tower, con la sua spettacolare vista sul rettilineo lungo un miglio del Long Walk.

Anche allora Nancy era la vera forza che stava dietro quell'uomo. Il presidente non aveva bisogno di valletti perché lei non lasciava mai il suo fianco e i suoi abiti arrivarono perfettamente impacchettati e stirati. Tutto ciò che dovevamo fare era restare a sua disposizione. La suite era stata rifornita di scatole di cioccolatini decorate con nastri rossi, bianchi e blu, ma si venne poi a sapere che il presidente non amava molto il cioccolato. Aveva infatti portato con sé delle gelatine stipate dentro vasetti di vetro. Ne aveva portati a dozzine. Un tavolo della sua suite sembrava un piccolo negozio di dolciumi, e ogni vasetto era decorato con lo stemma presidenziale. Aveva una specie di dipendenza da gelatine. La prima sera vi fu una cena intima, a lume di candela. Io indossavo una livrea rossa e facevo girare un vassoio di aperitivi nella Sala Verde dove si stavano incontrando l'entourage del presidente e i membri della Famiglia Reale, compresi il Principe e la Principessa di Galles, che si erano ormai trasferiti a Kensington Palace e a Highgrove. Mentre aspettavo accanto al presidente e alla first lady, mi accorsi di quanto Ronald Reagan fosse timido: non riusciva a decidersi ad andare a parlare alla regina. «Forza. Vai a parlare con la regina» gli disse Nancy, e lui lo fece. Trovai abbastanza divertente pensare che anche un presidente americano avesse bisogno di un incoraggiamento prima di avvicinarsi a Sua Maestà. Mamma e zia Pearl non erano le uniche.

Ma almeno loro erano riuscite a incontrare la regina. Io avevo avuto uno scambio epistolare con Bette Davis, la leggenda di Hollywood. Quando le scrissi per la prima volta una lettera da ammiratore, lei mi rispose e fu così che iniziò la nostra corrispondenza. In una sua lettera del 3 agosto 1984 si rammaricava di non essere riuscita a stringere la mano a Sua Maestà nel corso di una cena data in suo onore alla 20th Century Fox:

> Non eravamo nemmeno abbastanza vicine perché potessi vederla bene. È stata una grande delusione, soprattutto perché avevamo fatto di tutto per indossare quei guanti bianchi. Ci ha fatte sentire come se Sua Maestà pensasse che gli attori e le attrici di Hollywood fossero dei «reietti sociali» (...) ma mi emoziona molto guardare la sua carta da lettera e leggere le parole «Buckingham Palace» – Bette Davis

Le visite di stato sono l'equivalente regale di quando si tira fuori dagli armadi il servizio di piatti migliore perché viene a trovarci un amico più ricco di noi. I sotterranei delle residenze reali vengono svuotati dei loro tesori. Viene tutto alla luce: candelabri d'argento, saliere e pepiere tanto grandi che ci vogliono due persone per portarle. Per non parlare delle posate d'oro dell'epoca di Giorgio III. Il tavolo a ferro di cavallo nella Sala da Ballo di Buckingham Palace può ospitare fino a 160 commensali, molti di più di quanti non se ne possano invitare a Windsor, dove c'è una tavola rettangolare lunga 36 metri e larga 3. Quel tavolo era tanto largo che gli aiuti maggiordomo, per disporre candelabri e composizioni floreali, dovevano legarsi degli strofinacci attorno ai piedi, salirvi sopra e camminare fino al centro. In quelle occasioni la necessità di una precisione assoluta era più evidente che mai. Ogni coperto doveva essere misurato e disposto con un righello, le posate non dovevano mai essere a più della lunghezza di un pollice dal bordo del tavolo e le sedie dovevano essere perfettamente disposte a spina di pesce prima dell'ispezione del mastro di palazzo.

I banchetti erano operazioni millimetriche pensate per impressionare i capi di stato in visita e coreografate alla perfezione con un sistema di semafori gestito dal siniscalco di corte, che sedeva come un tecnico luci davanti a una console da cui dominava la sala. Dietro le quinte, nelle aree di servizio, tutti tenevano d'occhio le lampadine colorate disposte in sequenza verticale: giallo per «pronti» verde per «via». Al verde una lenta processione di paggi e valletti entrava contemporaneamente nella stanza da angoli diversi. Era puro teatro per la gioia dei presenti e l'esecuzione apparentemente naturale nascondeva le folli corse che avvenivano dietro le quinte, dove si preparava l'entrata della portata successiva.

Da bambino mi avevano sempre insegnato a non iniziare a mangiare finché tutti non erano stati serviti. Nei circoli reali questa regola non viene mai osservata. Non appena la regina è stata servita, inizia a mangiare, a prescindere dal fatto che lo siano stati anche gli altri: è ritenuto scortese non mangiare il cibo finché è ancora caldo. Alla corte della regina Vittoria, quando la sovrana aveva finito di mangiare, il suo piatto veniva portato via, e così anche quelli degli altri commensali, che avessero finito di mangiare o meno. Oggi i piatti non vengono tolti dalla tavola finché tutti non hanno posato coltello e forchetta.

Se il sistema a semaforo è un'innovazione nella vita del personale di servizio, il permesso di spiare i commensali non lo è affatto: la Griglia è un lascito di un'epoca remota. Si tratta di una graticola cesellata che copre una parete della Sala da Ballo del palazzo. Il personale sta dietro il *separé* e osserva lo spettacolo del banchetto, decine d'occhi che spiano discretamente – e con il loro permesso – i grandi della terra nei loro abiti migliori.

Vi fu un'occasione in cui desiderai che esistesse una procedura del protocollo che facesse aprire il pavimento e mi inghiottisse. Quando la regina è in visita ufficiale all'estero, il perfezionismo degli allestimenti è altrettanto estremo. Io partecipai al mio primo tour all'estero quando la regina andò per la prima volta in visita agli stati del Golfo Persico nel 1979. La mattina della partenza era d'uso tenere un brindisi di buon viaggio per il personale, presieduto dall'assistente più fidata della regina, Margaret MacDonald. Seduta in posizione perfettamente eretta su una sedia dall'ampio schienale, era un figura minuta ma impeccabile: occhiali di tartaruga, acconciatura perfetta, abiti di seta realizzati su misura dal sarto della regina, sir Norman Hartnell, tre fili di perle e un fermaglio, doni della regina. Era in tutto e per tutto una dama reale ed era affettuosamente chiamata «Bobo» *solo* dalla sovrana e dalla principessa Margaret: era stata la loro tata. Per il personale era «gli occhi e le orecchie del trono» e nessuno osava contrariarla.

Era lei a controllare ogni dettaglio prima della partenza per assicurarsi che ogni abito, cappello e gioiello fosse stato messo nelle valigie. Io dovevo lucidare e brillantare tutti i bagagli di pelle marrone di Sua Maestà, lustrare le targhette incise e poi legare a ogni baule e a ogni cappelliera un'etichetta gialla (annodata e appesa alla stessa altezza) che diceva: «La Regina». Miss MacDonald verificava anche che le mie capacità di lucidatore delle scarpe della regina fossero all'altezza dei suoi elevati standard. Pretendeva molto, ma non aveva dimenticato le sue umili origini, quando lavorava anche lei ai piani inferiori e, appena arrivata dalla Scozia, la sera si addormentava piangendo per quanto le mancava la sua famiglia.

Prima della partenza per il Golfo ci raccontò alcuni aneddoti di viaggi precedenti. Forse ne fummo tutti troppo ammaliati o forse lo champagne ci diede alla testa, ma l'organizzazione accuratamente orchestrata del mio debutto con Sua Maestà non andò a buon fine.

Mentre tutte le auto si dirigevano verso Heathrow, l'aiuto cameriera della regina, Peggy Hoath, si voltò verso la sua collega May Prentice e disse in preda al panico: «Abbiamo dimenticato il vestito della regina!»

Io ero nel sedile del navigatore e mi girai con una velocità che avrei creduto impossibile. I volti delle donne erano cinerei. Sapevamo tutti che la regina si sarebbe imbarcata su un Concorde trenta minuti dopo.

In quella fredda mattina di febbraio indossava un cappotto pesante e un vestito di lana. Quello che invece era ancora appeso nella stanza di servizio delle cameriere a Buckingham Palace era un abito in stile arabeggiante, con una stampa su seta per tutta la lunghezza, che la sovrana intendeva indossare prima di arrivare in Kuwait. L'autista, anche lui in preda al panico, fece cenno di fermarsi a un poliziotto in motocicletta. Da palazzo venne inviata al nostro inseguimento un'altra auto con il vestito della regina, sotto scorta della polizia.

La regina venne trattenuta un po' più a lungo del solito nella Hounslow Suite di Heathrow e il Concorde perse il posto nella coda di decollo. Io avevo desiderato che tutto filasse liscio nel mio primo tour reale. L'errore che avevamo commesso era stato incredibilmente stupido, ma la regina, tollerante come sempre, si fece una risata per le misure disperate prese per recuperare il suo abito. Sorrideva quando venne scortata sulla scaletta dell'aereo dal gran ciambellano che, per tradizione, è l'ultima persona che la regina saluta quando parte e la prima a darle il benvenuto quando torna.

Era la prima volta che la regina prendeva un Concorde, nonché il mio primo volo all'estero dopo le vacanze dell'infanzia a

Skegness, Scarborough e Newquay. Mi sedetti accanto al valletto del Duca di Edimburgo, Barry Lovell. Decollammo e ci inserimmo nel «corridoio viola», lo spazio aereo esclusivo della regina, dove nessun altro aereo poteva volare. Solitamente per i voli di lunga durata usavamo dei Tri-Star della British Airways e la loro prima classe veniva adattata alle specifiche della regina: nuovi tappeti, un tavolo da pranzo, divani, poltrone e letti. La classe economica veniva invece trasformata in un servizio di prima classe per il personale, che si distendeva nelle file di posti vuoti.

Dopo essere stata accolta dall'emiro del Kuwait, la regina ospitò una serie di capi di stato arabi a bordo del *Britannia* e lo yacht reale divenne una vera e propria nave del tesoro a mano a mano che ogni capo di stato tentava di superare il precedente con doni sempre più lussuosi: tappeti persiani, *parure* di gioielli con zaffiri e diamanti, cammelli d'oro su basi di lapislazzuli, una brocca d'oro per l'acqua a forma di falco.

Negli anni successivi il personale ricevette dei generosi doni dagli ospiti in segno di ringraziamento per il duro lavoro compiuto. Durante un viaggio in Giordania con la regina mi venne dato un orologio Omega d'oro con lo stemma del re sul quadrante, delle medaglie al servizio come l'Ordine del Leone di Malawi e una decorazione d'argento dal Re di Svezia.

In Kuwait salii per la prima volta a bordo dello yacht reale, il *Britannia*, un vero e proprio palazzo galleggiante con i propri appartamenti di stato. Era uno spettacolo vedere il *Britannia* addobbato di tutto punto, con cinque stendardi che garrivano ciascuno da un albero diverso e una serie di bandiere che andava da poppa a prua. Per quante volte mi sarebbe capitato di accedere ai suoi splendidi interni, avrei sempre dovuto sforzarmi di ricordare che si trattava di un vascello e non di una tenuta di campagna, tanto erano ampi e lussuosi il ponte di comando, quello superiore e quello principale. Facemmo vela nel glorioso sole del Barhain, avendo ricevuto il permesso di prendere il sole sul ponte della ciminiera.

La regina era rilassata come non mai quando il *Britannia* solcava le onde, ma la sua calma regale svanì all'improvviso quando scese la ripida passerella per andare a cena in terra ferma. Fu l'unica volta in cui la vidi perdere la calma. Indossava un abito da sera di seta turchese con una tiara di diamanti. Le scarpe da sera nuove slittarono sulla passatoia rossa e la regina scivolò per tutta la lunghezza della passerella. Io ero già a terra, accanto all'auto, e potei solo restare a guardare, convinto che la sovrana sarebbe caduta sulla schiena. Non ho la minima idea di come riuscì a restare in piedi. Mentre scivolava, afferrò il corrimano con tutte le sue forze, urlando «Aiuto! Aiuto!» Quando arrivò in fondo i suoi guanti bianchi erano luridi, rovinati dal lucido del corrimano. In auto li sostituì con il paio di riserva che portava sempre nella borsetta.

Quando si trattava di restare in piedi, la regina era evidentemente più brava di me. Prima c'era stato l'incidente dei corgi a Sandringham. Poi, durante un viaggio nel Kentucky, accadde un disastro. Fu la seconda volta che la regina mi trovò a terra e mi dovette chiedere: «Tutto bene, Paul?».

L'interesse della regina per l'allevamento dei cavalli ci aveva portati a un maneggio per vedere le sue giumente da monta e i puledri presso il proprietario e allevatore Will Farrish – che in seguito sarebbe diventato ambasciatore americano a Londra – in una bella fattoria con granai di sequoia e staccionate bianche poco fuori Lexington. Io soffrivo di mal di schiena da quando ero caduto a Sandringham e mi facevo curare regolarmente per un'ernia al disco. Dopo il volo in Kentucky, il dolore si fece molto più intenso. Nei sei giorni seguenti peggiorò notevolmente. Quando mi chinavo per raccogliere le scarpe della regina provavo un forte dolore, ma tenevo duro, sapendo che presto saremmo tornati a casa. E poi avvenne il disastro.

L'ultima sera, mentre la regina era a cena, scendevo con circospezione la grande scala che portava alla sala da pranzo. Un'improvvisa fitta mi attraversò la gamba sinistra. Persi l'equilibrio e caddi per dodici scalini. Urlai come non avevo mai fatto in vita mia, finché non venni ridotto al silenzio dalla consapevolezza di non sentire più nulla al di sotto della cintola. La regina e i suoi dodici commensali corsero nell'anticamera. Mi guardavano tutti senza sapere cosa fare. Qualcuno chiamò il 911, il numero del pronto soccorso, e il dottore dei Farrish, Ben Roache.

La cameriera della regina, Peggy Hoath, si inginocchiò accanto a me. «Peggy, non sento nulla al di sotto della vita» le dissi.

Nessuno osò muovermi fino all'arrivo degli infermieri e io ricordo solo un sacco di mormorii preoccupati intorno a me. Non mi capiterà mai più di essere portato in ospedale in modo tanto melodrammatico. Mi caricarono e legarono su una barella, dopodiché l'ambulanza mi portò via, scortata dalla polizia.

Al Lucille Markey Parker Cancer Center di Lexington, che fungeva anche da ospedale generico locale, accennarono a un'operazione d'urgenza. Era già stata riservata una suite reale per i casi di emergenza, in base a una procedura che viene seguita ogni volta che la regina è in visita da qualche parte. Fu la prima volta che un servitore reale azzoppato dormiva nel letto della regina. Al mio ricovero venne dato lo stesso livello di discrezione. Nella sala delle infermiere, sulla lavagna dove erano segnati tutti i pazienti, al posto del mio nome c'erano una corona, un piede e il simbolo maschile (ovvero il codice iconografico dei valletti della regina).

Secondo la diagnosi, un disco della parte inferiore della colonna vertebrale si era rotto e si era avvolto intorno al nervo sciatico, causando la perdita di sensibilità al di sotto della vita.

Mentre me ne stavo sdraiato su una lettiga guardando le luci, lord Porchester, il direttore della scuderia della regina, si chinò su di me. «La regina non ha preso questa decisione alla leggera...» Mi spiegò che il programma non consentiva loro di aspettarmi per riportarmi a casa: la regina e il suo seguito dovevano tornare senza di me. «Sei nelle mani migliori possibili e la regina si occuperà personalmente di tutto quanto» mi disse.

Più tardi un dottore mi disse: «Il centro di un disco è come un gamberetto, che in questo caso si è arricciato attorno al nervo sciatico, la cui compressione causa la paralisi temporanea. Dobbiamo eliminare la pressione e rimuovere il disco fratturato. Se non agiamo subito lei potrebbe non camminare mai più».

A mezzanotte venne presa la decisione di operare. Il primo volto che vidi quando uscii dalla sala operatoria fu quello dell'infermiera Doris Gallagher. Le sue parole erano molto più incoraggianti rispetto a come mi sentivo. Disse che l'operazione era riuscita e che la perdita di sensibilità sarebbe stata solo temporanea. «Lei si riprenderà alla perfezione» mi disse.

Ancora intontito dall'anestesia, circondato da fiori e frutta inviati dagli ospiti della cena che io avevo rovinato, guardavo la televisione installata in un angolo della stanza. Trasmettevano in diretta il decollo da Lexington dell'aereo della regina.

Nel giro di tre giorni iniziai a muovermi per le corsie usando un deambulatore. Per due settimane quella divenne la mia casa. Me ne andai nella stanza accanto per scoprire chi fosse il mio vicino. «Salve, sono Ron Wright e questa è mia moglie Julie» mi accolse un cordiale americano.

Julie stava dando da mangiare del purè di patate a un ragazza seduta sul letto e circondata da tubicini e macchinari. «Chiudi gli occhi una volta se ne vuoi ancora, tesoro» disse alla figlia diciottenne, Beth.

Qualche giorno prima Beth era stata operata per un tumore al cervello. All'improvviso il mio dolore mi parve poca cosa. Lei combatteva contro la sua malattia da quando aveva otto anni. Julie finì di darle da mangiare. «Beth non ha mai sentito prima l'accento inglese. Le dispiacerebbe passare un po' di tempo con lei?» mi chiese suo padre.

Passai gli undici pomeriggi seguenti a parlare con Beth. Sua madre mi disse che stava ascoltando perché muoveva gli occhi. Quando per me venne il momento di tornare a casa, salutai Beth. Mi sono tenuto in contatto con Ron Wright, suo fratello Claude e Shirley, la moglie di Claude, che leggeva le mie lettere a Beth. Tre anni e mezzo dopo Beth morì.

La regina aveva mantenuto la promessa di pensare a me. Non mi fu mai presentata una parcella per le spese mediche sostenute e venni portato a casa con un nuovo jet 146 della British Airlines. Non era ancora stato messo a disposizione di Sua

Maestà e doveva accumulare qualche altra ora di volo prima che la regina potesse salirvi. Venni quindi usato come una specie di cavia e il jet, nel cui scompartimento reale erano stati messi dei letti, venne fatto partire dal Kentucky con a bordo solamente un valletto convalescente. Fui il primo passeggero a volare a bordo del 146 regale: ancor prima della stessa sovrana.

Ho girato il mondo insieme alla regina, dalla Cina all'Australia, dalla Nuova Zelanda ai Carabi, dall'Europa all'Algeria al Marocco, ma il viaggio più speciale di tutti era lungo solo qualche miglio e lo percorrevamo ogni anno: era quello dal castello di Windsor al Royal Ascot. Era il giorno preferito della regina, perché si poteva finalmente dedicare solo allo Sport dei Re.

Nel giugno del 1982 il personale era però più interessato a scommettere se il primogenito del Principe e della Principessa di Galles sarebbe nato durante la quattro giorni ippica e se sarebbe stato un maschio o una femmina. Il travaglio reale non avvenne fortunatamente in quei giorni, per cui la regina poté pensare solo alle gare. Naturalmente la sovrana non scommette mai sui cavalli, anche perché non porta mai denaro con sé (se non per andare in chiesa), ma questo non le impedisce di divertirsi. Per lei la gioia consiste nell'indovinare chi vincerà le corse e nel vedere in azione i migliori cavalli da corsa della stagione.

Per me l'esperienza più emozionante era fare parte del corteo di carrozze aperte che in quindici minuti partiva da Home Park e, passando per le strade di campagna, percorreva il famoso Straight Mile in una processione che si svolge sin dal 1825. Seduto tutto impettito sul retro della carrozza della regina, in livrea scarlatta e cappello a cilindro, il valletto deve guardare dritto davanti a sé, concentrato e privo d'espressione, ma le sue orecchie sono attente al boato distante della folla sugli spalti che cresce a ogni *furlong* – le pertiche che segnano il percorso di gara – mentre la banda della cavalleria reale inizia a suonare.

Nemmeno Sua Maestà è distratta. Non appena le ruote della carrozza iniziano a calpestare l'erba, la sovrana inizia a sbirciare di lato per vedere che segni lasciano sul terreno. Controllare la solidità del suolo fa parte della sua preparazione alle corse equestri.

Il percorso è pieno di sobbalzi. Il mio compito era stare attento a sentire subito le prime battute di *God Save the Queen* e poi, dopo un cenno discreto con il valletto al mio fianco, toglierci il cilindro all'unisono. C'erano ovunque signore sorridenti e signori in cilindro. Mentre la musica si spegneva e la carrozza entrava lentamente nella Royal Enclosure, io dovevo scendere per assistere la regina. Saltare da una carrozza in corsa senza perdere la compostezza non è facile, ma non mi è mai capitato di cadere lungo disteso.

Una volta in posizione nel palco reale, la regina, armata di binocolo, si lasciava andare al divertimento: per una volta la corazza del dovere poteva essere un po' allentata. Incitava un cavallo, applaudiva allegramente e, ogni tanto, si lasciava sfuggire un grido di incoraggiamento. Era al tempo stesso divertente e tenero vedere la sovrana assistere alla corsa su un televisore all'interno del palco reale, poi correre con grazia alla balconata per vedere i cavalli bruciare gli ultimi due *furlong* prima del traguardo.

Lord Porchester era sempre al suo fianco per darle consigli sulla forma dei cavalli. C'ero anch'io, per assicurarmi che il tè Earl Grey fosse servito tra la terza e la quarta corsa. La principessa Margaret non beveva tè: preferiva il Pimm's.

Il tempismo del travaglio della Principessa di Galles non avrebbe potuto essere più perfetto. Il Royal Ascot si concluse senza interruzioni e alle nove di sera del 21 giugno 1982, al St Mary's Hospital di Paddington, nacque il principe William, o Baby Galles, come lo chiamava la madre. A due miglia di distanza, negli appartamenti della regina a Buckingham Palace, i membri del personale che erano stati tra i primi a venire a conoscenza della buona notizia, festeggiarono stappando una bottiglia di champagne.

Tutti quanti erano impazienti di vedere il piccolo principe e negli appartamenti del personale era l'argomento di discussione principale, ma l'erede dell'erede passò le sue prime settimane nella nuova nursery di Kensington Palace insieme alla tata Barbara Barnes.

Vidi per la prima volta il principe William due mesi dopo: era agosto e ci trovavamo a Balmoral. Era solo, parcheggiato nella grande carrozzina blu, coperta da una retina, davanti alla torre, su un prato con una fontana di pietra. La sua tata lo teneva d'occhio dalla finestra.

Se il Royal Ascot era l'occasione per vedere la regina divertirsi, a Buckingham Palace la si vide totalmente ipnotizzata la sera in cui la sua più recente statua di cera della signora Tussaud venne scoperta per sottoporla al suo giudizio nella Sala da Pranzo Cinese. «Ti piacerebbe venire a vederla?» mi chiese la regina.

Sua Maestà, seguita da un branco di corgi zampettanti, faceva strada. Io camminavo un passo dietro di lei, incoraggiando i cani più riluttanti a non restare indietro. La stanza è naturalmente arredata in stile orientale, con decorazioni rosse, dorate e verdi. Il caminetto è adornato da intrecci di draghi e serpenti, il tappeto centrale è cinese e le luci sono dotate di paralumi a forma di lanterna cinese. È come se si tornasse allo sfarzo del Brighton Pavilion dei giorni del principe reggente.

La regina entrò nella stanza semibuia e vide immediatamente la statua di cera che si ergeva solitaria al centro della sala. Prima di accendere le luci, fece un bel passo indietro per la sorpresa quando vide il profilo di una donna in abito da sera. Poi premette l'interruttore e la statua di cera venne inondata da una luce chiara. La rassomiglianza era inquietante.

Io conoscevo perfettamente il volto della regina e gli scultori ne avevano colto ogni linea e ogni angolo, comprese le due ciocche grigie sopra le orecchie. La sovrana è naturalmente abituata a posare per dei ritratti e a vederne la rassomiglianza, ma per me non era così e restai a bocca aperta davanti alla «gemella reale» che mi si parava di fronte.

«Hanno fatto proprio un buon lavoro, vero?» mi disse osservando la statua più da vicino. Fu un momento strano e molto intimo: stavo vedendo la regina che ispezionava se stessa.

«Come hanno fatto a essere tanto precisi?» disse in tono ammirato.

Rimase lì per una decina di minuti, dopodiché fece un cenno d'approvazione con il capo. Poi si girò, spense la luce e uscì dalla stanza. Fu la sola volta in cui lasciai la «regina» da sola al buio. Dopo quell'anteprima la statua venne esposta per ordine reale al museo della signora Tussaud.

Ma l'ordine reale che ebbe l'effetto più importante sulla mia vita sarebbe giunto nel 1984, quando sposai mia moglie Maria. Fummo i primi membri del personale reale a cui la regina permise di sposarsi e di restare in servizio. Fu una decisione che contraddiceva centinaia d'anni di protocollo reale e che ci portò per la prima volta alla ribalta della stampa nazionale.

5.
Le altre nozze reali

«Delizie regali per un matrimonio di palazzo» annunciava il titolo di «News of the World». «Amore reale per una coppia di palazzo» urlava il «Daily Mirror». Il matrimonio Burrell-Cosgrove fece epoca ai tempi in cui non esistevano ancora riviste come «Hello!», e i matrimoni erano ancora considerati faccende private.

Dopo avere vissuto per otto anni nell'anonimato del servizio di palazzo, io e Maria ci ritrovammo sotto i riflettori dei media nella giornata di sabato 21 luglio 1984, presso la St Mary's Roman Catholic Church di Wrexham. Giornalisti e fotografi dei giornali della domenica si erano accampati davanti alla casa della famiglia di Maria sin dalla mattina e avevano inseguito l'auto della sposa fino alla chiesa per documentare quello che era stato definito «l'ultimo matrimonio reale». Il potenziale giornalistico dell'evento era amplificato dal fatto che lo sposo lavorava per la regina e la sposa per il Duca di Edimburgo.

Un'astuta reporter di «News of the World» uscì dai ranghi e, infiltrandosi nel continuo andirivieni di parenti dalla casa di Maria, riuscì a entrare, salì le scale e trovò la mamma di Maria, Elizabeth, che si cambiava nella sua stanza da letto. Le chiese una dichiarazione, al che la mia futura suocera rispose: «Levati di torno, brutta impicciona».

Fuori dalla chiesa, quando arrivammo io e il mio testimone, mio fratello Anthony, trovammo ad aspettarci un branco di giornalisti con le telecamere pronte. Non erano attesi ospiti reali. Eravamo tutti persone di servizio ignote a chiunque: Paul Whybrew, il valletto della regina, Peggy Hoath, la cameriera della regina, e Michael Fawcett, un anziano valletto di palazzo. Il cappellano della regina, il canonico Anthony Caesar, fulgido nella sua veste rossa, concelebrò la cerimonia con benedizioni e preghiere.

Anziché assicurarsi che tutti andassero a sedere al proprio posto, gli uscieri dovettero occuparsi di tenere fuori la stampa. Io ero preoccupato solo che il nostro grande giorno non fosse rovinato, perché molti amici erano venuti al nord da Londra. Purtroppo mancavano nove ospiti: i corgi. Non c'era nemmeno Chipper. Ci inviarono però un telegramma reale, che teniamo ancora oggi in cornice. Vi si legge: «*Benché noi corgi non siamo stati invitati, in una cosa siamo concordi, se desiderate placare la nostra ira: portateci un po' di torta nuziale. Firmato: Chipper, Smokey, Shadow, Piper, Fable, Myth, Jolly, Sparky, Brush*». In calce al telegramma c'era l'orma di una zampa.

Quei curiosi dei giornalisti non vennero mai a sapere di questo telegramma. A loro interessava soltanto scoprire come ci eravamo conosciuti.

Il ruolo di Cupido era toccato a Rose Smith, una governante degli appartamenti della principessa Anna. Veniva anche lei dal Derbyshire, aveva frequentato come me lo High Peak College di Burton e aveva iniziato a lavorare a Buckingham Palace sei mesi prima di me. Era sposata con il mio migliore amico, il valletto Roger Gleed, e fu a causa di quell'unione che dovette lasciare il palazzo: a quei tempi la regola voleva che le coppie sposate non potessero lavorare insieme. Andò a lavorare come cameriera personale della Duchessa di Gloucester, a Kensington Palace.

Frequentando i Gleed entrai nello stesso giro di un'ottima amica di Rose, Maria Cosgrove, che aveva lavorato prima nella lavanderia, poi alla Suite Belga e infine nella suite del duca. Mi era capitato spesso di passare davanti a Maria senza degnarla di una seconda occhiata, e lei mi aveva definito un «damerino da quattro soldi». Poi la notai. Il senso dell'umorismo vivace, la risata comunicativa, gli stupefacenti occhi castani e i capelli scuri, la sua «danza del purè» una specie di *crawl* alla rovescia con le braccia che si agitavano all'indietro sopra la testa. L'atmosfera romantica di Balmoral fece la sua parte mentre noi ce ne stavamo seduti attorno ai falò di barbecue arrangiati in qualche modo sui prati, con la prima cornamusa McCrae che ci deliziava con il suo strumento al chiaro di luna, Cyril Dickman che suonava la sua campanella e noi tutti che cantavamo a squarciagola una serie di canzoni scozzesi. Maria divenne mia amica, poi la mia migliore amica e nella primavera del 1983 finimmo per innamorarci.

Durante le visite a casa dei suoi genitori a Holt, sul confine tra Inghilterra e Galles nei pressi di Wrexham, ritrovavo un tessuto di valori che conoscevo benissimo. Mi sentivo a casa. La mamma di Maria, Elizabeth, mi disse di chiamarla Betty. Non smetteva mai di cucinare. Era come essere in una fabbrica di torte: torte alla frutta, torte salate, *cottage pie*; c'erano vassoi di dolci ovunque. Nemmeno il pasticcere reale Robert Pine cucinava tutte quelle torte. Il cattolicesimo dominava la vita di Betty come la regina dominava la mia. Le immagini del Papa in quella casa erano numerose almeno quanto le torte. Betty aveva posto un'acquasantiera accanto alla porta sul retro: vi immergeva le dita e si segnava ogni volta che usciva di casa. «L'acqua santa ti protegge ogni volta che esci. Dovresti dirlo alla regina, Paul» mi diceva.

Il padre di Maria, Ron, un allegro elettricista che sprizzava scintille come il suo lavoro, si mise a sedere e mi raccontò tutto della sua «bellissima figlia, l'unica femmina di famiglia», condendo il tutto con una raffica di battute. Quando lo vidi la volta successiva, era un altro uomo. Stava seduto in salotto con una mascherina sul volto, cercando di aspirare un po' d'ossigeno dalle due bombole poste ai lati della poltrona. Ron stava morendo di cancro. Nel giugno del 1983 Maria voleva disperatamente che suo padre potesse vedere la rivista della Guardia Reale dalla finestra della sua stanza a Buckingham Palace. L'ascensore del personale non arrivava fino all'ultimo piano, per cui io e Roger Gleed portammo a braccia lui e la sua sedia a rotelle per l'ultima rampa di scale. Ron era emozionatissimo all'idea di trovarsi dentro il palazzo ed era molto fiero di sua figlia e di ciò che era riuscita a fare nella vita. Morì quattro settimane dopo. Aveva cinquantanove anni.

La sera dell'ultimo dell'anno portai Maria a casa mia nel Derbyshire e le chiesi di sposarmi nell'albergo di campagna di Higham Farm: mi inginocchiai e le porsi un anello con un diamante che mi era costato tutto ciò che avevo. Volevo darle il meglio di ciò che mi potevo permettere. Per sposare Maria avrei dovuto conformarmi a un altro protocollo, oltre quello di corte, per fare felice la mia futura suocera. Dovevo essere cresimato nella Chiesa d'Inghilterra, ma dichiarare che i nostri figli sarebbero stati cresciuti come cattolici romani. Il cappellano della regina, il canonico Anthony Caesar, mi spiegò come fare e in seguito ricevetti la cresima dal vescovo di Londra. L'influenza di Betty spiega perché ogni volta che entro in una chiesa cattolica immergo automaticamente le dita nell'acquasantiera.

Dopo avere informato i genitori restava solo una persona a cui avremmo dovuto comunicare la nostra grande storia d'amore. Il momento in cui servivo il pasto ai cani mi sembrava il momento migliore per dire alla regina che era sbocciato l'amore tra il suo valletto e la cameriera di suo marito. Fu felicissima per noi.

«È proprio un peccato che Maria debba lasciare il servizio» dissi alla regina.

«Ah, sì? E perché?» mi chiese. Non potevo credere che non fosse a conoscenza di una regola non scritta che era stata seguita per centinaia d'anni. «E non c'è nulla che si possa fare al riguardo?»

«Beh, con tutto il rispetto, Vostra Maestà... voi siete la regina» le dissi.

Naturalmente fu sufficiente una sua parola all'orecchio giusto. Ricevemmo una lettera dal mastro di palazzo in cui si diceva che Maria non avrebbe dovuto lasciare il servizio grazie all'intervento della regina.

Nei cinque anni in cui ero stato l'ombra senza nome della regina ero giunto a conoscere una donna disponibile e alla mano che si occupava dei propri doveri di sovrana, ma che in privato sapeva anche rilassarsi e scherzare, un capo che mostrava di apprezzare un personale di cui sapeva di non poter fare a meno.

Una settimana prima del nostro matrimonio io e Maria fummo convocati dalla regina. Io ero fuori servizio e aspettammo come dei normali visitatori nel Vestibolo dei Paggi. Fu strano quando il paggio John Taylor aprì la porta del salotto e annunciò «Paul e Maria, Vostra Maestà» proprio come una volta aveva annunciato «Il primo ministro, Vostra Maestà», quando alle Bahamas Margaret Thatcher salì a bordo dello yacht reale *Britannia*.

La regina era al centro della stanza. Era strano anche trovarsi di fronte a lei in abiti civili. «Sarà un fine settimana molto emozionante per voi due» disse. Ci diede un pacchettino blu scuro, un dono da parte sua e del principe Filippo. Lo aprimmo di fronte a lei: era un orologio a forma di carrozza dorata con i monogrammi della regina e del principe. Poi la sovrana aprì il coperchio di una scatola più grande e ci diede due portacandele di porcellana con fiori dipinti a mano. Eravamo sopraffatti dalla commozione. Erano i nostri primi regali di nozze.

«Voi pensate a divertirvi: ci rivedremo a Balmoral» ci disse la regina. Maria fece una riverenza. Io mi inchinai.

Avremmo lavorato al servizio della Corona come il signore e la signora Burrell.

Quando arrivò il grande giorno c'era una persona speciale che mancava in quella chiesa: Ron, il padre di Maria. Fu un giorno venato di tristezza per tutta la famiglia, ma fu anche un momento di grande commozione quando Peter, il fratello di Maria, sostituì il padre nel concedermi la mano della sorella.

Mentre il suono commovente di *Trumpet Voluntary* suonata all'organo accompagnava me e la mia novella sposa fuori dalla chiesa, ci trovammo ad affrontare un nuovo problema mediatico. Era impossibile arrivare dalla porta della chiesa all'auto nuziale che ci stava aspettando perché c'erano troppi giornalisti, fotografi e curiosi. Il canonico Caesar e Michael Fawcett si diedero da fare e insieme riuscirono a tenere a bada la stampa. Posammo per i fotografi davanti alla porta principale della chiesa e poi ce la demmo a gambe.

Era un torrido pomeriggio estivo quando giungemmo per il ricevimento al Bryn Howell Hotel di Llangollen, dove il mio testimone lesse biglietti e telegrammi di amici. Uno venne lasciato per ultimo: «*Le nostre congratulazioni e i nostri migliori auguri per la vostra felicità futura. Elisabetta R e Filippo.*»

Quella notte io e Maria partimmo per una luna di miele di due notti a Llandudno. Sapevamo che in settimana saremmo tornati in servizio a Balmoral. La domenica mattina portarono i giornali davanti alla porta del nostro albergo. Eravamo in prima pagina.

Balmoral non era pronto per un cambiamento di protocollo come l'ammissione di una coppia di sposini negli appartamenti del personale di servizio. La vecchia camera di Maria era più comoda, per cui decidemmo di dividerci il suo letto singolo mentre i corgi Chipper e Shadow dormivano sul pavimento. Una persona che più di altre desiderava sapere tutto del nostro grande giorno era la Principessa di Galles, a quell'epoca incinta del secondo figlio. Maria andò a trovarla nei suoi appartamenti, si sedettero sul letto, ridendo e sospirando come scolarette mentre Maria le mostrava i provini delle foto del matrimonio. Se ne restarono lì sedute per una decina di minuti quando sentirono una voce che chiamava: «Diana, Diana, dove sei? È ora di pranzo». Era la regina.

«Sarà meglio che vada. Sono in ritardo,» si scusò la principessa, «ma se lasci qui le fotografie le riguarderò dopo.»

Attraverso Maria, la principessa arrivò a conoscermi meglio: ero il marito di un'assistente di cui si fidava. Ma la cosa più importante era il fatto che fossi il valletto della regina e avessi la possibilità di parlarle. Lei mi vedeva come un buon alleato da avere dalla propria parte, ma prima aveva bisogno di conoscermi meglio. Nei tre anni trascorsi dal suo fidanzamento, mi aveva visto – sempre accanto alla regina – ogni volta che era andata a palazzo reale.

In quel mese d'agosto la principessa cercava ancora delle scuse per stare con il personale di servizio. A Balmoral le mancavano le cene londinesi con amiche come Janet Filderman, Caroline Bartholomew, Carolyn Herbert e Sarah Ferguson, che all'epoca usciva con il principe Andrea. Iniziò a venirmi a cercare sempre più spesso nella Sala dei Paggi, accanto alla scala principale. Ci scambiavamo qualche battuta e facevamo quattro chiacchiere. La principessa dava l'impressione di essere estremamente amichevole, ma in realtà faceva solo quello che faceva con tutte le persone nuove che incontrava. Mi stava studiando. Disse che Londra le mancava moltissimo. Io le chiesi come andasse la gravidanza, le parlai delle gioie del matrimonio e le confidai quanto io e Maria desiderassimo avere dei figli. Nel corso di quelle brevi conversazioni venivo sempre assalito dal dubbio che non fosse appropriato rapportarmi con lei in termini tanto amichevoli.

All'epoca la principessa scherzava sul fatto che tutti i sorrisi che faceva in pubblico le avrebbero consumato i muscoli del viso. La colpiva il fatto che tutti parlassero ancora di lei come di «Lady D.». «Questo dovrebbe mettere in ombra i repubblicani per un po'» diceva. Era decisa a fare in modo che la «determinazione degli Spencer» non consentisse ai mezzi di comunicazione di sorprenderla con l'aria stanca, triste o nervosa. Sentiva che stava crescendo per personalità e fiducia in se stessa, e osava ormai intervenire nel dibattito sociale sulle questioni politiche. In una lettera che scrisse a una vecchia amica, rifletteva sulla dicotomia che l'avrebbe caratterizzata: «*È in qualche modo affascinante il cambiamento avvenuto dentro di me: da un lato c'è Diana, che preferirebbe andare a nascondersi piuttosto che essere sempre sotto gli occhi del pubblico, e dall'altro la principessa che è qui per fare il proprio lavoro al meglio delle sue capacità. Sta vincendo la seconda, ma quale sarà il prezzo che dovrà pagare la prima?*»

La donna privata si vedeva risucchiare tutte le energie. Gli occhi del pubblico la rendevano ancora più consapevole della propria immagine. La preoccupazione di non essere all'altezza di quel lavoro non faceva che peggiorare la sua bulimia, ma il principe Carlo le era di sostegno. La principessa scrisse a un'amica:

> Ci muoviamo a gran velocità. [...] Devo abituarmi a essere ovunque. Carlo è fantastico, è estremamente comprensivo quando a volte mi sento confusa e triste per la pressione. Non avevo capito in passato quanto potesse essermi di sostegno. Sto cercando di fare altrettanto con lui e di essere una buona madre. È strano sapere cosa dovrebbe venire prima. Di fatto è C, ma cosa posso fare quando la stampa fa dei confronti tra noi due e mette C sullo sfondo?

Coloro che non la amavano sostenevano che la principessa non avesse considerazione per le conseguenze che avrebbe avuto su Carlo il fatto di essere messo in ombra dalla moglie durante la «Lady D.-mania» di quei giorni, ma lei scrisse alla stessa amica: «*Dobbiamo capire che è la prima volta che si presenta alla folla con un'altra persona e tutti urlano il mio nome, perché vada a parlare con loro. Cerco di mettermi nei suoi panni: non dev'essere facile*».

Fu più o meno in quel periodo che la principessa si confidò per la prima volta con me: il suo primo test per capire se tutto ciò che mi diceva sarebbe giunto alle orecchie della regina. Io ero solo nella Sala dei Paggi in attesa che la regina mi chiamasse, quando comparve la principessa. Anche in quell'occasione parlammo della sua salute e della gravidanza. Poi, all'improvviso, mi disse: «È un maschio».

Non so se l'avesse fatto per scioccarmi o per vedere la mia reazione, ma mi sembrava una confidenza estremamente personale. Lo sapevano tutti? Era un segreto? E perché stava abbassando la guardia a quel modo? Prima della nascita del principe William il personale di palazzo aveva scommesso sul sesso del nascituro. Credo che la mia totale sorpresa fosse ben evidente. «Non penso che Vostra Altezza Reale dovrebbe dirmi una cosa come questa» dissi.

La principessa scoppiò a ridere. Le piaceva sorprendere le persone. Ne parlai con Maria e anche lei non ne sapeva nulla. Se era *veramente* un test, io lo superai, perché nessuno di noi due lasciò trapelare nulla.

Nel matrimonio reale non vi era alcuna traccia di crisi. La principessa era ancora innamoratissima. Scriveva ancora alle amiche dicendo loro quanto fosse meravigliosa la sua vita.

Alle 16.30 del 15 settembre 1984, al St Mary's Hospital di Paddington, nacque Henry, che sarebbe stato chiamato principe Harry.

Per la principessa fu un periodo speciale: «Devo ammettere che al momento non potrei essere più felice».

Più o meno a quell'epoca vi fu un altro motivo di festeggiamenti: Maria aspettava il nostro primo figlio.

«Paul, vai. Quella povera ragazza è rimasta là dentro anche troppo a lungo» disse la regina.

Maria aveva superato il termine di due settimane e si trovava al Westminster Hospital. Io ero in contatto costante con il reparto maternità e continuavo a lavorare normalmente a Buckingham Palace, ma Sua Maestà era in ansia per il ritardo del nostro bambino e mi disse che in quel momento il mio posto era accanto a mia moglie. L'unico ordine che la regina mi diede fu di telefonare al suo paggio John Taylor non appena vi fossero state delle novità.

Il mio migliore amico Roger Gleed decise di accompagnarmi e facemmo una corsa sotto un terribile temporale dal palazzo all'ospedale, dove arrivammo bagnati fradici. Dalle tre di quel pomeriggio alle sei e quaranta della mattina successiva non lasciai mai il fianco di Maria.

Il 22 maggio 1985 vidi Alexander Paul Burrell venire al mondo con un urlo lacerante. La cosa più incredibile nella vita è assistere alla nascita di tuo figlio. Non c'è nulla che possa eguagliare la magia di quel momento. Uscii in corsia e Roger era ancora lì seduto ad aspettarmi. Ricordai ciò che mi aveva detto la regina, per cui telefonai al suo paggio per dargli la buona notizia. La prima persona a sapere della nascita di mio figlio fu la regina, e non mamma, papà o i miei fratelli.

Frances Simpson e Harold Brown, governante e maggiordomo del Principe e della Principessa di Galles a Kensington Palace, arrivarono con un mazzo di fiori, schiuma da bagno e un biglietto scritto a mano che diceva: «*Sei proprio una signora in gamba! Con affetto, Diana, William e Harry*».

Il titolo del «Sunday Mirror» fu meno significativo: «IL BAMBINO REALE DI MARIA» ma il giornalista Brian Roberts definì Alexander «un nuovo figlio di palazzo reale».

Quei titoli fecero ridere la regina come tutti noi. Desiderava molto vedere il nostro primogenito. Non sono molti i bambini che a soli sette giorni possono essere ricevuti da Sua Maestà nel suo salotto di palazzo. Mi sentii estremamente orgoglioso quando Maria mi raggiunse portando in braccio nostro figlio davanti alla regina. La sovrana era vestita in modo informale, con stivali da cavallerizza neri (che avevo pulito e lucidato io stesso il giorno prima), calzoni da equitazione e una camicia a maniche lunghe. Era appena rientrata da un giro nel parco con Burmese, il cavallo che, in servizio presso la polizia per 364 giorni all'anno, veniva montato dalla regina in occasione della parata ufficiale per il suo compleanno, la rivista della Guardia Reale. La sovrana era stata nel parco a riprendere familiarità con il suo vecchio amico.

Maria fece una riverenza, io mi inchinai e Alexander si mise a dormire, inconsapevole dell'importanza di quell'evento. «È gentile da parte vostra riceverci, Vostra Maestà» dissi.

Lei sorrise e si avvicinò al fagottino che Maria stringeva tra le braccia. «Che ditine minuscole» disse la regina mentre infilava una delle sue nel pugno chiuso di nostro figlio. «Desidero darvi qualcosa» disse prendendo un pacchetto dal tavolo. «È per Alexander» aggiunse.

Maria aprì la scatola, che conteneva due golfini fatti a mano e piegati con grande cura. La nostra udienza durò cinque minuti, ma per noi fu un momento di grande orgoglio ed emozione. Mentre ce ne andavamo, quel momento speciale fu in qualche misura guastato da un membro anziano del personale che ci incrociò in corridoio e sibilò: «Avrebbe potuto almeno mettersi una cravatta».

Avevamo lasciato gli appartamenti del personale all'ultimo piano e ci eravamo trasferiti in un appartamento di due stanze concessoci dalla regina nei Royal Mews, sul retro del parco, nell'angolo sudovest di Buckingham Palace Road. Maria aveva lasciato il servizio del Duca di Edimburgo per fare la mamma a tempo pieno. I nostri vicini erano Roger e Rose Gleed e fu un periodo molto felice. Quelle abitazioni, perlopiù riservate a stallieri e autisti, si trovano sopra un passaggio ad arco che porta ai garage di una flotta di Rolls-Royce e alle stalle dei trentacinque cavalli che trainano le carrozze di stato. Nella grande campata centrale si trovava la spettacolare Carrozza dell'Incoronazione. I Royal Mews, come il palazzo, sono costruiti attorno a un cortile e sono sotto il comando dello scudiero della Corona, il cui lavoro consiste nella gestione di tutti i mezzi di trasporto della famiglia reale e del personale.

I Royal Mews divennero una destinazione abituale per la Principessa di Galles dopo la sua solita nuotata mattutina a palazzo. Una settimana dopo la nascita di Alexander gli portò in regalo un giacchino doppio petto fatto a mano. Fece una chiacchierata con Maria davanti a una tazza di caffè e si divertì a razziare i biscotti al cioccolato della nostra credenza.

La regina sapeva quando la principessa andava a nuotare. Sentiva la ghiaia scricchiolare sotto le finestre del suo salotto quando l'auto entrava nel quadrilatero, per cui era difficile per la principessa non passare a trovare la suocera. Tra la nuotata e la visita a Maria, la principessa faceva un salto dalla regina. All'uscita da queste visite mi diceva: «Posso andare a trovare Maria?». Mentre lei usciva in auto dal cancello principale, girava attorno al monumento alla regina Vittoria e scendeva lungo Buckingham Palace Road, io telefonavo a Maria: «Assicurati che il bambino sia in ordine, tesoro, la principessa sta venendo a trovarti».

Mia madre e la madre di Maria si trovavano entrambe a casa

nostra quando la principessa venne per la prima volta a vedere Alexander. Non bussava mai, entrava direttamente salutando allegramente. Quando Maria le presentò le due nonne, queste non sapevano come comportarsi. «Oh, ma è bellissimo!» tubò la principessa mentre lei e Maria guardavano il nostro piccolo nella sua culla portatile. Quando alzarono lo sguardo, nonna Burrell e nonna Cosgrove erano uscite dall'appartamento e stavano aspettando sulla terrazza. Maria chiese a sua madre perché fossero uscite e lei le disse che restare lì insieme alla Principessa di Galles era sembrato loro un po' presuntuoso.

Fu la principessa stessa a metterle a loro agio. «Non restatevene lì fuori, venite a guardare Alexander insieme a noi.»

Maria e la principessa erano come delle vicine i cui mariti fossero assenti per lavoro. La principessa sedeva sempre sul divano a coccolare Alexander. Durante la primavera, l'estate e l'autunno del 1986, iniziò a dire apertamente quanto sarebbe stato bello se io e Maria avessimo lavorato per lei. Erano passati cinque anni da quando Maria aveva dovuto rifiutare la proposta della principessa, che l'avrebbe voluta come sua cameriera personale.

«Mi piacerebbe moltissimo lavorare per voi, ma Paul non lascerebbe mai la regina. Le è totalmente devoto» disse. La principessa prese nota dell'ostacolo, ma era una donna determinata. Quelle chiacchierate settimanali si trasformarono in una sorta di sessioni autopromozionali: «Sarebbe magnifico se tu e Paul lavoraste a Highgrove» buttava lì di tanto in tanto.

Una settimana dopo l'altra, il messaggio iniziò ad avere l'effetto voluto. La principessa, in quanto mamma, conosceva il punto debole di Maria. Esaltò la qualità della vita in campagna rispetto alla città. Avremmo avuto un cottage invece di un appartamento al primo piano, un giardino privato per Alexander invece di St James's Park con il suo piccolo campo giochi. Dipinse un attraente ritratto di uno stile di vita idilliaco, a cui Maria trovava sempre più difficile resistere.

Quel lento lavoro ai fianchi stava facendo capitolare mia moglie, e io non lo sapevo. Quando ero in viaggio o a Windsor per il fine settimana, Maria, sola con Alexander, iniziò a pensare che se ci fossimo trasferiti a Highgrove io sarei stato sempre a casa. Niente più viaggi reali, niente più fine settimana lontano da casa, niente più Natale a Windsor, niente più crociere sullo yacht reale.

Il 1986 avanzava e Maria iniziava a essere d'accordo con la principessa. La vita a Highgrove sarebbe stata di gran lunga migliore. E la principessa avrebbe avuto dei veri amici tra il personale.

«Lasciate fare a me. Ci penso io a convincerlo» le disse Maria.

Il 23 luglio 1986 Sarah Ferguson sposò il principe Andrea all'abbazia di Westminster. La coppia assunse così il titolo di Altezze Reali il Duca e la Duchessa di York una settimana prima del quinto anniversario di matrimonio del Principe e della Principessa di Galles.

A differenza dell'ultimo grande matrimonio reale, Paul Whybrew dovette restare a palazzo con i corgi per occuparsi del pranzo di nozze mentre io salivo alle spalle della regina e del principe Filippo sul retro del magnifico landò dorato del 1902.

L'ultima occasione in cui avevo attraversato una tale folla era stata nel 1980, sul landò che portava la regina, il principe Filippo, il principe Andrea e il principe Edoardo alla cattedrale di St Paul a una funzione per commemorare gli ottant'anni della regina madre. La folla non era numerosa come per il matrimonio reale precedente, ma c'era comunque un gran trambusto lungo il Mall. Mentre avanzavamo nel sole splendente, io tenevo lo sguardo fisso davanti a me, dritto come sempre, e non avevo il tempo per godermi l'atmosfera perché, mentre la mano della regina salutava la folla, la mia era sempre più serrata sul filo del freno a mano a mano che ci avvicinavamo ad Admiralty Arch e alla brusca svolta a destra verso Whitehall. Controllare il meccanismo di avvolgimento del freno era sempre snervante. Serviva a fare sì che nei punti in pendenza la carrozza non prendesse troppo abbrivio e non andasse a sbattere contro i cavalli. Fortunatamente andò tutto bene.

Avevo rinunciato alla possibilità di assistere alla cerimonia nuziale: in quanto membro del personale da lungo tempo avevo ricevuto un invito bordato in oro dall'ufficio del gran ciambellano. Potevo sedere con centinaia di altre persone a Westminster oppure occupare la posizione ancor più privilegiata alle spalle della regina sul landò. Non avevo avuto alcun dubbio e la decisione si dimostrò saggia perché, anche se non potevo saperlo, quello sarebbe stato il mio ultimo corteo cerimoniale a Londra. Mentre noi avanzavamo lungo le strade, Maria andò a occupare il suo posto di invitata a Westminster con addosso un cappello avuto in prestito dalla Duchessa di Gloucester.

Sarah Ferguson si era trasferita a Buckingham Palace qualche mese prima del matrimonio. A differenza di lady Diana, che aveva dovuto stare in una suite separata prima delle nozze, la futura Duchessa di York condivideva con il principe Andrea le stanze al secondo piano in cui il Principe e la Principessa di Galles avevano passato i primi giorni della loro vita matrimoniale. La duchessa non soffriva dello stesso isolamento della principessa perché, grazie alla sua personalità spumeggiante e piena di vita, era sempre circondata da persone. Se il personale di Buckingham Palace vedeva la principessa come una solitaria che trovava le proprie amicizie nei quartieri della servitù, la duchessa era considerata una brillante donna di società che passava tutto il suo tempo al piano di sopra a ricevere amici e dare delle feste.

Lei e il principe Andrea ordinavano cene da cinque portate e il personale di cucina si chiedeva che cosa gli avesse preso. Nemmeno la regina riceveva gli ospiti in modo tanto sfarzoso, e il risultato fu che la duchessa non entrò nelle grazie del personale.

«Almeno la regina mangia a un'ora decente. Quei due si fanno portare la cena solo dopo le dieci di sera e noi dobbiamo lavorare come dei matti per stare dietro ai loro ordini» si lamentava uno chef. Sin dall'inizio del 1982 la duchessa pranzava regolarmente con la principessa, ed erano diventate amiche e confidenti. Si erano date il soprannome di «Malefiche Comari di Windsor». Parlavano dei tizi austeri in abito grigio che facevano parte del personale di corte: il nemico interno, come dicevano loro. Essendo stata la prima a entrare a far parte della famiglia reale, la principessa poteva mettere in guardia la duchessa su ciò che poteva o non poteva essere fatto, sulle persone di cui fidarsi e su quelle a cui avrebbe dovuto stare attenta. L'elenco di queste ultime era piuttosto lungo.

La duchessa, come la principessa, voleva essere stimata e apprezzata dalla suocera, la regina. Il sovrano d'Inghilterra ha il diritto di concedere al figlio, il giorno del suo matrimonio, un ducato reale, ed è significativo che la regina conferì al principe Andrea il titolo di Duca di York, perché era stato per lungo tempo associato al padre della sovrana, re Giorgio VI. L'importanza del gesto non sfuggì alla duchessa, che lo prese come un chiaro segno di essere stata accettata dalla regina.

In quel caso la Duchessa di York aveva frainteso il significato dell'investitura. La sovrana non aveva concesso un titolo a lei, ma al principe Andrea. Sarah, sua moglie, ne avrebbe goduto di riflesso. La sottile differenza mostra quanto possa essere puntiglioso il protocollo, ma i funzionari di corte rimarcarono l'errore quando la duchessa scrisse alla regina per profondersi in ringraziamenti per quell'onorificenza. Sarah con quel gesto aveva voluto mostrarsi educata ma, come imparò ben presto, a corte c'erano persone pronte a riprendere ogni suo minimo passo falso per usarlo contro di lei. La ventata d'aria fresca che la duchessa aveva portato con sé si mescolava al vento freddo che spirava a corte, causando una certa irrequietezza. Un aristocratico la definì «Volgare, volgare, volgare» e un giornale la soprannominò «Duchessa di Pork». Stava scoprendo quanto potesse essere dolorosa la vita di corte.

Anche tra il personale non era benvoluta. In tutti i ranghi della gerarchia di Buckingham Palace, la duchessa riceveva un trattamento ben poco affettuoso. I suoi unici alleati erano probabilmente la regina, il Principe e la Principessa di Galles e, naturalmente, il principe Andrea.

Un giorno, mentre attraversava la sala principale in direzione della porta d'ingresso di Balmoral con l'aria allegra di sempre, un membro del personale disse: «Cosa cazzo vuole quella stronza di una rossa?» a voce tanto alto che la duchessa dovette sentirlo. Ma continuò a sorridere. Sarah Ferguson sorrideva sempre. Perlomeno esteriormente.

Anche Maria continuava a dare l'impressione di essere felice della propria vita, mentre in realtà non lo era affatto. Dopo aver lasciato il servizio del Duca di Edimburgo, le mancava il lavoro a corte e, come madre di un bimbo di due anni, trovava deprimente la vita nell'appartamento dei Royal Mews. L'attrattiva di un impiego per entrambi al servizio del Principe e della Principessa di Galles a Highgrove le appariva come una possibile via di fuga.

Una sera, dopo il lavoro, affrontò l'argomento. «Vivere qui non è facile, e poi tu sei sempre via. Dobbiamo iniziare a pensare al nostro futuro, tesoro.» Non c'era un posto in cui Alexander potesse giocare. Se avessimo voluto avere un secondo figlio, non ci sarebbe stato spazio a sufficienza. Faceva già fatica a portare un passeggino su per le scale, figuriamoci due. La vita di campagna era molto meglio di quella in città. Aveva bisogno di essere felice. Mi disse tutto questo per prepararmi al botto finale. «C'è la possibilità che possiamo andare tutti e due a lavorare per il Principe e la Principessa di Galles. Potremmo costruirci una nuova vita. Tu saresti maggiordomo a tempo pieno e io governante» mi disse.

«Nemmeno per idea. Non ho alcuna intenzione di lasciare la regina» le risposi.

Nel corso delle serate successive, la stessa conversazione terminò sempre in una situazione di stallo. Ma non potevo ignorare l'infelicità di Maria. Avevo degli obblighi nei confronti della regina. Lei era la numero uno, e non potevo nemmeno pensare di lavorare per il numero due. Mi sembrava un passo indietro in termini di carriera. E poi io ero un valletto e non avevo idea di come si gestisse un'intera casa come maggiordomo. Sarei passato dai miei viaggi intorno al mondo alla prigione di un unico palazzo. Non aveva senso.

«Maria, perché dovrei rinunciare al miglior lavoro del mondo?» le chiesi.

«Per la tua famiglia, ecco perché» disse.

Ecco l'unico problema dei miei doveri verso la corona: erano un lavoro a tempo pieno e la dedizione che essi richiedevano intralciava i miei doveri verso i miei cari.

Maria sostenne che la vita a Highgrove sarebbe stata migliore per tutti noi *come famiglia*. Mi disse quanto era vicina alla principessa e come avessero discusso ogni dettaglio.

Ogni dettaglio? «Ma da quanto tempo ne parlate, voi due?» le chiesi.

«Sarà circa un anno» mi disse. «Tesoro, tutto ciò che ti chiedo e di andare a Highgrove a dare un'occhiata. Vai a dare un'occhiata. Fallo per me» aggiunse.

Mi arresi. Maria informò la principessa e venne pianificata una visita discreta. Un pomeriggio di quell'estate Harold Brown, il maggiordomo del principe e della principessa a Kensington Palace, mi accompagnò lungo la M4 fino al Gloucestershire per vedere il palazzo, la tenuta e il cottage del personale. Era una giornata lavorativa e il principe e la principessa non erano in casa. Harold mi fece fare una visita completa, stanza per stanza. Che casa e che giardini magnifici! Mi ricordavano un'altra residenza del Gloucestershire, Gatcombe Park, la casa della principessa Anna e del capitano Mark Phillips, dove era diventato maggiordomo il primo amico che la principessa si era fatta tra la servitù, Mark Simpson. Gli ampi locali ariosi godevano di vedute magnifiche sulla campagna e la tranquillità di quel luogo contrastava incredibilmente con il ritmo frenetico della vita londinese. Potevo sentire i versi delle pecore e delle vacche nei campi, al posto dei clacson e delle sirene del Mall. Immaginai Alexander e il nostro secondo figlio che crescevano in quel posto. Il senso di libertà e la qualità della vita di quel luogo iniziarono a incrinare le mie resistenze.

Poi Harold mi portò in auto a mezzo miglio di distanza fino alla Close Farm per vedere il cottage che ci sarebbe stato concesso in uso. Ebbi un colpo al cuore. Era una casa semi-indipendente in rovina, con l'intonaco a ghiaietto. Era evidente che non ci viveva nessuno da anni. Le finestre erano rotte, l'intonaco cadeva in pezzi, le pareti erano piene di crepe e il giardino era un giungla. Era un rudere. Avrebbe dovuto essere abbattuto, altro che andarci a vivere.

«Non ti preoccupare, il principe ha intenzione di metterlo a posto per te» mi rassicurò Harold.

Nemmeno con tutta la mia fervida immaginazione sarei riuscito a immaginare una ristrutturazione accettabile per quella catapecchia. Come potevo lasciare il lussuoso mondo di Buckingham Palace e il nostro accogliente appartamento per un posto del genere?

Tornato a casa comunicai tutto il mio orrore a Maria. Ma la vita di Londra la rendeva tanto infelice che avrei anche potuto dirle che ci avrebbero messi a vivere in un tenda e lei avrebbe visto il lato positivo della faccenda. «Possiamo trasformarla in una vera casa» insistette.

Quando ero a palazzo guardavo la regina e pensavo che non c'era al mondo un datore di lavoro migliore. Quando ero a casa vedevo Maria e pensavo che non potevo permettere che fosse tanto infelice.

Immaginavo come sarebbe stato lavorare per il Principe di Galles. Presso il personale aveva la reputazione di un datore di lavoro esigente almeno quanto la regina era accomodante. Immaginavo Maria che lavorava per la Principessa di Galles e sapevo quanto questa sarebbe stata amichevole e affabile. Guardavo Alexander e sapevo che sarebbe cresciuto meglio in campagna che in città. Ma soprattutto sapevo che prima di tutto doveva venire la mia famiglia.

Anche dopo avere preso una decisione e aver detto di sì a Maria, ero terribilmente incerto. Stavo lasciando una posizione sicura e privilegiata per andare verso l'ignoto. È raro che qualcuno lasci una posizione tanto elevata al servizio della regina per passare a un altro ramo della famiglia reale. A guidarmi era più l'istinto che la razionalità.

«Ma sei impazzito?» mi disse Paul Whybrew quando gli diedi la notizia. Non poteva credere che avrei lasciato Buckingham Palace e mi implorò di ripensarci. Ma la mia situazione era diversa dalla sua: lui era single e poteva inseguire la propria ambizione senza darsi alcun pensiero. Io avevo una famiglia, e dovevo tenerne conto. Avevo preso la mia decisione. Ora dovevo solamente dirlo alla regina.

Giugno 1987. Epsom Derby. Il principe Carlo era seduto in un angolo del Palco Reale e sbrigava la sua corrispondenza. La regina, il Duca di Edimburgo, la principessa Alexandra, il Principe Michael di Kent e altri reali stavano prendendo un aperitivo a pochi metri di distanza. Interruppi il principe e gli chiesi se volesse bere qualcosa. Lui mi chiese il suo solito drink al limone. Quando tornai, si chinò verso di me e mi sussurrò: «La principessa mi dice che presto verrai a lavorare per noi».

Il chiacchiericcio di sottofondo faceva in modo che gli altri non potessero sentirlo. «Prego Vostra Altezza di non dire nulla alla regina. Non ne ho ancora parlato con lei e vorrei che venisse a saperlo da me» gli dissi.

La regina, vestita con un kilt verde Hunting Stewart e un cardigan, dava le spalle al caminetto nel salotto del piano terra di Craigowan House, il suo piccolo rifugio in pietra che dava sul campo da golf della tenuta di Balmoral, dove sta quando la corte non si trova al castello. Era tornata da una passeggiata e i corgi erano sdraiati sul tappeto scozzese. Erano passate due settimane dall'Epsom Derby.

«Potrei avere qualche minuto del vostro tempo, Vostra Maestà?» le chiesi.

La regina sorrise.

«Non so proprio da dove cominciare» proseguii.

Mentre la guardavo, una parte di me avrebbe voluto fare marcia indietro e dire a Maria che avevo cambiato idea.

«Cosa succede, Paul?» chiese la regina.

«È molto difficile per me» tentennai ancora una volta, in soggezione davanti allo sguardo curioso della regina. Ero rimasto al suo fianco per dieci anni e non avevo mai trovato tanto difficile parlare con lei.

«Ho pensato a lungo al mio futuro, a cosa è meglio per Maria e Alexander...» La regina continuava a sorridere. «...e ho preso la decisione più difficile di tutta la mia vita...» Avrebbe potuto portare i corgi a fare almeno un paio di passeggiate nel tempo che mi ci volle per arrivare al punto. E poi lo dissi: «...ma ho avuto modo di parlare con il Principe e la Principessa di Galles a proposito della possibilità di andare a lavorare per loro».

«Paul» disse la regina, «non era necessario che tu me lo dicessi. Me l'aveva già detto Carlo.» Capiva quanto fossi a disagio e cercò di rompere il ghiaccio con qualche parola rassicurante. «In fondo non mi stai veramente lasciando. Ti stai semplicemente spostando momentaneamente di lato. Carlo e Diana hanno bisogno di persone come te. Un giorno, quando io me ne sarò andata e loro saranno re e regina, tu tornerai qui» disse.

Mentre mi voltavo per uscire dalla stanza, aggiunse: «In ogni caso, Paul, te ne stai andando per la migliore delle ragioni, per la tua famiglia, e io lo capisco».

«Grazie per la vostra comprensione, Vostra Maestà.»

Tra la fine di giugno e l'inizio di agosto continuai il mio lavoro come sempre. La regina non fece più cenno alla mia partenza. In quei due mesi un valletto iniziò a lavorare nella mia ombra, preparandosi a sostituirmi al fianco di Paul Whybrew.

Un pomeriggio, mentre ero in servizio, la dama di compagnia della regina, lady Susan Hussey, chiese di vedermi nel salotto delle dame di compagnia del secondo piano. Mi era sempre piaciuta lady Susan: era la moglie del presidente della BBC Marmaduke Hussey e la regina le voleva molto bene. Lady Susan era una donna sincera e diretta e la sua opinione era molto rispettata. A differenza di molte persone di corte, era una persona affabile e per niente altezzosa.

Era alla sua scrivania a firmare delle lettere quando io entrai. Mi chiese di chiudere la porta. Iniziò dicendomi che aveva sentito che avrei lasciato la regina e poi mi chiese: «Pensi di avere preso la decisione giusta? Non so se ti rendi conto del fatto che nella casa in cui andrai a lavorare non tutto è quello che sembra».

Lady Susan fu estremamente discreta, ma tra il personale girava già la voce che il matrimonio del Principe e della Principessa di Galles fosse «in crisi». Non bisogna mai dare totalmente credito ai pettegolezzi del personale di servizio, ma la dama di compagnia della regina mi stava offrendo un avvertimento amichevole. Lady Susan era ben informata sulle condizioni del matrimonio reale: era stata per lungo tempo confidente del Principe di Galles e nessuno la sapeva più lunga di lei. Tutto ciò che potei fare fu ribadire le mie ragioni di famiglia per quel trasferimento in campagna. Dissi a lady Susan quanto fosse stato difficile prendere quella decisione, ma anche che ormai non potevo fare dietro front. Lei manifestò la sua sincera preoccupazione, ma mi fece anche i suoi migliori auguri per il futuro.

Ai primi di agosto del 1987 l'imminente partenza della regina per una crociera alle Isole Occidentali con lo yacht reale *Britannia* segnò il mio ultimo giorno di servizio. Tutto ciò che facevo, lo stavo facendo per l'ultima volta: la mia ultima colazione, la mia ultima passeggiata con i corgi, la mia ultima attraversata del corridoio della regina a Buckingham Palace, la mia ultima occasione di dire: «Vostra Maestà desidera altro?» Tutto quello che riuscivo a pensare era: come mi dirà addio?

La regina suonò il campanello del salotto e mi chiese se potevo portare i corgi a fare una passeggiata. Lo disse come se quello fosse stato un pomeriggio qualsiasi. Quando tornai, la Rolls-Royce era già pronta per portarla a Portsmouth, dove sarebbe salita a bordo del *Britannia*. Il mio ultimo compito era sovrintendere alla salita in auto della regina, così mi piazzai alla Garden Entrance sul lato del palazzo e aspettai. Lei salì a bordo insieme a lady Susan. Io offrii a entrambe un plaid da mettere sopra le ginocchia, chiusi la portiera e rimasi in attesa. Guardavo la regina nella speranza di attirare la sua attenzione. Non aveva detto nulla a proposito del fatto che quello era il mio ultimo giorno di servizio. Forse mi avrebbe salutato con un gesto della mano o un sorriso. Ma non accadde nulla. La regina abbassò gli occhi, poi rivolse lo sguardo dritto davanti a sé e l'auto partì.

Qualche tempo dopo rividi lady Susan Hussey. «Sapete perché la regina non mi ha salutato?» le domandai.

«Paul, non poteva farlo» mi rispose. «Non poteva guardarti. Non era un momento facile neppure per lei». Una regina non può mostrarsi commossa in pubblico.

6.

Inganno a Highgrove

A Highgrove era scattato l'allarme rosso. I poliziotti armati, con le pistole spianate, si stagliavano nel crepuscolo sul portone e facevano il conto alla rovescia per entrare in forze nella casa padronale, pronti a intercettare l'intruso che era stato visto muoversi vicino a una finestra di una stanza del piano di sopra. I rivoli di sudore che mi rigavano la fronte la dicevano lunga sulla paura che provavo. Mi fecero indossare un giubbotto antiproiettile sopra la mia uniforme da maggiordomo, ma la cosa non mi rassicurò affatto. Il Principe e la Principessa di Galles erano altrove. Io fui il primo ad avvicinarmi alla porta posteriore e le mie mani dovettero smettere di tremare quando girai la chiave nella serratura prima di farmi da parte. Intorno a me c'erano un'unità armata della polizia del Gloucestershire e un'unità cinofila con i pastori alsaziani. Una mezza dozzina di poliziotti pattugliava la proprietà. Era stata la loro unità a dare l'allarme telefonandoci a casa nel bel mezzo di quella serata.

Maria aveva preso la telefonata. «Pronto, María, Paul è ancora nella casa padronale?» chiese uno degli ufficiali.

«No, è rientrato da una decina di minuti. Te lo passo.»

Presi il ricevitore.

«Paul, c'è qualcun altro nella casa padronale?»

«No. Ho appena chiuso.»

A quel punto il poliziotto sapeva che c'era qualcosa che non andava. «Si è appena accesa una luce sul pianerottolo. Uno degli uomini nel cortile posteriore ha visto una figura alla finestra e ha pensato fossi tu. Sarà meglio che venga qui.»

Mentre mi avvicinavo al posto di polizia, all'interno della tenuta, venne inviata una richiesta urgente di rinforzi, in modo che arrivassero l'unità cinofila e l'unità armata. Quando furono giunti tutti quanti, vennero distribuiti i giubbotti antiproiettile.

«Bene. Resti dietro di noi» sussurrò un agente mentre la porta sul retro veniva aperta con una spinta. La polizia si spiegò in tutte le direzioni. Loro avevano le pistole, ma io conoscevo perfettamente la casa ed ero indispensabile per una ricerca accurata. Gli agenti perquisirono tutti i piani, partendo dalle cantine e procedendo in silenzio pianerottolo per pianerottolo, stanza per stanza. Con il senno di poi si trattava di una scena alla *Starsky e Hutch* abbastanza divertente, ma al momento la polizia non avrebbe potuto essere più seria. Io avevo il cuore in gola.

Mentre ci avvicinavamo senza fare rumore al piano superiore, indicai le stanze da letto di William e Harry, la stanza della tata e la nursery. All'improvviso i due cani iniziarono a ringhiare. «Hanno sentito qualcosa» disse uno degli agenti cinofili.

Tutti erano convinti che ci fosse qualcuno all'interno. Venne controllata ogni stanza del piano superiore, ma non trovammo nulla.

Poi gli agenti armati alleggerirono la propria attrezzatura e si arrampicarono in soffitta. Niente.

Salirono sul tetto. Niente.

L'agente che aveva notato del movimento in casa era sbalordito. Era convinto che fossi io. Solo una telefonata di verifica a casa lo convinse del contrario. Non riusciva a darsi una spiegazione. Il principe e la principessa vennero informati dell'incidente, ma alla fine la cosa venne considerata un falso allarme. Resta ancora oggi un mistero inquietante.

Quando arrivai a Highgrove c'era una sola cosa che mi ricordava «casa»: la scatola di legno fissata al muro nell'office di servizio. Come la regina, anche il principe Carlo chiamava il personale premendo un campanello: a quel punto un dischetto rosso cadeva – come una barriera da parcheggio in miniatura – in una finestrella rotonda. A Highgrove quel disco rosso avrebbe anche potuto essere rimpiazzato da un segnale di pericolo annunciato da una sirena, perché al principe Carlo non piaceva mai aspettare. Avresti sempre dovuto essere lì quindici secondi prima. Dall'office del piano terra facevo delle corse mozzafiato sulla passatoia del corridoio fino a giungere nelle sue stanze.

Ogni volta che la principessa mi vedeva correre da lui, la cosa sembrava divertirla. «Forza, corri! Corri!» rideva. «Non corri così veloce per me!»

Non avevo alcun bisogno di correre così veloce per la principessa. O per la regina. Ma tutto il personale sapeva quanto potesse essere esigente il principe Carlo. E lo sapeva anche la principessa. Era per questo che si divertiva a prendermi in giro quando accorrevo alla chiamata del principe, e soprattutto quando dovevo salire sul tetto, qualsiasi tempo facesse, per alzare il suo stendardo. Quando si trovava nella residenza di campagna, la sua bandiera doveva garrire sul tetto. La regina aveva un addetto alla bandiera per questo, ma a Highgrove era compito mio. Avevo un milione di altre incombenze, ma il principe insistette perché me ne occupassi io. Quando arrivava una telefonata che annunciava che il principe era a cinque minuti da casa, iniziava la mia performance da equilibrista. Mi arrampicavo nel solaio buio attraverso una botola nel soffitto del pianerottolo della nursery, poi mi infilavo in ginocchio in un'altra botola che portava sul ripido tetto di tegole grigie. Un'incastellatura di legno con un corrimano su un lato correva lungo il precipizio che dovevo costeggiare. Per «incastellatura» si legga «asse di legno» e per «costeggiare» si legga «giocare a dadi con la morte». Quando tirava il vento e cadeva la pioggia l'asta bianca della bandiera diventava il mio stabilizzatore. Aspettavo finché l'auto o l'elicottero non erano in vista, dopodiché potevo alzare la bandiera. Grazie al cielo lo stendardo della Principessa di Galles non doveva essere innalzato quando era sola nella residenza di campagna. E lei me lo ricordava sempre.

Quando il disco rosso cadeva nella finestrella della scatola, io dovevo lasciar perdere qualsiasi cosa stessi facendo e precipitarmi in biblioteca. Le finestre, nascoste da tende scozzesi di Balmoral e persiane in legno tirato a cera, davano sui giardini immacolati e sulla terrazza posteriore della casa. Il principe era invariabilmente seduto su una sedia di vimini a una tavola rotonda al centro della stanza. La sala era suffusa del profumo dei gigli bianchi che, al centro del tavolo, spuntavano dietro montagne di libri. Quel giorno d'estate il principe si alzò in piedi e mi disse che un «ospite molto speciale» sarebbe arrivato a Highgrove. La regina madre veniva sempre chiamata «Regina Elisabetta» dai membri della famiglia reale quando si rivolgevano al personale. Quella del luglio 1988 era la sua prima visita a Highgrove. Sapevo quanto quell'occasione fosse importante per il principe, che notoriamente adorava la nonna. Venne organizzato un tè delle cinque speciale. Il principe infatti, a differenza di sua madre, non lo prendeva mai. Preparai una tavola sulla terrazza e allestii un parasole per riparare la regina madre dalla calura. Volevo che tutto fosse perfetto.

Mentre la Daimler avanzava lungo il vialetto di ghiaia, io ero in piedi accanto al principe sui due gradini di pietra presso il portico centrale, da dove una doppia porta bianca conduceva alla casa padronale a tre piani del XVIII secolo. Aprii la portiera dell'auto e ne scese la regina madre, che portava un grande cappello a tesa larga, ornato con rose di seta. Il principe si inchinò, le prese la mano e la baciò. «Benvenuta, mia cara nonna» disse, invitandola a entrare prima di una passeggiata nel famoso labirinto botanico che lo stesso principe aveva progettato e creato.

In cucina lo chef Chris Barber e io eravamo impegnati nella produzione di sandwich di salmone affumicato, pollo, prosciutto e cetrioli, tagliati in forma quadrata senza crosta e serviti insieme a piccoli sandwich circolari alla marmellata noti come «jam pennies», una delle leccornie preferite dai principini.

Attraversai la porta finestra e uscii sulla terrazza posteriore dove i rami di un cedro secolare ombreggiavano il lastricato, con due padiglioni gotici a forma di pepaiola a ogni angolo, posti a quarantacinque gradi rispetto allo specchio d'acqua ottagonale al centro.

Offrii alla regina madre un sandwich al salmone affumicato. Lei esitò. «No, grazie, Paul. Sai, li detesto proprio» disse inclinando il capo da un lato come faceva spesso quando parlava.

Il principe sembrava mortificato. «Desiderate qualcos'altro, nonna?»

«No, il tè va benissimo» disse lei sollevando una mano con il palmo rivolto in avanti. Quel giorno non mangiò nemmeno un sandwich.

Un paio d'ore dopo la regina madre risalì sulla sua Daimler, prese un foulard di chiffon color crema e lo fece sventolare dal finestrino posteriore semiaperto. Questo gesto segnalava l'inizio del rituale di saluto tra nonna e nipote. Quando vide il foulard uscire dal finestrino, il principe estrasse il fazzoletto dal taschino della giacca e lo agitò in segno di risposta. Era visibilmente commosso. «Non so cosa farei senza di lei» disse mentre l'auto si allontanava lungo il vialetto. Rimase lì ad agitare il fazzoletto finché la Daimler non scomparve, dopodiché rientrammo.

E a quel punto il clima cambiò all'improvviso. Ero appena entrato nell'anticamera dopo essermi chiuso la porta principale alle spalle, quando il principe disse: «Un vero peccato che il tè sia stato rovinato».

A quanto pare avrei *dovuto* consultare il personale di servizio della regina madre a Clarence House, ovvero il siniscalco di corte William Tallon e il paggio Reginald Wilcox. «La prossima volta ti dispiacerebbe fare una telefonata a William o a Reg per sapere cosa piace alla regina Elisabetta, invece di tirare a indovinare?» aggiunse.

«Sono terribilmente dispiaciuto, Vostra Altezza Reale. Il salmone affumicato viene sempre servito ai tè reali.»

Era una protesta inutile. Ai suoi occhi era stato un fallimento e le sue osservazioni taglienti ebbero l'effetto voluto. Mi fecero sentire un essere abietto. Un sandwich al salmone affumicato e una visita della regina madre mi fecero capire la grande differenza tra la vita a Highgrove e quella a Buckingham Palace. Servire l'erede al trono sarebbe stato molto più difficile di quanto fosse stato servire la regina.

È difficile dire se il principe fosse più occupato a scrivere bigliettini o a stringere mani. Per un uomo tanto preoccupato di questioni ambientali, non si dava troppa pena delle intere foreste necessarie per le montagne di carta dei bigliettini di Highgrove. La regina non mi lasciava mai dei bigliettini con le istruzioni. Preferiva parlarmene. Il principe Carlo scriveva tutto. A Highgrove i bigliettini piovevano come coriandoli.

Qualcuno ha preso i semi per il giardino?

C'è un'enoteca a Tetbury?

Può trovare qualcuno che dia un'occhiata al mio telefono?

Si può far riparare il piatto di porcellana, per favore?

E non sembrava nemmeno particolarmente incline a fare qualcosa da solo. «*Una lettera della regina deve essere caduta per errore nel cestino della carta straccia accanto al tavolo della libreria. Cercala, per favore.*» Poi, quando il libro di Andrew Morton uscì a puntate sul «Sunday Times», lasciò un bigliettino che diceva: «*Non voglio mai più vedere quel giornale in questa casa! Per quanto riguarda i tabloid, non voglio più vedere nemmeno loro. Se qualcuno desidera leggerli, dovrà procurarseli da sé. E questo include Sua Altezza Reale!*»

Presi servizio a Highgrove, a un miglio dal paese di Tetbury nel Gloucestershire, il 1° settembre 1987. Il Principe e la Principessa di Galles erano in Spagna in visita a re Juan Carlos, dopodiché si sarebbero recati a Balmoral. Fu solo nella seconda settimana di ottobre che vidi i miei nuovi datori di lavoro. Ebbi cinque settimane per familiarizzare con quella strana casa e con uno stile di vita del tutto diverso. Non so cosa avrei fatto senza Wendy Berry, la governante. Conoscevo suo figlio James, un valletto di Buckingham Palace. Lei aveva avuto quel lavoro a Highgrove quando James era diventato maggiordomo in seconda a Kensington Palace e aveva raccomandato la madre per il posto di governante. Lavorare accanto a lei era come tornare a fare un periodo di prova. All'inizio mi ero trasferito dalla capitale senza Maria e Alex, per cui mi sistemai insieme a Wendy nella sua graziosa casetta in pietra a un piano, nei pressi del cancello.

Noi difendevamo le trincee a Highgrove ma, quando il padrone e la padrona erano via, la casa padronale veniva chiusa. Le persiane di legno delle grandi finestre del piano terra venivano sigillate per motivi di sicurezza. Era come vivere in una casa abbandonata. Era strano passare da un luogo sempre pieno di vita come Buckingham Palace, con il suo costante rumore di fondo e il personale che pullulava ovunque, agli spazi vuoti e silenziosi di una grande casa disabitata nel bel mezzo dei campi coltivati. Vagavamo per l'edificio come anime perse. Anziché pazze feste serali, mi concedevo una bottiglia di vino e una tranquilla chiacchierata in compagnia di Wendy. Tra il personale che lavorava all'aperto c'erano altri volti amichevoli, soprattutto quello dello stalliere Paddy Whiteland, vecchio quasi quanto i mobili in palissandro. Di fatto era arrivato proprio insieme a quei mobili e lavorava in quella residenza da più di quarant'anni. Come diceva il principe Carlo, «Quando morirai, Paddy, ti faremo impagliare e ti esporremo nell'anticamera principale!».

La sua conoscenza di Highgrove era enciclopedica e i suoi compiti diversificati. Se il principe voleva che venisse abbattuto un albero, lo diceva a Paddy. Se voleva che fosse eretta una staccionata, lo diceva a Paddy. Se un'aiuola di fiori non era in ordine, lo diceva a Paddy. Se voleva sentire qualche pettegolezzo, l'informatissimo Paddy glielo riferiva. Il principe si fidava di lui più che di chiunque altro. Paddy era una vecchia volpe e tutti, in particolare il principe, lo adoravano.

Poi c'erano i giardinieri. Dennis Brown coccolava le sue piante e le sue verdure come avrebbe fatto con i propri figli. Con un berretto in testa e le maniche arrotolate, lo si poteva sempre trovare con una vanga o una paletta in mano nell'orto vittoriano che forniva frutta e verdura alla casa. I suoi colleghi David e James badavano al resto dei giardini, che offrivano un panorama di diverso colore su ciascun lato della casa padronale: una serie di tassi dorati simili a giganteschi porcospini, siepi verdissime e tosate alla perfezione, macchie multicolori di fiori di campo, tappeti gialli di ranuncoli, alberi rigorosamente allineati. Era decisamente uno dei giardini più raffinati d'Inghilterra.

A settembre mi raggiunsero Maria e Alex. Eravamo in attesa del nostro secondo figlio: Maria aveva scoperto di essere incinta due settimane dopo che avevo lasciato la regina. La nostra nuova casa, il derelitto cottage di Close Farm, era molto distante dalla proprietà, ma i muratori avevano passato il mese precedente a ristrutturare gli interni e in tutte le stanze si sentiva odore di vernice fresca. Una mano di colore e una nuova moquette verde non riuscivano però a nascondere le crepe. Il giardino era ancora una specie di giungla, la grondaia perdeva e c'erano dei vetri rotti nelle finestre del piano terra.

Il mio primo compito domestico consistette nel rappezzare le finestre con del polietilene per evitare che piovesse in casa. Era una casa tetra, nonostante la carta da parati rosa e bianca di Laura Ashley scelta da Maria. Anche se era stata lei a insistere perché ci trasferissimo, ora le mancavano i Royal Mews e si stava pentendo della decisione presa.

Vivevo in quella casa, lavoravo in quella residenza di campagna con i mobili coperti da lenzuola, mi trovavo a 110 miglia dalla familiarità e dalle chiacchiere di Buckingham Palace, e mia moglie soffriva di nostalgia. Pensai: *Cosa ho fatto?* Era stata una scommessa e la mia prima impressione non era incoraggiante. Fu un momento difficile, ma non potevo tornare sui miei passi. Dovevamo fare buon viso a cattiva sorte.

Paddy, con i suoi giubbotti di tela cerata che odoravano di stalla e cavalli, era sempre pronto a portare un sorriso in casa nostra. «Avrete un secondo bambino, avrete bisogno di uova fresche» ci aveva detto. Arrivò quel pomeriggio con il suo trattore: trascinava un carrello con una piccola baracca prefabbricata che montò lì per lì nel giardino sul retro della casa. Insieme al prefabbricato aveva portato sei galline Rhode Island Red. «Uova fresche alla spina tutte le mattine» annunciò. Maria disse che per fortuna non aveva pensato anche a rifornirci di latte fresco.

Quando vide la nostra nuova moquette verde disse che era fantastica. «È il colore di Dio, ecco cos'è. Dio usa sempre il verde per dipingere: gli alberi, l'erba... la moquette!» E scoppiò a ridere.

Se le condizioni di vita sembravano dure, il lavoro lo era molto di più. A ottobre, al ritorno del principe e della principessa, iniziò la vera prova. Lì non c'era la rete di supporto fornita dai trecento membri del personale di Buckingham Palace. Non avevo più un collega valletto con cui condividere le incombenze e non c'erano più due paggi ad assistermi. Ero un maggiordomo responsabile della gestione di un'intera residenza reale, non di un corridoio o di una serie di stanze. Io e Wendy Berry eravamo gli unici due membri a tempo pieno del personale, ma ci sarebbe stato lavoro a sufficienza per tenere occupate altre cinque persone.

Era risaputo che era il principe a stabilire i salari. Salari molto buoni. I suoi domestici erano i meglio pagati tra tutti i dipendenti della famiglia reale. Il passaggio dalla sovrana all'erede al trono mi portò un aumento di 10.000 sterline, portando il mio stipendio da circa 8000 a 18.000 sterline l'anno. Ma anche il mio lavoro aumentò in proporzione. Dovevo fare tutto. Non c'era un addetto ai vini che facesse decantare le bottiglie di porto e chiaretto, non c'erano aiuti maggiordomo che pulissero l'argenteria o lavassero i piatti, non c'erano valletti che accogliessero gli ospiti, prendessero i loro cappotti o procurassero la legna per il fuoco, non c'erano fioristi per disporre i fiori sul tavolo, non c'era qualcun altro che potesse salire sul tetto a issare lo stendardo o occuparsi di fare la spesa. All'improvviso c'ero solo io. Non avevo più le livree reali appese nel guardaroba, ma solo un semplice doppiopetto blu con i bottoni dorati e, sui risvolti, i distintivi con le tre piume di struzzo circondate dalla giarrettiera del Principe di Galles, dei pantaloni blu, una camicia bianca e una cravatta blu.

In tutto ciò riuscivo a vedere un unico aspetto positivo. Ero passato dai nove corgi della regina ai due Jack Russell del principe, Tigger e Roo, e il compito di portarli a spasso non era mio. Era il principe Carlo a occuparsene. Non esisteva un centralino a Highgrove, per cui tra i miei compiti c'era anche quello di rispondere al telefono. Un giorno sollevai il ricevitore. «Pronto, Tetbury [e il numero]?»

«Hello, Paul.»

Riconobbi immediatamente quella voce. Era la regina. «Buongiorno, Vostra Maestà.» Ero felicissimo di sentirla. Era la prima volta che parlavamo dopo la mia partenza. Non potei fare a meno di chiederle come stava e come stava il mio corgi preferito, Chipper. E come stava...

«Sua Altezza Reale è in casa?»

Mi interruppe nel mezzo della frase. Evidentemente avevo parlato troppo. Passai la chiamata al principe Carlo. «È la regina, Vostra Altezza Reale.»

Quando mi ero trasferito a ovest, lungo l'autostrada M4, mi avevano detto che il principe «non aveva intenzione di usare spesso Highgrove». Era come il castello di Windsor per la regina o il Royal Lodge per la regina madre: un rifugio per il fine settimana. Il principe e la principessa avrebbero dovuto stare insieme dal lunedì al venerdì a Kensington Palace, dove Harold Brown era maggiordomo a tempo pieno. O perlomeno ufficialmente le cose stavano così. Ma da quel primo autunno il principe Carlo iniziò a passare i fine settimana da solo a Highgrove. Il principe, che portava con sé un valletto, uno chef e un agente di sicurezza, restava lì almeno tre giorni la settimana. Io mi abituai alla vista dell'elicottero rosso Wessex della flotta reale che atterrava nel paddock a qualche centinaio di metri dall'ingresso della casa padronale. Un lavoro da fine settimana si trasformò così in un impegno quotidiano. Quando il principe era nella residenza di campagna da solo, la vita a Highgrove aveva l'atmosfera della sala d'aspetto di un chirurgo: formale, silenziosa, scandita da una tempistica precisa. Le giornate del principe erano fitte di impegni e di appuntamenti. Tra i suoi ospiti per pranzo c'erano amici d'infanzia come Vernon Russell-Smith, Camilla Parker Bowles, Candida Lycett Green, la Duchessa di

Devonshire, Charles e Patti Palmer-Tomkinson e il parlamentare Nicholas Soames.

Quando era solo poteva passare delle ore intere in giardino. Ricordo che una volta zappò uno spiazzo di terra e stese un tappeto di timo dalla terrazza sul retro fino a uno stagno. Lo chiamava il suo «vialetto del timo» e diceva che si era quasi spaccato la schiena per farlo. Oppure stava in biblioteca ad ascoltare musica classica, che si diffondeva lungo i corridoi a un volume tanto alto da non permettergli di sentire se qualcuno bussava alla porta. Spesso giravo per i locali al suono dell'*Aida* di Verdi. La principessa non veniva mai durante la settimana. Restava a Londra con i bambini e pranzava a palazzo con gli amici – lo stilista Jasper Conran, Laura Lonsdale o Carolyn Bartholomew – oppure pranzava all'Harry's Bar di Mayfair con gli ex monarchi di Grecia, il re Costantino (che lei chiamava Tino) e la regina Annamaria. Le capitava anche di andare al San Lorenzo di Knightsbridge con lady Carina Frost, moglie del presentatore televisivo David Frost. Due volte alla settimana, alle sette e trenta del mattino, prendeva lezione di equitazione dal maggiore James Hewitt alla Knightsbridge Barracks di Hyde Park. In quella fase della sua vita aveva un forte desiderio di imparare cose nuove. Un'altra mattina della settimana era dedicata a quelle che lei chiamava le «lezioni da sorda» nel corso della quali imparava il linguaggio dei segni, o ai corsi di danza nel salotto di Kensington.

Il venerdì pomeriggio marito e moglie si ritrovavano quando la principessa arrivava a Highgrove insieme a William e Harry, all'epoca di cinque e due anni. Tornavano a Londra la domenica dopo pranzo insieme a una tata, una cameriera e un agente di sicurezza. La principessa considerava Londra il proprio ambiente sociale e Kensington Palace la propria casa. Il principe invece preferiva pranzare con «quelli di Highgrove» e usava sempre più questa tenuta come sua base, passando solo una notte ogni tanto nella capitale con la moglie.

Nella famiglia reale non era insolito che una coppia conducesse vite separate. Non sembrava strano che il principe avesse interessi diversi dalla moglie, né che questi lo trattenessero nella tenuta di campagna. Anche la regina e il Duca di Edimburgo, in fondo, avevano seguito strade separate per tornare a incontrarsi regolarmente nel corso del loro lungo matrimonio. Nei miei primi giorni a Highgrove il principe e la principessa passavano insieme tutti i fine settimana. Contrariamente a una voce diffusasi alla fine degli anni Ottanta, non dovetti mai portare la cena in camera da letto alla principessa. Tutte le sere veniva allestito un tavolo davanti al televisore del salotto e il principe e la principessa cenavano insieme. Chiacchieravano come una qualsiasi coppia che si ritrova dopo aver passato qualche giorno separata per lavoro. Ho letto da qualche parte che il principe non chiedeva mai alla principessa come stava e com'era andata la settimana. È una falsità assoluta. Il principe, sempre educato e pronto al dialogo, era solitamente il primo ad avviare la conversazione e si interessava molto al lavoro di sua moglie e a ciò che aveva fatto nel corso della settimana. E se lei voleva parlargli in qualsiasi altro momento, sapeva sempre dove trovarlo: in biblioteca. Il principe stava alzato fino a tardi ad ascoltare musica e a sbrigare la corrispondenza. La principessa si ritirava in camera, dove aveva il proprio stereo con dei CD di musica più moderna. Se al piano di sotto si sentivano Verdi e Haydn, al piano di sopra dominava Whitney Houston, e in particolare uno dei suoi grandi successi, *I Will Always Love You*. (Fu solo negli anni successivi che la principessa sviluppò una passione per la musica classica.)

Tutte le sere uno dei miei compiti era occuparmi del carrello delle bevande nel salotto e riempire una caraffa d'argento di succo d'arancia fresco per il principe, ma la spremuta piaceva anche alla principessa che, con una certa irritazione da parte del principe Carlo, arrivava spesso prima alla caraffa, come mi ricordò l'erede al trono in un bigliettino ufficiale: «*In futuro potresti controllare la caraffa del succo d'arancia alla fine della cena, dato che Sua Altezza Reale tende a berlo tutto e non ne resta più per me? C.*» Un altro bigliettino per la mia folta collezione.

Nel salotto, una delle quattro stanze principali che davano sull'anticamera centrale, avevo un'altra incombenza: allestire ogni domenica mattina un piccolo altare in modo che il vescovo Woods, in paramenti da cerimonia, potesse impartire la comunione al principe. Stendevo un panno bianco sopra un tavolino da gioco ripiegato e vi ponevo su ogni lato due candelieri accesi, un piccolo vassoio d'argento, un calice d'argento e nel mezzo delle ampolle di cristallo con acqua e vino rosso. Era una cerimonia che il principe prendeva molto seriamente, ma la principessa non vi partecipava mai. Nei primi tempi avevano frequentato la chiesa locale di Tetbury. La principessa considerava i sacramenti degli esercizi privi di senso se non venivano svolti nella casa del Signore.

Quando la principessa arrivava con i bambini, Highgrove sbocciava alla vita. Erano le uniche occasioni in cui vedevo la Principessa di Galles, e la casa era piena di risate e delle urla di gioia dei due ragazzini che correvano per i corridoi giocando a nascondino con la principessa che li inseguiva ringhiando come un lupo mannaro. Di giorno, con i figli al proprio fianco, la principessa suonava il pianoforte dell'anticamera, accanto alla porta che dava sul salotto.

In quell'atmosfera familiare non riuscivo a vedere alcuna crepa, nonostante quanto mi aveva detto lady Susan Hussey sul fatto che non tutto era come appariva. Come genitori il principe e la principessa sembravano perfettamente a proprio agio e nessuno si dava da fare più di loro per creare un ambiente caldo e felice per i figli. Erano una squadra imbattibile. Non c'era alcuna «Guerra dei Galles» a cui assistere. Se qualcosa non andava, si viveva comunque in uno stato di amichevole tregua.

L'atmosfera allegra di quei giorni si avvertiva anche nella sala da pranzo del personale. Non eravamo più solamente in due: c'erano le tate Barbara Barnes o Ruth Wallace, le cameriere Evelyn Dagley o Fay Marshalsea e gli agenti di sicurezza Graham Smith o Dave Sharp. Il personale della principessa era dotato di un notevole senso dell'umorismo. La sola persona che si faceva prendere dall'ansia all'arrivo della principessa era Paddy. Sapeva che a lei piaceva fare una nuotata mattutina nella piscina scoperta riscaldata, che in inverno era coperta da una grande struttura gonfiabile. Paddy era sempre preoccupatissimo di ottenere la temperatura giusta e non sapeva mai quanto cloro usare. Spesso tirava a indovinare e poi si faceva prendere dal panico quando la principessa usciva dalla piscina con gli occhi arrossati. Ma la Principessa di Galles vedeva sempre il lato divertente delle cose.

La principessa era molto vicina ai membri del proprio staff ed era loro profondamente affezionata, ad alcuni più che ad altri, ma a nessuno quanto all'agente di sicurezza Graham Smith, che tutti adoravano. Era un tipo socievole, non si dava mai arie e negli anni a venire la principessa disse sempre che era il suo preferito. Graham era stato il contatto iniziale tra la principessa e Maria quando le era stato offerto il posto di cameriera e fu felicissimo di trovarci tutti e due a Highgrove. A un certo punto gli venne la tosse e il mal di gola, dopodiché si scoprì che soffriva di un cancro alla gola. Ogni volta che poteva, la principessa cercava di trovare il tempo per accompagnarlo all'ospedale per la chemioterapia. Alla fine la malattia lo costrinse a lasciare il servizio e, qualche anno più tardi, ne morì. Non ci fu mai più nessuno che riuscisse a sostituirlo veramente.

Anche Maria era una delle preferite della principessa. Il primo fine settimana di ottobre la principessa venne a vedere la nostra nuova casa e ci portò un regalo di benvenuto: dei cuscini a trapunta in tinta con la carta da parati di Laura Ashley. Alla principessa piacevano i divani pieni di cuscini. «Siete un po' troppo lontani per i miei gusti. Dovrò lavorarci sopra» ci disse.

Senza che all'epoca lo sapessi, la principessa doveva lavorare anche su di me. Io ero ancora il marito di Maria, Paul, l'ex valletto della regina, ora maggiordomo a Highgrove, che di fatto era considerato territorio del principe Carlo. In quei primi giorni venivo etichettato come un uomo del principe, a prescindere dall'amicizia tra Maria e la principessa. Quando il principe era solo a Highgrove, era mio dovere servirlo e proteggere il suo mondo. Ma la cosa non sarebbe durata a lungo, se fosse dipeso dalla principessa.

La Principessa di Galles regalava spesso dei cuscini agli amici. Aveva un ottimo gusto per l'arredamento. Aveva curato personalmente la decorazione di entrambe le sue residenze reali senza richiedere nulla che si avvicinasse allo splendore barocco di Buckingham Palace. Nella neoclassica Highgrove vi era un *décor* molto semplice, dietro la facciata di ocra e pietra con le sue finestre veneziane sopra l'ingresso principale. All'interno vi erano pareti giallo chiaro, tappezzeria verde limone, mobili di giunco in biblioteca, pavimenti di legno e tappeti verdi. Avrebbe potuto essere una qualsiasi grande casa-bomboniera di Chelsea. Sui tavoli e alle pareti c'erano fotografie di William e Harry e scatolette Herend. Era evidente anche il tocco del principe Carlo: i suoi acquerelli erano incorniciati alle pareti, le sue porcellane Wemyss preferite sparse per i caminetti e i tavoli, piante e fiori ovunque. Su un tavolo rotondo al centro dell'anticamera era in bella mostra una spettacolare composizione di fiori secchi. A entrambi i lati dell'ingresso, dei grandi vasi ospitavano alberelli bonsai o piante di fucsia.

Ma era nell'aspetto esterno di Highgrove che il principe faceva veramente sentire la propria influenza, con tutto il suo amore per l'architettura e il giardinaggio. Quando l'aveva acquistata, nel 1980, la casa non aveva un aspetto abbastanza sontuoso, per cui fece aggiungere alla facciata delle colonne di pietra in stile ionico, poste sotto un nuovo frontone con una finestra vetrata rotonda al centro. Tutt'attorno al tetto creò una balaustra di pietra sormontata da quattro urne di pietra su ogni lato. La casa era il suo rifugio, anche se si trova a poche centinaia di metri dalla strada principale tra Tetbury e Chipping Sodbury, a cui è collegata da un vialetto che taglia attraverso i prati rossi e gialli di papaveri e frumento.

I giardini, con il loro design intricato, erano il *sancta sanctorum* del principe, il suo mondo esclusivo dove passava ore a zappare, sarchiare, piantare e potare. Accanto alla sua passione per l'acquerello, questo giardino un tempo spoglio divenne la tela su cui dipingere il suo vero capolavoro naturale. Nelle alte siepi vennero ritagliate finestre e archi, le rose rampicanti vennero fatte crescere sopra un pergolato per formare una galleria floreale, un sentiero erboso attraversava un prato di fiori selvatici. Riportò agli antichi splendori l'orto vittoriano, che si raggiungeva attraversando un cancello rosa aperto in un muro di recinzione in mattoni. L'orto traboccava di fiori, frutti e verdure, ma l'elemento centrale era costituito da uno specchio d'acqua e da una fontana circondati da una piccola staccionata bianca. C'era un giardino boscoso: un groviglio di radici, ceppi d'albero trasformati in sedie, cortine di salici e pavimenti di corteccia. Al centro si ergeva una grande amazzone nuda color ruggine. Due volte al mese il principe mi dava un barattolo di cera e io dovevo andare a lucidarla. Sospesa sopra questa statua, a sei metri d'altezza tra i rami di un agrifoglio, c'era la casetta sull'albero di William e Harry, dipinta di rosso e verde, con mobiletti e sedie fatti a mano. Sarebbe diventata un nascondiglio e un luogo di grande divertimento per i giovani principi e per altri due ragazzini: Alex e il mio secondo figlio, Nicholas, che nacque sedici minuti dopo la mezzanotte del 19 aprile 1988 al Princess Margaret Hospital di Swindon. Con il permesso del principe piantai un ciliegio nel giardino della nostra casa di Close Farm per festeggiare l'arrivo del nostro secondogenito.

Il principe aveva addirittura installato una rete fognaria ecologica, un sistema di fosse e strati di canne che trattava e filtrava i rifiuti. I bigliettini del principe non trascuravano nemmeno queste faccende: «*Ti dispiacerebbe informare gli ospiti in visita a Highgrove di NON gettare tamponi e preservativi nelle toilette perché intasano gli strati di canne?*» Non potei fare a meno di chiedermi come avrei trovato le parole per comunicare agli ospiti quest'ordine del principe. Devo ammettere che in quell'occasione ero troppo imbarazzato per riferirlo testualmente. Mi limitai a chiedere agli ospiti di non gettare oggetti estranei nelle toilette. Reputai che non fosse necessario essere preciso quanto il principe. Il Principe di Galles riciclava tutto il possibile. Voleva che tutti gli avanzi di cucina e dei pranzi, compresi i gusci d'uovo, fossero gettati nel compostaggio.

La principessa sapeva più di chiunque altro quanto fosse importante per il marito la cura della tenuta e dei suoi giardini. Sin dall'inizio ne tenne una documentazione fotografica, fase per fase e stagione per stagione. Ne appuntava accuratamente i progressi (al solo scopo di compiacere il marito) e incollava centinaia di fotografie a colori su album rilegati in pelle. Per chi riteneva erroneamente che la principessa non vedesse di buon occhio la passione per il giardinaggio del marito, quegli album costituiscono un'irrefutabile testimonianza di quanto fosse vero il contrario. Lo faceva per lui. Lo faceva per mostrarsi interessata a una della grandi passioni del principe, anche in un periodo in cui, come si sarebbe venuto a sapere in seguito, entrambi gli sposi mantenevano delle relazioni extraconiugali.

Nell'office c'era un'agenda in formato A4 che serviva a me e a Wendy a tenere nota degli andirivieni del principe. Era il nostro registro degli arrivi e delle partenze. Quando un angolo dell'agenda veniva coperto con un adesivo di feltro rosso, il principe Carlo era a Highgrove da solo. Una spessa striscia verde indicava che la tenuta era occupata dalla sola principessa e una N maiuscola indicava la presenza di William e Harry. Quando il rosso, il verde e la N comparivano insieme, perlopiù nei fine settimana, era presente la famiglia al completo. Noi trascrivevamo diligentemente tutti i nomi degli ospiti attesi con l'ora d'arrivo, in modo che potessimo tenerci al passo di quel mondo sempre in frenetico cambiamento. I nomi venivano registrati senza alcun secondo fine. Non pensai mai che il nostro organizzatissimo sistema avrebbe potuto causare dei problemi.

L'agenda del personale veniva lasciata nell'office. Non era nascosta perché, essendo usata per una gestione più efficiente della casa, non l'avevo mai considerata un segreto.

Nella primavera del 1988, con un angolo rosso a indicare che il principe era solo, gli ospiti per pranzo erano registrati senza alcuna reticenza: «4 a pranzo: S.A.R., Mrs Parker Bowles, Mr Neil Foster e Mr Vernon Russell-Smith» accanto a un appunto che ricordava che l'elettricista sarebbe venuto a sistemare le luci della biblioteca. Per noi era un pranzo come tanti. I nomi erano annotati come in altre occasioni vi si trovavano appunti come «Emma Thompson e Kenneth Branagh a pranzo», «Michael Portillo a pranzo», «Jimmy Savile a pranzo» (l'unica persona a cui fosse concesso fumare a Highgrove), «Selina Scott» (la presentatrice televisiva) o «Mr e Mrs Hector Barrantes a pranzo» (la madre e il patrigno della Duchessa di York). Oppure «Mr e Mrs Oliver Hoare e Mrs Parker Bowles a pranzo», «Mrs Candida Lycett Green e Mrs Parker Bowles a pranzo». O «Mr e Mrs Parker Bowles e figli».

All'improvviso, un giorno d'agosto del 1988 – tre mesi prima del quarantesimo compleanno del principe Carlo – il disco rosso cadde nella scatola che indicava «biblioteca» e io andai a vedere di cosa avesse bisogno il principe. «Paul, puoi spiegarmi come fa la principessa a sapere esattamente chi è venuto in visita a Highgrove questa settimana?»

Non riuscivo a capire. Non ne avevo fatto parola con la principessa. Ero confuso. «Mi dispiace, Vostra Altezza Reale, non capisco» mormorai, e in quel momento era assolutamente vero. Non pensai a tutte le volte in cui la principessa era venuta a trovarmi nell'office per dare un'occhiata al giornale, fare due chiacchiere davanti a una tazza di caffè o darmi una mano ad asciugare i piatti che stavo lavando. Non mi venne in mente nemmeno quando la trovai ad aspettarmi nell'office. La principessa era un volto familiare nelle aree del personale sin dai tempi di Buckingham Palace. Non sapevo ancora quanto potesse essere astuta.

Mentre il principe mi faceva il terzo grado e, sospettando di me, mi chiedeva di ripensarci, la verità mi balzò agli occhi all'improvviso. «Be', io tengo una registrazione degli ospiti a pranzo, Vostra Altezza Reale» dissi umilmente.

«Per quale motivo?» A quel punto sapevamo entrambi cos'era successo. «Perché scrivi i nomi sulla tua agenda?» mi chiese.

Lo facevo per poter dire agli agenti di sicurezza chi si sarebbe presentato al cancello della tenuta, perché io e Wendy potessimo tenerci aggiornati e...

«Bene, non farlo più. Non voglio più nomi su quell'agenda» mi interruppe il principe.

Da quel momento in poi abbandonai il mio efficientissimo sistema di annotazioni. I rimandi a colori sulle pagine non vennero più usati e le note dicevano «4 a pranzo». Niente più nomi.

Dopo la vacanza annuale di famiglia a Balmoral, cambiò qualcos'altro. Il Principe e la Principessa di Galles non venivano più regolarmente insieme a passare i fine settimana a Highgrove. Accadeva solo di tanto in tanto e solo quando erano presenti altri ospiti. Nell'autunno e nell'inverno del 1988/89 la principessa rimaneva a Highgrove da sola con i bambini dal venerdì alla domenica, e nei fine settimana in cui c'era il principe lei non si faceva vedere.

Iniziammo a chiamare Highgrove «la casa della principessa» quando c'era lei nella residenza di campagna e «la casa del principe» quando c'era solo il principe Carlo. Quando arrivava la principessa da Londra con i ragazzi e il suo personale, l'atmosfera era più leggera, più rilassata. I pranzi venivano serviti a buffet in sala da pranzo e il lungo tavolo di mogano veniva coperto con una tovaglia cerata. Al ritorno del principe si tornavano a servire i pasti a tavola, su una tovaglia di lino bianco.

Quando la principessa era a Highgrove, veniva a trovarmi nell'office, dove sgranocchiava delle barrette di cioccolato bianco che io tenevo per lei nel frigorifero dei vini. Quando entrava, chiudeva la porta che dava sulla cucina. Era un segnale per il resto del personale, una specie di cartello «Non disturbare». L'altra porta, che dava sul corridoio, veniva lasciata socchiusa e capitava che il principe Carlo passasse di lì e vedesse sua moglie appoggiata al ripiano della cucina a chiacchierare o, per come la vedeva lui, a spettegolare. Disse alla principessa di non ascoltare le chiacchiere del personale e io iniziai a preoccuparmi del fatto che quelle conversazioni innocenti potessero mettermi in cattiva luce e rovinare i miei rapporti con il principe Carlo. Nel corso di un ballo per il personale che la regina diede a Buckingham Palace, la principessa passò mezz'ora a chiacchierare con me e Maria in fondo alla Galleria dei quadri. Quella sera indossava un abito da cocktail con l'orlo irregolare di Mandra Rhodes. Ricordo di aver pensato che stavamo monopolizzando la sua compagnia. «Vostra Altezza Reale, forse dovreste dedicarvi a qualcun altro» le dissi. Tutti ci guardavano: un'accettabilissima chiacchierata di cinque, dieci minuti si stava trasformando in una lunga conversazione, la principessa e

Maria ridevano come vecchie amiche. Trovavo la cosa estremamente imbarazzante, ma mentirei se dicessi che non ero lusingato dal fatto che la principessa passasse tutto quel tempo con noi. Lei non sembrava affatto preoccupata.

Nell'office la principessa non passava mai più di quindici o venti minuti. Rideva e scherzava. Parlava di William e Harry e dei loro progressi. Un giorno era tutta emozionata perché William aveva perso il suo primo dente da latte. Era in quei momenti che ricompariva la principessa solitaria che avevo conosciuto per la prima volta mentre mangiava un Big Mac insieme a Mark Simpson, ma questa volta eravamo a casa sua. Lei raccontava quanto si era sentita sola, quanto doveva essere forte, quando si sentiva incompresa. Parlava sempre in termini molto generali e si manteneva sul vago, non forniva alcun dettaglio. Era come se mi facesse intravedere le sue preoccupazioni, forse per provocare una risposta o una reazione da parte mia. Non ve ne fu mai alcuna. Ascoltavo. Mi dispiaceva per lei, ma mi limitavo ad ascoltare. E lei mangiava il suo adorato cioccolato bianco. Mi disse di avere un «amico speciale» di cui nessuno sapeva nulla. Io non feci commenti. Sarebbe stato scortese porre delle domande.

In quella stanza, quando eravamo soli, lei appariva vulnerabile, insicura, ma quando usciva dall'office tornava a essere la principessa di sempre. Il personale era curioso, e in particolare Wendy. Cosa aveva detto? Cosa stava succedendo? Questioni di famiglia, rispondevo io.

Come si comportava il principe con me quando era a Highgrove da solo? Be', mi lasciava dei bigliettini.

Wendy venne a sapere molto tempo prima di me ciò che stava succedendo. Io dovetti scoprirlo da solo. La situazione si chiarì poco per volta, come un puzzle senza un'immagine di riferimento. La mia agenda era ormai priva di nomi e codici basati sui colori, ma scrissi comunque la parola «Privato» su moltissimi giorni della primavera 1989: significava che il principe Carlo era in una qualche altra residenza privata. Solo il suo assistente personale dell'epoca, Richard Aylard, il suo agente di sicurezza personale Colin Trimming e uno dei suoi valletti (Michael Fawcett o Ken Stronach) sapevano esattamente dove si trovava.

Tra la fine del 1989 e l'inizio del 1990 la tregua era a un punto di rottura. Al personale non era stato comunicato nulla, ma non eravamo certo sordi. Nelle occasioni sempre più rare in cui il principe e la principessa venivano insieme a Highgrove, dopo che i bambini erano andati a dormire, dalle stanze del piano di sotto si sentivano voci alterate, porte sbattute, passi che salivano furiosi le scale e attraversavano i corridoi. Dopodiché su quella grande casa scendeva un silenzio mortale.

E non eravamo nemmeno ciechi. Un sabato sera, entrando in soggiorno, trovai il tavolino che avevo allestito per la cena in condizioni disastrose. Bicchieri rovesciati, a pezzi, il sale aromatico era sparso ovunque e la tovaglia di lino bianca era inzuppata d'acqua. Il principe, in giacca da camera di seta come il suo stemma sul taschino, era inginocchiato a terra, intento a raccogliere le posate dal pavimento. «Cielo» disse. «La mia vestaglia dev'essersi impigliata a qualcosa e ho combinato questo disastro.» La principessa era sparita.

Quando il principe era da solo durante la settimana, e molto spesso anche la domenica sera, l'orario della cena – che generalmente si svolgeva alle otto e trenta – veniva anticipato. «Credo che cenerò presto questa sera, Paul, e poi mi ritirerò» diceva il principe. Il tavolino veniva apparecchiato per una persona. Come da istruzioni ricevute, io preparavo il «Times» aperto sulla pagina dei programmi TV e il telecomando su un poggiapiedi imbottito di fronte al divano, con la televisione in standby. Un cesto accanto al camino piombato veniva rifornito di nuovi ceppi di legna. Un salotto allestito per dare l'impressione che il principe avrebbe passato una tranquilla serata in casa. Finché una sera Wendy mi disse: «Accenderà il camino per un paio di minuti e poi uscirà. Che spreco». Il principe amava molto dilungarsi a cena, ma in quelle occasioni faceva tutto in fretta e furia. Quando il disco rosso scendeva nella casella che indicava il salotto, era ora di sparecchiare la tavola. Non avevo ancora fatto in tempo a raggiungere l'office con il vassoio, che già si sentiva il rumore delle ruote sulla ghiaia del vialetto, che spariva in lontananza. «Ecco che se ne va. Non tornerà prima dell'alba» commentava Wendy.

Per uso personale il principe Carlo si serviva di una Aston Martin verde che veniva tenuta in un garage esterno a tre posti, una ex stalla sul retro della casa. L'auto era parcheggiata accanto a una classica Bentley con gli interni color crema e a una Aston Martin d'epoca con una statuetta d'argento di un drago sul cofano: era un regalo della regina per il ventunesimo compleanno del principe. Il Principe di Galles usciva guidando personalmente la sua auto, con Colin Trimming a fianco, sul sedile del passeggero. Erano quelle le gomme che sentivano avanzare sulla ghiaia.

Non diedi più che tanta importanza a queste uscite serali finché un giorno non feci visita al posto di sorveglianza della polizia nei pressi della tenuta, dove era in servizio permanente una squadra di agenti del Gloucestershire Constabulary. Ero andato a portar loro degli avanzi dalla cucina. Tra una chiacchiera e l'altra il discorso cadde sugli andirivieni del principe, e venne a galla un segreto tenuto fino ad allora ben nascosto dai poliziotti. Probabilmente pensavano che io ne fossi già al corrente. Dissero che il principe Carlo, in quelle misteriose passeggiate serali, compiva lo stesso tragitto: undici miglia all'andata, undici miglia al ritorno. E a undici miglia esatte di distanza da Highgrove c'era Middlewich House, la residenza della signora Camilla Parker Bowles.

«Ma dài, Paul, come facevi a non saperlo?» mi disse Wendy quando le riferii quel pettegolezzo. Io ripensai alla principessa che mi diceva quanto si sentisse sola. A lady Susan Hussey che mi diceva che in quella casa le cose non era come sembravano. Ai fine settimana che la coppia reale passava separata. All'agenda. Ai nomi. E la principessa li aveva visti. Sapeva. Tutto ciò mi lasciò con il cuore a pezzi.

Alla sua visita successiva a Highgrove la principessa, allora ventottenne, venne nell'office e mi chiese se in frigorifero c'era qualcosa da mangiare. Il fatto di vivere in due mondi separati – quello del principe e quello della principessa – implicava che il personale fosse diviso tra la fedeltà all'uno e all'altra. Significava dimenticare tutto ciò che avevi saputo in uno dei due mondi e riprendere con l'altro da dove l'avevi lasciato l'ultima volta. Passare senza alcuno sforzo da una modalità all'altra divenne una funzione robotica in cui le emozioni e la morale non potevano avere alcun ruolo. Fare il maggiordomo a Highgrove significava sapere qual era il tuo posto, osservare ogni dettaglio e non fare commenti. Saper chiudere gli occhi è un requisito fondamentale per questo lavoro. Io avevo tutte le intenzioni di mantenermi imparziale. Fino al giorno in cui la principessa decise di mettermi in mezzo. Fu la mia prima prova di fiducia. Nell'estate del 1989 appresi un segreto che rimase tale finché la principessa non ne parlò pubblicamente e che creò tra noi un legame che sarebbe durato per sempre.

Era un caldo venerdì pomeriggio d'estate. Dopo pranzo William e Harry erano tornati alla nursery del secondo piano con la tata Olga Powell. La principessa venne nell'office e andò direttamente al punto. «Devo chiederti un favore, Paul. Vorrei che tu facessi una commissione per me. E nessuno – proprio *nessuno* – deve saperlo.» Mi spiegò la mia missione. «Andresti alla stazione di Kemble domani pomeriggio a prendere qualcuno per me?» mi chiese.

«Ma certo, Vostra Altezza Reale» risposi.

«È un amico speciale. Si tratta del maggiore James Hewitt.»

Qualsiasi cosa il principe o la principessa mi chiedessero di fare, io facevo del mio meglio senza fare domande. Ma chiedendomi di svolgere in compito clandestino di quel tipo, la principessa fece un grande atto di fede. Era un rischio, per quanto calcolato, chiederlo proprio a me, l'ex valletto della regina e il maggiordomo che passava la maggior parte del tempo con il principe Carlo. La principessa contava sul fatto che la sua grande amicizia con Maria avrebbe pesato dalla sua parte. La cosa che non poteva sapere era che io ero assolutamente determinato a non deluderla. Avevo saputo in che situazione si trovava e avvertivo la sua solitudine. Questo «amico» le dava gioia e felicità, su questo non c'erano dubbi.

Dopo pranzo affrontai con la mia Vauxhall Astra color argento le sette miglia che portavano a Kemble: svoltai a sinistra appena uscito dal vialetto e proseguii lungo la A433, che passava vicino a Tetbury, dopodiché svoltai a destra, in una stradina che conduceva al paesino dove l'ospite segreto aspettava in un parcheggio deserto. Lo vidi prima che lui vedesse me: un uomo appoggiato a un'auto sportiva scoperta, con una giacca di tweed, una camicia bianca dal colletto aperto e un paio di occhiali da sole. «Salve, Paul, come sta?» mi disse porgendomi la mano. Mi aspettava. Salì al posto del passeggero e iniziai il viaggio di ritorno. Lui sembrava leggermente a disagio.

«Posso fidarmi di lei, vero, Paul?» mi chiese. Gli assicurai che poteva fidarsi di me perché poteva farlo la principessa.

Detto tra noi, quella missione segreta mi eccitava. Negli anni che seguirono divenne un'abitudine organizzare incontri privati e accogliere ospiti maschili. Quante volte, chi e in quali circostanze è del tutto irrilevante. Ma quella fu la prima volta in cui partecipai all'organizzazione di un incontro e nessuno l'avrebbe scoperto. Nemmeno Wendy avrebbe dovuto saperlo.

Entrai nel cortile posteriore, feci entrare il maggiore Hewitt da un cancello laterale accanto alla piscina, gli feci attraversare il giardino e la terrazza e lo introdussi in casa passando per una porta finestra del corridoio che percorreva la casa per tutta la lunghezza. La principessa ci stava aspettando. Abbracciò il suo «amico speciale» che quell'autunno sarebbe partito per una missione militare in Germania. Era raggiante. «Grazie, Paul» mi disse.

«Chiamatemi quando avrete ancora bisogno di me, Vostra Altezza Reale» le dissi prima di tornare a lavare i piatti del pranzo.

Tengo a sottolineare che il maggiore James Hewitt iniziò a frequentare Highgrove molto tempo dopo Camilla Parker Bowles. Da quel punto di vista era stato il principe Carlo a sparare il primo colpo. La principessa non fece altro che imitarlo. Naturalmente il principe non avrebbe mai saputo del visitatore segreto. Non glielo avrei mai detto. Ero il maggiordomo di Highgrove, che però in quel fine settimana era la casa della principessa. Non provavo alcun rimorso, anzi, ero ben lieto di essermi reso utile. Colin Trimming, Richard Aylard e Michael Fawcett contribuivano a organizzare la vita privata del principe. Io mi davo da fare per rendere più facile quella della principessa. Ma soprattutto la stavo aiutando a essere più felice.

Giovedì 28 giugno 1990, sette giorni dopo l'ottavo compleanno di William, accadde un fatto strano che si sarebbe rivelato uno spartiacque nella vita matrimoniale della principessa. Quell'evento la fece sentire più indesiderata di quanto non si fosse mai sentita in precedenza.

La principessa era a Kensington Palace e si stava preparando per andare alla recita scolastica dei suoi figli. Nel frattempo a Highgrove era una giornata campale. Il principe era rimasto lì tutta la settimana. Io servii un pranzo per dieci e poi mi misi a preparare in fretta e furia un ricevimento serale in salotto e nell'ingresso per il Wildflow and Wetlands Trust. L'ospite d'onore sarebbe stato Michael Caine. Il principe Carlo riuscì a infilare in agenda anche una partita pomeridiana a polo a Cirencester.

All'improvviso squillò il telefono e il valletto del principe, Ken Stronach, si sentì crollare il mondo addosso. Schizzò via in automobile per raggiungere il principe. Il principe Carlo era caduto da cavallo e si era rotto il braccio destro. Era stato portato all'ospedale in preda a terribili dolori. Dato che cominciavano già ad arrivare una cinquantina di ospiti per il ricevimento, lo spettacolo doveva continuare. Quando andai ad accogliere Michael Caine alla porta d'ingresso, fui io a informarlo che per quella sera avrebbe dovuto fare le veci del principe assente. Fare da anfitrione al posto di Sua Altezza Reale il Principe di Galles era un nuovo ruolo che un attore abituato a tenere il centro della scena come Michael Caine interpretò con grande aplomb.

Il mio lavoro mi portò in un nuovo ambiente: da un'elegante tenuta di campagna a una semplice stanza dell'ospedale pubblico di Cirencester, a undici miglia di distanza. Mi trasformai in una specie di fattorino: portavo i pasti del principe dalla cucina di Highgrove e gli fornivo alcuni comfort casalinghi sostituendo le posate d'acciaio con quelle d'argento, i bicchieri di vetro con quelli di cristallo, gli ordinari piatti bianchi con raffinate porcellane. Gli portai addirittura il suo dipinto preferito dei suoi due Jack Russell – Tigger e Roo – e lo piazzai su un cavalletto nell'angolo della stanza: un po' di Highgrove per lenire il dolore del principe (insieme a un potente analgesico).

Quel fine settimana la principessa festeggiò il suo ventinovesimo compleanno andando con una Mercedes nuova fiammante a prendere il marito all'ospedale per riportarlo a Highgrove. Per lei era un'occasione per badare a lui, coccolarlo, fargli da madre. O, come diceva le stessa, per fare ciò che le veniva meglio: occuparsi di qualcuno. Ma quando iniziò a darsi da fare, a preoccuparsi e a cercare di assumere il controllo della situazione, il principe Carlo non ne volle sapere. Irritato dal dolore, con il braccio ancora al collo, la respinse e le disse che voleva stare solo. Lei si sentì totalmente rifiutata e indesiderata nella sua stessa casa. Si trattenne meno di mezz'ora, dopodiché scappò a Londra in lacrime. Quel rifiuto fu senza dubbio, nel loro matrimonio, la goccia che fece traboccare il vaso. La principessa non aveva ancora fatto tempo ad andarsene che Camilla Parker Bowles era già arrivata. E il principe Carlo fu felice di vederla. Non si fermò per la notte. Di fatto non ricordo che abbia mai passato la notte ad Highgrove.

Camilla Parker Bowles si faceva vedere a Highgrove più spesso che in passato ma, al contrario di quanto affermano alcune leggende, non si trasferì lì e non vi diede mai delle cene. Se prima era un'ospite abituale a pranzo, ora divenne un'ospite abituale a cena, oppure veniva in visita per tutta la giornata insieme al suo Jack Russell, Fred, ma nel corso dell'estate non venne a Highgrove più di una ventina di volte.

Se fosse stata l'unica visitatrice, la vita sarebbe stata più semplice, ma non era così. C'erano i numerosi amici che venivano a sollevare il morale del principe e gli ospiti ufficiali che arrivavano a intrattenerlo. Il principe Carlo era un paziente irascibile: non poteva più scrivere lettere né tanto meno indulgere alla sua passione per il polo, per gli acquerelli e per il giardinaggio. Quell'incidente lo condannò a un noioso periodo di riposo e di convalescenza a Highgrove, per tutto luglio e agosto. Passava le giornata in biblioteca o steso al sole sulla sua *chaise-longue* sulla terrazza posteriore. Era irrequieto e determinato a non interrompere il flusso delle udienze private, dei pranzi, delle cene e delle visite degli amici. Qualcuno, come il parlamentare Nicholas Soames o lord e lady Romsey, si fermava per la notte, il che voleva dire avere un'altra stanza da preparare. Il principe non era la persona più indipendente del mondo nemmeno quando era in perfetta salute, ma, avendo perso l'uso del braccio destro, io e i suoi valletti diventammo per lui delle vere e proprie stampelle umane. Divenne ancora più irascibile quando provò a imparare a scrivere con la sinistra, scarabocchiando lettere e bigliettini con segni a zampe di gallina di un bambino di quattro anni. «Mi sento maledettamente inutile!» si lamentò un giorno.

Io invece non mi ero mai sentito tanto stanco. Tutto aveva congiurato per creare un carico di lavoro spaventoso. E alla fine mi ritrovai anch'io in ospedale. I miei orari, le mie incombenze e la mia resistenza erano spinti fino al limite dall'assistenza continua di cui il principe aveva bisogno. Prima dell'incidente passava di solito tre giorni a Highgrove e poi se ne andava per un giorno o due, dandomi così un momento di pausa. Dopo l'incidente era sempre a casa e il mio lavoro divenne sempre più simile a quello di badare a un parente infermo. Lavorai dalle sette del mattino alle undici di sera per quasi due mesi.

Una volta che avevo staccato a mezzanotte e me n'ero tornato a casa con tutte le intenzioni di infilarmi subito a letto, Maria mi trovò steso sul pavimento del bagno, piegato in due dal dolore. Venne chiamato il medico di famiglia, il dottor Walsh, che mi mandò al Princess Margaret Hospital di Swindon. Il medico di guardia disse che, a causa del mio stato di esaurimento, avevo contratto un'infezione virale. Così ordinarono anche a me di mettermi a riposo e passai la settimana successiva in una stanza privata di un reparto pubblico dell'ospedale.

Steso a letto non riuscivo a pensare ad altro se non che avrei dovuto tornare a Highgrove. Nessuno è indispensabile ma io pensavo che nessun altro avrebbe potuto gestire quella casa meglio di me. Non so se sia un pregio o un difetto, ma io sono sempre stato una persona efficiente che cerca sempre la perfezione e ha bisogno di occuparsi di tutto personalmente ogni volta che può. Passai il secondo giorno a meditare su queste faccende finché sulla porta non comparvero tre volti familiari: la principessa e i ragazzi. William e Harry entrarono nella stanza; avevano in mano dei palloncini con la scritta «Guarisci presto». La principessa si sedette ai piedi del letto, sforzandosi di non ridere. Senza la mia uniforme, con addosso una maglietta bianca, con un aspetto trasandato e per niente allegro, dovevo essere una visione piuttosto buffa. «Non ti ho mai visto così tranquillo» disse. E poi, con un'altra risatina, aggiunse: «Hai un'aria così triste!». Dopodiché fece ciò che faceva sempre negli ospedali: andò a farsi un giro. «Vediamo se hai dei vicini interessanti» disse mentre si avviava lungo il corridoio insieme a William. Posso solo immaginare la reazione dei pazienti che magari uscivano da un'anestesia e si ritrovavano la Principessa di Galles accanto al letto. Incontrarono una donna che si stava riprendendo da un'operazione nel giorno del suo compleanno. La principessa tornò nella mia stanza di ottimo umore per «dare un'occhiata al suo paziente». Era molto fiera di William, che aveva comprato dei fiori da un chiosco per la donna che avevano appena conosciuto. Mi parlò dell'imminente vacanza a Balmoral, di Maria, dei nostri bambini e della vita nella nuova casa che la principessa ci aveva procurato prima che io mi ammalassi. Si trattava di un magnifico cottage nella tenuta di Highgrove, che lei «inaugurò ufficialmente» il 10 agosto 1990.

La Principessa di Galles era in piedi davanti alla porta posteriore del cottage di pietra del XVIII secolo con il tetto in ardesia dei Cotswolds. Indossava dei pantaloncini gialli e una felpa turchese. Mentre lei teneva aperte un paio di forbici da cucina sopra una striscia di nastro rosso, Harry andava in bicicletta sull'erba e William correva in giro ridendo insieme ad Alexander e Nick. Sembravano non badare troppo alla formalità della cerimonia.

Nemmeno la principessa la stava prendendo troppo seriamente. Se ne stava davanti alla porta sul retro che dava sulla cucina: «Dichiaro ufficialmente aperta questa casa» cercò di dire in tono formale, ma scoppiò a ridere a metà della frase.

Era venerdì sera e io avevo fatto un salto dalla casa padronale prima di preparare la cena per il principe e la principessa, che sarebbero partiti per Maiorca quel fine settimana. Il principe Carlo restò nella sua biblioteca, ma anche lui ci aveva fatto un regalo di benvenuto nella nuova casa: una raccolta dei suoi acquerelli. Un panorama dei tetti di Firenze, una campagna italiana, una scena di una partita di polo e un antico dipinto della nave reale *Sirius*.

Il piano che la principessa meditava da lungo tempo, di far avvicinare la famiglia Burrell alla tenuta di Highgrove era infine andato in porto. Dalla desolazione di Close Farm passammo al numero 3 di The Cottages, una proprietà di quelle che solitamente si trovano solo sulle scatole dei cioccolatini. La casa aveva tre stanze da letto, soffitti con travi a vista e la facciata coperta di rose rampicanti. Un cancello bianco si apriva nel muro di pietra dei Cotswolds che circondava la casa. Era l'abitazione che Maria aveva sognato, era perfetta. Il principe Carlo aveva addirittura fatto trasformare uno sgabuzzino dismesso in una stanza da gioco per i bambini. La principessa si era assicurata che Dudley Poplak le conferisse una nota di stile: corrimano in corda per le scale, fregi in tutte le stanze e stoffe nuove per tende e cuscini. Senza farci sborsare una sola sterlina. La proprietà, ufficialmente occupata dal valletto del principe Ken Stronach prima che si trasferisse a Londra, era a due passi dalla casa padronale. Il tragitto che dovevo fare da casa al lavoro era il più bello che si potesse trovare in tutta l'Inghilterra. Dal lato ovest di Highgrove si passava sotto un arco di siepi, si percorreva un sentiero erboso attraverso il prato di fiori selvatici, si passava dal giardino boscoso e poi dall'orto.

Non credo che né io né il principe dimenticheremo mai la visita dell'eccentrico comico Spike Milligan, che si fermò a dormire a

Highgrove un sabato sera. Non volle avere valletti e quando non si presentò per colazione scattò l'allarme. Scoprimmo poi che non aveva nemmeno toccato il suo letto a baldacchino e, per qualche inspiegabile motivo, aveva passato la notte sul duro pavimento del bagno della Blue Room. Qualche settimana più tardi mandò per posta una targa di porcellana con istruzioni perché fosse attaccata al pavimento del bagno. La targa diceva: «Spike Milligan ha dormito qui». Il principe Carlo la trovò molto divertente.

La campanella suonò e il disco rosso scese nella casella. Il principe era in piedi al centro della stanza. Con Camilla Parker Bowles. Stavano guardando dei quadri incorniciati appoggiati contro una parete.

«Paul, dove sono i quadri che l'altro giorno erano laggiù?» mi chiese indicando il camino.

La sua ospite mi sorrise. Sapevo perfettamente a quali quadri si riferisse. Era molto imbarazzante. «Vostra Altezza Reale si riferisce ai vostri acquerelli?»

«Sì, quelli dei tetti e le panoramiche di Firenze.»

«Me li avete dati quando ci siamo trasferiti al cottage» risposi.

Ci rifletté un istante. «Ah, già!» Poi si rivolse alla signora Parker Bowles. «Be', dovremo trovare qualcos'altro per te.»

Il principe e la sua ospite stavano cercando dei quadri da appendere alle pareti della casa di Camilla. Nel corso degli anni aveva ricevuto molti regali dal principe. Ancora oggi la si può vedere indossare una spilla di diamanti con le tre piume del Principe di Galles. Con il senno di poi, io aiutavo il principe a scegliere dei regali per la sua amante dietro le spalle della principessa, ma facevo solo il mio dovere. Occhi chiusi e niente opinioni personali, come mi era stato insegnato.

Un assortimento di gioielleria arrivava a intervalli regolari insieme a un gruppo di persone di fiducia lungo la M4, mandati da Genevieve Holmes, l'assistente personale del principe a St James's Palace. Questo assortimento di gioielli avvolti in carta velina bianca proveniva da Kenneth Snowman, del gioielliere londinese Wartski, che aveva spesso proposto alla regina dei pezzi di Fabergé. Il mio compito consisteva nello scartarli e disporne una selezione su un vassoio di legno che mettevo su un piedestallo in un angolo della biblioteca, coperto da un drappo bianco. Quando uscivo dalla stanza il principe Carlo sceglieva un gioiello per Camilla Parker Bowles e il resto veniva nuovamente impacchettato e rispedito a Londra.

Ma il principe non dimenticava mai la principessa. Nel 1991, per il loro decimo anniversario di nozze, quando i media ci volevano far credere che marito e moglie si odiavano, le fece avere un ciondolo da attaccare al braccialetto di maglie d'oro che le aveva regalato in precedenza. Quando lei lo scartò, trovò una X d'oro di due centimetri: non era un bacio gigante ma il numero romano per il 10, che avrebbe dovuto accompagnare la W e la H d'oro che le aveva donato nel 1982 e nel 1984 per la nascita dei due figli. Ogni anno le mandava un ciondolo nuovo, sempre d'oro: un paio di scarpette da ballo per il suo amore per la danza, una racchetta da tennis per le lezioni che le piacevano tanto, un orso perché aveva sempre adorato i peluche, una mela e anche una miniatura della St Paul's Cathedral, dove si erano sposati.

La principessa teneva molto a quel braccialetto e lo teneva nella sua cassaforte. Il matrimonio era in crisi, ma quel gioiello era un ricordo speciale dei momenti più belli, diceva.

La principessa continuò a mandare al marito un biglietto di buon anniversario e uno per San Valentino anche dopo che si separarono nel 1992 e fino al divorzio, quattro anni più tardi. L'ultimo regalo che il principe fece avere alla principessa fu un cappello di paglia ornato con delle conchiglie di mare. Lei non riuscì a capire se fosse uno scherzo o se la colpa fosse solo del cattivo gusto del principe. «E io cosa dovrei farci con questo?» disse scoppiando a ridere.

Io avevo pensato che i viaggi transoceanici reali per me fossero ormai una cosa del passato: solo il maggiordomo di Kensington

Palace Harold Brown accompagnava il Principe e la Principessa di Galles all'estero. Poi un giorno la principessa entrò nell'office, mi parlò di un viaggio di cinque giorni in Giappone per l'incoronazione dell'Imperatore e mi chiese di partire con loro nel novembre del 1990. «Non vedo perché debba essere sempre Harold a farsi questi viaggi» disse.

Fu l'inizio della fine tra Harold e la principessa, ma anche l'inizio di un rapporto molto più profondo tra me e lei, anche se all'epoca non potevo saperlo. Il viaggio in Giappone non fu facile per nessuno. La spaccatura tra marito e moglie era molto evidente ancor prima che arrivassero all'ambasciata inglese e che venissero sistemati in appartamenti separati al primo piano. Erano dei soci in affari senza più niente in comune, insieme solo per lavoro. Una coltre di ghiaccio era calata sul loro rapporto e non c'era alcuna traccia di complicità in tutto di ciò che facevano o dicevano. Vidi una principessa diversa da quella che avevo conosciuto a Highgrove. Era tesa, irritabile e frustrata. Era come una corda di violino in presenza del principe e scattava alla minima occasione sia con me che con la sua cameriera Helena Roache: ci volevano altri asciugamani, il phon non funzionava bene, un abito era macchiato. L'atmosfera tra marito e moglie era glaciale, e la cosa mi sorprese perché in passato non mi ero mai sentito a disagio in loro presenza. Non riconoscevo più quella principessa esaurita, avvilita e circospetta. Si era lamentata di non sentirsi apprezzata o considerata, eppure il popolo giapponese la adorava. Ma quello che voleva lei era essere adorata nella sua vita privata. E poi si sentiva ingabbiata dal rigido protocollo di un viaggio reale e dall'atteggiamento altezzoso del personale del principe.

«Io voglio girare il mondo e fare quello che voglio, non quello che gli altri vogliono farmi fare. Voglio fare le cose a modo mio» diceva quando era nella sua stanza. I viaggi di coppia, con i loro appuntamenti e il loro protocollo, erano come una camicia di forza per uno spirito libero e spontaneo. La principessa dava il meglio di sé quando era lontana dal principe. Desiderava disperatamente scappare e viaggiare da sola.

Notai l'effetto avvilente che il principe Carlo aveva su di lei in Giappone quando la principessa tentò di conquistare la sua approvazione. Il principe Carlo e il suo staff stavano sincronizzando gli orologi mentre aspettavano nella grande sala l'inizio di una funzione ufficiale quando la principessa scese le scale con un'aria raggiante, indossando un soprabito scozzese rosso di Catherine Walker con collo e polsini di velluto rosso. Era vistoso ma elegante e lei sorrideva. Io aspettavo in fondo alle scale. La vidi avvicinarsi principe e chiedergli: «Come sto, Carlo?».

La risposta del principe non fu particolarmente aspra, ma il suo effetto fu brutale: «Bene, sembri una hostess della British Caledonian». Dopodiché si voltò e uscì dalla porta principale per salire su un'auto in attesa. Il sorriso svanì dal volto della principessa, che abbassò lo sguardo. Poi fece quello che aveva imparato a fare alla perfezione: riprese la fiducia in se stessa e lo seguì.

Non fu l'unica occasione in cui il principe la avvilì, intenzionalmente o meno. Sei mesi dopo, nel maggio 1991, durante un viaggio di coppia in Cecoslovacchia, eravamo ospiti del palazzo praghese del presidente Havel, dove marito e moglie non solo avevano stanze separate, ma stavano addirittura a due piani diversi. La principessa si era cambiata per un impegno pomeridiano e, ancora una volta, scese le scale per raggiungere il principe. Indossava giacca e pantaloni bianchi con bottoni neri e un fazzoletto nero al taschino. Le scarpe erano bianche e nere. Quella volta non chiese nulla, ma il principe Carlo la prese in giro immediatamente: «Sembri proprio una mafiosa» le disse sorridendo. Forse voleva solo scherzare, ma nessuno rise. La cosa triste era che la principessa era sempre bellissima, ma erano solo gli altri a dirglielo.

Solo quando riusciva a sfuggire per qualche minuto al protocollo la Principessa di Galles tornava a essere la persona divertente e affettuosa che conoscevo. Come quando portò me e Helena Roache nel giardino dell'ambasciata, prima di partire per andare alla festa in giardino dell'Imperatore del Giappone. «Forza, voi due, facciamoci un bello scatto felice» disse. In tutti gli anni passati al servizio della regina, non ero mai stato fotografato insieme a lei in modo informale, e invece quella volta mi ritrovavo a sorridere accanto alla futura Regina d'Inghilterra. Helena disse «*Cheese*» e io mi sentii un po' a disagio per questioni di protocollo. «Non sono certo che sia una cosa appropriata. Spero proprio che Sua Altezza Reale non ci veda» dissi.

«Oh, non ti preoccupare. Pensa solo a sorridere» disse la principessa mentre veniva scattata la fotografia.

Quella foto resta per me un carissimo ricordo. La riguardo oggi e mi vedo rigido, impettito, con la cravatta Hermès che la principessa mi aveva regalato il giugno precedente. (La principessa non dimenticava *mai* i compleanni.) Vedo lei con la sua giacca a tre quarti indossata sopra un semplice abito a sottoveste con i colori della bandiera giapponese, con un disco rosso sul cappello a rappresentare il sol levante.

Presi la macchina fotografica e scattai un ritratto di Helena e della principessa. Facemmo la stessa cosa anche su una balconata in Cecoslovacchia.

Istantanee felici, scattate in un periodo in cui la principessa era tutt'altro che felice. Non vedevo l'ora di far sviluppare quelle foto scattate in Giappone e Cecoslovacchia, che andarono a occupare il posto d'onore sopra il camino del nostro cottage accanto a un altro ricordo, un ritratto della principessa realizzato nel luglio 1990. Mi aveva convocato in salotto; sul tavolo aveva sparpagliato una serie di stampe in bianco e nero del suo primo servizio per la rivista «Vogue», realizzato dal fotografo Patrick Demarchelier. Era bellissima con i capelli arruffati e un maglione nero a collo alto. «Ti piacerebbe averne una?» mi chiese. Quando ebbi fatto la mia scelta, prese la fotografia, si chinò sulla scrivania e la firmò: «A Paul e Maria, con tanto affetto. Diana». Un altro sorriso per nascondere mille tempeste dell'anima.

La sua generosità era pari a quella del principe Carlo. Quello stesso anno, per il mio trentaduesimo compleanno, il principe mi regalò la prima stampa litografica dei suoi acquerelli di Wensleydale. La firmò a matita «Carlo 1990»: tutte le altre stampe erano firmate solo «C». La appendemmo alla parete sopra il caminetto, vicino al ritratto incorniciato di sua moglie.

Il mio passaporto era tornato in attività con una breve serie di timbri del Giappone, della Cecoslovacchia e, nel settembre 1991, del Pakistan, il primo viaggio reale che la principessa fece da sola. Il suo desiderio di viaggiare e fare quello che voleva era stato esaudito e la principessa era libera dal protocollo implacabile dei viaggi di coppia, lontana dai commenti del marito sui suoi vestiti. Era sul palcoscenico mondiale da sola ed era decisa a brillare di luce propria, a rappresentare la propria nazione anche senza il principe Carlo accanto a sé. Buckingham Palace e il Foreign Office l'avrebbero tenuta d'occhio.

La principessa era di ottimo umore perché il viaggio aveva avuto il benestare della regina, che le aveva messo a disposizione uno dei suoi BAe 146 per portarla sull'Himalaya. La principessa sapeva che era in gioco la sua reputazione di ambasciatrice della Gran Bretagna: non le sfuggivano affatto il significato e l'importanza di quel viaggio. Come un atleta che si allena per la sua prova più importante, lei si allenò mentalmente per quanto l'attendeva e si concentrò sul proprio trionfo. Continuò instancabilmente a mettere i puntini sulle i dell'itinerario e organizzò con cura il proprio guardaroba perché si adattasse a diversi impegni: abiti semplici eppure eleganti. Mi venne a trovare nell'office di Highgrove: «Questo viaggio è molto importante per me, Paul, e voglio che al mio fianco ci siano tutte le persone di cui mi fido, il mio team di serie A.»

Entrai nella squadra capitanata dal suo fedele segretario privato Patrick Jephson: ne facevano parte anche la cameriera Helena, l'acconciatore Sam McKnight e un agente di sicurezza. Si unì al gruppo, come addetto stampa, anche l'ex giornalista radiofonico Dickie Arbiter, un grande sostenitore della principessa, che a sua volta lo stimava tanto da inserirlo nel suo elenco dei bigliettini di buon compleanno.

Fu un privilegio partecipare quello storico viaggio insieme alla principessa, soprattutto perché filò tutto a meraviglia e il risultato fu un tale successo da superare ovunque tutte le aspettative, dal villaggio di montagna di Chitral al passo del Khyber, da Lahore a Rawalpindi, a Islamabad. Come sempre la principessa si comportò da consumata professionista, fu adorabile con tutti e fece una magnifica impressione ovunque andassimo, e in modo particolare a Chitral, tra le nuvole dell'Himalaya, dove tutti i 600 abitanti del villaggio vennero a vederla. I resoconti positivi di stampa e televisione diedero alla principessa un'enorme soddisfazione. In un periodo in cui dichiarazioni ufficiose quanto malevole la dipingevano ai corrispondenti da palazzo reale come una donna mentalmente instabile, lei uscì allo scoperto e mise tutti a tacere. Come moglie poteva anche essere vulnerabile e bisognosa d'affetto, ma solo la «vecchia guardia» poteva considerare un segno di instabilità delle emozioni così comprensibili. Come personaggio reale e ambasciatrice della Gran Bretagna, era semplicemente intoccabile. Da quel momento in poi divenne sempre più forte e crebbe sempre di più, accanto al suo affidabile team di serie A.

Quando tornammo a casa, mi regalò un libro illustrato sul Pakistan. All'interno aveva scritto un messaggio speciale per ricordarmi la profondità e l'umiltà delle persone che aveva incontrato, soprattutto al centro per non udenti: «*Per Paul. "Vi sono molte persone che amano Dio... e vagano per le foreste nella loro ricerca... ma io amo chi ama tutta l'umanità di Dio" – Iqbal. Con affetto. Diana. Pakistan 1991*». Quel verso del poeta nazionale pakistano Muhammad Iqbal fu la sua ispirazione e la sua guida nel suo primo viaggio ufficiale da sola e riassumeva l'importanza che la principessa dava alla benevolenza che portava con sé ovunque andasse.

I ricordi di quel viaggio sono eccezionali: l'incantatore di serpenti che fece ridere la principessa infilandosi in bocca la testa di un cobra, la sua «incoronazione» con un turbante a scout onoraria a Chitral. Non dimenticherò mai il primo giorno, in cui mi trovai tra le lapidi bianche del Commonwealth War Cemetery di Rawalpindi, dove la principessa rese omaggio ai caduti. Mentre deponeva una corona per conto della regina, pensai a quanto fosse strano, in quanto suo maggiordomo, assistere a quell'evento. Non ero un segretario privato o uno scudiero, la cui presenza fosse essenziale. Il mio posto era a palazzo a preparare il pranzo o il tè ma la principessa mi incoraggiava sempre più a far parte del suo entourage. Indossavo dei normali abiti civili al posto dell'uniforme. Nel 1991 mi trovai a conoscere sempre meglio la principessa, a esserle sempre più vicino.

In Pakistan iniziai a capirla di più. Mi parlò di un vecchio amico di nome Adrian Ward-Jackson, che le era stato presentato dalla principessa Margaret. Era sieropositivo. Lei gli confidava i suoi problemi. Lui le parlava apertamente della propria malattia. Fu da quell'amicizia che ebbe inizio la sua campagna contro l'AIDS e la sua consapevolezza di quella malattia. Ebbe modo di vederne per la prima volta l'impatto in quello che definì «una situazione grave» quando visitò un'unità per la cura dell'AIDS e inaugurò un reparto al Middlesex Hospital. Non dimenticherò mai ciò che disse: «Era dai tempi della TBC che nessuna malattia uccideva le persone *prima* dei loro genitori, e nessun altro membro di questa famiglia [i Windsor] si è mosso per affrontarla». A suo parere erano troppe le persone che si interessavano solo temporaneamente all'AIDS, mentre era necessaria una campagna di consapevolezza costante e incessante. Ricevette lettere minacciose in cui le si chiedeva: «Perché sostenete la comunità gay?». La principessa le riteneva indicative della confusione a cui sperava di mettere fine con l'istruzione e la consapevolezza.

I cinici hanno spesso insinuato crudelmente che le attività benefiche della principessa non fossero altro che un modo di autopromuoversi e che avrebbe dato qualsiasi cosa per una foto che la ritraeva mentre faceva del bene. Quello che non hanno mai capito era la sua compassione, il suo sincero desiderio di aiutare gli altri, la grande importanza che dava al lavoro umanitario. E quando servivano veri amici nel momento del bisogno, non c'erano persone migliori della principessa. Adrian Ward-Jackson morì con questa convinzione.

Le aveva chiesto di stare con lui alla fine e lei lo considerò un privilegio. A metà agosto, quando la loro amica Angela Serota chiamò per dire che Adrian stava molto male, né la distanza né gli impegni riuscirono a impedire alla principessa di tenere fede alla parola data. Era a Balmoral e, non riuscendo a trovare un volo, affrontò un viaggio notturno in auto di sette ore per arrivare a Londra, accompagnata dall'agente di sicurezza Dave Sharp, per poter stare accanto ad Adrian insieme ad Angela.

La principessa restò con lui per quattro giorni. Nei suoi ultimi momenti, quando lei gli faceva qualche domanda, Adrian muoveva il pollice per rispondere. Fu una delle esperienze più commoventi e importanti della sua vita, disse la principessa; era rimasta colpita dalla serenità che mostrava Adrian, pur nella sofferenza. Angela si stese sul letto accanto a lui e pregò insieme alla principessa. Capire quello che significò per lei questo momento significa capire la principessa stessa. Diceva che fu allora che scoprì il suo io più interiore, il significato dell'impegno, il modo in cui le persone affrontavano la morte, il viaggio di un'anima. Il suo senso di spiritualità veniva proprio da quella camera d'ospedale in cui Adrian morì poco dopo la mezzanotte del 23 agosto 1991. Poi, come faceva sempre quando era in un ospedale, la principessa fece una passeggiata privata e andò a trovare il reparto di pediatria in un'altra ala mentre Angela restava accanto al corpo di Adrian. La principessa aveva visto la fine di una vita: voleva vederne un'altra iniziare. Dopo quella notte parlò spesso della morte e del coraggio di Adrian Ward-Jackson. Acquistò un libro intitolato *Facing Death and Finding Hope*, che si autodefiniva « una guida alla cura emotiva e spirituale dei morenti ».

Nei mesi che seguirono il viaggio in Pakistan mi ritrovai trasferito da Highgrove a Kensington Palace come sostituto di Harold Brown durante il suo periodo di ferie. Per diverse settimane nel corso dell'anno tornai a Londra in una piccola stanza dell'ultimo piano degli appartamenti 8 e 9, sullo stesso corridoio della nursery reale. I pasti erano solitamente per una persona, apparecchiati su un carrello e serviti in salotto. La principessa era rannicchiata sul divano con addosso il suo accappatoio bianco a guardare *Brookside* o *Coronation Street*. Anziché mandarmi via, mi chiedeva di restare e chiacchieravamo. Lei mangiava. Io restavo in piedi. Quando aveva finito il pranzo, invariabilmente composto da insalata o pesce, portavo il carrello fuori dal salotto, dopodiché passavo per la sala e arrivavo all'office del primo piano. Lei mi seguiva e continuavamo a chiacchierare mentre io lavavo i piatti e lei li asciugava. Come a Highgrove. Ma ora potevo vedere più da vicino il suo mondo e tra noi si stava instaurando un rapporto più profondo. Lei mi dava confidenza, mentre il principe Carlo mi teneva a una certa distanza. Quando ci trovavamo nell'office di entrambe le residenze, io chiacchieravo con l'amica di Maria e non con la Principessa di Galles, anche se non smisi mai di chiamarla «Vostra Altezza Reale». Ciononostante in quei momenti cadevano tutte le barriere e la principessa pubblica scompariva. In quelle occasioni era una donna come tutte le altre, al punto che mi sembrava di servire due persone: il personaggio da favola che tutti gli altri potevano vedere e la ragazza smarrita che nessuno conosceva nemmeno dentro le pareti di casa sua. Io sapevo dove iniziava la favola e, dentro le mura di Kensington Palace, dove subentrava la realtà.

Avevo sentito spesso il personale lamentarsi di quanto fosse difficile, di quanto fossero imprevedibili i suoi cambiamenti d'umore, ma in realtà quando eravamo a tu per tu era la persona più facile del mondo con cui parlare o da ascoltare. Non potevo fare a meno di pensare che Harold Brown avesse un lavoro e un capo fantastici, e ben presto attesi con impazienza il momento in cui andava in vacanza.

La vita famigliare in campagna con Maria e i ragazzi non avrebbe potuto essere più felice. Alexander e Nick si erano perfettamente adattati e nei weekend non c'era nulla che desiderassero di più che stare con i loro migliori amici, ovvero i principi William e Harry, i fratelli reali che la madre chiamava «i miei ragazzi» o, quando raccontava qualche aneddoto che li riguardava, «i marmocchi» o ancora, quando William era molto piccolo, «il mio ometto». In privato e per lettera il Principe e la Principessa di Galles chiamavano William con il suo soprannome, «Wombat», mentre Harry era semplicemente «Harry».

William, Harry, Alexander e Nick sono cresciuti insieme. Due coppie di ragazzini di estrazione tanto diversa che correvano in giro per Highgrove e, negli anni successivi, per Kensington Palace. La principessa ci dava i vestiti smessi dei principino. Nei fine settimana erano inseparabili.

I ricordi d'infanzia di questi ragazzi saranno sempre quelli di quei giorni felici, gli stessi ricordi che si possono ripercorrere nei nostri album fotografici di famiglia. Da quando ci trasferimmo alla tenuta, i giovani principi furono sempre a portata di mano: venivano a trovarci per una bibita e qualche biscotto al cioccolato, giocavano nel nostro giardino, correvano per i prati con le loro biciclette, facevano pupazzi di neve d'inverno, sguazzavano in piscina d'estate. Ci facevano sorridere come i nostri stessi figli.

Il volto di William compariva spesso nella nostra cucina. La sua testa faceva capolino dalla porta sul retro e con un sorriso diceva: «Non è che avresti dei biscotti al cioccolato o delle caramelle, Maria?». Sapeva che avevamo un vasetto pieno di KitKat, Twix e biscotti Penguin e lo razziava con la stessa frequenza con cui lo faceva sua madre. Il primo ricordo di Alexander è quello del suo terzo compleanno, nel maggio 1988, quando organizzammo una festicciola a Close Farm. William, che all'epoca aveva cinque anni, e Harry, che ne aveva tre, erano tra i sei bambini che diedero l'assalto alla torta blu a forma di trattore fatta dallo chef dei loro genitori, Mervyn Wycherley. Mentre il principe Carlo giocava a polo a Windsor, la principessa restò con noi a godersi quella festa che si svolgeva sopra una tovaglia di carta piena di personaggi dei cartoni animati e fece a turno con Maria per cullare il nostro ultimo nato, Nick, che allora aveva solo un mese. La principessa regalò ad Alexander un maglione verde da soldato con le toppe sui gomiti e sulle spalle, insieme a un fucile giocattolo e a un berretto coloro borgogna dei paracadutisti reali. Sapeva che, come a Harry, gli piaceva un sacco giocare alla guerra.

Molto spesso nel corso degli anni i giovani principi si trovarono soli in campagna senza altri bambini con cui giocare, e la principessa invitava Alexander e Nick nella nursery, che occupava tutto l'ultimo piano di Highgrove insieme alle stanze di William, di Harry e della tata, a una cucina e a una stanza dei giochi con una bordura di lettere dell'alfabeto che correva lungo le pareti color limone e blu. Quando salivo con dei vassoi di bastoncini di pesce e patatine per i due principi e i miei figli, me ne restavo lì a guardare Alexander e Nick che facevano merenda insieme al futuro Re d'Inghilterra.

Se la principessa e la tata Ruth Fallace portavano i principi a fare una gita in giornata, spesso Alexander e Nick andavano con loro. Nel settembre 1989, dopo che la principessa era tornata da Balmoral senza il principe Carlo, i ragazzi andarono tutti insieme allo zoo di Bristol. La sorpresa per me fu il fatto di essere invitato a prendermi un giorno di ferie impreviste e ad andare a trascorrere la prima di una lunga serie di giornate in famiglia con la principessa. Era strano rilassarsi senza uniforme mentre la principessa si confondeva tra la folla come una qualsiasi madre, con in testa un berretto da baseball «492» blu. La principessa, Maria e Ruth, con Nick nella sua carrozzina, passeggiavano insieme mentre io e l'agente di sicurezza Dave Sharp tenevamo d'occhio i tre ragazzi. Sin da quando la principessa e Maria si erano incontrate per la prima volta a Buckingham Palace, il matrimonio e la maternità erano state il legame che le aveva unite e le esperienze che avevano condiviso negli anni successivi, con i ragazzi che giocavano sempre insieme, avevano rinsaldato un'amicizia destinata a durare. Quando ci trasferimmo nel cottage nel 1990, Maria e la principessa erano come delle vicine di casa. La principessa era sia una datrice di lavoro sia un'amica di famiglia. Alexander e Nick la salutavano sempre con un «Ciao, principessa» e io trovavo quantomeno strano sentirli rivolgersi a lei in modo tanto informale mentre mamma e papà insistevano a chiamarla «Vostra Altezza Reale». Sono convinto che i nostri ragazzi siano cresciuti pensando che «Principessa» fosse il suo nome di battesimo.

La cosa contribuiva a creare un affettuoso cocktail di formale e informale. Quando la principessa entrava nella nostra cucina, Maria accendeva il bollitore e chiedeva, come sempre: «Una tazza di caffè, Vostra Altezza Reale?» mentre Nick le saltava in braccio, la abbracciava e le chiedeva: «Dove sei stata, principessa?».

Da tutto ciò nacquero alcuni episodi indimenticabili, il migliore dei quali si ebbe quando Nick, all'età di tre anni, uscì dal cottage in pantaloncini e maglietta e risalì i prati fino alla casa padronale. Io ero sulla scalinata esterna ad aspettare che il principe partisse con la sua Bentley, in attesa sul vialetto. Nick arrivò, mi ignorò e saltò sui gradini proprio mentre il principe usciva dalla porta in giacca e cravatta nera per recarsi a Londra.

Nick lo guardò per bene e poi gli disse: «Come sei elegante, principe Carlo. Dove vai?».

Fu uno di quei momenti in cui un genitore non può credere a quello che ha appena detto suo figlio e vorrebbe solo sprofondare sottoterra. Ma Nick non ebbe nemmeno il tempo di accorgersi della mia reazione. Non aveva ancora finito di porre la sua domanda che già stava scostando il principe per entrare in casa a giocare con William e Harry. Il principe Carlo non poté fare a meno di sorridere.

Highgrove, sia la grande casa sia la sua enorme tenuta, era un unico grande parco giochi per i quattro ragazzi. Costruii una vasca piena di palline in una delle capanne esterne e non saprei dire se ci andassero più spesso i ragazzi o la principessa. Arrivava di nascosto alle spalle di William, Harry, Alexander e Nick e li spingeva nella vasca multicolore, per poi tuffarsi a raggiungerli. La Principessa di Galles scivolava sulla schiena fingendo di «affogare» sotto tutte quelle palline e i ragazzi le saltavano addosso e le facevano il solletico.

Uno dei miei compiti più divertenti era tenere occupati i ragazzi quando non c'era la principessa, così inventammo un gioco che chiamammo «Trova tutte le uova che puoi», una versione alternativa della caccia alle uova di Pasqua che la regina organizzava per i bambini reali ai Frogmore Gardens del castello di Windsor. Lei portava un cesto di uova di cioccolato nei giardini e li nascondeva in diversi recessi e cavità dei muri e degli alberi, oppure tra gli asfodeli e le primule. Diventava una gara tra i corgi e i bambini per vedere chi le avrebbe trovate prima. La mia versione a Highgrove portò a ore e ore di divertimento assicurato. Nascondevo delle covate di uova di gallina fresche tra le balle di fieno e di paglia nei fienili davanti alle stalle. Certo, non era come trovare delle uova di cioccolata, ma tutti quanti si scatenavano nella ricerca. Il vincitore era molto spesso William.

William aveva una porcellino d'India e Harry un coniglio grigio dalle orecchie morbide che viveva in una gabbietta in un angolo della stalla dove Paddy Whiteland teneva due pony, Smokey e Trigger, riservati ai principini. Fu una stalliera di nome Marion Cox a insegnare loro a cavalcare. Poi c'erano i due Jack Russell del principe Carlo, le mucche nere Aberdeen Angus, i pony da polo del principe e i gufi bruni nel granaio. Uno stagno in giardino pullulava di carpe e William e Harry avevano un acquario di pesci tropicali in un angolo della cucina. C'era poi il criceto che viaggiava con i principini da Kensington a Highgrove. William e Harry venivano in cucina per aiutarci ad affettare le mele, le carote e la lattuga per il porcellino d'India, il coniglio e il criceto e pulivano sempre personalmente le loro gabbiette.

Il principale vantaggio per i miei figli nel fatto di avere due principi come compagni di gioco era la Aston Martin elettrica in miniatura, una versione giocattolo dell'auto del padre, che era stata regalata loro dall'azienda automobilistica. Quell'auto sportiva inglese era, come mi dicevano spesso i miei figli, il più bel giocattolo del mondo, con i suoi interni in pelle color crema, il cruscotto di palissandro, i fanali funzionanti, l'impianto stereo e il volante rivestito in pelle. La maggior parte dei bambini si fa una corsa a casa degli amici per chiamarli a giocare fuori. William lo faceva al volante della sua auto e noi ci abituammo a vederlo al sedile del guidatore con Harry al suo fianco quando comparivano davanti al cottage per portare Alexander e Nick in giro per la tenuta. William litigava sempre con Harry per decidere chi dovesse guidare e, dato che era il fratello maggiore, l'aveva sempre vinta. Gli piacevano le automobili e le corse e si considerava, a dieci anni, un pilota navigato! Perlomeno finché non provò, procedendo a passo di lumaca, a infilarsi in un angusto passaggio che attraversava una serra e conduceva alla nostra porta sul retro. Graffiò tutta una fiancata della sua scintillante spider contro una colonna di pietra. Maria era in cucina quando un William in preda al panico entrò nella stanza come una folgore. «Maria, Maria... è successo un terribile incidente!». Lei si chiese cosa potesse essere accaduto, soprattutto quando il principino aggiunse: «Papà si arrabbierà moltissimo. Ho bisogno una latta di vernice verde».

Maria uscì a dare un'occhiata al veicolo e dovette dire a William che una mano di vernice non avrebbe risolto il problema. La pietra aveva graffiato il metallo, lasciando un solco profondo su una fiancata. William era terrorizzato. Pensò di parcheggiare l'automobilina in garage con il lato rovinato verso il muro in modo che il principe Carlo non lo scoprisse ma io e Paddy lo convincemmo a confessare, assicurandogli che sarebbe andato tutto bene. Il principe Carlo non fu felice che suo figlio si fosse mostrato «così stupido», ma l'auto venne mandata in riparazione alla Aston Martin e tornò come nuova. William dovete accontentarsi di guidare i tagliaerba insieme a Paddy finché non poté tornare al volante della sua Aston Martin. I suoi genitori gli consentirono di continuare a guidare l'auto perché sapevano che a Highgrove era al sicuro. E poi William, Harry, Alexander e Nick avevano provato il brivido di una velocità ben superiore quando erano andati a correre in go-kart a Londra insieme alla principessa, sfrecciando in un circuito al coperto a 65 chilometri all'ora. Si divertirono tanto che in un angolo appartato di Highgrove venne allestito un circuito e in estate vennero affittati dei kart.

William e Harry erano ragazzi sicuri di sé ed estroversi. Non erano per niente timidi quando dovevano stare in mezzo agli adulti o rivolgersi a uno di loro. L'unica cosa che divideva le loro vite erano le camere da letto separate. Andavano insieme dappertutto e facevano tutto insieme, anche se William, grazie all'età, era il capo naturale della coppia. Frequentavano entrambi la scuola privata londinese Wetherby a Notting Hill e quando tornavano a casa non vedevano l'ora di mostrare alla madre i loro lavoretti artistici. A Highgrove come a Kensington Palace, la principessa, per mostrare quanto fosse fiera dei lavoretti di entrambi i figli, copriva le pareti del suo spogliatoio e del suo bagno con abbozzi di farfalle e fiori realizzati con confezioni delle uova, carta crespa e gusci d'uovo.

La passione di Harry per i soldati si manifestava anche nei suoi lavoretti: disegnava sempre battaglie campali attorno a castelli, con aerei che lanciavano bombe dal cielo, spruzzando la pagina di rosso per dare il tocco finale alla scena sanguinaria. Evidentemente era convinto che anche i palloncini ad acqua fossero delle bombe e che il giardino rivolto a sud che suo padre tanto adorava fosse il campo di battaglia, quando si tenevano dei barbecue estivi. Harry e William si allearono con mio fratello Graham, in visita con la sua famiglia per il fine settimana, e il malefico trio si impegnò a bombardare con dei palloncini d'acqua la principessa, che venne inseguita per tutto il giardino senza che riuscisse a sfuggire alla mira da cecchini dei suoi figli. Era la principessa a organizzare i barbecue del personale. Venivano spesso allestiti quando il principe non era a Highgrove e tutti quanti, compresa la principessa, potevano rilassarsi un po'. Mervyn Wycherley produceva montagne di cibo per cameriere, agenti di sicurezza, tate, governante e maggiordomo. Era la nostra serata libera, diceva la principessa. Quando si arrivava al dolce, lei andava in cucina e usciva sulla terrazza con un vassoio d'argento pieno di gelati Magnum e cornetti. Poi aiutava a sparecchiare e impilare i piatti sporchi.

E a quel punto arrivava il suo più grande divertimento: spingere tutti quanti in piscina. Gli strilli deliziati e gli spruzzi d'acqua davano via a quel gioco che avevo battezzato «La zuppa di persone». Come per i palloncini d'acqua all'inizio della serata, la principessa non aveva problemi a bagnarsi e non poteva resistere all'idea di lanciarsi in piscina insieme a tutti gli altri.

La principessa non si stancava mai di indulgere a questo genere di divertimenti infantili. Per lei erano delle piccole ribellioni, delle sfide al comportamento impeccabile che ci si sarebbe normalmente aspettati dalla futura Regina d'Inghilterra. Mentre sguazzava in piscina, completamente vestita, si metteva allo stesso livello del personale. Le piaceva vedere i volti sbalorditi degli altri quando si tuffava con addosso i jeans, i pantaloncini, una maglietta o una felpa.

Ma nulla avrebbe potuto superare l'espressione d'orrore che si dipinse sul volto dell'ambasciatore inglese al Cairo quando partecipai con lei al suo secondo viaggio all'estero da sola, nel maggio del 1992.

Eravamo sul ponte di una nave diretta al tempio di File, un'isoletta nei pressi della diga di Assuan, e la principessa, in piedi alla mia destra, stava ammirando il panorama del Nilo quando si voltò verso di me e disse: «È ora di fare un bello scatto felice, Paul». Si sollevò gli occhiali da sole tra i capelli. «Ma non ti avvicinare troppo» disse sottovoce mentre Helena ci faceva mettere in posa. «È stata una giornata molto calda!» Nonostante la brezza, sapeva di avere sudato molto con quell'abito a giacca grigio, ma con quella frase maliziosa voleva solo cogliermi di sorpresa e farmi ridere davanti alla macchina fotografica.

Qualche secondo dopo mi stupì una seconda volta. «Senti, ti va di rendere felice anche qualcun altro? Voglio che organizzi una festa di compleanno per Sam questa sera all'ambasciata.»

In quel momento, navigando il Nilo, non mi trovavo nella condizione migliore per organizzare una festa per l'acconciatore Sam McKnight, ma avevo ormai imparato che niente era impossibile quando la principessa desiderava qualcosa. Mentre il gruppo reale scendeva dalla nave per una breve sosta in un hotel sulle rive del Nilo, io me la svignai, requisii un telefono e organizzai una festa a sorpresa in piscina.

Quella sera, nel lussureggiante giardino dell'ambasciata del Cairo, Sam scese le scale della terrazza al suono di un coro composto da undici membri del personale che intonavano «Tanti auguri a te». A dirigerli era la principessa, che stringeva in mano una bottiglia di champagne. Anche l'austero ex ufficiale di marina Patrick Jephson abbassò la guardia per una volta e fece lo scemo con addosso un fez alla Tommy Cooper, simile a quelli con le piramidi ornamentali che la principessa mi aveva mandato a comprare come souvenir per William e Harry. Dopodiché l'allegria si trasformò in pura e semplice baldoria e ci ritrovammo tutti in piscina completamente vestiti. La principessa entrava e usciva dall'acqua urlando come se stesse affogando, prima che i suoi capelli biondi sparissero sott'acqua. Patrick Jephson aggrottò la fronte: era il responsabile degli impegni pubblici della principessa e non era abituato a queste scene. Lo era ancora di meno l'ambasciatore inglese, che assunse un'espressione arcigna quando venne a sapere di quel bagno di massa. Credo la ritenesse una cosa inappropriata e avventata, soprattutto perché due giorni prima dei paparazzi erano riusciti a salire di nascosto su un tetto vicino e avevano fotografato la principessa in costume da bagno nero. Fortunatamente gli obiettivi quella notte non erano puntati sulla nostra «Zuppa di persone» e i titoli dei giornali si concentrarono sui trionfi di quel viaggio, mostrando la principessa che camminava tra le gigantesche colonne del tempio di Karnak a Luxor, nella Valle dei Re, davanti alle Piramidi o alla Sfinge.

Le prime pagine dei giornali inglesi confermarono che la principessa era ormai un pezzo da novanta sul fronte diplomatico. Qualunque fossero le sue battaglie personali in quel periodo, stava diventando praticamente infallibile nei panni dell'ambasciatrice giramondo che aveva sempre desiderato essere. Nessuna campagna di pettegolezzi degli uomini in grigio poteva scalfire la sua fiducia in se stessa o la stima universale di cui ormai godeva.

Il viaggio in Egitto fu un momento cruciale per il mio rapporto con la principessa. Mi aveva portato in viaggio con sé, mi aveva tenuto più spesso a Kensington Palace e mi aveva confidato il segreto del suo «amico speciale». Ora, nell'anno che la regina avrebbe descritto come il suo *annus horribilis*, la principessa mi spinse a varcare con ancora più decisione la linea invisibile che separava la vita professionale da quella personale. Il suo era un volto familiare nel nostro appartamento dei Royal Mews, lo era diventato anche al cottage di Highgrove; era amica di mia moglie e una specie di zia per i miei figli, per cui attraversare quella linea mi parve meno problematico di quanto forse avrebbe dovuto essere.

La principessa era seduta nella sua camera da letto all'ambasciata, davanti al grande specchio della toeletta, e giocherellava con i capelli. Io ero arrivato dalla cucina con un bicchiere di succo di carota. «Come hai fatto a trovarlo qui al Cairo?»

«Mervyn Wycherley» risposi.

Lei adorava il succo di carota e quello di carota e sedano. Mi voltai per andarmene ma lei si girò verso di me e disse: «Siediti, per favore». Tornò a rivolgersi allo specchio e io mi sedetti sul bordo del letto perfettamente rifatto. «La prossima volta che verrai a Londra vorrei farti conoscere una persona. Lucia è una delle donne più belle ed eleganti che abbia mai incontrato» mi disse.

Lucia Flecha de Lima era la moglie dell'ambasciatore brasiliano alla corte britannica, ma soprattutto una figura materna per la principessa. Suo marito, Paulo Tarso, che in seguito sarebbe diventato ambasciatore a Washington e poi a Roma, era una figura paterna. La principessa usava regolarmente la loro ambasciata di Mount Street per incontrare qualcuno. *Non* James Hewitt. In quella stanza del Cairo, la principessa mi disse tutto di questa persona e degli incontri che stavano avendo.

Si era confidata un'altra volta con me, ma soprattutto voleva che incontrassi Lucia, un membro chiave di quel surrogato di famiglia che la principessa aveva scelto per sé. Tutti potevano lavorare per la principessa. Tutti potevano pensare di conoscerla bene perché lei era bravissima a far sì che lo credessero. Ma la principessa sapeva dov'era la linea di confine e, in casi estremi, sapeva quando fare a meno dei servizi di qualcuno. Al suo circolo interno si accedeva solo su invito. Nemmeno Maria, sua amica di vecchia data, vi era compresa. L'incontro con Lucia e con una manciata degli amici più fidati della principessa sarebbe avvenuto in seguito, ma il mio invito in quel circolo lo ebbi quella mattina al Cairo.

Prima di partire per il Medio Oriente la principessa era impazzita di gioia vedendo gli abiti che Catherine Walker aveva disegnato per il viaggio. All'ambasciata, io, Mervyn Wycherley e Helena Roache diventammo i suoi consiglieri di moda. Quando usciva dalla sua stanza ci chiedeva: «Come sto?» o «Cosa ne dite?».

Avremmo potuto starcene lì, guardarla come degli allocchi e dirle che sarebbe stata bellissima anche con un sacco dell'immondizia, ma le fornivamo invece un parere favorevole più controllato. Lei se ne andava, consapevole di essere perfetta e che quando viaggiava da sola non c'era il principe Carlo con i suoi commenti acidi che miravano solo a toglierle importanza. In quel viaggio fu più amichevole e aperta che mai, ma dietro la facciata fiduciosa si nascondeva una tristezza segreta.

La porta della camera da letto, che di solito lasciava aperta, era chiusa a chiave. Ne uscì con gli occhi arrossati. Disse che aveva bisogno di stare un po' da sola per dare sfogo a una valvola emotiva. Con la regina o con chiunque altro non mi sarei mai permesso di fare domande. Con la principessa non riuscii a farne a meno. «Va tutto bene, Vostra Altezza Reale? C'è qualcosa che posso fare?»

Lei sorrise. «Tutti hanno bisogno di farsi un pianto ogni tanto, Paul» mi disse. Poi si aggiustò la camicia, riprese il controllo, respirò a fondo e uscì dalla stanza nei panni dell'indistruttibile Principessa di Galles.

Il suo stoicismo e il suo coraggio erano notevoli, considerando quello che stava passando. Era sottoposta a pressioni enormi. Il padre che adorava, lord Spencer, era morto in marzo in ospedale mentre lei era a sciare in Austria. In quello stesso mese venne annunciata la separazione del Duca e della Duchessa di York. Poi la principessa Anna avviò le procedure di divorzio da Mark Phillips. Tutti gli occhi erano puntati sull'evidente crisi tra il Principe e la Principessa di Galles, dopo un disastroso viaggio di coppia in India che sarebbe stato ricordato per una sola immagine: la principessa, sola e isolata, di fronte al Taj Mahal.

La mente della principessa era occupata anche dalla sua collaborazione con il giornalista Andrew Morton e dal libro che questi stava per pubblicare: *Diana, la sua vera storia*. Con il senno di poi, negli anni a venire se ne sarebbe pentita, e in Egitto, mentre i mezzi di comunicazione discutevano sul suo coinvolgimento nel progetto, è probabile che abbia avuto dei dubbi.

Quando tornai a Highgrove dissi a Maria quanto fossi preoccupato per la principessa, quanto lei si stesse aprendo con me, come volesse farmi conoscere la sua amica Lucia. Maria capiva perfettamente che desideravo sempre più occuparmi della felicità della principessa. Sapevo che il principe Carlo stava bene. Lo potevo vedere. Ma non potevo sapere come stesse la principessa a Kensington Palace.

«Tesoro» mi disse Maria quella notte, mentre eravamo a letto, «tu sei il maggiordomo di *questa* casa, non di Kensington Palace. Non puoi permetterti di avvicinarti troppo a lei.»

7.
Sotto il fuoco incrociato

Nel 1992 il vento del cambiamento spazzava Highgrove e i suoi giardini ormai in fiore per l'arrivo dell'estate. Il cortese formalismo della vita quotidiana non riusciva a calmare un'inquietante vena sotterranea che attraversava la casa. All'esterno, uno dei tanti mezzi di informazione esaltati anticipava il fallimento catastrofico del matrimonio dei principi di Galles. All'interno, si avvertiva un angosciante senso di attesa, ma non condividevamo la voracità della stampa. Era evidente che c'era qualcosa che non andava. Era lo stato d'incertezza per le possibili conseguenze ad aleggiare nell'aria sotto gli alti soffitti del palazzo.

Nel principe Carlo qualcosa era cambiato. Si era chiuso in uno stato malinconico che improvvisamente lo faceva sembrare più vulnerabile. Una sera avevo apparecchiato il tavolino da gioco per un solo commensale. Quando il principe prese posto, seduto di fronte al televisore in soggiorno, in piedi dietro di lui, cominciai a servirlo dal carrello. La televisione non era accesa e gli unici rumori erano quelli delle posate contro il piatto e quelli della campagna che entravano dalle finestre spalancate.

Poi, voltandosi verso di me, il principe disse: «Paul, ti trovi bene qui?».

«Certo, moltissimo, Altezza Reale» risposi mentre trasferivo la prima portata dal vassoio nel piatto sul suo tavolino.

«Anche Maria si trova bene qui?» chiese.

Io ero alquanto perplesso: da dove nasceva quel dubbio? «Sì, siamo entrambi molto contenti, Altezza Reale».

«Bene, mi fa piacere sentirlo» disse, e la cosa finì lì. Il principe cominciò a mangiare.

Tornai nel locale dove preparavo le vivande chiedendomi perché sembrasse così preoccupato. Maria disse che probabilmente era a causa della nostra crescente intimità con la principessa. «Guarda la cosa con gli occhi del principe» continuò. «Sua moglie viene a chiacchierare nell'office del maggiordomo, tu sostituisci sempre più spesso Harold a Kensington Palace, tanto che è necessario un aiuto maggiordomo per rimpiazzarti a Highgrove; accompagni la principessa nelle sue visite, passi giornate intere fuori insieme a lei, ai nostri figli e ai principini. E da quando ci siamo trasferiti nel cottage nel 1990, la principessa è un'assidua visitatrice a casa nostra». Le mie mansioni mi avevano messo in una posizione molto sgradevole: le domande del principe miravano a scoprire quale fosse la mia scelta di campo e se fossi tanto soddisfatto da rimanere.

Naturalmente aveva notato la quantità di tempo che la principessa passava al nostro cottage. «Credo che sia di nuovo a casa tua, Paul, vero?», chiedeva il principe quando non trovava la moglie nella casa padronale.

La principessa andava a fare una passeggiata nei giardini, raccoglieva un mazzo di fiori, di piselli odorosi o mughetti, e arrivava alla porta posteriore del cottage. «Sei in casa, Maria?» chiedeva, ma poi entrava comunque. Pigiava l'interruttore del bollitore, allungava il braccio per prendere due tazze dal pensile e preparava il caffè. Tutte e due bevevano caffè nero e senza zucchero. William e Harry, Alexander e Nick erano fuori a giocare da qualche parte nella proprietà. La principessa si metteva a sedere sul ripiano della cucina in maiolica, dondolando le gambe, e calciava via le scarpe. Si sfogava spesso con Maria, le raccontava la sua vita con il marito e le confidava quanto fosse infelice. Quell'intimità sembrava meno inopportuna nel caso di Maria, perché lei non si trovava in una posizione professionalmente difficile. Lei era la moglie del maggiordomo, amica della principessa, e le piaceva molto vivere a Highgrove. Maria disse che lei si limitava ad ascoltare la principessa senza interferire nelle sue opinioni.

«Tu non sai quanto sei fortunata, Maria» disse un giorno la principessa. «Questa è l'unica cosa che ho sempre desiderato:

una casa felice e una famiglia affettuosa» e le salirono le lacrime agli occhi.

Ormai conosceva bene la nostra famiglia. I miei genitori e la madre di Maria la conoscevano dai tempi dei Royal Mews. Anche mio fratello Graham e sua moglie Jayne, Peter, il fratello di Maria, e sua moglie Sue, venivano regolarmente in visita al cottage e la principessa si era inserita nella nostra famiglia. Quando stava con noi non assumeva pose da gran dama, e sia che fossimo seduti intorno al tavolo di legno in giardino o stessimo chiacchierando in cucina, era una di noi. Quando sapeva che qualche membro della famiglia sarebbe venuto in visita, lo invitava a uno dei barbecue estivi. Non dimenticherò mai la prima volta che Graham incontrò la principessa a Highgrove. Quel giorno si fece la barba quattro volte tanto era nervoso. Poi la conobbe e capì quanto fosse incredibilmente normale.

Betty, la madre di Maria, occupava un posto speciale nel cuore della principessa. L'adorava. Una volta, durante un cocktail-party natalizio per il personale e i fornitori negli appartamenti di stato a Kensington Palace, la invitò a unirsi a loro. La famiglia dei principi di Galles stava in piedi accanto alla porta a ricevere gli ospiti che, all'arrivo, stringevano la mano a William, a Harry e poi al principe e alla principessa. Quando una signora con i capelli bianchi e grandi occhiali si avvicinò alla principessa, sopraffatta dalla soggezione, questa infranse il protocollo: le regalò un ampio sorriso, l'abbracciò e la baciò sulla guancia.

Il principe sembrava sconcertato. Dopo aver stretto la mano all'anziana signora, si voltò verso la moglie e chiese: «Ma chi era?».

«Oh, quella è Betty». Con questo il principe non ne sapeva più di prima. «La madre di Maria» aggiunse la principessa.

In un'altra occasione, sapendo che Betty viveva sola nel Galles del nord, la principessa le telefonò. «Ciao, Betty, sono Diana. Che stai facendo?».

«Sono seduta sul letto e parlo con voi» rispose semplicemente Betty. Riusciva sempre a far ridere la principessa.

La principessa aveva telefonato perché stavano installando il riscaldamento centrale nel bungalow della casa di riposo di Betty, e voleva assicurarsi che tutto andasse come previsto.

Un giorno del 1992, la principessa realizzò il sogno di Betty, cattolica devota. Le telefonò a casa. «Betty, vorrei che venissi con me a incontrare Madre Teresa».

Betty quasi cadde dalla sedia. «Ma non posso venire fino in India!»

Così fece ridere di nuovo la principessa. «No, Betty, non ce n'è bisogno, perché Madre Teresa sarà a Londra per 24 ore. Se non ti può accompagnare nessuno, manderò una macchina a prenderti» aggiunse. Alla fine un parente accompagnò Betty a Highgrove dove incontrò la principessa, e insieme andarono in macchina a Kilburn, a Londra, in una missione che ospitava ventidue suore.

Madre Teresa era all'esterno ad accogliere la principessa. Lei si voltò verso Betty e disse: «Ho il piacere di presentarle la mia amica Betty». La stampa riferì che Betty era una dama di corte.

Madre Teresa la baciò, poi le tre donne entrarono in una stanza e presero posto intorno a un tavolino di legno. Parlarono dei senzatetto e dei poveri in Gran Bretagna, dei malati e dei moribondi in Somalia, dell'esigenza di dire il rosario il più spesso possibile. Madre Teresa stringeva qualcosa in mano. Alla fine aprì il palmo e mostrò due mediagliette della Vergine e un rosario. «Quali preferisce?» chiese a Betty.

Betty scelse le mediagliette e la principessa il rosario. Non sapeva come recitare il rosario, ma Betty le promise che glielo avrebbe insegnato. Infatti quel giorno la principessa si affidò a Betty: mentre entravano nella cappella dove aspettavano le novizie, Betty si voltò verso di lei e le disse: «Fate come me».

Seguendo il suo esempio la principessa immerse la punta delle dita nell'acquasantiera e si fece il segno della croce, poi si tolse le scarpe. Le tre donne s'inginocchiarono e pregarono con le suore. Betty disse che per settimane visse una sorta di trip mistico e tutte le mattine si svegliava pensando che fosse stato un sogno.

Nel febbraio 1992, dopo la visita in India con il Principe di

Galles, la principessa diede a Betty un regalo speciale: la ghirlanda che Madre Teresa le aveva messo intorno al collo davanti ai media di tutto il mondo. Betty la custodisce gelosamente ancora oggi. Occupa il posto d'onore accanto a una fotografia che la ritrae accanto alla principessa e a suor Teresa, una suora di un convento di Galway che era venuta in visita con lei a Highgrove durante un fine settimana. Suor Teresa disse che la principessa era «una donna sola, molto sola», ma quel giorno era riuscita comunque a mettersi in posa per un'istantanea felice.

Il principe Carlo viveva permanentemente a Highgrove e di fatto aveva lasciato Kensington Palace; la principessa, tuttavia, continuava a venire occasionalmente durante il fine settimana. Il principe aveva cominciato a cambiare l'arredamento di Dudley Poplak. Interpellò Robert Kime, un arredatore amico di Camilla Parker Bowles, e la casa passò dai delicati verdi e giallo pastello a più corposi rossi e marroni. L'effetto era cupo, scuro. Arrivarono dei grandi mobili in mogano e palissandro: una pendola per l'atrio, un nuovo parafuoco in ottone, con sedile imbottito, da sistemare intorno al focolare in ardesia per il caminetto del salotto. Uno specchio dorato era appeso al muro sopra il caminetto, le stuoie di giunco avevano sostituito il tappeto verde e nuove tende pendevano alle finestre; nell'atrio, un grande arazzo William Morris ricadeva in drappeggi da un'asta di ottone. In salotto il ritratto di lord Byron che era appeso sopra il caminetto venne destinato a essere esposto al pubblico e sostituito con un dipinto a olio del castello di Windsor. A poco a poco, mese dopo mese, il principe stava trasformando gli interni a suo gusto.

Quando un fine settimana la principessa venne in visita, notò un buffet in legno scuro nella sala da pranzo e trasalì. Le dissi che si stava pensando a due statue in marmo per le due nicchie accanto al caminetto e lei fece una smorfia. Il principe diede istruzioni al suo cameriere personale, Michael Fawcett, di togliere dal suo spogliatoio a Kensington Palace dei quadri che risalivano al 1870 di S.A.R. Albert Edward, Principe di Galles, e di portarli a Sandringham House.

Anche la principessa stava facendo le sue scelte per l'arredamento a Kensington Palace. Fece togliere il letto coniugale in mogano a baldacchino dalla camera da letto padronale e lo affidò alla Royal Collection a Windsor.

Il 6 giugno 1992, il giorno del mio trentaquattresimo compleanno, il segretario privato della regina, sir Robert Fellowes, telefonò al «Sunday Times» chiedendo di essere informato sul contenuto del libro di Morton, che avrebbero pubblicato a puntate. Ma la vera tempesta si era preannunciata il giorno prima, quando il principe Carlo e il suo segretario privato Richard Aylard avevano avviato un'inchiesta personale.

Quella mattina la principessa era a Kensington Palace, prima con Carolan Brown, la sua personal trainer, e poi con la sua estetista e amica Eileen Malone per il solito trattamento di bellezza delle dieci.

Mentre la principessa si rilassava abbandonandosi al rituale di pulizia, massaggio e tonificazione, ignorava che la fazione del principe Carlo era in subbuglio a causa di un fax arrivato da Broadlands, la residenza di lord e lady Romsey. Due fogli di carta sputati dal fax sistemato nell'office, sotto la mia scrivania. Per prima cosa vidi le parole «Broadlands». Pensai «Romsey». Pensai «Guai». Era la trascrizione di un'intervista televisiva con Andrew Neil, allora direttore del «Sunday Times»: nella registrazione su nastro, dichiarava che la principessa aveva dato il suo tacito consenso al libro e che il principe Carlo aveva tutte le ragioni per sentirsi tradito. Da Broadlands a Highgrove, da Richard Aylard al Principe di Galles, i coltelli contro la principessa venivano affilati persino mentre lei si stava facendo bella a palazzo. La mia lealtà era più che mai divisa: servivo il principe a Highgrove e pensavo alla principessa a Kensington Palace. Ma un evento avrebbe messo fino al dilemma una volta per tutte.

Eravamo al termine di una giornata calda e particolarmente stancante. Il pranzo era stato servito fuori sulla terrazza, al sole.

Quella sera il principe Carlo cenò presto, da solo, seduto al tavolino in salotto, in modo da poter sparire per un'altra delle sue corse in macchina di ventidue miglia per raggiungere Middelwich House e la signora Parker Bowles. Il telefono aveva squillato tutto il giorno. Al tramonto Gerald Ward, un possidente locale, aveva lasciato un messaggio per il principe, che era assente, come avevano già fatto molti altri, compreso il suo portavoce ufficiale Dickie Arbiter. I piatti aspettavano ancora di essere lavati nell'office quando il telefono squillò di nuovo.

«Ciao, Paul, come stai?» disse la principessa e scoppiò a ridere quando risposi che avevo corso come un matto tutto il giorno. «Non credo che il mio maritino sia in casa, vero?» chiese. Quando parlava ai membri del personale non si riferiva mai a lui come Sua Altezza Reale, come dettava il protocollo.

Desiderai ardentemente che non mi avesse fatto quella domanda. Era la prima volta che telefonava a Highgrove mentre lui era via «in privato». Cosa avrei detto ora? Dovevo mentire? Ma non potevo mentire alla principessa.

Lei chiese di nuovo: «Allora, c'è o no?». Questa volta sembrava impaziente.

Pensai in fretta e fui onesto anche se impreciso. «Mi dispiace, Altezza Reale, non c'è. È uscito.»

Uscito. Erano passate le otto di sera. Maledizione, non avrei dovuto dirlo.

«E dove è andato?» insistette.

«Non lo so, Altezza Reale».

«*Certo* che lo sai, Paul». E fui perduto. «Tu sai tutto quello che succede lì. Allora, dov'è andato?»

Se la principessa mi conosceva un po', sapeva che l'onestà era la mia forza, ma anche il mio punto debole. Intrappolato tra il senso del dovere e la lealtà verso entrambi, istintivamente le rivolsi una preghiera. «Vi prego, Altezza Reale. La persona più indicata a rispondere è Sua Altezza Reale, non io» risposi. Era terribile. Non volevo mettere nei guai il principe o mentire alla principessa. Lei era stata troppo buona con me.

Lei cambiò argomento, ma era solo un'altra forma di interrogatorio.

«Ha telefonato qualcun altro stasera?» mi chiese.

Non vedevo pericolo nel dirle che Dickie Arbiter e Gerald Ward avevano lasciato un messaggio. Apparentemente sembrava un'informazione innocua, ma invece la principessa poteva usarla come prova che lei sapeva *esattamente* chi telefonava, dando al principe Carlo l'impressione che non le sfuggisse nulla. Io le avevo fornito le munizioni e lo sapevo.

«Vi prego, non dite niente, Altezza Reale. Potrei avere guai molto seri, lo sapete» la pregai.

Lei mi disse di non preoccuparmi, ma il modo in cui concluse la telefonata mi confermò il timore che avesse preso nota di tutto: sapevo che non avrebbe esitato a servirsene nel bel mezzo di una crisi coniugale. La principessa era troppo arrabbiata. Quella sera andai a letto terribilmente preoccupato.

Maria non fu comprensiva e mi rimproverò per aver parlato. «Avresti dovuto riflettere, caro, avresti dovuto riflettere» disse.

La mattina dopo mi recai alla casa padronale in preda a mille timori. La mattinata passò come al solito e io cominciai a cullarmi nella falsa illusione che la principessa non avesse detto niente. Almeno finché il cameriere personale del principe Michael Fawcett venne nella dispensa mentre stavo preparando le stoviglie di porcellana e l'argenteria per il pranzo. Aveva un'espressione tempestosa. «Vuole vederti e *non* è affatto contento».

Per una volta, il dischetto rosso non era caduto nel cestino, era stato mandato un messaggero. Era una convocazione, non una chiamata di routine. Dal mio office sentivo il rumore sordo dei passi del principe mentre scendeva lo scalone e poi lungo le assi lucide dell'atrio. Sentii aprire e richiudere con un tonfo la porta della biblioteca. Aspettai qualche secondo con il cuore in tumulto. Uscii dall'office, girai a sinistra, oltrepassai le porte e girai a destra. Bussai alla porta della biblioteca con un brutto presentimento. Se la principessa mi aveva coinvolto, avrei perso il lavoro. Pensavo solo a quello.

Il principe Carlo era in piedi accanto al tavolino rotondo. «Chiudi la porta» disse in tono asciutto.

La porta si chiuse con uno scatto. «Altezza Reale?» chiesi.

Era indignato. «Sai dirmi *perché* Sua Altezza Reale è costantemente informata di chiunque venga in visita o telefoni a Highgrove quando lei non c'è?»

«Non so a cosa vi riferiate, Altezza Reale».

«Paul, hai parlato con Sua Altezza Reale di recente?» La voce gli tremava dalla rabbia.

Gli dissi che l'ultima volta che le avevo parlato era stata la sera prima. «Mentre Vostra Altezza Reale era fuori» precisai.

«E *cosa* le hai detto esattamente?» Stava per esplodere. La sua notoria scarsa pazienza stava arrivando al termine. Mi sembrava quasi di sentire la miccia bruciare con un sibilo.

«Che voi eravate fuori, Altezza Reale.» Persino io colsi nella mia voce il tono di rassegnazione di chi sa che non può uscire vincente dalla discussione.

Era terreo in viso. «PERCHÉ?» urlò.

«Perché *eravate* fuori, Altezza Reale». Da terreo si fece paonazzo. «E le hai detto anche chi ha telefonato qui ieri sera?»

«Be', ho detto che aveva chiamato il signor Ward ma che voi eravate fuori; così era una conferma che stavo dicendo la verità» risposi.

Il principe era sconcertato. Entrambi eravamo coscienti della mia stupidità. Non riusciva a credere alle sue orecchie. «Non potevi dirle semplicemente che non eri riuscito a trovarmi?».

Qualcosa mi spinse a rivendicare la mia autonomia. Io non ero Michael Fawcett o Richard Aylard. Né facevo parte della fazione che copriva di buon grado le sue tracce. «Mi state chiedendo di mentire, Vostra Altezza Reale?»

La temerarietà di una simile domanda da parte di un domestico lo fece esplodere. «Sì! Sììì! È proprio quello che ti sto chiedendo!» Il suo grido rimbalzò sulle pareti e gli acquerelli. In un lampo prese un libro dal mucchio sul suo tavolo e lo lanciò contro di me. Vedo ancora le pagine svolazzare in aria con un fruscio. Mi mancò, ma non credo intendesse colpirmi. Era un missile lanciato a caso. Era risaputo che tirava tutto quello che aveva sottomano quando perdeva le staffe. Mentre il libro atterrava sul pavimento, continuò a tuonare: «Perché sono il

Principe di Galles » gridò pestando un piede a terra per sottolineare la propria autorità. « E un giorno sarò re! »

Non osai chiedere se potevo andare e mi ritirai in fretta. Il suo carattere irascibile era leggendario ma fino a quel momento non avevo mai avuto la sfortuna di sperimentarlo di persona. Presi una sedia nell'office e mi misi a sedere con la testa tra le mani, maledicendo la mia stupidità.

Dopo qualche minuto squillò il campanello. Il disco rosso cadde nel cestino sotto la scritta BIBLIOTECA. Scena seconda.

Aprii la porta della biblioteca ed entrai imbarazzato ma il quadro davanti a me era decisamente diverso. La collera era svanita e il principe era seduto alla sua scrivania. Avrei dovuto essere io quello imbarazzato ma sembrava che fosse lui a non sapere dove guardare. Non avrebbe potuto essere più mortificato. « Paul, sono terribilmente dispiaciuto. Non intendevo farlo. Voglio farti le mie scuse. »

Sul pavimento giaceva ancora, aperto a faccia in giù, il missile letterario che mi aveva tirato contro. Mi chinai, lo raccolsi e lo sistemai di nuovo sulla pila di libri. « Vostra Altezza Reale » dissi, « se non potete sfogarvi con me, con chi altri dovreste farlo? »

Si appoggiò allo schienale della sedia, sconsolato, come se la collera avesse risucchiato tutte le sue energie. Annuì e quello per me fu il segnale di andarmene. Con il principe avevo cercato di fingere che andava tutto bene ma sapevo che la situazione era ben diversa. Avevamo sbagliato entrambi, ma da quel momento le cose non furono più le stesse.

La scissione del senso di lealtà non era più solo un dilemma psicologico. Ero finito in mezzo al fuoco incrociato e, con il principe e la principessa che chiedevano il cento per cento di lealtà dallo staff, dovevo rinunciare a servire uno dei due. Dentro di me sapevo dove mi avrebbero portato la fedeltà e l'istinto. Ma non potevo dirlo a Maria. Lei amava la vita al cottage in campagna.

Il libro *Diana, la sua vera storia* venne pubblicato il 16 giugno 1992. La principessa andò al Royal Ascot dove fece il suo ingresso con aria più che sicura. Sapeva che tutti gli occhi sarebbero stati puntati su di lei ma, abile com'era diventata a presentarsi in pubblico, non tradì alcuna reazione. Dietro la facciata, tuttavia, stava andando in pezzi quando entrò nel Palco Reale e fu lì che di colpo si rese conto dell'enormità dei danni provocati dal libro. Avvertì l'ostracismo da parte del resto della famiglia reale, disse; la conversazione era stentata, fredda e formale. Mentre si guardava intorno, facendo del suo meglio davanti al pubblico, vide tra gli ospiti Andrew e Camilla Parker Bowles: ridevano allegri, dando un'altra delle loro rappresentazioni di felicità coniugale. Poi vide la principessa Anna posare per un fotografo con il suo vecchio amico Andrew Parker Bowles. La principessa si sentì offesa al vedere la cognata che chiacchierava intimamente con il marito dell'amante di suo fratello: era come se desse la sua approvazione a una relazione che era la causa principale dell'infelicità della principessa.

In seguito, quello stesso anno, la principessa Anna lenì il dolore della principessa. Anzi, la prese da parte per rivolgerle parole di conforto.

Nel 1992, dopo il divorzio dal capitano Mark Phillips, la principessa Anna si era innamorata del comandante Tim Lawrence, ed era in vista un nuovo matrimonio reale. All'epoca venne falsamente riferito che la principessa aveva «snobbato» la principessa Anna non presenziando alle nozze, ma niente poteva essere più lontano dal vero. Era stata la stessa principessa Anna a offrile una scappatoia per declinare il suo invito. Si sentiva in colpa perché era innamorata in un momento in cui il Principe e la Principessa di Galles stavano passando un periodo così difficile. Rassicurò la cognata dicendole: «In famiglia, molti di noi pregano per te». La principessa Anna capiva che la cognata poteva preferire non presenziare alla cerimonia perché sarebbe stato troppo doloroso per lei, e la principessa apprezzò il suo gesto comprensivo. L'unica ragione per cui non assistette alle nozze fu perché ne era stata dispensata proprio dalla principessa Anna.

Dopo l'incontro ad Ascot, venne organizzato in fretta un incontro al vertice al castello di Windsor, dove la regina e il Duca di Edimburgo si riunirono con il Principe e la Principessa di Galles. L'atmosfera era tesa ma ci fu un franco scambio di opinioni. La principessa mi disse: «La mamma era disperata mentre mi ascoltava. Credo che sia invecchiata di colpo quella volta, perché non facevo altro che comunicarle la mia angoscia».

A Windsor, il principe Filippo chiarì subito che tutti erano turbati dal modo distorto in cui il libro di Morton riferiva i fatti e comunicò alla principessa che si sospettava un suo coinvolgimento. La principessa negò, insistendo di non aver aiutato l'autore. Onestamente credo che fosse stata colta di sorpresa dalle proporzioni di quanto aveva scatenato.

«La pubblicazione di quel libro fu un'esperienza terribile. Solo i miei amici mi hanno aiutata a superarla» dichiarò la principessa. Ma dentro di sé sapeva che, per quanto sconvolta e furiosa fosse per le condizioni del suo matrimonio, e ancora in lutto per il padre, era stata comunque avventata, impulsiva e confusa nell'accettare di collaborare con Morton. Aveva consentito ai suoi amici di parlare del suo matrimonio e comunicare che lei era un vittima e si sentiva isolata. Con il suo comportamento aveva distrutto qualsiasi possibilità di riconciliazione e la debole prospettiva che il principe Carlo potesse cambiare atteggiamento nei suoi confronti.

Negli anni successivi la principessa si sforzò di accettare quel danno autoinflitto, eppure, stranamente, quella nuova amarezza la spinse a esporsi con un'altra mossa disastrosa, la registrazione dell'intervista per *Panorama* della BBC tre anni dopo. In entrambi i casi voleva solo che si sapesse la verità ma, in sostanza, stava lanciando una richiesta d'aiuto, sperando di suscitare un po' di comprensione e che qualcuno venisse in suo soccorso. Ma nessuno l'avrebbe aiutata, e tanto meno l'uomo da cui avrebbe voluto essere soccorsa, il principe Carlo. Tuttavia la principessa lo amava ancora. Ai suoi occhi, che spesso avevano la tendenza a non vedere l'altra faccia della medaglia, era stata abbandonata a favore di Camilla Parker Bowles.

Persino quando capiva di essersi sbagliata, la principessa

avanzava decisa a passo di marcia, senza che si mitigassero né la sua collera né la sensazione di essere trattata ingiustamente. Disse alla regina e al principe Filippo che aveva cercato di comportarsi civilmente con suo marito ma che si era scontrata contro un muro di pietra; purtroppo, sentiva, la separazione era l'unica soluzione. Una separazione di prova, non un divorzio. Lei voleva la libertà, ma non voleva tagliare tutti i legami.

La regina e il principe Filippo non tolleravano l'idea di una separazione e dissero al principe e alla principessa che dovevano imparare l'arte del compromesso, essere meno egoisti e cercare di superare le loro difficoltà per il bene della monarchia, dei loro figli, del paese e del popolo. Durante l'incontro a Windsor, mentre il principe Carlo ascoltava, la principessa espresse con chiarezza la propria ripugnanza per Camilla Parker Bowles. Disse che era stato un enorme sollievo aver potuto esprimere apertamente la sua collera ai genitori del marito: «Tutto stava venendo a galla. Nel libro e all'interno della famiglia».

In effetti il libro ebbe almeno un effetto positivo: interruppe, almeno per un certo periodo, la bulimia della principessa. «Credo che tutta questa storia sia stata la maggiore sfida della mia vita» dichiarò.

Considerando positivo il franco colloquio che avevano avuto, la regina suggerì di continuare il giorno dopo, ma la principessa non accolse l'invito. Infatti, ignorando la tradizione, si rifiutò di rimanere a Windsor quella settimana e intervenne agli incontri di Ascot solo due volte sulle quattro previste.

Il Duca di Edimburgo le inviò una lettera esprimendo senza mezzi termini il proprio disappunto per la mancata partecipazione della principessa al secondo appuntamento, mentre lui e la regina dedicavano tempo e fatica per ascoltare i problemi coniugali della coppia.

Ma la principessa, offesa dalla presenza di Camilla Parker Bowles ad Ascot, si era ritirata a Kensington Palace, ferita e arrabbiata.

Fu proprio il suo rifiuto ad accettare l'invito a rimanere al castello nella settimana di Ascot a produrre una fitta corrispondenza tra lei e il Duca di Edimburgo.

Non si può dire che la regina o il principe Filippo non avessero le migliori intenzioni di salvare il matrimonio reale, comunque venga interpretato il loro coinvolgimento. Da quel momento, fecero tutto quanto era in loro potere per evitare una separazione pubblica. Avevano deciso che una situazione delicata e instabile come quella richiedeva saggezza e, curiosamente, decisero che quella saggezza fosse individuabile nel principe Filippo, la cui reputazione in fatto di tatto non lasciava sperare nulla di buono. Tuttavia si fece avanti come mediatore. L'importanza del ruolo di consigliere che si assunsero lui e la regina non sarà mai ribadita con sufficiente enfasi: fino a quel momento, come madre e padre, non avevano mai interferito nel matrimonio di nessuno dei loro figli, convinti che la saggezza si impari solo con l'esperienza di vita, ma ovviamente decisero che in quell'occasione non potevano restare a guardare il Principe e la Principessa di Galles mentre facevano andare a rotoli il loro matrimonio. Come Sua Maestà, il principe Filippo cercò in ogni modo di rimanere imparziale e comprensivo per la situazione difficile della principessa ma, come tutti i mediatori, il suo ruolo richiedeva che fosse sincero, a costo di comunicare verità brutali. In questo senso non fu facile per la principessa accettare il suo ruolo neutrale. «Quante altre mogli devono discutere i loro problemi coniugali con il suocero invece che con il marito?» chiedeva frustrata.

Per lei quello era un altro segno del comportamento anomalo della famiglia reale quando si trattava di affrontare i rapporti personali; un'altra prova che il principe Carlo faceva lo struzzo. Inoltre era un chiaro segno che tra le due parti in conflitto non ci sarebbe stato un confronto a quattr'occhi nel mezzo di una tempesta di emozioni contrastanti.

Per essere giusti, il principe Filippo si adoperava di più per salvare il matrimonio di quanto facesse il principe Carlo e, sia che intendesse proteggere l'istituzione che i singoli individui, agiva in buona fede. Nessuno era meglio qualificato di lui per capire cosa significasse sposare un membro della famiglia reale e abbandonare lo stile di vita seguito fino a quel momento in nome del dovere. Il problema intrinseco di affidare al principe Filippo il ruolo di mediatore era che lui usava raramente mezzi termini e, dato che non capiva la principessa, difficilmente ci si poteva aspettare che sapesse gestire la sua personalità e il suo carattere insicuro. Per quanto si sforzasse di essere imparziale, calzava guanti d'acciaio in una situazione che richiedeva un tocco di velluto. Nel suo bombardamento di lettere, offendeva e faceva infuriare la principessa con commenti che lei definiva brutali. Tuttavia la principessa non distrusse mai le lettere, anzi, le legò in un pacchetto e le conservò – un deliberato tentativo di preservare la verità – e ne fece diverse fotocopie che spedì ad amici fidati. Ad altri, come l'intervistatore televisivo Martin Bashir e me, vennero mostrati gli originali.

Io li vidi nel 1993, Bashir nel 1995. Ero seduto sugli scalini con la principessa a Kensington Palace. Persino allora, un anno dopo averle ricevute, continuava a scuotere la testa per il loro contenuto. Su queste lettere sono state scritte molte sciocchezze e vere e proprie menzogne. Molto tempo dopo, i servizi dei giornali, corroborati da esagerazioni incontrollate provenienti da fonti inattendibili, dichiararono che erano «le peggiori lettere che Diana avesse mai ricevuto», che erano brevi e scritte su carta formato A5. Non si può fare a meno di correggere tali grossolane inesattezze. Le lettere rivelavano qualche dura verità ma non erano mai velenose, anzi, nel tempo diventarono comprensive e solidali. Non erano brevi né scortesi, erano lunghe e divaganti, alcune erano lunghe quattro pagine ed erano tutte scritte su fogli A4.

Quello che posso aggiungere è che – contrariamente a quanto sostennero quei servizi giornalistici – non ricordo che il principe Filippo abbia mai usato i termini «prostituta» o «sgualdrina» nelle sue lettere. Né, per quanto ho potuto essere testimone, accusò mai la principessa di aver danneggiato la monarchia.

Quando le scrisse, il principe Filippo era adirato per le rivelazioni del libro di Morton che aveva letto fino in fondo, pagina dopo pagina. Era ferito nell'orgoglio anche a nome di suo figlio e della famiglia. Questo lo faceva stare sulla difensiva e, credo, condizionava la sua obiettività. Per quanto cercasse di essere imparziale, da quelle pagine sembrava spuntare un dito accusatore.

Era chiaro che la sua intenzione era quella di mettere per iscritto quello che pensava e di chiedere alla principessa di fare un esame di coscienza. Voleva scuoterla per farla riflettere ancora sul suo matrimonio, sul suo comportamento, sulle sue motivazioni. Leggendo le sue lettere si poteva arrivare a una conclusione: era convinto di essere crudele a fin di bene. Da una parte lodava la principessa per i suoi viaggi autonomi e le opere di beneficenza, poi aggiungeva che essere la moglie del principe Carlo «implicava molto di più che essere un'eroina per il popolo britannico». Quell'osservazione continuava a ferire l'ego e lo spirito della principessa, e veniva da un uomo che lei aveva rispettato al massimo fin da quando era entrata a far parte della famiglia con il matrimonio. Era la cosa che la disturbava di più.

La situazione peggiorò ancora prima che ci fosse un miglioramento. Il principe Filippo disse che la gelosia era stata un cancro per il matrimonio e la principessa l'interpretò come un attacco contro di lei. Il principe disse anche che, dopo la nascita di William, il suo comportamento irrazionale dopo il parto non aveva aiutato le cose e il mio ruolo – un maggiordomo che interferiva – non era stato dimenticato. Trasalii di nuovo leggendo uno dei molti esempi indicati dal duca, la volta in cui la principessa mi aveva interrogato al telefono chiedendomi dove fosse il principe Carlo dopo che lui aveva lasciato Highgrove all'ora di cena. Diceva che suo figlio nutriva il forte sospetto che la principessa lo spiasse per gelosia, ascoltando accanto alle porte e interrogando il maggiordomo sui suoi movimenti. «Se Carlo fosse stato onesto con me sin dall'inizio, non avrei bisogno di sospettare di lui» mi disse.

Il suo punto di vista era fin troppo comprensibile: quale donna non cercherebbe delle rassicurazioni quando il marito continua a vedere una vecchia fiamma?

Come il principe Carlo si era fatto sospettoso per il comportamento della principessa, così la sua doppia vita la rendeva diffidente. L'ironia di quel circolo vizioso sembrava sfuggire sia al principe che al Duca di Edimburgo. Colpo dopo colpo, i consigli paterni arrivavano avvolti nel filo spinato: la principessa non era stata una moglie premurosa; sebbene fosse una buona madre, era troppo possessiva con William e Harry. Io l'avevo vista insieme ai figli e sapevo che non aveva mai fatto altro che colmarli di amore e di affetto; voleva essere disponibile per loro ventiquattrore al giorno, sette giorni alla settimana. Nei fine settimana, la principessa si accertava che andassero a Highgrove a trovare il padre. Solo in un ambiente reale, dove è la mano della bambinaia a dondolare la culla, l'attenzione e l'amore di cui circondava i ragazzi potevano essere fraintesi e considerati troppo possessivi.

Ma quello che lasciò sbalordita la principessa fu l'accenno del principe Filippo alla spinosa questione dell'amante di suo marito. Il principe scrisse che lei avrebbe dovuto provare gratitudine quando, all'inizio, il marito si era separato da Camilla Parker Bowles. Il principe Carlo riteneva di aver fatto un sacrificio considerevole nel tagliare quel legame ed era convinto che la principessa «non avesse apprezzato quello che aveva fatto». Poi arrivò il colpo finale che aveva ridotto in lacrime la principessa. Il principe Filippo aveva scritto: «*Puoi onestamente guardare nel tuo cuore e dire che la relazione di Carlo con Camilla non abbia niente a che fare con il tuo comportamento nei suoi confronti durante il vostro matrimonio?*».

La principessa veniva accusata di aver spinto Carlo tra le braccia della donna da cui aveva cercato di tenerlo lontano. A distanza di un anno, quell'idea le faceva ancora ribollire il sangue. «Sono tutti maledettamente uguali – si coprono a vicenda» dichiarò.

Se da una parte il principe Filippo le diceva che non voleva spartire le colpe, dall'altra le addossava tutta la responsabilità.

Quell'estate del 1992 non vidi spesso la principessa a Highgrove. Il matrimonio era irrimediabilmente fallito ma la comunicazione con il Duca di Edimburgo continuò per tutto l'autunno. Mentre una lettera aveva ridotto la principessa alla disperazione, ne arrivò un'altra che rianimò le sue speranze. Alle prime lettere la principessa aveva sempre risposto con repliche infiammate e risentite. Una famosa lettera del Duca di Edimburgo iniziava con «*Andiamo!!! Forse ho esagerato un po' nell'ultima lettera...*». Alla fine accettava l'idea che il principe Carlo avesse pari responsabilità nella rottura del matrimonio e che fosse stato altrettanto testardo della principessa.

Quando cambiò atteggiamento, anche quello della principessa cambiò. Per quanto considerasse dure l'opinione e le osservazioni del suocero, imparò a rispettarne l'onestà. Dopo che lei ebbe contestato alcuni suoi commenti, le lettere del duca divennero più affettuose, più gentili e sollecite. Ancor più importante, per la prima volta da quando erano cominciati i suoi problemi a metà degli anni Ottanta, sentiva che qualcuno della Casa di Windsor si dava la pena di ascoltarla senza liquidarla come una donna isterica e fuori controllo. Incontrandosi faccia a faccia, la principessa e il Duca di Edimburgo avevano abbattuto le barriere e portato alla luce molte questioni inespresse. La principessa vide gli sforzi che il suocero stava facendo, notò la lunghezza delle sue lettere e lo ammirò per questo. Era un cambiamento notevole rispetto al giudizio affrettato di altri membri della famiglia reale, troppo sbrigativi nel liquidare le sue preoccupazioni come le farneticazioni di una pazza. Se si fossero fermati un attimo a riflettere, avrebbero capito che i suoi cambiamenti di umore, la bulimia e le crisi isteriche scaturivano da una frustrazione esasperante solo perché non si sentiva ascoltata. Provò un'ondata di sollievo, quasi di rivendicazione, quando il principe mise in chiaro di non condividere l'opinione, fatta circolare dall'ignoranza contorta di qualcuno che stava dalla parte del principe Carlo, secondo la quale lei era «mentalmente squilibrata» o «instabile».

La memoria della principessa venne infangata in seguito, *dopo* la sua morte, quando non poteva difendersi, con l'assurda insinuazione che soffrisse di disturbi di personalità. La scrittrice di questioni reali Penny Junor condusse alcune ricerche sulla malattia della principessa per il suo libro del 1998, *Charles, Victim or Villain?* Ne risultò che la diagnosi «era assolutamente adeguata al comportamento ostentato da Diana». Vale la pena ricordare che, per arrivare a questa conclusione, venne aiutata dalla ricerca inedita di Jonathan Dimbleby per il suo libro *The Prince of Wales*, del 1994.

La principessa era alle prese con una vita frenetica sotto lo sguardo impietoso dei media internazionali. Se avesse sofferto di disturbi propri di una personalità borderline non sarebbe mai riuscita a far fronte a un tale carico di doveri in un ambiente tanto esigente. Credete alla parola di qualcuno che ha vissuto con lei, che è stato testimone di un essere umano comune che si scontrava con una vita straordinaria; lei soffriva semplicemente di un disturbo dell'alimentazione.

Fortunatamente il Duca di Edimburgo riconosceva questo semplice fatto. In una lettera riconobbe che la bulimia poteva influenzare il comportamento di chi ne soffriva, e aggiunse che lei non poteva essere rimproverata per «i modelli comportamentali» determinati dalla patologia. Quell'ammissione era molto significativa per la principessa. D'un tratto il principe Filippo si era dissociato dalle dichiarazioni velenose e ufficiose che per così tanti anni le avevano fatto sentire che a nessuno importava di lei, che nessuno la capiva. In rispetto della sua memoria, oggi il mondo dovrebbe basarsi sulle conclusioni del duca, dichiarate quando la principessa era in vita, piuttosto che affidarsi a quelle di una scrittrice di questioni reali, pubblicate dopo la sua morte.

Quello che le fece nutrire speranze persino maggiori era che sia la regina che il principe Filippo nutrivano ancora il convincimento che il matrimonio potesse funzionare purché si facessero dei compromessi da entrambe le parti. Il duca redasse persino un elenco numerato di interessi e attività comuni che avrebbero potuto riunire la coppia. Questo rinsaldò l'ottimismo che la principessa ancora nutriva; al di là di tutto il rancore e l'amarezza, la principessa amava ancora il principe Carlo e credeva, ingenuamente o meno, che un giorno avrebbero potuto riprovare. Nel 1992 ammise che la separazione era inevitabile e che poteva persino essere salutare. Non pensava, come invece alcune autobiografie reali hanno suggerito, che il matrimonio fosse morto ma che potesse essere resuscitato dal coma.

Proprio come aveva fatto piangere la principessa con certe sue espressioni, il duca la fece anche ridere. Prese addirittura a saltellare di gioia quando il duca espresse le sue opinioni personali su Camilla Parker Bowles. Sia lui che la regina erano da tempo profondamente preoccupati per l'amicizia del figlio con una donna sposata e avevano fortemente disapprovato, scriveva. Poi aggiungeva: «*Noi non approviamo che tu o lui abbiate un amante. Per un uomo nella sua posizione Carlo è stato sciocco a rischiare tutto per Camilla. Non avremmo mai immaginato neanche lontanamente che potesse pensare di lasciarti per lei. Non posso immaginare che una persona sana di mente ti lasci per Camilla. Una possibilità del genere non ci aveva mai sfiorato*».

Quella era la conferma di cui la principessa aveva bisogno, né le sfuggì il fatto che il Duca di Edimburgo aveva cominciato a firmare le sue lettere «Con profondo affetto – Papà».

La corrispondenza divenne una corsa in ottovolante attraverso disperazione, speranza, lacrime e poi risate, sfide e concessioni. Nel condividere con me le sue vicissitudini, era come se la principessa stesse cercando un testimone indipendente per dimostrare che la sua opinione sui reali – la famiglia, il matrimonio, il personale, il modo in cui la trattavano, il sentirsi vittima dell'ingiustizia – non era una falsa interpretazione che faceva comodo ai suoi piani. Forse voleva anche condividere con qualcuno il senso di rivalsa che le offrivano quelle lettere, come se ci fosse bisogno di una prova di quanto scriveva il Duca di Edimburgo. Naturalmente sapeva anche che conoscevo bene la regina e suo marito.

Era vero che la principessa non accettava di buon grado le critiche ma, a conti fatti, nel corso dei mesi, sentiva di aver fatto qualche progresso e di essere riuscita a esprimere il suo punto di vista. Quando morì era una grande ammiratrice del Duca di Edimburgo. Nonostante il dolore che le sue prime lettere le avevano provocato, la principessa disse che non avrebbe mai dimenticato il ruolo di consigliere svolto dal duca.

Alla fine l'intervento ben intenzionato del Duca di Edimburgo arrivò a una battuta d'arresto. Altri scandali occuparono le prime pagine dei giornali e la principessa fece del suo meglio per placare la sete dei media. A proposito delle congetture che erano state fatte sulle lettere del principe Filippo, diramò un comunicato che diceva: «Le voci secondo le quali Sua Maestà la Regina e S.A.R. il Duca di Edimburgo non hanno offerto comprensione e sostegno sono false». In pubblico la principessa faceva buon viso a cattivo gioco in un periodo in cui tutte le parti in causa riconoscevano che il matrimonio era a un punto di non ritorno. Tuttavia il Duca di Edimburgo continuò a darsi da fare, deciso a far sì che il rapporto tra il Principe e la Principessa di Galles andasse avanti con una parvenza di intimità per il bene della monarchia e del paese. In effetti fu il principe Filippo, durante un colloquio privato a Balmoral, a convincere con tatto la principessa ad accompagnare il principe Carlo nel suo giro in Corea, nonostante lei avesse detto che avrebbe preferito non andare. In termini di pubbliche relazioni, quel viaggio fu un disastro per il matrimonio.

Il 27 novembre scrissi una lettera ai miei amici del Kentucky, Shirley e Claude Wright: «*Ci vorrà uno scandalo grave o una dichiarazione pubblica per cambiare questa situazione, ed è improbabile che avvenga quest'anno, a meno che ci aspettino settimane drammatiche. Io sarò sempre a Highgrove a occuparmi di chiunque viva qui. Sono certo che il 1993 sarà un anno denso di eventi, ma il mio lavoro è piuttosto sicuro e dubito molto che il nostro stile di vita cambierà*».

Ignoravo che, quello stesso mese, gli uffici del principe e della principessa stavano discutendo la separazione. Ad Highgrove eravamo tutti all'oscuro e la principessa aveva avuto un buon motivo per non informarmi: sapeva quale impatto avrebbe avuto sulla vita di tutti noi.

Avevo ordinato l'albero di Natale per Highgrove. Il principe Carlo era via «in privato» e la principessa era andata a Tyne and Wear con la sua amica e segretaria Maureen Stevens. L'alba di mercoledì 9 dicembre spuntò come tutte le altre. Alle tre arrivò la notizia che avremmo dovuto attendere l'arrivo di Jane, contessa di Strathclyde, responsabile del personale di palazzo. Non appena vedemmo la sua espressione capimmo che era latrice di cattive notizie – sembrava ingiusto che qualcuno a cui eravamo ormai tanto affezionati dovesse svolgere un compito del genere. Sembrava agitata e non si fermò come al solito a scambiare chiacchiere e facezie. Le era stato ordinato di telefonare a Richard Aylard, il segretario privato del principe, non appena fosse arrivata. Mentre telefonava, mi disse di riunire il personale in cucina – Wendy, Paddy, Lita e Barbara (le domestiche a giornata) e Maria. Jane aveva fatto in modo che il suo arrivo coincidesse con l'annuncio del primo ministro John Major che il Principe e la Principessa di Galles avevano purtroppo deciso di separarsi.

Dietro le quinte, a Buckingham Palace, Kensington Palace e Highgrove, tutte le parti in causa erano profondamente determinate ad assicurare che non ci sarebbe stato divorzio, anche se il principe e la principessa avrebbero vissuto separati. La costituzione britannica sarebbe rimasta intatta, ma intorno a lei tutto il resto era andato in pezzi.

Mentre John Major rilasciava la sua dichiarazione alla Camera dei Comuni, Jane emerse dalla sala da pranzo con un'espressione di rammarico sul viso, già dispiaciuta dello scompiglio che stava per suscitare.

«Potrei vedere Paul e Maria per primi?» disse, e noi la seguimmo nella sala da pranzo del personale. «Chiudete la porta, per favore.»

Mi misi a sedere tenendo stretta la mano di Maria. Poi Jane cominciò a parlare in tono cupo: «Io stessa l'ho saputo solo in questo istante. Ho guidato fino a Highgrove senza sapere perché stavo venendo qui. Ma hanno appena annunciato che le Loro Altezze Reali il Principe e la Principessa di Galles intendono vivere separati...»

Era inevitabile, ma nel sentirlo ci sentimmo stringere il cuore per la tristezza. Ma Jane non aveva finito.

«... e Sua Altezza Reale la Principessa di Galles desidera che voi due vi trasferiate a Londra, al suo servizio».

La principessa mi voleva nel suo team, voleva che lavorassi a fianco del maggiordomo di Kensington Palace, Harold Brown.

Maria scoppiò in lacrime. «Non posso crederci» si lamentò. «Non posso crederci.»

Jane ed io rimanemmo seduti in silenzio mentre Maria continuava a piangere. «Cosa diremo ai ragazzi? I loro amici sono qui, la loro scuola, il cottage. No! No!»

Jane s'inginocchiò e le passò un braccio intorno alle spalle. «Non so cosa dirti.»

Anche i miei pensieri correvano all'impazzata, ma per ragioni diverse. Pensavo che l'inevitabilità dell'annuncio era pari all'inevitabilità del fatto che il nostro futuro era con la principessa. Io ero calmo, convinto che le cose avvenissero per un motivo. Semmai ero sconcertato sul perché la principessa non ci avesse informati prima. Era l'unica cosa che non riuscivo a capire.

Quando uscimmo dalla stanza per andare in cucina, Maria era a pezzi. Wendy fu la prima a vederci. «Ma che cosa...?» esclamò, correndo da Maria.

«Wendy, posso parlarti?» disse Jane. Dieci minuti dopo Wendy uscì dalla stanza. Era in esubero. Bisogna riconoscerle che la prese con filosofia. «In fondo sono vicina alla pensione...» disse, mostrandosi più preoccupata per noi.

Per un bel pezzo dopo che Jane se ne fu andata, passammo la maggior parte del pomeriggio seduti intorno al tavolo della cucina. Sostenuti da vari bicchieri di gin tonic, riflettevamo tutti su quel cambiamento. Paddy aveva mantenuto il proprio ruolo e tornò alle scuderie; le due domestiche a giornata erano tornate a casa sconvolte.

Wendy offrì una sigaretta a Maria. «Non dovremmo fumare in cucina, ma non vedo quale importanza abbia ormai» disse, e fumarono, una sigaretta dopo l'altra, un pacchetto intero. Di nuovo a Londra. Un altro incarico. Un'altra residenza reale. Non avremmo più rivisto la principessa o William e Harry ad Highgrove.

Quella sera, dopo essere tornata a Kensington Palace dal

nord est, la principessa telefonò al cottage. Lei meglio di tutti sapeva quanto sarebbe stata sconvolta Maria dalla prospettiva di lasciare la campagna e la vita che aveva sempre sognato per Londra. «Non preoccuparti, Maria» la rassicurò la principessa mentre lei ricominciava a piangere. «Tu e Paul starete meglio qui con me. Lo so che non vuoi tornare a Londra, ma penserò io a tutti voi.»

Maria riagganciò, profondamente dispiaciuta per la principessa. Sapeva quanto fosse solitaria la sua vita a Kensington Palace e capiva quello che stava facendo: voleva solo assicurarsi che la famiglia a cui era così legata lavorasse per lei e non per il marito. Nella separazione della coppia reale, la principessa aveva incluso i Burrell tra le proprietà che voleva tenere per sé.

Nel frattempo la principessa aveva a che fare con un'altra notizia esplosiva che la riguardava da vicino, arrivata in un'altra busta da Buckingham Palace, da parte del Duca di Edimburgo. Mentre gli avvocati e i consulenti delle due parti si incontravano regolarmente per negoziare i termini della separazione, il principe Filippo le sottopose il suo consiglio personale. La principessa avrebbe dovuto lasciare gli appartamenti numero 8 e 9 a Kensington Palace, che erano stati la sua casa principale negli ultimi dieci anni, in modo che il principe Carlo potesse mantenere la residenza come base a Londra.

Come sistemazione alternativa, più appropriata a una madre con figli in collegio, il duca suggeriva che si trasferisse nell'appartamento adiacente, il numero 7: vuoto e in stato di abbandono dopo che se n'erano andati gli ultimi occupanti – i Clayton, lontani parenti della famiglia reale. La principessa disse che era un buco e non una casa adatta a due principi reali. L'appartamento 7 aveva ben altro valore per il Duca di Edimburgo, perché era l'appartamento dove aveva soggiornato alla vigilia del suo matrimonio con la regina, il 20 novembre 1947.

Il duca la definiva una sistemazione «semi-indipendente». Ma la donna che da lì a poco avrei chiamato «il Boss», puntò i piedi e si rifiutò di cedere di un centimetro. Il vantaggio di avere una franca comunicazione con il suocero le consentì di dire esattamente quello che provava senza timore di offenderlo. Gli disse che in nessun caso avrebbe ceduto il posto al principe Carlo. Il principe rimase a Highgrove e si accontentò di un nuovo appartamento a St James's Palace. La principessa rimase negli appartamenti 8 e 9, dove sarebbe cominciato il mio nuovo incarico alle sue dipendenze. Anche Maria la raggiunse come cameriera part-time.

8.

Kensington Palace

«Ti va di guardare un film?» chiese la principessa.

Era un sabato pomeriggio a Kensington Palace ed eravamo tornati dallo shopping nella vicina area commerciale. Quel giorno lo chef era stato lasciato libero e aveva lasciato un'insalata nel frigorifero per la cena. La «casa» era silenziosa. Era un pomeriggio libero, non c'era nulla in programma, e la principessa aveva un paio d'ore a disposizione.

Stava in piedi sulla soglia dell'office a pianterreno mentre io preparavo due tazze di caffè istantaneo. «Scegli tu il film. Dammi cinque minuti» disse e salì sullo scalone angolare che abbracciava le pareti bianche e gialle.

Entrambi potevamo parlare di film per ore, e mentre giravo il caffè nelle grandi tazze bianche e blu che lei preferiva alla porcellana più fine, sapevo esattamente quale scegliere.

La sua raccolta non era niente rispetto alla scorta di film che William e Harry avevano accumulato, ma comprendeva comunque una serie di bei film classici, la maggior parte del genere romantico e melenso. «Strappalacrime» li chiamava la principessa.

Mi accoccolai in soggiorno e cominciai a esaminare il dorso delle confezioni delle cassette che riempivano due scaffali di un armadietto bianco alla base di una libreria che arrivava quasi al soffitto: *Via col vento*, *Silk Stockings*, *My Fair Lady*, *Il cappello a cilindro*, *Carousel*, *South Pacific*, *Ghost*, *Il paziente inglese*. Il mio sguardo si fermò su *Breve incontro*. Uno strappalacrime garantito che la principessa aveva guardato più spesso di quanto io le avessi preparato caffè nero o succo di carota. «Questo, direi » proposi mentre entrava nella stanza, e inserii la cassetta nel videoregistratore.

Principessa e maggiordomo presero posto alle due estremità del divano a tre posti a righe rosa e crema, sistemato davanti alla sua scrivania in mogano, davanti al caminetto di marmo grigio al lato opposto della stanza. Dietro di noi la luce del giorno entrava a fiotti attraverso le finestre a ghigliottina bianche. Una scatola di Kleenex era appoggiata sul cuscino tra di noi. « Questo film mi fa sempre piangere » disse afferrando un fazzolettino, mentre iniziava il film.

La principessa si sistemò in una posizione più comoda e, tra un singhiozzo e l'altro, s'immerse nella storia di un incontro fortuito che diventa una storia d'amore.

Chiedete conferma a chiunque abbia assistito a un concerto insieme alla principessa o che abbia guardato *Breve incontro* con lei – le note del Concerto per piano n. 2 di Rachmaninov la riducevano ogni volta in lacrime. Quando, nella scena clou del film, il treno a vapore si allontanava e una musica toccante riempiva il soggiorno, accanto a me scoppiavano i singhiozzi. La principessa si voltava verso di me e le lacrime le rigavano le guance. Ma si abbandonò contro i cuscini dalle risate quando si accorse che anch'io stringevo un fazzolettino di carta in mano. « Siamo tutti e due così sciocchi! » Scoppiammo a ridere – mio Dio, quanto abbiamo riso! Ancora oggi le note di Rachmaninov mi fanno sorridere. Quella sera, e in innumerevoli altre occasioni, ascoltò ininterrottamente il concerto sul lettore di CD portatile che si portava dietro da una stanza all'altra. Oppure si sedeva al pianoforte a coda, accanto alla finestra del salotto, e guardava fuori verso la parte posteriore dei giardini di palazzo, e suonava il tema di *Breve incontro*. Io salivo di sopra in punta di piedi e senza farmi notare rimanevo sulla porta a guardarla suonare il pianoforte in legno scuro, immersa nei propri pensieri, a occhi chiusi, dimenticando questioni di proprietà o di beni. Quella musica è stata la cosa più importante che ho portato con me da Kensington Palace.

Ma prima che lei o io potessimo sentirci sufficientemente a nostro agio insieme per condividere quei momenti dei film strappalacrime, avevo dovuto guadagnarmi i galloni. La fiducia era venuta con il tempo. Dopo aver lasciato Highgrove, il dovere, inizialmente condiviso con il collega maggiordomo Harold Brown, aveva la precedenza.

Il camion dei traslochi carico di tutti i miei beni terreni si fermò davanti all'Old Barracks dove l'appartamento numero 2 al pianterreno, con due camere da letto, bagno, salotto e cucina, diventò la nostra nuova casa. Le solide mura sul retro si alzavano ai margini del trambusto della capitale, isolandoci dagli ingorghi di Kensington High Street e si affacciavano su un ampio giardino. I tre piani della facciata rettangolare in mattoni rossi di Kensington Palace, o «KP» come era chiamato dal personale, si estendevano sull'angolo sud-occidentale di Kensington Palace Gardens, arretrato dal confine occidentale di Hyde Park. Era un pianeta lontano dalla campagna del Gloucestershire. Eravamo arrivati in una calda giornata dell'aprile 1993, e ci eravamo trovati in un'oasi londinese circondata da spazi verdi.

Un viso familiare ci aspettava per darci il benvenuto. La Principessa di Galles sorrideva e aveva un mazzo di fiori per Maria. Quale altro datore di lavoro si sarebbe dato tanta pena e disturbo?

Mentre Maria apriva lo sportello della macchina, la principessa corse da lei emozionata. «Benvenuti, benvenuti! Siete arrivati, finalmente» disse abbracciando Maria, mentre Alexander e Nicholas correvano da lei e si aggrappavano alle sue gambe.

Mentre il camion dei traslochi veniva scaricato, la principessa rimase fuori, al sole, incuriosita dai nostri arredi. «Mi piace fare l'impicciona» disse, «Oh, questo è carino, Maria, non sapevo avessi una cosa del genere». Poi batté le mani. «Ora me ne vado, così potete sistemarvi» e uscì, attraversò il prato e tornò a palazzo prima di partire per passare la Pasqua con la sorella, lady Sarah McCorquodale, nel Lincolnshire. La principessa doveva ancora incartare le uova di Pasqua per i nipoti.

Ispezionammo l'appartamento. C'erano tappeti nuovi e un nuovo pavimento in piastrelle in cucina. Old Barracks è un edificio delle scuderie ristrutturato che in passato ospitava gli stallieri e i soldati che montavano la guardia a palazzo. Venne acquistato da re Guglielmo III e dalla regina Maria II alla fine del XVII secolo. In epoca moderna era stato diviso in appartamenti, messi a disposizione della famiglia reale e della servitù. I nostri vicini erano la sorella della principessa, Jane, e suo marito sir Robert Fellowes, il segretario privato della regina; il generale di brigata Miles Hunt-Davies, il segretario privato del Duca di Edimburgo, ora nominato cavaliere; Jimmy Jewell, il contabile del duca, e Ronald Allison, il portavoce ufficiale della regina. Il mio collega Harold Brown non abitava negli alloggi del personale. In qualche modo, tramite amici ben collegati nei posti giusti, l'ex aiuto maggiordomo di Buckingham Palace si era procurato un appartamento reale all'interno di Kensington Palace. Era noto come il domestico che viveva come un membro della famiglia reale e l'appartamento 6 era il suo splendido alloggio. Lavoravamo separati, dividendo la giornata in due turni per soddisfare qualsiasi esigenza relativa alla residenza della principessa.

Ma il mio primo giorno a Kensington Palace risaliva a quattro mesi prima. Quel giorno, mentre attraversavo la soglia del palazzo, la principessa mi strinse la mano e disse: «Ora fai parte della mia squadra. Benvenuto nel team di serie A!».
Così cominciai la mia routine: lavoravo in città durante la settimana per poi tornare da Maria e i ragazzi nel nostro cottage a Highgrove durante il weekend, mentre il nostro appartamento veniva sistemato. Il viaggio era stancante, ma non più di quanto lo fosse stato per la principessa nei due anni precedenti. Per Maria era imbarazzante vivere nella proprietà di Highgrove. A lei e ai ragazzi venne detto che non erano più autorizzati a entrare nella casa padronale. Chiunque avrebbe potuto pensare che a casa nostra vivessero degli appestati, perché eravamo trattati come paria. Agli occhi del personale, non appar-

tenevamo più a quel posto. Non posso dire che non ci avessero avvertito: il cameriere personale del principe Carlo, Michael Fawcett, prima della separazione aveva detto: «Fai attenzione a come ti schiererai. Non dimenticare che il principe un giorno sarà re».

Fawcett era devoto al principe ma io ero stato scelto dalla principessa. Lei non mi aveva ereditato né ero un incaricato, come uno scudiero o un agente addetto alla sicurezza mandato dalla polizia. Lei mi aveva richiesto e io non l'avrei delusa.

Ma Maria, che ancora viveva nel Gloucestershire, ne soffriva. Durante le prime settimane del 1993, Lita Davies, una domestica a giornata di Highgrove, venne avvicinata da una persona dell'organico del principe che voleva parlarle; le chiese perché mantenesse la sua amicizia con Maria: «probabilmente era meglio» che smettesse di avere contatti con lei. Lita fu adamantina nel ribadire che non accettava che le dicessero quali amici poteva frequentare.

Poi ricevette un altro avvertimento, più formale. Le dissero di non parlare mai con Maria di quanto avveniva ad Highgrove.

Lita presentò le sue dimissioni il giorno dopo.

Era evidente che nel campo del principe erano molto preoccupati che la principessa avesse ancora un testimone ad Highgrove. Era un segno di quanto la situazione fosse diventata difficile e convinse Maria che avevamo fatto la mossa giusta.

Durante la prima settimana dall'arrivo della famiglia a Kensington Palace, la principessa fu più ospitale e generosa del solito, come se volesse cancellare qualsiasi dubbio potessimo nutrire lasciando la campagna. Il giorno dopo, al ritorno dalla visita pasquale alla sorella, offrì a William e Harry, Alexander e Nick una giornata a Thorpe Park, nel Berkshire. La principessa, in jeans e giacca di pelle neri, regalò ai ragazzi una giornata di divertimento memorabile, comprando ai quattro ragazzi pistole ad acqua e unendosi a loro nelle corse. Il piccolo Nick aveva solo cinque anni e quel giorno non lasciò quasi mai la mano della principessa. Lei lo chiamava il suo «piccolo Principe

Azzurro» e quel giorno, mentre i fotografi li seguivano ovunque, lo portava a cavalluccio e sulle spalle.

Il giorno dopo, il «Sun» dedicò alla gita una pagina intera con il titolo «WILL E HARRY IMPARANO A CONOSCERE LA MENTALITÀ DEI CITTADINI COMUNI DAI LORO AMICI, I FIGLI DEL MAGGIORDOMO». L'articolo riportava le parole del fotografo di corte, Jim Bennett, che dichiarò quello che già sapevamo: «La principessa tratta i figli del maggiordomo come se fossero suoi. Un osservatore casuale che non sapesse che è la Principessa di Galles, la scambierebbe per una mamma a spasso con i suoi quattro figli».

Quella stessa settimana raggiunsi la principessa al Royal Opera House, al Covent Garden, per vedere il balletto *Don Chisciotte*; servii la cena sul retro del palco reale per la principessa e un gruppo di amici. Dall'ombra guardai il primo balletto della mia vita, con musica e costumi spettacolari.

Tornato a Kensington Palace, ero nell'office a lavare i piatti quando la principessa fece capolino dalla porta. «Come ti è sembrato?» chiese.

Quella era la mia occasione per far colpo sul mio Boss, più esperta delle cose del mondo, con la mie semplici osservazioni e dimostrarle che il suo nuovo assunto non era un filisteo. Le dissi che secondo me era fantastico, poi le chiesi cosa ne pensasse lei. «Robaccia» disse e scoppiò a ridere vedendo la mia espressione sorpresa.

Durante i quattro mesi precedenti il nostro trasferimento all'Old Barracks, io dormivo in una semplice stanza singola nella nursery all'ultimo piano: gli appartamenti 8 e 9 occupavano tre piani nel cuore di Kensington Palace, con una pianta a L, che davano sulla parte posteriore del palazzo. In totale, Kensington Palace ospitava un centinaio di persone e quattro nuclei familiari reali che vivevano la loro vita indipendentemente, ciascuno con i propri segretari, scudieri, dame di corte, maggiordomi, autisti, cameriere, cameriere personali, cuochi e agenti di polizia addetti alla protezione. Gli appartamenti della principessa erano dietro il palazzo, fuori vista, sul lato nord. Ci si arrivava mediante il lungo vialetto di accesso che passava davanti all'Old Barracks e continuava dritto, superando una fila di cottage per altro personale della casa, prima di una brusca svolta a sinistra che portava i visitatori sul retro del palazzo e alla porta d'ingresso del numero 8, che si affacciava su un piccolo spiazzo erboso. Le finestre georgiane offrivano la vista, sulla destra, del giardino privato della principessa, cinto da mura, dove si rifugiava nei mesi estivi. Era il suo santuario nel cuore della capitale. Tutti i giorni, quando usciva il sole, aprivo una sdraio, stendevo un asciugamano, e sotto sistemavo all'ombra una bottiglia fresca di Volvic. «Qui c'è una tale pace, una tranquillità che è difficile spiegare» diceva. Poteva passare ore a completare l'abbronzatura, leggendo o ascoltando musica dal suo lettore di CD portatile.

La sua privacy, e quella dei visitatori che non voleva fossero individuati, era protetta anche da un passaggio segreto che arrivava fino ai suoi appartamenti, a cui si accedeva da un passaggio ad arco sormontato da una torre dipinta di bianco e un orologio scuro, fino alla piazza acciottolata di Clock Court. Era l'unica zona del palazzo non sorvegliata dalle telecamere a circuito chiuso per insistenza della principessa Margaret, che proteggeva con energia la sua privacy. In quel modo i visitatori rimanevano fuori portata dallo sguardo indagatore della polizia. Per me divenne un sentiero molto battuto quando dovevo accogliere certi ospiti e farli entrare dalla porta sul retro.

Kensington Palace non era la casa accogliente che la principessa aveva spesso sognato, ma era comunque una fortezza che lei considerava ultra-sicura per se stessa, per William e Harry. Dopo il 1992, quando divenne la sua residenza, fece in modo che ogni stanza fosse arredata a suo gusto. Si liberò dei tappeti che portavano le insegne del Principe di Galles, ma diversamente da quanto hanno suggerito i malinformati, non eguagliò il principe Carlo nell'eliminare tutti i ricordi del partner. E rispettava il fatto che fosse anche la casa dei suoi figli, quindi era più che giusto che avessero la foto di «papà» in molte stanze.

Ma quando si trattava di foto, le immagini di William e Harry avevano il monopolio. Sulle pareti color pesca del salotto, che lei attraversava per andare dalla camera da letto al bagno, c'erano circa una ventina di ritratti ufficiali 35 x 25 mm della principessa con William e Harry, scattati nel corso degli anni da Patrick Demarchelier. Fotografie in bianco e nero di momenti di vita privata immortalati in un ritratto fotografico. Le braccia dei ragazzi cingevano la madre in quasi tutte le foto. C'erano anche fotomontaggi incorniciati dei lavori artistici che avevano fatto a scuola.

Nell'appartamento, ovunque si guardasse, le immagini di William e Harry, ritratti a tutte le età, erano in mostra praticamente su ogni superficie piana disponibile: sul pianoforte in salotto, sulla scrivania della principessa in soggiorno e su un tavolo d'angolo; sulle pareti dei corridoi. I ragazzi erano, tout court, la sua vita.

La principessa trasformò lo studio del principe Carlo nel soggiorno personale di William e Harry, a pochi metri dal suo. In quella stanza si passavano ore liete. I miei figli vi raggiungevano i principi per affrontarsi alla Play Station. I ragazzi sedevano insieme su un divano verde davanti alla televisione per ore, rapiti. Dal suo soggiorno personale, non c'era nulla che la principessa amasse di più che sentire le grida eccitate dei bambini. La sera a volte cenava con i figli nella loro stanza. A William piaceva guardare la serie *Casualty* della BBC, ambientata in ospedale, per le scene truculente, mentre sua madre e Harry si contorcevano sul divano fingendosi inorriditi. Oppure guardavano *Blind Date* su ITV e cercavano di assortire le coppie sfortunate. «Scegli il numero uno!» strillava la principessa mentre i ragazzi deliberatamente ne sceglievano uno diverso. «No, il numero due, il numero due» gridavano.

Credo che ci fosse un calo di tono generale quando i ragazzi se ne andavano per raggiungere il padre o tornare in collegio. Mentre la principessa rimaneva sulla soglia a salutarli con un cenno della mano, diceva quasi immancabilmente: «Mi mancheranno i miei ragazzi!»

Quando i giovani principi erano via, la principessa scriveva loro continuamente. Quasi tutti i giorni, a volte due o tre volte al giorno, una lettera, una cartolina. Ogni sua lettera esprimeva l'emozione all'idea di rivederli per poterli coprire di baci e abbracci.

La principessa accolse l'inizio del 1993 come se dovesse essere il migliore anno della sua vita. Non dovendo badare alle apparenze, era una donna nuova. Intraprese da sola diverse visite coronate da successo nello Zimbabwe e nel Nepal, dove la baronessa Chalker l'accompagnò in qualità di ministro per lo sviluppo estero. Il primo ministro John Major e il ministero degli Esteri sostenevano quelle missioni. La principessa poteva anche essersi separata dall'erede al trono, ma aveva tutto il peso del governo a sostenerla. Era un'ambasciatrice instancabile e un bene prezioso per la Gran Bretagna. Vatti a fidare dei cecchini gelosi della vecchia guardia, con i loro futili tentativi di etichettarla «mina vagante». Lei se li era lasciati dietro, in un'era diversa.

La principessa lavorava sempre di più con la Croce Rossa Internazionale, facendo opera di sensibilizzazione sull'epidemia di AIDS e sui poveri. Studiava dizione per poter diventare un'oratrice migliore quando quell'anno sarebbe salita sul podio per parlare dei senzatetto, dell'HIV, di malattia mentale e della difficile situazione di chi, come lei, soffriva di disordini alimentari. Alternava le mansioni pubbliche ai piaceri privati: un concerto di Elton John, il balletto *Romeo e Giulietta*, il film *Il libro della giungla*, la produzione teatrale di *Grease*.

Il suo buonumore era contagioso e se a Highgrove c'era stata malinconia, a Kensington Palace il sole splendeva. Lo stile di vita era flessibile e informale. Alla fine del mese, per tirar su il morale del personale, la principessa dava quelli che, in un appunto, definì «lunch party di festeggiamento per il team di serie A». Lei suonava il piano. Noi bevevamo, cantavamo, ballavamo.

Come per enfatizzare la ritrovata libertà, nel 1993 la principessa si separò anche dagli agenti addetti alla sua sicurezza, liberandosi degli ultimi resti del sistema che si era lasciata alle spalle. La principessa era dell'opinione che gli agenti fossero moralmente obbligati a riferire ai loro superiori i loro movimenti. L'ufficiale superiore non era altri che l'ispettore Colin Trimming, l'ufficiale di grado superiore addetto alla sicurezza del Principe di Galles. Così, con la ritrovata indipendenza, la principessa sedette alla scrivania e prese una decisione. Quel fine settimana, quando le portai il caffè, scrisse un appunto per sé. «Autostima» scarabocchiò. Segno a margine. «Sicurezza di sé». Segno a margine. «Felicità». Segno a margine. Poi scrisse «Polizia» – e accanto fece una croce.

Mi abituai alla voce acuta della principessa, un suono allegro che viaggiava lungo l'ampia scalinata dalla balaustra bianca e il corrimano in legno lucido. «Sei lì sotto, Paul?» gridava. Quello scalone diventò il suo punto preferito per chiamarmi; lo «scalone passerella» dove si fermava e faceva una piroetta nella nuova *mise* che voleva farmi vedere; o il punto dove sedevamo insieme – la principessa sempre un gradino sopra di me – a parlare o a esaminare la corrispondenza che aveva ricevuto, o una lettera che lei voleva l'aiutassi a scrivere.

Spesso aspettavo lì che arrivasse. Lei irrompeva attraverso le porte scure dell'entrata, attraversava uno stretto corridoio all'ingresso, girava a sinistra sotto un arco che portava all'atrio interno, attraversava un altro passaggio ad arco e poi saliva le scale che la portavano al pianerottolo del primo piano e alle sue stanze private. Spesso, sporgendosi oltre il corrimano, la sua voce mi chiamava dal pianerottolo. «Paul, andiamo a fare shopping? Dammi cinque minuti».

Io afferravo il cappotto e camminavo con lei lungo il viale di accesso, oltre Kensington Church Street, lungo Church Walk e fino alla strada principale, davanti a Marks & Spencer. «Andiamo da WH Smith a comprare qualche CD per i ragazzi» diceva, e si riferiva anche ai miei figli. *En route* verso la classifica dell'hit-parade degli album, si fermava accanto ai grandi espositori di biglietti umoristici, leggeva le battute finali e scoppiava a ridere. Mi sembra di sentirla ancora oggi, «Guarda questa!

Hai visto il disegno di questa qui?». A volte era piegata in due dalle risate.

Ovunque andassimo attiravamo un codazzo di gente. Mentre la principessa rideva per quei biglietti, non era possibile non accorgersi che il pubblico la riconosceva. Alta. Bionda. Bella. Inconfondibile. A Kensington. Mi sembrava quasi di sentire le bocche spalancarsi. Poi, mentre facevamo una sosta dal farmacista o da Marks & Spencer, diventava il Pifferaio Magico, con una piccola cerchia di gente che le andava dietro fingendo di fare la spesa.

Qualcuno, semplicemente, non ci credeva.

Una volta due signore erano dietro di noi a WH Smith e bisbigliavano con la chiara intenzione di essere udite.

«Sai, è... è lei!» disse la prima.

«Certo che no – è una che le somiglia» replicò l'amica e continuò tranquillamente a fare la spesa. La principessa? A WH Smith come tutti noi? Mai.

Tutte le volte che facevamo shopping, e andavamo *sempre* da WH Smith, tornavamo a palazzo con qualche rivista – «Vogue», «Tatler» – le letture «leggere» della principessa; poi scriveva i biglietti che aveva comprato e li mandava a William e Harry, in collegio a Ludgrove, con qualche video e CD. Un giorno mi gridò il solito invito allo shopping e trotterellammo da WH Smith. Ignoravo che si trattava di una visita con un altro scopo – presentarmi a un fedele alleato, Richard Kay del «Daily Mail». Avevamo comprato CD e biglietti e ce ne stavamo andando quando chi entra nel negozio se non «Ricardo» come lo chiamava lei. La principessa cominciò con la recita «oh-che-combinazione-incontrarla-qui», arrossì e ridacchiò. Per il mio lavoro, diffidavo da un pezzo dei reporter, ma questo era diverso. Anche a Fleet Street ci sono brave persone.

«Oh, prego» disse il reporter tenendo aperta la porta per noi. Nel corso degli anni, avevo letto i suoi articoli a sostegno della principessa.

«Mi fido di lui» disse la principessa mentre ci allontanavamo. Messaggio ricevuto.

Vivere a Kensington Palace significava abituarsi alla routine di un altro personaggio reale. Tutte le mattine, tra le sette e le sette e mezza, una cameriera personale entrava nella camera da letto della principessa per «chiamarla» ma invariabilmente lei era già in piedi e attiva.

Io rimanevo nel corridoio tra la sala da pranzo e la cucina, dove Mervyn Wycherley o Darren McGrady preparavano la colazione. La principessa appariva in fondo al corridoio, in un accappatoio bianco, senza trucco, scalza e spettinata. Appena la vedevo entravo in cucina a preparare un bricco di caffè.

Quando portavo in sala da pranzo la caffettiera Herend dipinta a mano, lei era seduta su una delle quattro sedie di bambù intorno al tavolo apparecchiato con una candida tovaglia di lino. La principessa attaccava un mezzo pompelmo sfogliando i quotidiani che avevo sistemato sul tavolo, nello stesso ordine dei giornali che preparavo per la regina. Dal fondo: «The Times», il «Daily Telegraph», il «Daily Express», il «Daily Mail» e il «Daily Mirror». Ma «Sporting Life» non stava in cima. Entravo nella stanza, le cui pareti color magenta davano calore all'inizio della giornata, e rimanevo in piedi sulla soglia della porta aperta a metà finché vedevo che la principessa sollevava lo sguardo dai giornali.

Quello era il segnale. Inchinavo il capo. «Buongiorno, Altezza Reale». Con il passar del tempo, la mia insistenza sulle tradizioni e l'uso del «Vostra Altezza Reale» la irritavano. «Paul, per favore, smettila. Ci siamo solo noi due, in questa stanza. Veramente, non ce n'è bisogno» diceva.

Ma io insistevo nel rispetto del protocollo, era l'unica cosa su cui non davo retta al Boss. Se voleva invitarmi a superare i limiti professionali per farmi partecipe del suo mondo, benissimo, ma rivolgendomi a lei con il «Vostra Altezza Reale» mostravo rispetto e definivo il mio ruolo. *Avevo bisogno* di mostrarle rispetto anche quando, con il suo senso pratico, non aveva bisogno che lo facessi. Ogni mattina, dal 1993 fino al giorno della sua morte, la chiamai «Altezza Reale».

Andavo al buffet e facevo scivolare una fetta di pane integrale nel tostapane. Poi si parlava della serata precedente e del programma della giornata. Ogni tanto mi voltavo e la vedevo girare un cucchiaino con un'arnia d'argento in cima al manico, in un barattolo di miele bianco per poi ficcarselo in bocca. A volte mi chiedeva se avevo letto i giornali. Non era sempre facile rispondere, soprattutto se avevo letto un articolo negativo. Se un giornale mancava, lei sapeva che la stavo proteggendo dalla cattiva stampa. «Oh, non vale la pena leggerlo» le dicevo, sapendo benissimo di aver acceso la sua curiosità e che sarebbe andata a cercarlo. Un giornale che non leggeva mai a colazione era il «Sun», ma questo non le impediva di dare una sbirciatina alla copia di Mervyn, in cucina, quando rimaneva sul suo vassoio della posta sopra il telefono.

Il lunedì, mercoledì e venerdì erano giorni dedicati all'esercizio, a volte al Chelsea Harbour Club, a volte in salotto, dove Harold o io spostavamo i mobili per lasciare spazio alla principessa e all'istruttrice di fitness Carolan Brown o Jenny Rivet. Dopo dovevo accompagnare la principessa in una delle sue macchine a una palestra a Earls Court. A volte le lezioni di fitness cominciavano prima di colazione. Dopo la separazione, a Kensington Palace il programma doveva essere flessibile, a seconda che William e Harry fossero a casa da Ludgrove con la madre o a Highgrove con il padre. Il principe Carlo si assicurava che gli accordi per le visite fossero scolpiti nella pietra e scriveva alla principessa ogni due o tre settimane con l'elenco delle sue date disponibili previste con mesi di anticipo. Nel 1993 il principe incaricò Tiggy Legge-Bourke di aiutarlo a badare a William e Harry. Era più una tata che una bambinaia, ma la principessa s'infuriò quando i media cominciarono a definirla «madre in affitto». In innumerevoli foto sui giornali Tiggy – una giovane donna dal carattere affabile che conduceva una vita tranquilla nella sua villetta a schiera a Battersea – venne vista scherzare con William e Harry. Con il tempo divenne confidente e amica personale del principe Carlo e la principessa cominciò a considerarla una minaccia.

La principessa disse che, nella routine quotidiana, la sua vera stravaganza era quella di farsi lavare i capelli e asciugarli con il phon tutte le mattine, prima dal parrucchiere Richard Dalton e poi da Sam McKnight, che divennero entrambi confidenti fidati. Tutte le donne amano chiacchierare con il loro parrucchiere e la principessa non faceva eccezione. Molti erano i momenti spensierati tra la principessa, il parrucchiere e il maggiordomo e lei ALZAVA LA VOCE PER FARSI SENTIRE NONOSTANTE L'ASCIUGACAPELLI!

Quando vedeva la mia immagine riflessa dietro di lei nello specchio ovale sulla toletta, gridava, «GUARDA QUI!». Poteva trattarsi di una lettera gentile – o meno – la fotografia su una rivista o il commento nella rubrica di un giornalista. Nessuno, tranne la sua cameriera personale, il maggiordomo, il parrucchiere e la cameriera veniva mai invitato nel suo sancta sanctorum. In quelle occasioni la principessa era naturale, rilassata e accomodante al massimo: la principessa che il mondo non ha mai visto. Per me, a casa, era una ragazza dal viso fresco, libero dalla maschera della regalità, vulnerabile come chiunque. Non appena usciva dalla porta d'ingresso, impeccabile in una delle sue stupende *mise*, faceva ricorso alla sua riserva di forza interiore e si avviava con maestosa sicurezza. Dall'accappatoio bianco all'abito Catherine Walker al completo Chanel, tutte le mattine ero testimone di quella trasformazione sorprendente che non finì mai di stupirmi.

Era necessaria una stanza a forma di L delle dimensioni di una piccola camera da letto per sistemare le centinaia di abiti da giorno, camicette, completi, giacche, pantaloni e abiti da cocktail del suo guardaroba; un assortimento multicolore che pendeva sopra gli scaffali delle sue centinaia di paia di scarpe, nascoste dietro le tende che arrivavano al pavimento. Persino l'organizzazione del guardaroba era impeccabile. L'abito Chanel screziato bianco e blu era appeso direttamente sopra le scarpe di camoscio blu in tinta; un abito rosa di Versace sopra scarpe di pelle rosa; un abito scarlatto Catherine Walker sopra un paio di scarpe di raso dello stesso colore.

La settimana della principessa a volte era riempita dai «giorni in trasferta» quando aveva impegni nelle diverse contee o era occupata in eventi di beneficenza nella capitale. Quando la sua agenda lo consentiva, il pranzo avveniva sia a palazzo che a Launcestone Place, a due passi di distanza, o al San Lorenzo, a Knightsbridge. Il pranzo era un'occasione sociale per la principessa, che preferiva pranzare solo in due, invitando gli amici della sua ristretta cerchia: Lucia Fecha de Lima, Rosa Monckton, Susie Kassem, lady Annabel Goldsmith, Julia Samuel, Laura Lonsdale, l'astrologa Debbie Franks e la sua più stretta alleata reale, Sarah, Duchessa di York. La principessa si circondava di persone simili a lei. Spesso la domenica andava a casa della duchessa a Virginia Water, vicino Windsor, o da lady Annabel Goldsmith a Richmond. Le due residenze avevano sia un imponente servizio di sicurezza che la piscina perché William e Harry potessero divertirsi al sicuro.

Se la principessa pranzava da sola a palazzo, spesso sedeva su un alto sgabello al banco all'americana per la prima colazione, sbirciando in cucina, scherzando con il cuoco e con me. Il suo piatto unico comprendeva sempre un'insalata, accompagnato da acqua Volvic ghiacciata. Un'immagine che ricordo di quei pranzi veloci è la principessa con il telefonino in equilibrio tra la spalla e il collo, che parlava con l'angolo della bocca continuando a servirsi di forchetta e coltello.

Sempre, quando lasciava Kensington Palace, la seguivo fuori fino alla macchina. Che guidasse lei o meno, aspettavo finché si era accomodata, poi mi chinavo, afferravo la cintura di sicurezza e gliela agganciavo.

Se era fuori, tornava immancabilmente per le sette e mezza e io le preparavo una tazza del suo tè preferito, allo zenzero. A cena mangiava trota alla griglia o un piatto di pasta, oppure una semplice patata con la buccia con una cucchiaiata di caviale condita con vinaigrette. Spesso era un pranzo solitario, servito su un carrello di legno che spingevo in soggiorno davanti al divano a righe dove la principessa sedeva avvolta nel suo accappatoio bianco. Io avevo già tirato fuori la televisione dal suo armadietto ai piedi della libreria e lo sistemavo in posizione. La sera era il momento più solitario, più tranquillo per la principessa. Il cuoco se n'era andato, la sua cameriera personale se n'era andata e il suo segretario privato, Patrick Jephson, non entrava mai nel suo mondo privato in quei momenti. Lo studio di Jephson era a St James's Palace, dove lavorava dalle nove alle cinque. Alla fine della giornata, quando la principessa si rilassava dopo una mattinata e un pomeriggio pieni di impegni, avevo l'opportunità di conoscerla meglio sul piano personale. Lei era rilassata, distesa e loquace. Era evidente che con William e Harry in collegio preferiva non rimanere sola. «Rimani un momento» diceva spesso quando spingevo in soggiorno il carrello con le due portate della cena.

Io rimanevo appoggiato a una sedia imbottita e parlavamo della sua giornata, della mia, della settimana che ci aspettava, di cosa aveva detto lui, di cosa aveva detto lei. O della trama di *Coronation Street* o *Brookside*. Quelle chiacchierate serali potevano essere brevi o prolungarsi in una conversazione che ci faceva perdere la cognizione del tempo. A volte il notiziario della ITN delle dieci era il segnale per andare a letto. Mentre spingevo via il carrello, lei si alzava dal divano e mi seguiva nell'anticamera che fungeva da office al pianterreno. Lì io lavavo i piatti e la principessa li asciugava.

«Che cosa ci porterà la giornata di domani?» mi chiedeva. La principessa pensava che ogni giorno esisteva la possibilità di un nuovo dramma, di un problema nuovo o di una situazione difficile da affrontare.

«Qualsiasi cosa succeda, l'affronteremo» le dicevo.

Quando arrivava l'ora di andare a dormire, lei spariva in fondo al corridoio saltellando come una ragazzina, come se di colpo fosse di nuovo piena di energia, impaziente che arrivasse il giorno dopo. Io la seguivo a qualche passo di distanza, spegnendo a mano a mano le luci tranne una, quella nel corridoio, davanti alla sua stanza. Da bambina aveva paura del buio e in età adulta preferiva dormire nella semioscurità.

Quando spariva in camera da letto, le sue parole finali erano sempre le stesse, tutte le sere: «Notte, Paul».

«Buonanotte, Altezza Reale» rispondevo.

Poco prima delle undici lasciavo il palazzo, attraversavo i

prati immersi nell'oscurità fino al numero 2 di Old Barracks, dove mia moglie e i miei due ragazzi erano già addormentati.

Avendo lasciato Highgrove al principe Carlo, ora la principessa non aveva un posto per il fine settimana e ne sentiva la mancanza. Era fuori discussione che lasciasse Kensington Palace, ma dall'inizio del 1993 era alla ricerca di un rifugio personale dove lei e i ragazzi potessero trascorrere lunghi fine settimana. Naturalmente andava dalla Duchessa di York e da lady Annabel Goldsmith, ma diceva: «È una tale imposizione appoggiarmi continuamente a loro. Voglio un posto tranquillo in campagna, lontano da Londra, che sia tutto mio».

Improvvisamente una soluzione venne offerta dalla fonte più inaspettata – suo fratello, il conte Spencer. Era strano che si offrisse di aiutare la sorella, perché non c'era intimità tra loro. Dal matrimonio della principessa nel 1981, fratello e sorella si erano visti meno di una cinquantina di volte. Si era creata una distanza tra i due fratelli, che da piccoli erano stati invece molto uniti. Comunque, in seguito alla richiesta della principessa, il conte le aveva offerto di usare la Garden House in un angolo della proprietà di Althorp per 12.000 sterline l'anno. «La soluzione ideale» commentò la principessa. La privacy era garantita e poi accanto all'edificio principale c'era anche una piscina; il fratello promise di trovare qualcuno che la pulisse regolarmente e un giardiniere.

In una lettera alla sorella del 3 giugno 1993, il conte scriveva: «*Capisco la tua esigenza di avere un posto in campagna e sono felice di poter offrirtelo, a patto che non porti troppo scompiglio nella proprietà. La Garden House sembra rispondere perfettamente alle tue esigenze. Sarebbe anche il caso che tu avessi la tua piscina personale*». Suggerì persino di far installare un nuovo cancello di sicurezza per tenere a bada i paparazzi.

Mentre leggeva la lettera, la principessa stava già arredando mentalmente il piccolo cottage. Era così eccitata che all'inizio del giugno 1993 partì per Althorp alle nove di mattina con Dudley Poplak e il cestino del sacco preparato dal cuoco, sognando dei fine settimana idilliaci con William e Harry nella nuova casa di campagna.

Quindici giorni dopo, quando il fratello ritirò improvvisamente l'offerta, il sogno andò in frantumi. Scriveva: «*Mi dispiace, ma ho deciso che la Garden House non è una soluzione possibile in questo momento. Ci sono parecchi motivi, prima di tutto la presenza massiccia della polizia e della stampa che seguirebbero inevitabilmente. Ho un nuovo ufficiale per la sicurezza e ho bisogno della casa per lui. So che sto facendo la cosa giusta per mia moglie e per i miei figli. Mi dispiace solo di non poter aiutare mia sorella! In teoria sarebbe stato bello esserti d'aiuto, e mi dispiace di non poterlo fare... se ti interessa affittare una fattoria (fuori dal parco) sarebbe fantastico*».

La principessa continuava a rileggere la lettera, disorientata da quel voltafaccia. «Come può farmi una cosa del genere?» gridava infuriata per poi sciogliersi in lacrime. Era sconcertata, soprattutto perché il conte sapeva quanto ardentemente desiderasse trasferirsi alla Garden House. Quando telefonò a palazzo qualche giorno dopo, gli riattaccò il telefono in faccia. «Non sopporto la sua voce» commentò. Subito dopo sfogò la sua collera sulla carta da lettere intestata bordata di rosso, dicendo al conte quello che pensava di lui come fratello e quanto si sentiva ferita. Il conte Spencer, intuendo probabilmente il vetriolo contenuto nella busta, le rimandò la lettera senza aprirla. La rispedì insieme a una terza lettera datata 28 giugno. «*Sapendo in quale stato ti trovavi l'altra sera quando mi hai riattaccato il telefono in faccia, dubito che leggere questa tua [la lettera della principessa] possa aiutare il nostro rapporto. Per cui te la restituisco senza aprirla, perché è il modo più rapido per ricostruire la nostra amicizia.*»

Ma quell'amicizia era stata danneggiata per sempre. Che ironia poi, che dopo la morte della principessa il conte Spencer abbia deciso di accogliere la sorella per seppellirla su un'isola. Improvvisamente l'interferenza esterna che l'aveva tanto preoccupato non sembrava più un problema. Oggi incoraggia la stampa e migliaia di visitatori annuali a riversarsi oltre i suoi cancelli per visitare il suo museo privato dedicato a Diana e comprare souvenir.

La frattura del 1993 si approfondì per il rifiuto della principessa di rispondere alle telefonate del fratello. Per comunicare con lei, il conte Spencer dovette risolversi a scrivere al segretario privato della principessa, Patrick Jephson. Poi, in settembre, inferse un altro colpo mortale alla sorella chiedendo la restituzione della tiara della famiglia Spencer, che la principessa aveva indossato il giorno del matrimonio, nel 1981, e che le era molto cara. Come Principessa di Galles faceva parte integrante della sua «uniforme» reale e lei la indossava ai banchetti di stato a Buckingham Palace, all'apertura ufficiale del Parlamento e ai ricevimenti diplomatici. Quando scrisse a Patrick Jephson, il conte Spencer chiarì che la tiara era stata data solo «in prestito» alla principessa, perché suo nonno l'aveva lasciata in eredità a lui negli anni Settanta. «*Ora dovrebbe essere restituita al suo legittimo proprietario*» scrisse. Per dodici anni il possesso della tiara non era stato messo in discussione, e la principessa, considerando il momento scelto dal fratello per avanzare la sua richiesta, era convinta che fosse direttamente collegata ai loro dissapori per la Garden House. Il conte pensava che dovesse portarla Victoria, la sua nuova moglie.

Non era solo un simbolo dello status reale della principessa, era un ricordo del giorno del suo matrimonio. Ma la principessa non avrebbe dato al fratello la soddisfazione di sapere che la contrariava. Quell'ottobre la tiara venne restituita e fu mia la responsabilità di toglierla dalla cassaforte dove giaceva in una scatola accanto ai gioielli che lei chiamava la sua «scorta» – il nodo d'amore, la tiara di perle e diamanti che la regina le aveva regalato per le nozze. Almeno poteva tenere la tiara dei Windsor.

Nel frattempo a Kensington Palace ci furono dei cambiamenti nel personale che condizionarono la vita all'Old Barracks. Maria, che era stata una cameriera con scarse responsabilità, in seguito alle dimissioni presentate da Helena Roache venne promossa cameriera personale. Avrebbe lavorato part-time accanto alla capo cameriera a tempo pieno, Helen Wash. Quella nomina creava qualche difficoltà in casa Burrell, perché di colpo Maria passò dall'orario dalle nove alle cinque come cameriera, a un orario irregolare, che a volte la costringeva ad alzarsi alle sei o a lavorare di sera. Dovemmo adeguare la nostra vita in modo che quando lei lavorava di sera io cambiavo il turno con Harold Brown per stare a casa con i ragazzi. Maria sapeva che sarebbe stato stressante ma voleva aiutare la principessa. Disse che avrebbe provato quel lavoro per un anno e pensava che quello fosse un accordo preciso con la principessa. Il Boss si dimostrò flessibile, consentì persino che Maria la svegliasse al telefono alle sette invece di andare personalmente, come avrebbe richiesto un incarico normale. Ma le ore del giorno divennero sempre più lunghe. Maria non aveva mai passato una serata lontana da Alexander e Nick e sentiva la loro mancanza. Quando andava a fare spese per la principessa nel tardo pomeriggio, poteva vedere i ragazzi giocare sul prato davanti all'Old Barracks. Più spesso che no, quando lavorava di sera, i ragazzi dormivano già quando aveva finito il suo turno. Ma se Maria lavorava duro, Helen lavorava ancora più duramente.

La principessa riconosceva i sacrifici che facevano entrambe e cercava di risarcirle. Diede a Maria sacchi di scarpe firmate che non voleva più – Chanel, Jimmy Choo, Ferragamo o Rayne – perché portavano lo stesso numero, il trentanove, borsette e abiti di Catherine Walker, Versace e Chanel. Anche Helen divenne beneficiaria di doni e vestiti smessi dalla principessa. In questo modo la principessa faceva spazio in un guardaroba in continua espansione ed era una forma di ringraziamento. Anche sua sorella, lady Sarah McCorquodale, beneficiava della sua generosità.

La generosità della famiglia reale non era una novità. Durante il periodo trascorso con la regina, avevo ricevuto diversi regali dai viaggi all'estero. Quando vivevo a Highgrove, il principe Carlo mi regalò un tavolo ricavato da un tronco di sequoia, una scatola d'argento con il coperchio di smalto e un paio di fagiani in cristallo Lalique. L'unica volta in cui mi ero servito dei beni del principe fu quando seguii la principessa in un'incursione a Highgrove, già concordata. Dopo la separazione, Harold Brown, Dudley Poplak, il Boss e io vi andammo per prelevare alcuni mobili, lampade, quadri e arredi vari. «Questa è la nostra unica possibilità per prendere quello che vogliamo!» Caricammo una pila di mobili e oggetti su un furgone per i traslochi.

Il principe Carlo stava arredando a suo gusto la casa e continuava a riempirla di mobili in legno scuro. La principessa ebbe quasi una crisi quando Dudley commentò: «Sembra che stia tornando nel grembo materno!».

Se il 1993 era cominciato sotto buoni auspici per la principessa, di nuovo indipendente, si concluse con una serie di stangate. Prima il litigio con il conte Spencer, poi, a novembre, il «Sunday Mirror» pubblicò le fotografie della principessa in body mentre faceva esercizi al LA Fitness Centre di Isleworth, a Londra. Il proprietario della palestra, Bryce Taylor, aveva piazzato una telecamera nascosta nel soffitto. La principessa incaricò l'avvocato Anthony Julius dello studio Mishcon de Reya e il giornale venne condannato per manifesta violazione della privacy dalla Press Complaints Commission, la commissione deontologica per la stampa. L'incidente indusse la principessa a rilasciare la drammatica dichiarazione che si ritirava dalla vita pubblica, il 3 dicembre, durante un discorso che tenne a un pranzo di beneficenza per i craniolesi. Sorprese il mondo intero dichiarando: «Spero che possiate capirmi e darmi il tempo e lo spazio che mi sono mancati negli ultimi anni. Quando ho cominciato la mia vita pubblica, dodici anni fa, capivo che i media potessero essere interessati a quello che facevo... ma non ero consapevole di quanto sarebbe diventata gravosa la loro attenzione».

La famiglia reale, che giudicò inutile e melodrammatica quella dichiarazione, le offrì la solita solidarietà e il nome della principessa venne ritirato dal bollettino di corte e dalla lista degli invitati al Royal Ascot. La principessa aveva solo chiesto abbandonare la ribalta e tornare nell'ombra, ma si trovò espulsa sbrigativamente dalla porta di servizio.

La violazione della privacy alla palestra LA Fitness – che

venne conciliata in via amichevole con le scuse pubblicate sul
«Sunday Mirror» nel 1995 – l'aveva turbata profondamente.
Quando la principessa si sentiva ferita, si ritirava nella sua camera da letto dove sapeva che nessuno poteva raggiungerla. Se la prendeva con se stessa per le foto in palestra perché, collaborando con i media nel corso degli anni, aveva concesso un dito ai reporter e loro si erano presi tutto il braccio. Ero costretto a lasciare dei bigliettini con i messaggi nel suo salotto e su una sedia in cima alle scale. Lei emergeva per i pasti ma erano momenti mesti. Quando era nel mio office, al piano inferiore, rifletteva da sola su quelli che considerava i suoi sbagli, ascoltando messe da requiem a tutto volume. Quando le sentivo, sapevo che la principessa stava coprendo i singhiozzi che alleviavano la sua pena. Come diceva spesso: «Mi sento veramente protetta solo quando mi ritiro nel mio guscio. Lì nessuno può ferirmi».

Ma si riprendeva tutte le volte, il che spiega perché il suo ritiro dalla scena pubblica non dovesse durare a lungo. La gente a cui lei teneva di più, il gran pubblico, gridava: «La vogliamo ancora, ancora e di più!» da quando lei se n'era andata.

Con tutti gli impegni ufficiali per il 1994 annullati, l'agenda libera permise alla principessa di fare quello che le piaceva di più, socializzare a pranzo. Da gennaio fino a tutta la primavera, i suoi pomeriggi erano tutti impegnati con appuntamenti ai suoi ristoranti preferiti: il San Lorenzo, Le Caprice, il Ritz, Claridges, l'Ivy, Bibendum o Launceston Place. Il presentatore televisivo Clive James e l'amico lord Attenborough erano suoi commensali abituali, e incontrava Lucia Flecha de Lima e Rosa Monckton due volte la settimana. Kensington Palace divenne la sua camera di decompressione di lusso e io potevo quasi vedere svanire la tensione della sua vita di persona in vista. Come una molla finalmente liberata, giocava molto di più a tennis, andava a vedere un balletto o al cinema, era spesso ospite degli amici. Cordiale, spensierata, vitale e piena di simpatia, era di nuovo in piena forma. Per una giornata intera invitò il personale al parco a tema di Alton Towers, perché William e Harry volevano andare su Nemesis, le nuove montagne russe. Era uno dei suoi giorni «facciamo i normali» ed eravamo in tredici, compresi io, Maria, i nostri figli, la bambinaia Olga Powell, l'autista Steve Davis e i giovani principi, seguiti dagli agenti di polizia addetti alla loro protezione, Graham Cracker e Chris Tarr. Grande assente il collega maggiordomo Harold Brown, che stava rapidamente perdendo i favori del Boss. Come per sottolineare la normalità di quella giornata – operazione che non sarebbe mai riuscita – la principessa decise che saremmo andati nello Staffordshire con i mezzi pubblici. La principessa, con una giacca sportiva bianca e verde, guidò la comitiva alla stazione ferroviaria di Euston, dove salimmo su una carrozza di prima classe. La principessa scherzò dicendo che il servizio ristoro era buono quasi quanto quello del treno reale. Forse era per il continuo programma di fitness che seguiva, ma fino a quel giorno non mi ero reso conto di quanto potesse camminare in fretta la principessa. Starle dietro intorno al parco era già una corsa non stop di per sé. Nick era l'unico della comitiva ad avere tregua, perché la principessa lo portava sulle spalle. Si fermò una volta per il pranzo, facendo una scorpacciata di beefburger e patatine fritte insieme a noi.

Quella doveva essere una giornata normale, ma la stampa ebbe sentore della visita e ci seguì ovunque.

«Dài, mamma, vieni con me» disse Harry, tirando la madre per la manica.

Lei sollevò lo sguardo verso i binari sinuosi delle montagne russe Nemesis, e scosse la testa. «No, mi sentirei male» disse e rimase con Maria. Per lei era più adatto il ritmo calmo delle Rapide del Fiume.

Un altro che la tirava per la manica era Nick, che non pensava ad altro che ad andare alla pista del Tè del Cappellaio Matto. «Le tazze giganti, voglio andare nelle tazze giganti, principessa!» implorava. Così la principessa, i principini e i nostri figli apparvero sui giornali del giorno dopo mentre vorticavano dentro le tazze giganti. Purtroppo oggi Nick non ricorda più di essere stato portato in braccio dalla principessa, sebbene una foto incorniciata che li ritrae abbia il posto d'onore in casa nostra.

I servizi giornalistici dimostravano che la stampa non le avrebbe mai concesso il tempo e lo spazio che aveva chiesto nel dicembre dell'anno prima. Quando le foto della principessa nell'esercizio delle sue funzioni non furono più disponibili, i «rettili di Sua Maestà» cioè la stampa, cercavano quotidianamente di fotografarla nella vita di tutti i giorni. La curiosità dei giornalisti s'intensificò e giorno dopo giorno, i giornali erano pieni di fotografie: la principessa da McDonald's, all'arrivo alla palestra Chelsea Harbour Club, mentre camminava per la strada, mentre mangiava al ristorante, durante lo shopping con gli amici, sul sedile posteriore di un taxi, mentre guidava. Se la principessa metteva piede fuori da Kensington Palace, veniva fotografata. Nel 1994 i media, con il loro vorace appetito, portarono la fissazione per Lady D. a un altro livello.

Se c'è stato un anno durante il quale la principessa ha cercato di «trovare se stessa» quello fu il 1994. Sembrava aver aperto le porte a una brigata in continua espansione di guru di stile di vita, esperti salutisti, guaritori, astrologi ed esperti del paranormale. Gli amici offrivano servizi di consulenza, ascolto e spalle su cui piangere. La principessa mescolava i consigli ben intenzionati di chi si preoccupava per lei sinceramente nello stesso calderone delle indicazioni zodiacali, del potere dei cristalli, dei messaggi dal mondo spirituale e delle «energie» che la circondavano. La principessa meditava a lungo su questi temi mentre si sottoponeva all'agopuntura, ai massaggi o agli esercizi di fitness. Persino Dudley Poplak le mandava delle fiale di rimedi di Bach, delle gocce di erbe calmanti.

Il profumo che si levava dai bastoncini d'incenso nella camera della principessa si spandeva lungo il pianterreno, coprendo il deodorante per ambienti che le cameriere avevano usato nella mattinata. Mi abituai all'astrologa Debbie Frank, che si presentava alla porta d'ingresso di Kensington Palace sempre vestita impeccabilmente. Il pavimento del soggiorno o del salotto veniva coperto di carte zodiacali mentre Debbie e la principessa sedevano sul tappeto, tracciando il movimento dei pianeti e il suo significato complessivo per il Cancro reale. Pensava che i Cancri, come il loro simbolo zodiacale, il granchio, avessero una corazza esterna coriacea ma un cuore tenero e istintivamente volessero correre di traverso a nascondersi nell'ombra. Pensava anche che questo spiegasse la sua fascinazione per l'acqua e il suo sogno di vivere, un giorno, in una casa sulla costa. Disse a Debbie: «Questa casa è piena di Gemelli. William è dei Gemelli, Paul è dei Gemelli – non è mica facile!».

Debbie era desiderosa di offrirmi la sua competenza, ma io declinai. «Dovresti proprio farti fare la carta zodiacale» implorava la principessa. «È veramente appassionante».

Una volta telefonò l'agopuntrice da dove la principessa era appena ritornata. Se il compito degli agopuntori è calmare i pazienti, quella telefonata era proprio il contrario. Infatti l'agopuntrice era quasi in panico. «Mi manca un ago. Potrei averlo lasciato sulla testa della principessa!»

Salii le scale ed entrai in soggiorno dove la principessa stava scrivendo alla scrivania, aspettandomi di vederle spuntare un'antenna dalla testa. Cominciai a ridacchiare e la principessa sollevò lo sguardo.

«Ho appena ricevuto una telefonata» dissi. «A quanto pare, potrebbe esservi rimasto un ago da agopuntura in testa.»

La principessa si passò la mano sul capo con cautela, poi scoppiò a ridere. «Metti fine alle pene di quella povera donna e dille che sto bene. Mi sento molto meglio dopo averla incontrata!»

La principessa non mancava mai di vedere il lato comico delle sue terapie e trattamenti. Alcuni erano più bizzarri e autopunitivi di altri. Due volte alla settimana avevo il compito – e non l'autista (per la sua natura molto privata) – di accompagnare in macchina la principessa in una clinica nella zona nord di Londra per l'irrigazione al colon. «È meglio *non* si sappia, Paul» diceva.

Andava da sola in macchina a casa di Susie Orbach, la psicoterapeuta specializzata in disordini alimentari che svolse un ruolo importante nell'aiutare la principessa a tenere sotto controllo la bulimia. La dottoressa Mary Loveday, una donna piccola, che parlava a voce bassa, si concentrò sull'equilibrio biochimico della principessa e le prescrisse integratori vitaminici da prendere tre volte al giorno.

Lo sviluppo dello spirito umano e il lato spirituale della vita, «l'altra parte» come la chiamava lei, affascinavano la principessa. La sensitiva Rita Rogers, che operava nei pressi di Chersterfield, la mia città natale, era una guida costante per la principessa, e Simone Simmons, una guaritrice, era sempre al telefono. Certe sere non era insolito che la principessa passasse anche cinque ore al telefono con lei. Dovevo ringraziare Simone per il profumo dei bastoncini d'incenso.

A mio parere questi terapeuti alternativi, ciascuno a suo modo, offrivano al Boss un sollievo che la faceva stare meglio. Ma un passatempo affascinante si trasformò in una dipendenza eccessiva che mi inquietava. Inquietava anche il modo in cui i paparazzi la seguivano di soppiatto ovunque andasse. Una volta, mentre stava lasciando l'appartamento londinese di Susie Orbach, la principessa, con gli occhiali scuri, venne ridotta in lacrime dai paparazzi che lavoravano per agenzie e riviste straniere. La circondarono prendendola in giro e angariandola con commenti del genere «Guarda come sei ridotta, sei uno straccio», oppure «Non sei altro che una puttana, Diana». La principessa scoppiò in lacrime e corse alla macchina; il giorno dopo i titoli di testa strillavano: «DIANA PIANGE» insinuando che stesse piangendo per il suo matrimonio.

Poche donne avrebbero saputo cavarsela trovandosi nell'occhio di quelle tempeste quotidiane.

In molte occasioni, nel centro di Londra, sono stato testimone di cosa signifchi trovarsi nel cuore della mischia. Parcheggiavo la macchina, pagavo il parchimetro e aspettavo che la principessa tornasse dalla clinica della salute, da un negozio o dal ristorante. Cercavo il suo sguardo nello specchietto laterale o in quello retrovisore mentre lei era inseguita dalla «banda di ratti», mi chinavo in avanti con il motore acceso e spalancavo lo sportello in modo che lei potesse saltar dentro. «Parti, Paul, parti!» Ma i fotografi già ci circondavano, piegati su entrambi i lati del cofano, picchiando contro i finestrini. La principessa, con una mano sulla fronte, una volta disse: «Un giorno finiremo per ammazzarne qualcuno». Per lei era estremamente penoso.

I momenti migliori quando guidavo per la principessa vennero con le soffocanti giornate estive, quando ci fermavamo al semaforo con il tetto della Mercedes abbassato. A lei piaceva vedere lo shock sul volto degli automobilisti quando gettavano un'occhiata di lato e la riconoscevano; anche le facce scure d'improvviso s'illuminavano di piacere. Una volta il semaforo scattò al rosso e ci fermammo accanto a un edificio in ristrutturazione nel quartiere di Mayfair. Uno degli operai edili sul livello più basso dell'impalcatura notò la principessa. In pochi secondi la notizia si era sparsa a tutti i piani e sembrò che tutto il personale del cantiere avesse scioperato per unirsi a un coro di fischi da stadio e frasi colorite di solidarietà.

La principessa era imbarazzata e faceva finta di non sentire ma, quando ripartimmo, sollevò una mano in aria, fece un cenno di saluto e ridacchiò per tutto il tragitto fino a casa.

Un'immagine che la stampa non ha mai catturato fu quella della principessa quando venne alla festa a sorpresa per il quarantesimo compleanno di Maria, organizzato al Café Rouge, a poca distanza dal palazzo, il primo febbraio 1994. Il tema dei costumi era «personaggi famosi» e Maria ed io andammo vestiti da Antonio e Cleopatra. L'ex governante di Highgrove, Wendy Berry, era mascherata da Crudelia De Mon, il cognato Pete Cosgrove era Al Capone, e mio fratello Graham e sua moglie Jayne erano Napoleone e Josephine. Quando la principessa varcò la soglia per unirsi a noi, il mio altro fratello Anthony, mascherato da Generale Custer, strinse la mano al Boss e le chiese brusco: «Da cosa si è mascherata?».

Vestita in un completo pantalone nero e un gilet ricamato in oro, lei rispose: «Da principessa, naturalmente!».

Quel sabato pomeriggio, mentre colleghi e amici preparavano i loro costumi, la principessa era andata a incontrare segretamente Madre Teresa, ma era ansiosa di raggiungere gli invitati perché molti erano dipendenti di Kensington Palace o di Highgrove che conosceva bene. Era venuto persino il suo vecchio amico di Buckingham Palace, l'ex siniscalco di corte Cyril Dickman. La principessa voleva «una volta tanto fare qualcosa di normale» disse. Ma quando sei Principessa di Galles, affrancata dalla protezione della polizia, entrare in un ristorante per raggiungere una saletta privata non verrà mai considerato normale da nessun'altro. Forse fu per il mio abbigliamento da centurione romano, ma io assunsi il ruolo di protettore per la serata e mi accordai con la principessa per incontrarla alle otto con un altro gruppetto di ospiti mascherati alla sbarra della polizia sul viale d'accesso a palazzo.

La principessa emerse dall'oscurità e non poteva credere ai suoi occhi. «Ma guardatevi, tutti quanti!» e si piegò in due dalle risate. Raggiunse il luogo convenuto circondata da un corteo: la Principessa di Galles attorniata da Antonio, dai Tre Moschettieri, Batman e Robin.

Amici e famigliari erano arrivati dal Galles del nord e baffi finti e parrucche quasi caddero a terra quando la principessa entrò nella stanza. Un membro importante della famiglia reale a un party in costume, in un ristorante! Forse i cortigiani impettiti, rimasti fermi a un'epoca diversa, disapprovarono, ma io non avevo mai visto la principessa divertirsi tanto a un evento pubblico. Sedeva su una sedia bevendo acqua, ridendo a certe battute fulminanti, mentre la folla sedeva in fila sul pavimento, a ballare la boat dance prima che una conga si snodasse al piano superiore.

Poi la principessa ebbe le luci della ribalta accanto al gabbiotto rosso del dj; aveva accettato di consegnare i premi per il costume migliore e fu una notte memorabile per mio fratello Graham, mascherato da Napoleone, quando vinse il primo premio e la principessa gli consegnò un lettore di CD portatile.

Dopo un paio d'ore la principessa decise di andarsene e, mentre continuava a chiacchierare con entusiasmo dicendo quanto si fosse divertita, l'accompagnai a casa – la Principessa di Galles che attraversava Kensington accanto a un centurione romano.

Era un piacere vedere la principessa unirsi ai festeggiamenti per il compleanno di Maria, soprattutto perché temeva l'avvicinarsi del suo. Odiava l'attenzione di cui era oggetto in occasione del compleanno; si sentiva a disagio perché temeva che amici e conoscenti potessero sentirsi obbligati a coprirla di regali e a organizzare festeggiamenti. Lei faceva sempre regali generosi ai compleanni e annotava sul calendario quelli degli amici. Ma ricevere regali la imbarazzava. Come diceva spesso, «È molto più facile dare che ricevere. Non ci sono obblighi quando si dà».

Ogni 1° luglio, sapendo quanto la divertissero i biglietti di auguri umoristici di WH Smith, ne facevo scivolare uno firmato dalla famiglia Burrell sulla sua scrivania. In effetti, esisteva una rivalità scherzosa tra il personale su chi avrebbe trovato il più divertente, il più audace. Lei li apriva dopo colazione e li metteva tutti in posizione verticale sul tavolo rotondo del soggiorno. Poi cominciavano ad arrivare i fiori. Ventiquattro rose gialle a gambo lungo preparate da Edward Goodyear, il fioraio di Mayfair, da parte di un ammiratore segreto di cui il mondo non ha mai saputo nulla. Gli amici le mandavano rose rosse, poi i fiori bianchi – tulipani da Elton John e altre rose da Gianni Versace – arrivavano in composizioni in vaso. Anna Harvey, della redazione londinese di «Vogue», mandava una camicetta o un vestito avvolti in carta da regalo. La principessa riceveva sempre un dono generoso da Catherine Walker e da Jo Malone. Tutte le sue amiche le mandavano fiori o regali. La gente lasciava biglietti di auguri, regali e fiori al gabbiotto della polizia. Alla fine della giornata, gli appartamenti 8 e 9 sembravano il negozio di un fioraio e ogni superficie immaginabile era coperta di biglietti d'auguri.

Se la principessa temeva il 1° luglio, altrettanto lo paventava il suo maggiordomo. Per ore sarei corso ininterrottamente su e giù per le scale. Una consegna da Selfridges, da Harrods, dal droghiere reale Fortnum & Mason, da Harvey Nichols, e poi, senza fallo, un mazzo di fiori dal principe Carlo che, ogni anno fino alla morte della principessa, cominciava ogni lettera e cartolina a lei diretta con «Carissima Diana».

Per il resto della giornata, dal tardo pomeriggio finché andava a letto, la principessa scriveva una lettera dietro l'altra per ringraziare parenti, amici, conoscenti e organizzazioni. Non ho mai visto nessuno scrivere così tanto o rispondere tanto in fretta. Ma la principessa non dimenticò mai la rigida disciplina che le aveva instillato il padre sin da bambina, quando faceva sedere tutta la famiglia a scrivere religiosamente lettere di ringraziamento.

Nel soggiorno di Kensington Palace, la principessa prendeva dal cassetto centrale della scrivania in mogano i fogli della sua carta da lettere bordata di rosso, con impresso un cartiglio con una D sotto la corona nobiliare. Si metteva a sedere dando le spalle alla finestra, come in una sorta di catena di montaggio della corrispondenza: scrivi, piega, busta, chiudi; scrivi, piega, busta, chiudi. Rimaneva seduta lì un'ora dopo l'altra, intingendo la sua stilografica nera nella bottiglietta di inchiostro Quink blu scuro, esprimendo il suo apprezzamento con la sua caratteristica calligrafia che scorreva sul foglio. Poi, sottolineando la firma come faceva sempre, voltava la lettera e la premeva leggermente sulla carta assorbente rosa, che a fine serata era tutta macchiata di nero. E io dovevo assicurarmi che un foglio immacolato fosse al suo posto per la mattina dopo. Piegava la lettera in due, la faceva scivolare nella busta color crema foderata in carta velina rossa, scriveva l'indirizzo e poi la sistemava in cima a un mucchio che continuava a crescere. «*Devo* scrivere le lettere di ringraziamento. Se la gente si prende la pena e il disturbo di mandare un regalo, il minimo che possa fare è ringraziarla» diceva.

Prima di uscire per cena in qualsiasi altro giorno dell'anno, la principessa preparava la lettera di ringraziamento per il suo ospite o commensale. Scriveva l'indirizzo sulla busta e poi l'appoggiava contro il servizio da scrittoio d'argento; al ritorno avrebbe scritto la lettera, indipendentemente dall'ora, così che potesse essere impostata la mattina dopo.

Dopo essere stata lontana per sei mesi dalla scena mondiale, la principessa cominciò a tornare con circospezione sotto i riflettori. La Croce Rossa, tramite il suo direttore generale Mike Whitlam, che divenne suo deciso alleato, la convinse a entrare in una commissione speciale di consulenza della Federazione Internazionale della Croce Rossa. Nel maggio 1994 l'incarico la portò a Ginevra. Il suo segretario privato, Patrick Jephson dichiarò che lo sguardo della principessa era appannato dalla noia, e presto rinunciò all'incarico. Il vero motivo della sua rinuncia era che non voleva avere il ruolo di un manager che pontifica in un consiglio di amministrazione, ma stare tra la gente, con un approccio diretto. Aveva rinunciato per frustrazione, non per noia e, come il tempo avrebbe dimostrato, mantenne saldi legami con l'organizzazione per future missioni.

La principessa tornò a Londra e partecipò all'inaugurazione del monumento ai caduti canadesi a Green Park e poi, alla vigilia del cinquantesimo anniversario dello sbarco in Normandia, seguì la messa a Portsmouth prima di raggiungere gli altri membri adulti della famiglia sullo yacht *Britannia*. La principessa stava scivolando di nuovo nella sua routine, ma non dimenticò mai le cause che l'appassionavano: partecipò al pranzo per la trentesima raccolta di fondi dell'ente di beneficenza per i disturbi mentali Turning Point, andò a un concerto per raccogliere denaro a favore delle organizzazioni non-profit di lotta all'AIDS, sostenne l'organizzazione non-profit per i senzatetto Centre Point e poi, più avanti nell'anno, andò alla reggia di Versailles, nei pressi di Parigi, per una cena a favore di una fondazione per l'infanzia, ricevendo un'ovazione in piedi dai quasi mille intervenuti.

La principessa era ancora sostenuta dal consenso internazionale. La folla l'acclamava ovunque andasse. Alle cene, ai gala e alle funzioni di stato, incantava tutti, dai presidenti alla gente comune. Lei non chiedeva un trattamento speciale eppure la sua presenza, la sua aura magica, imponevano rispetto e attenzione.

Tuttavia tutto il sostegno e l'incoraggiamento che riceveva non servirono ad attenuare la sua insicurezza. A Kensington

Palace aveva bisogno di essere costantemente rassicurata. Nondimeno non perdeva la sua forza interiore, su cui faceva affidamento per essere più sicura di sé. Ne ebbe bisogno il 29 giugno 1994, quando un documentario televisivo sul principe Carlo, atteso con impazienza, a cura del giornalista televisivo Jonathan Dimbleby con la collaborazione del principe, venne trasmesso prima dell'uscita del libro *The Prince of Wales*. Il libro era una replica al testo di Andrew Morton del 1992. Aveva richiesto diciotto mesi di lavorazione. Così, mentre la principessa era incorsa nella collera reale per la sua collaborazione con Morton – per quanto lei avesse negato –, l'ufficio del principe Carlo, con il suo consenso, aveva messo a disposizione gli amici del principe perché parlassero a suo nome, con la scusa di voler celebrare il venticinquesimo anniversario della sua investitura a Principe di Galles.

Jonathan Dimbleby dichiarò in seguito che il principe non voleva che il libro contenesse dei passaggi che potessero ferire la principessa, ma in televisione il principe Carlo aveva confessato l'adulterio con Camilla Parker Bowles. La principessa non si aspettava un'ammissione del genere. Come poi potesse pensare che non fosse doloroso per la principessa era una cosa incomprensibile a chiunque, a Kensington Palace. Nei giorni precedenti la messa in onda, la principessa aveva visto i trailer che anticipavano il documentario e si era preoccupata per il contenuto del programma. Cercò rifugio e consiglio da Lucia Flecha de Lima, Annabel Goldsmith, Susie Kassem e la Duchessa di York, che venne a Kensington Palace per starle vicina. Il giorno della trasmissione, un sostegno fondamentale venne da una parte inattesa: St James's Palace. Quel pomeriggio la Duchessa di Kent – brillante esempio di calore e solida umanità – venne a trovare la principessa, esortandola a essere forte. «Come posso uscire e affrontare la gente?» diceva la principessa quel pomeriggio. Se solo avessero potuto sentirla quei cinici disinformati che l'hanno dipinta come una manipolatrice dei media, decisa a occupare la prima pagina dei giornali!

Quella sera, mentre la Gran Bretagna si accomodava davanti alla televisione, la principessa da tempo si era impegnata a partecipare a una cena alla Serpentine Gallery a Hyde Park. Lei era la patrona della galleria, amica del presidente lord Palombo e ospite di lord Gowrie, neo-presidente dell'Arts Council of England. Si preparò per la serata con i nervi a fior di pelle; metà dei suoi pensieri andavano al documentario, metà alla scelta dell'abito per la serata. Fuori dalla galleria, le telecamere della televisione erano tutte in attesa del suo arrivo, smaniose di catturare le sue reazioni dopo il documentario di Dimbleby.

La principessa era pronta ad andare alla galleria un'ora prima dell'ora prevista, e camminava avanti e indietro sul pianerottolo del primo piano. Nell'office al piano di sotto, seguivo a orecchie tese gli scricchiolii dell'impiantito.

Poi i passi si fermarono. «Paul, sei lì?»

Salii di corsa la prima rampa e sollevai lo sguardo verso il pianerottolo, dove la principessa stava in piedi con le mani sui fianchi, in un abito da cocktail blu, stretto in vita da una cintura, polsini in raso bianco e un colletto bianco aderente al collo. «Be', ti piace?» chiese. La mia risposta non fu abbastanza pronta o entusiasta. «Non ti piace, vero?» Lasciò ricadere le mani lungo i fianchi.

Nonostante la cameriera personale esperta, l'opinione di un uomo della servitù divenne la sua cassa di risonanza più rassicurante, proprio come in Pakistan o in Cecoslovacchia, quando chiedeva a Mervyn Wycherley o a me un'opinione su un abito. Voleva valutare il grado di ammirazione che suscitava. A Kensington Palace era normale che apparisse a metà scalone posando come una modella con un cappello o un vestito nuovo – «Cosa ne pensi?» – o avvolta in un nuovo abito, con una sola gamba infilata nel collant e l'altra fuori – «Con le calze o senza?» – oppure con un piede in una scarpa bassa scollata e uno in una scarpa a tacco alto. «Con i tacchi o senza tacchi?»

Una volta, durante una prova di abiti con il designer Jacques Azagury, la principessa era in piedi in soggiorno e la sua sarta, Solange, stava appuntando l'orlo di un abito rosso con una sciarpa di chiffon in tinta. «Paul, non è bello? Jacques è geniale, vero?» disse dopo avermi fatto chiamare.

Era praticamente impossibile non darle un parere favorevo-

La spiaggia di Scarborough, 1960

Aiutando la mamma con il bucato nel cortile del n. 57 di Chapel Road

Nei primi tempi come cuoco apprendista a casa mia

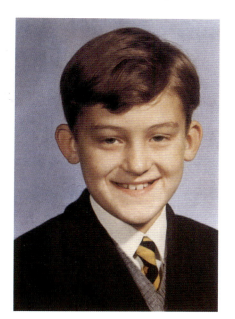

A 11 anni

"Piccolo Paul" e "grande Paul"

Nel corridoio grande, al castello di Windsor

Royal Ascot

Aspettando la regina
e la principessa Margaret
alla macchina

Con i "miei" corgi al castello di Balmoral

Lo chalet in cui la famiglia reale organizzava i barbecue estivi

La regina e il principe Carlo alla festa dello staff reale nel 1977

In un corteo ufficiale con il principe Carlo, la principessa e la regina

Vestito con la livrea reale

Ciò che la stampa chiamava "l'altro matrimonio reale"

Da Buckingham Palace a Highgrove,
e la nostra nuova casa!

Pranzi reali – il compleanno di Alexander con i giovani principi, e una cena per gli adulti a Sandringham

L'inaugurazione ufficiale del nostro cottage a Highgrove, con Harry che sta guardando

Una giornata con i bambini allo Zoo di Bristol

Giochi a Highgrove

I ragazzi con i loro giochi

La festa di compleanno di Maria

In giro per il mondo
con la principessa

"Facciamo uno scatto felice, Paul" – alla faccia dei commenti del principe Carlo sul suo buon gusto

"Il Boss e il suo braccio destro" in una missione umanitaria in Angola

Il Boss con la sua nuova amica Betty, la mamma di Maria

Nessun bisogno di autista e di scorta, soltanto la principessa e io

Un mese prima della morte, la principessa torna da una pausa con Dodi, pronta a raccontarmi tutto

L'ultimo addio, 6 settembre 1997

In Westminster Abbey

Scendendo dal treno reale per andare ad Althrop per il servizio funebre privato

Di fronte agli appartamenti 8 e 9 di KP, prima della consegna della Royal Victorian Medal da parte della regina

La corte di Old Bailey, ottobre 2002. Maria e io arriviamo per il primo giorno del processo

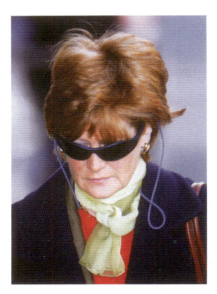

La sorella della principessa, lady Sarah McCorquodale

La signora Frances Shand-Kydd, la madre della principessa

La conversazione reale che ha portato al collasso del mio processo

Camminando verso la libertà... e verso la folla dei giornalisti

Quella risata contagiosa... il modo in cui preferisco ricordarla

le quando si vestiva per fare colpo. Ma l'avevo avvertita: «Se volete un'opinione sincera, chiedete pure. Ve la darò. Altrimenti non me la chiedete».

La sera della cena alla Serpentine Gallery ebbe un parere onesto e sfavorevole. «Per questa serata in particolare credo che dovreste essere fantastica e quello non è l'abito giusto, mi dispiace» dissi.

«Be', non ho nient'altro da mettermi» protestò lei.

Risalii di corsa le ultime due rampe di scale ed entrai nella stanza del guardaroba insieme alla principessa. Passammo al setaccio tutti gli abiti da sera. «Che ne dite di questo?» chiesi mostrando un abito nero scintillante.

La principessa arricciò il naso. «No, è stato visto troppo spesso.»

Poi, nella sezione riservata agli abiti neri, trovai un abito da cocktail corto, un modello di Christina Stambolian. Alla principessa piaceva ma dubitava di riuscire a entrarci perché temeva che il continuo esercizio in palestra potesse averle sviluppato le spalle. «C'è un solo modo per scoprirlo.» Uscì dalla stanza vestita in blu notte e con la gruccia dell'abito nero in mano.

Riapparve nel vestito nero in crêpe di seta che le lasciava le spalle scoperte. Ed era spettacolare.

«Ecco, *questo* è il vestito giusto» le dissi.

«Non credi che sia un po' esagerato?» chiese lei indicando il décolleté.

«È perfetto» dissi e poi andammo alla cassaforte accanto alla sua camera da letto. La principessa scelse un girocollo di perle con un grande zaffiro ovale circondato da due file di diamanti, un regalo di fidanzamento della regina madre.

Mentre si avvicinava l'ora della partenza, la principessa continuava a camminare avanti e indietro sul pianerottolo. «Perché sono così nervosa?» si chiedeva, irritata con se stessa.

Dovevo rassicurarla. «Siete fantastica. Cadranno tutti ai vostri piedi» dissi.

«Mmm». Era incredibile che non ci credesse.

La principessa mi aveva inculcato bene in testa come dovevano essere gli arrivi e le partenze. «L'arrivo e la partenza – il momento *più* importante di qualsiasi evento.» Glielo ricordai quando stava per andarsene. Poi aggiunsi: «Ricordate, quando arrivate scendete dalla macchina, camminate eretta, stretta di mano ferma e dite a voi stessa: "Sono la Principessa di Galles". Non dimenticatelo».

Lei trattenne il respiro, come faceva sempre. «Allora si comincia, Paul.» Seguii la coda di chiffon lungo lo scalone e l'atrio fino alla porta di entrata. Mentre chiudevo lo sportello posteriore della macchina, la principessa era raggiante. Le feci un cenno di saluto e la macchina si avviò.

Più tardi, quella sera, guardai i notiziari televisivi che mostravano il suo arrivo in quella serata profumata e fragrante: mentre scendeva vivace dalla macchina, si avvicinava a lord Palombo e gli stringeva la mano sorridendo come se non avesse un pensiero al mondo. Divenne una delle immagini più famose della principessa e il giorno dopo apparve su tutte le prime pagine dei giornali. «IMPARA!» diceva il «Daily Mirror». E Carlo? «INADATTO A REGNARE» gridava.

La principessa tornò a palazzo, già informata della dichiarazione del principe Carlo sulla sua infedeltà. Non fece allusione al suo trionfo, era silenziosa. Niente spuntino, niente tisana. Andò subito in camera sua e spense tutte le luci. Tranne una.

9.

«*The Boss*»

Non si poteva nemmeno far finta che il lavoro dietro le mura di Kensington Palace fosse facile. La vita stessa, oltre al lavoro, non era mai facile per il personale chiuso dietro le pareti degli appartamenti 8 e 9. Come in innumerevoli altri rapporti – di famiglia, matrimonio, amicizia o affari – a volte la felicità può scontrarsi con il suo esatto contrario. La vita con il Boss era come una corsa sulle montagne russe, un'esperienza terrificante per chi ha lo stomaco debole. Gli alti erano straordinari ma i bassi erano disperati e per molti la corsa era troppo veloce, si capovolgeva completamente un po' troppo spesso e sembrava fuori controllo. Ma la principessa *aveva* il controllo di sé e, con quella vena crudele e mutevole che faceva parte del suo carattere, decideva chi poteva correre con lei e chi doveva rimanere a terra. Per durare con la principessa era fondamentale avere capacità di resistenza emotiva; non era il caso di giudicare o mettere in questione, ma solo accettare tutto il pacchetto, senza tentare di nasconderne i difetti, che costituiva l'essere umano complesso, imperfetto ma affettuoso, che era.

Fermo sostegno e lealtà non tollerano condizioni, soprattutto quando sono dovuti. La situazione ovviamente diventava dura per chi si sentiva messo da parte e, come sugli antichi galeoni, saltava volentieri dalla passerella, alcuni ancor prima di venire spinti; si saranno convinti di non aver mai visto l'avvertimento. Altri, con devozione ardente, cercarono di tergiversare ma ricevettero il foglio di licenziamento per un malinteso circa le loro motivazioni. La loro uscita di scena era terribile a vedersi. Delle vere amicizie vennero concluse per sempre per una reazione istintiva a causa di un fraintendimento o di semplice disinformazione. Esisteva sempre un rischio intrinseco nel diventare troppo intimi con la principessa: il dolore di conoscere, amare e poi, sia per scelta che per altra causa, perdere l'amicizia inebriante con una creatura speciale. Conoscevo quel dolore perché Maria l'aveva vissuto tra la fine del 1994 e il 1995. Maria aveva detto che avrebbe provato l'incarico di cameriera personale per un anno ma l'orario diventava sempre più lungo, le richieste maggiori e lei non poteva sopportare un altro anno senza quasi vedere Alexander e Nick. I ragazzi erano abituati al papà che lavorava a tutte le ore ma non la mamma. «Andrà meglio, non mollare» la implorai varie volte cercando di evitare l'inevitabile. Sapevo che se avesse lasciato il lavoro, la principessa l'avrebbe considerato un abbandono. Nel corso della sua vita la principessa aveva così spesso patito il senso di essere rifiutata, che sembrava un nemico personale che la seguiva di soppiatto. Si era sentita rifiutata dalla sua famiglia, che aveva desiderato un maschio, rifiutata dal principe Carlo nel matrimonio, respinta quando aveva cercato rifugio da suo fratello il conte Spencer. La conseguenza ironica più triste di tutto ciò era che la principessa poteva essere altrettanto dura nel ricambiare il rifiuto. Con l'esperienza di Maria mi ritrovai – non per la prima volta durante il mio servizio presso i reali – preso in mezzo al fuoco tra le due donne a cui più tenevo.

Quando mia moglie, seppur riluttante, andò a Kensington Palace dalla principessa per annunciarle le sue dimissioni perché voleva passare più tempo con la famiglia, fui codardo e corsi a nascondermi, troppo spaventato per fare da paciere. Mi coprii le orecchie con le mani sperando che l'inevitabile baccano si sarebbe disperso da solo. Più tardi, quella sera del dicembre 1994, Maria, distrutta, mi riferì l'incontro.

«Cosa? Dopo tutto quello che ho fatto per te?» aveva detto la principessa, livida. «Mi sono fatta in quattro per venirti incontro ed essere flessibile, ed è così che mi ripaghi.»

Maria cercò di infilare una parola e spiegare che l'accordo era per un anno e che lei l'aveva onorato, ma i suoi figli avevano la priorità. «Ma mi ha trattato come uno straccio. Mi ha fatto piangere» mi disse quella sera.

Il giorno dopo lo strascico della discussione era ancora evidente dalla nuvola nera che aleggiava sopra il tavolo della prima colazione.

«Buongiorno, Vostra Altezza» dissi armato di caffettiera fumante.

Questa volta non ci furono risposte allegre. «Paul, puoi dire una parola a tua moglie?»

Una volta tanto avevo sperato che qualche titolo di prima pagina distraesse l'attenzione della principessa, ma non c'era niente. In tono dimesso, pietoso, dissi che Maria aveva deciso; cercai di spiegare i motivi famigliari e garantii alla principessa che era stata una scelta difficile per mia moglie, ma che l'aveva fatto sapendo con certezza che io avrei fatto il duecento per cento degli sforzi, anche la sua parte. La principessa non perdonò. Per le restanti quattro settimane del periodo di preavviso di Maria, non le rivolse mai la parola. Dal personale di palazzo era chiamata «la condanna del silenzio».

Nel 1995 altri erano caduti in disgrazia; fu triste e inaspettato vedere il cuoco Mervyn Wycherley lasciare Kensington Palace dopo una condanna del silenzio di nove mesi. In seguito, quello stesso anno, un'altra vittima fu il mio collega maggiordomo Harold Brown che fece il salto prima di esserci spinto, dopo aver subito la sua condanna personale del silenzio. Atterrò comodamente al servizio della principessa Margaret e quindi continuò a vivere nell'appartamento numero 6. Dopo la sua partenza rimasi da solo a fare il maggiordomo, con un personale che continuava a ridursi e la fiducia sempre crescente da parte del Boss.

Ma nemmeno io ero immune alle critiche e alla freddezza della principessa. Il periodo più nero della mia vita con il Boss cominciò quando iniziò a stringere i cordoni della borsa all'epoca del divorzio. Prese coscienza delle spese di gestione della casa e credo che vide la bolletta telefonica di Kensington Palace per la prima volta. Fece stampare la bolletta dettagliata e venne chiesto a tutto il personale di scrivere il proprio nome accanto alle telefonate che avevano fatto. La mia quota arrivava a circa 300 sterline. Preparai un assegno e pensai che la storia finisse lì. Ma mi sbagliavo.

Era chiaro che al Boss non andava giù che avessimo usato tanto il telefono. Quando le portai l'assegno volle sapere perché avessi accumulato un conto del genere. Feci l'errore di dirle quello che pensavo. «Dato che ho un orario così lungo, non vedo che male ci sia a telefonare alla mia famiglia. Lavoro sedici ore al giorno, Altezza Reale.»

La principessa lo interpretò, a torto, come una lamentela. Per le due settimane seguenti mi ignorò e si rifiutò di dirmi una sola parola. Fu un periodo profondamente deprimente. Mi sentivo tagliato fuori, privato della sua amicizia speciale, isolato.

Peggiorò talmente che fui costretto a lasciare messaggi sui post-it negli appartamenti. La principessa a sua volta scriveva le risposte su dei promemoria.

Questa situazione d'immobilismo precipitò quando un messaggio importante andò smarrito e lei chiese spiegazioni. «Non potevi dirmelo, Paul, invece di scriverlo?»

«Altezza Reale!» dissi esasperato. «Come posso dirvelo se non mi rivolgete la parola?»

Sembrò accettare il mio punto, quindi continuai.

«Così non posso fare bene il mio lavoro. Non so cosa ho fatto ma, vi prego, permettetemi di assistervi in modo che io possa lavorare come si deve.»

Il ghiaccio si sciolse istantaneamente e io provai un'ondata di sollievo a uscire dal mio purgatorio. Da quel momento in poi feci molta attenzione a usare il telefono di Kensington Palace.

«RIAMMESSA IN FAMIGLIA» riportava il titolo di testa del «Daily Mirror» a indicare lo scongelamento dei rapporti tra Kensington Palace e Buckingham Palace quando la principessa venne invitata a passare il Natale con il resto della famiglia reale a Sandringham, nel dicembre 1994. La stampa credeva, a torto, che fosse stato il segretario privato di Sua Maestà e cognato della principessa, sir Robert Fellowes, ad averle esteso l'invito. La verità era molto più lusinghiera. La regina scrisse una lettera a mano dicendole che lei e il Duca di Edimburgo desideravano che la principessa passasse la vigilia di Natale con loro, il principe Carlo, William e Harry.

Mi abituai a essere testimone della corrispondenza importante, dalla regina, dal Duca di Edimburgo, dal primo ministro John Major, da Elton John e da molta altra gente, compresi i famigliari della principessa. Io ero il suo testimone, con il suo consenso, di molte cose, persino del suo testamento e dei documenti del divorzio che non voleva che il suo segretario privato, Patrick Jephson, vedesse. Non ero l'unico amico a esaminare la sua corrispondenza. La principessa si faceva consigliare sui discorsi da tenere e le lettere da scrivere dal suo amico giornalista Richard Kay. Le mie «sessioni di corrispondenza» avvenivano sugli scalini o in soggiorno dove la principessa sedeva alla scrivania. Le lettere scritte da Patrick Jephson le venivano portate in una cartellina. Lei gridava il mio nome dalla cima delle scale, io la raggiungevo sullo scalone e ci mettevamo a sedere, lei su un gradino, io su un altro. «Che cosa ne pensi?» mi chiedeva, oppure strillava: «Da' un'occhiata a questo!». O lasciava una lettera sulla scrivania del mio office con una nota: «Fammi sapere cosa ne pensi».

Così avvenne anche quando mi mostrò le lettere del Duca di Edimburgo e di suo fratello, il conte Spencer. Nel tempo la principessa mi scrisse delle lettere: pensieri che voleva mettere sulla carta, verità che voleva annotare e affidarmi; o teorie sulla forza interiore che voleva comunicarmi. Il mio incarico si sviluppò al punto che la principessa mi metteva al corrente delle sue lettere più delicate, e mi faceva ascoltare le sue telefonate più private. Come testimone di tutta la sua corrispondenza so che, fino al giorno della sua morte, la regina e la principessa erano in contatto e nei migliori termini. E come testimone indipendente, conosco la storia, i traumi e gli incubi a cui dovette sottostare.

L'invito della regina indusse la principessa a portare nel Norfolk un regalo per ogni membro della famiglia reale. Nelle settimane precedenti il Natale mi aveva mandato a Kensington,

Knightsbridge e Mayfair a comprare regali per la famiglia, per gli amici e per il personale. La sua generosità non conosceva limiti così, con la sua approvazione, spesi migliaia di sterline. Basandomi sulla conoscenza acquisita nel periodo passato con la regina, scelsi per lei qualcosa di pratico – un cardigan in cashmere, una sciarpa di Hermès o un plaid scozzese; per il Duca di Edimburgo un portamunizioni o una fiaschetta piatta. Passai ore a incartare regali, lasciando alla principessa il compito di scrivere un biglietto personale per tutti prima di andare a Sandringham. In privato amava l'intensificarsi dell'atmosfera natalizia, anche se il giorno di Natale fu, per sua stessa ammissione, «un po' tetro».

Se due settimane prima del grande giorno avessi mancato di preparare l'albero di Natale, sarebbe stata la prima a lamentarsene. Ogni anno ordinavo un abete norvegese di cinque metri e mezzo dalla proprietà reale a Windsor. L'albero occupava il posto d'onore sullo scalone, sistemato sul pianerottolo tra la prima e la seconda rampa di scale. Era decorato con dieci set di luci bianche, con decorazioni in vetro e cristallo, ghiaccioli bianchi di cotone che pendevano da ogni ramo, e in cima una stella d'argento. C'era un abete più piccolo per la stanza dei bambini al primo piano. William e Harry avevano il compito di decorarlo con addobbi fatti a scuola.

A casa nostra il Natale era magico, e il nostro albero, decorato in rosso, verde e oro, era in un angolo del salotto davanti alla finestra che dava sul palazzo. Io mi vestivo da Babbo Natale e, seguendo un'attenta coreografia diventata routine, consegnavo i regali ai ragazzi nella mia tunica rossa, completata da barba bianca e stivali di gomma. Non indovinavano che ero io (finché non videro gli stessi stivali di gomma sotto la tettoia esterna!). Nick, che allora aveva sei anni, voleva essere al centro dell'attenzione e faceva le capriole in camera da letto gridando: «Guardatemi! Guardatemi!». Quei brevi, magici istanti davano un intenso piacere a Maria, a me e alla nostra abituale visitatrice natalizia, Betty, la madre di Maria.

Ma sapevo che, a metà pomeriggio del giorno di Natale, la principessa sarebbe tornata a Kensington Palace da sola dopo aver lasciato i ragazzi a Sandringham. Quando arrivò, mi trovò ad aspettarla alla porta perché l'idea che tornasse in una casa vuota in un giorno del genere era veramente triste. «Non potete passare da sola il giorno di Natale. Venite a stare un po' con noi» la sollecitai.

«No, Paul. Non voglio rovinarti il Natale; è il momento di stare in famiglia. Starò bene.» Voleva rimanere da sola.

Poi la principessa fece quello che faceva sempre nel pomeriggio del giorno di Natale. Sedette alla scrivania, tirò fuori la stilografica e la bottiglietta d'inchiostro e cominciò a scrivere lettere di ringraziamento per i regali ricevuti. Ma prima di tutto, prima che me ne andassi, mi scrisse un biglietto di auguri natalizi. «A Paul, con gli auguri di un felice Natale. Con affetto, Diana». Poi scrisse l'indirizzo sulla prima busta e indirizzò la prima lettera: a Sua Maestà la Regina, Sandringham House, Norfolk.

Io tornai a casa quasi di controvoglia. «Se desiderate qualcosa, chiamatemi» le dissi.

La rubrica della principessa era zeppa di nomi appartenenti a ogni ceto e professione. Quando incontrava qualcuno per la prima volta, era capace di farlo sentire come se fosse un amico di lunga data. Cominciarono a uscire articoli sui giornali, che elencavano dettagliatamente la sua «magica cerchia». Se la principessa veniva vista socializzare con qualcuno o partecipare a una seduta di terapia, i giornalisti concludevano che si trattava di un rapporto d'amicizia profondo e duraturo. Il Boss aveva molti amici, ma c'era solo una piccola cerchia di intimi, con a capo Lucia Flecha de Lima, che era amica del cuore, figura materna e consigliera. Il marito di Lucia, Paulo, era stato trasferito da Londra all'ambasciata brasiliana a Washington, ma perfino i fusi orari diversi non riuscirono a rovinare l'intesa della loro amicizia. Lucia metteva la sveglia alle tre di notte per poter parlare alla principessa quando cominciava la giornata. Se la principessa aveva bisogno di consigli o di consolazione, telefonava a Lucia. Le mandavo per fax un fiume interminabile di lettere e messaggi oltre Atlantico. Essere amica della principessa significava essere a disposizione ventiquattrore al giorno e Lucia l'aveva accettato. Era sempre disponibile per la principessa.

«Non potrei farcela senza di lei, è meravigliosa. È come una madre per me» diceva continuamente. Nell'agosto 1994 la principessa andò a Washington. Nel maggio 1995 Lucia venne a Londra. Il Natale 1996 la principessa lo passò da Lucia. Avanti e indietro attraverso l'Atlantico, la loro amicizia suppliva alla distanza e nel tempo divenne più forte.

A Londra, la famiglia alternativa della principessa era composta da Rosa Mockton, Susie Kassem, lady Annabel Goldsmith, Richard Kay e la dottoressa Mary Loveday. Queste persone, come me, vedevano la principessa nei suoi momenti più autentici e sapevano *tutto*, ricambiando con un'amicizia che non esprimeva mai giudizi. La capivano meglio di chiunque altro e l'amavano per quello che era.

La presenza della Duchessa di York invariabilmente riusciva a tirare su il morale alla principessa. Saliva le scale quattro scalini alla volta, piena di energia, con gli occhi spalancati; era una sopravvissuta come il Boss e tra le due ci furono sempre telefonate e sostegno continuo.

Sedevano in soggiorno, immerse in qualche conversazione seria o ridendo, paragonando le coltellate alla schiena dalle rispettive famiglie reali. Sviluppai una fiducia indiretta con la duchessa tramite la principessa e diventammo amici. Quando sapeva che il Boss era fuori, il telefono squillava nel mio office e una voce familiare con un accento dei quartieri alti diceva allegramente: «Ciao, Paul, sono la duchessa». Era confusa quanto la principessa sulle motivazioni della gente. «Perché dicono continuamente cose offensive su di me? Non so che cosa si aspettino» diceva.

Come la principessa credeva nel karma. «Tutto è collegato» dicevano entrambe.

Io l'ascoltavo come ascoltavo la principessa e mi dispiaceva moltissimo per lei. «Ascolti» le dicevo. «Si ricordi quello che dice sempre il Boss: uccidili con la gentilezza e non fargli mai capire che ti hanno ferito.»

Quando guardo la fotografia incorniciata che la duchessa mi mandò alla fine del 1994, dov'è ritratta con le sue figlie, Beatrice ed Eugenie, ricordo con affetto quelle conversazioni al telefono o a Kensington Palace. In fondo c'è una dedica: «Cari Paul e Maria, grazie infinitamente per la vostra incredibile amicizia e sostegno. Le parole non bastano, ma grazie. Con i migliori auguri – Sarah».

Al di fuori della cerchia fidata dei suoi amici intimi, la principessa sapeva esattamente cosa dire e cosa non dire alle altre persone. Ognuno offriva una sua specializzazione o esperienza, il che significava che lei poteva contare sulle opinioni e sui consigli di tutti. Divideva i suoi amici in compartimenti e preferiva incontrarli singolarmente. Le sue amicizie erano come un assortimento di scatole e io sapevo sempre quale scatola avrebbe aperto e quale posto occupasse nella sua vita. Trovarsi al centro del suo mondo significava diventare un messaggero fidato. Quando la principessa era via, avevo il permesso di sfogliare la sua rubrica, trovare un nome, fare una telefonata.

Harold Brown non c'era più e la principessa si chiedeva di chi potesse fidarsi tra le persone che la circondavano, così nel 1995 il mio ruolo di maggiordomo cominciò a comprendere quello di assistente personale, messaggero, autista, fattorino per le consegne, confidente. Io entravo in gioco quando la principessa preferiva non usare il suo autista, o il guru delle PR o il segretario privato, perché non voleva che occhi estranei fossero testimoni di certe amicizie, messaggi o missioni private.

«Paul, vai al fax e non muoverti finché non è arrivato tutto.» Dal primo piano la voce della principessa mi raggiungeva nel mio office.

Nel 1995 la principessa mi incaricò di gestire la sua corrispondenza, da quella professionale a quella più personale e segreta. Cominciò a nascondere le informazioni a Patrick Jephson e a dirottare i fax dal suo studio a St James's Palace. Le era giunta voce che lui era sempre più insoddisfatto e che stava cercando lavoro altrove. La principessa affrontò il problema con lui ma la sua risposta non la convinse che Jephson sarebbe rimasto a Kensington Palace a tempo indeterminato. La principessa divenne diffidente e mantenne una distanza che non venne più colmata. «Come può aspettarsi che comunichi con lui su questioni molto delicate e dettagliate che riguardano il mio matrimonio e il mio futuro, quando non so nemmeno se rimarrà qui?» diceva. Un nuovo fax a uso personale della principessa venne installato nel suo soggiorno, e venne sistemato sul tappeto, sotto la scrivania, nascosto dal divano piazzato direttamente davanti. In molte occasioni entrai nel soggiorno per parlarle ma non vedevo nessuno.

«Altezza Reale?» chiedevo voltandomi per andare in salotto.

«Sono qui» diceva una voce che spuntava dal nulla. La principessa stava carponi sotto la scrivania, cercando inutilmente di far funzionare il fax. La tecnologia, come la cucina, non era il suo forte.

«Sono un caso disperato. Un caso disperato!» diceva ridendo, prendendosi in giro.

Dopo qualche altra settimana di frustrazione, il fax sotto la scrivania venne abbandonato. In sostituzione cominciò a usare il mio fax al piano inferiore, sistemato sotto la scrivania nell'office. Mi passava documenti riservati e aspettava che arrivasse la risposta. Mandava la sua corrispondenza personale oltremare per fax, per essere sicura che lo ricevessero immediatamente invece di doversi affidare alla lenta comunicazione della posta.

Una volta non si fidò né del fax né della posta. «Paul, vorrei che consegnassi questa lettera a mano» disse porgendomi una lettera. Guardai la busta sigillata, il nome era familiare. E così l'indirizzo estero.

Il mio sguardo rivelò la mia sorpresa per una missione così lontana. «Lo so che è lontano ma *è* importante» spiegò.

«Consideratelo fatto» le dissi e tenni la busta finché lei partì per una visita all'estero. Mentre era via, salii a bordo di un altro aereo, con diversa destinazione. Rimasi via due giorni e consegnai la lettera nelle mani che in seguito avrebbero scritto la risposta. Quando la principessa tornò a Kensington Palace, io ero di nuovo in servizio, pronto ad accoglierla.

«Missione compiuta» dissi.

Nel gennaio 1995 i circoli di pettegoli stavano ancora ricamando sul principe Carlo e sul suo rapporto con l'amante con cui aveva confessato di avere una relazione, Camilla Parker Bowles. Le congetture si intensificarono quando, a undici giorni dall'inizio dell'anno nuovo, il divorzio venne annunciato dal generale di brigata Andrew Parker Bowles dopo una separazione di due anni. Ma l'attenzione della principessa era rivolta altrove – al rapporto tra suo marito e la sua assistente Tiggy Legge-Bourke, che la preoccupava seriamente. Persino l'attenzione della stampa si stava concentrando su di lei, corroborando i sospetti della principessa.

«IL BACIO» era il titolo di testa della prima pagina del «Daily Mirror» che mostrava il principe Carlo mentre sciava con gli amici, tra cui Tiggy Legge-Bourke. In una serie di foto, il principe, con un berretto rosso con il pon-pon e un braccio intorno alle spalle della ragazza, la baciava «in segno di affetto». Il suo segretario privato Richard Aylard spiegò ai reporter: «Non è strano che la baci sulla guancia, è perfettamente normale».

La principessa non era d'accordo e sentiva che, dal giorno dell'assunzione dell'assistente, quel rapporto stava superando il limite fin troppo in fretta. Era così sospettosa che considerava Camilla Parker Bowles come una storia passata. Sentiva che Tiggy Legge-Bourke stava diventando troppo intima del principe Carlo, come pure di William e Harry. Per quanto la riguardava, la principessa era ancora sposata e due altre donne si aggiravano minacciosamente intorno al suo territorio.

Non chiedetemi perché l'ho fatto, ma dato che tutti mi avevano mandato biglietti d'auguri e regali per il mio trentasettesimo compleanno, il 6 giugno 1995, decisi di mandare un regalo a mia madre a Grassmoor. Volevo che ricevesse un piccolo ricordo per commemorare l'anniversario della mia nascita. Tramite un centro specializzato del Derbyshire, ordinai la consegna di un abbeveratoio in pietra pieno di piante da fiore che sarebbero durate tutta l'estate. Un semplice messaggio dettato al telefono venne scritto su un biglietto sistemato tra le piante.

Quando mia madre aprì la porta della casetta bifamiliare dov'ero cresciuto, come al solito era in grembiule. «Hai sbagliato casa, caro. Non è il mio compleanno» disse, come mio padre mi raccontò in seguito.

Poi cominciò a leggere il mio messaggio e ne fu profondamente commossa. Non accadeva spesso che mia madre ricevesse dei fiori ed era la prima volta che li riceveva da me, per il mio compleanno, e le mie parole l'avevano toccata. Quel pomeriggio, quando sentii la sua voce spezzata ma piena di gioia al telefono a Kensington Palace, giurai di fare lo stesso tutti gli anni. Due settimane dopo ancora magnificava il suo abbeveratoio in fiore, quando lei e mio padre vennero all'Old Barracks la notte prima che li accompagnassi all'aeroporto di Heathrow, dove li salutai in partenza per la vacanza in America e in Canada che sognavano da tempo.

Il 15 giugno, quando il telefono squillò alle due di notte, il mio inconscio mi disse che era la principessa, che era partita per un impegno in Russia. Era l'unica persona a telefonare a quell'ora impossibile. Doveva essere scoppiata una crisi, personale o meno. Maria si alzò per rispondere. Qualche minuto dopo singhiozzava. «Come faccio a dirglielo? Come faccio a dirglielo?»

La principessa! Cos'era successo? Schizzai fuori dal letto e superai d'un balzo il pianerottolo fino in soggiorno dove Maria era ancora al telefono.

Era mio fratello Graham. A Ottawa mia madre era crollata per strada ed era morta sul colpo per un massiccio attacco cardiaco. Aveva cinquantanove anni.

La mattina dopo la principessa telefonò per sapere come andavano le cose a Kensington Palace dove sarebbe dovuta tornare quel sabato, due giorni dopo, per stare con William e Harry.

Non appena sentii la sua voce crollai. «Che cos'è successo, Paul?» Ero distrutto e le spiegai che il cuore di mia madre aveva ceduto, ma che quanto era partita sembrava in perfetta salute. Poi le dissi dello smarrimento di mio padre, bloccato in Canada, che si sforzava di organizzare la spedizione della salma di mia madre per tornare a casa.

«Ci penso io, Paul. Risolviamo tutto subito.»

Una telefonata dell'ufficio della Principessa di Galles all'Alta Commissione Britannica in Canada risolse tutti gli aspetti tecnici implicati in una morte improvvisa in un paese straniero. Pur impegnata in un programma frenetico in Russia, la principessa si prese la responsabilità di eventi accaduti in Canada per aiutare un uomo che soffriva in Inghilterra. Si prese addirittura il disturbo di telefonare e parlare a mio padre nella sua stanza d'albergo a Ottawa. Per circa trenta minuti lo confortò, rassicurandolo che qualcuno dell'Alta Commissione sarebbe stato con lui continuamente, che stavano organizzando il trasporto della salma e che il viaggio di ritorno in Inghilterra era già stato pagato.

«Al suo ritorno, vorrei che venisse a Londra con i suoi figli. Mi piacerebbe incontrarla» gli disse.

Quel sabato, non appena la principessa tornò a palazzo, andai con lei in soggiorno. Mi sedetti sul divano, piansi e mi scusai; lei sedette passandomi un braccio attorno alle spalle per confortarmi. Sapevo quanto fosse buona, forte, quanto fosse stata comprensiva con gli altri ed eccomi lì, abbracciato a quella creatura affettuosa che aveva toccato così tanti estranei nel corso degli anni.

Parlò del destino, del significato della vita, del significato della morte, mi raccontò le sue convinzioni in materia spirituale, i momenti finali che aveva vissuto in una stanza d'ospedale con il suo amico Adrian Ward-Jackson, assistendo al «viaggio della sua anima». «Paul, lo spirito rimane, non sparisce dopo la morte. Tua madre è ancora con noi, credimi. Tu sei forte. Devi essere forte» disse.

Il giorno seguente era la Festa del Papà. Mio padre e i miei fratelli Graham e Anthony vennero a palazzo per quel tragico weekend. Il corpo di mia madre era ancora in Canada e sarebbe arrivato il giorno dopo.

Incontrammo la principessa alla barriera della polizia sul viale di accesso. Indossava una felpa, pantaloncini da ciclista viola e scarpe da ginnastica, e aveva lasciato William e Harry nella nursery. Abbracciò mio padre e i miei fratelli uno a uno. Poi, prendendo mio padre sotto braccio disse: «Andiamo a fare una passeggiata».

Quel caldo pomeriggio mio padre e la principessa camminavano davanti, noi tre fratelli li seguivamo da presso. Andammo a Kensington Palace Gardens, fino a Broad Walk che attraversa il cuore del parco verso Bayswater Road, poi girammo a destra nel parco fino ai giardini all'italiana, continuando attraverso Hyde Park, oltre la Serpentine Gallery, verso l'Albert Memorial, poi rifacemmo tutto il percorso a ritroso. Camminammo e parlammo, tutti e cinque insieme, per quarantacinque minuti.

Senza il berretto da baseball, la principessa era immediatamente riconoscibile. Quando un passante cercò di farle una fotografia, lei allungò un braccio educatamente e chiese: «La prego, non lo faccia».

Nonostante il dolore, mio padre era preoccupato che la principessa fosse troppo esposta nel parco. «Non dovete farlo per noi. Vi stanno notando. Dovremmo tornare a palazzo» le disse.

«Graham, credo che con i suoi tre figli ben piantati intorno non avrò problemi.» Credo che quella fu l'unica volta in tutto il fine settimana che vidi mio padre sorridere.

Tornammo indietro con la principessa all'aranceto accanto agli appartamenti di stato. «Graham, se c'è qualcosa che posso fare, lo dica a Paul.» Abbracciò la mia famiglia un'ultima volta, poi sparì oltre una porta nel muro di mattoni. Mio padre non la finiva più di dire quanto fosse gentile la principessa e quanto tempo avesse passato con noi.

Più tardi, quella sera, papà voleva rimanere da solo e andò a sedersi sulla panchina sul prato che si stendeva davanti all'Old Barracks. Chinai lo sguardo dalla finestra del soggiorno del primo piano e lo vidi che sedeva dandoci le spalle. La principessa era di nuovo accanto a lui. Stava tornando a casa in macchina quando l'aveva visto dal vialetto, si era fermata e aveva attraversato il prato per raggiungerlo. Chinai lo sguardo, pensando quanto fosse strano vedere mio padre accanto a lei. Lo vidi muovere la testa mentre parlava, asciugandosi gli occhi con il fazzoletto. Poi crollò e pianse sulla spalla della principessa.

Mia madre tornò a casa il lunedì seguente e la seppellimmo quella stessa settimana. La vigilia del funerale, la sua bara riposava sull'altare di Hasland Church dov'era stata battezzata e si era sposata, e dove erano sepolti nonna e nonno Kirk. Riempimmo la chiesa di fiori bianchi di ogni sorta e accendemmo candele in sua memoria. Ognuno di noi si raccolse per un momento. Io, in piedi, appoggiai una mano sul coperchio di legno lucido, chinai la testa e chiusi gli occhi, ripensando a quello che mi aveva detto la principessa: «Tua madre è ancora con noi».

Al funerale non potemmo vedere la bara perché era coperta da un manto di fiori. Dopo il servizio, mentre gli altri parenti e amici si allontanavano, io rimasi accanto alla tomba con Graham. Fu allora che mi rivelò il segreto della mamma – che aveva deciso di bruciare la lettera con l'offerta di lavoro di Canard.

Tornammo al numero 47 di Chapel Road. La borsetta di mia madre e il lavoro a maglia erano sulla sedia accanto al caminetto.

Mentre mio padre trafficava con il bollitore e i miei fratelli, cognate, nipoti giravano per la casa, mi misi a sedere e aprii la sua borsetta. Dentro c'erano un portacipria con lo stemma dello yacht reale *Britannia* sul coperchio, un regalo dei giorni passati con la regina, e un rossetto. L'unico altro oggetto era il suo malconcio borsellino rosso che, come al solito, non conteneva un penny. Ma c'era un biglietto di auguri, il messaggio che avevo mandato con l'abbeveratoio il giorno del mio compleanno: «*Mamma, un piccolo pensiero per aver sofferto tanto per darmi alla luce in questo giorno, 37 anni fa. Con tutto il mio amore, dal tuo figlio maggiore – Paul*».

La famiglia era importante per la principessa, ma purtroppo la sua non era così unita quanto la sua cerchia di amici intimi. Sua sorella, lady Sarah McCorquodale, era una visitatrice regolare dal Lincolnshire. Di tutti gli Spencer lei era la più vicina alla principessa. Sua madre, Frances Shand Kydd, era virtualmente reclusa sull'isola scozzese di Seil, ma andava a trovarla quando poteva. Di fatto, la principessa vedeva più spesso la sua matrigna, Raine Spencer, e pranzava con lei almeno una volta al mese, a volte da Cecconi, proprio accanto Bond Street, perché era il ristorante preferito di suo padre, ormai defunto.

Ma nonostante il flusso di visitatori a Kensington Palace fosse costante, non serviva a riempire il silenzio dei fine pomeriggio e inizio serata quando alla principessa capitava di rimanere sola. William e Harry erano in collegio e quel vuoto doveva essere riempito.

«Odio il silenzio di questa casa» diceva il sabato mattina, mettendosi a sedere leggendo «Vogue» o «Harpers & Queen». La musica colmava in parte quel vuoto, ma a lei mancava la presenza fisica di quelli che chiamava «i piccoli». «Paul, telefona ai tuoi ragazzi e chiedigli di venire» diceva.

Lo scalpiccio dei passi che correvano nell'appartamento, le grida infantili, le videocassette inserite nel televisore, il sequestro della Play Station di Harry, servivano a scacciare la solitudine. Alexander e Nick avevano libero uso di un palazzo senza sapere che rendevano felice la principessa per il solo fatto di trovarsi lì. «Volete qualcosa da mangiare?» chiedeva la principessa appoggiata allo stipite del soggiorno dei suoi figli, poi andava in cucina da Darren McGrady e gli chiedeva di preparare il solito per due ragazzi affamati – hamburger e patatine fritte.

Alexander e Nick erano felici di andare a Kensington Palace. Risalivano di corsa il vialetto d'accesso, rincorrendosi fino alla porta sul retro e nel mio office prima di salire quattro a quattro le scale dove il Boss li aspettava, più spesso che no al telefono con un'amica.

«Ciao, principessa.»

«Ciao, principessa.»

L'eco del doppio strillo dei miei figli mi arrivava fino all'office al pianterreno.

Dopo ogni visita, tornavano tutti eccitati a casa all'Old Barracks, dove Maria era ancora congelata dalla principessa. Quelle visite li elettrizzavano ma ferivano Maria. «Lei ha te a palazzo, e ora anche i miei figli» gridò una sera.

E non fu d'alcun aiuto il commento di Nick, una domenica mattina, quando con l'innocenza dei bambini chiese a Maria: «Perché non lavori più per la principessa, mamma? Perché non ti piace?».

«Paul, qualsiasi cosa abbia detto ai ragazzi, deve finire. Perché Nick mi ha chiesto una cosa del genere?» chiese Maria. Era come se mi trovassi in mezzo a manovre famigliari tra un'ex-moglie e una nuova fidanzata. Comunque, in seguito, quell'estate, Alexander e Nicholas riappacificarono le due amiche. In qualche modo, lungo il singolare percorso tra Kensington Palace e l'Old Barracks, i nostri figli diventarono i guardiani della pace reale.

Nick era seduto con la principessa e lei gli chiese notizie della mamma. «Anche lei vuole stare qui, principessa» le rispose.

Quella sera venni congedato presto dal lavoro, poi il telefono squillò. Maria rispose. Era la principessa. Con un netto cambiamento dalle telefonate precedenti quell'anno, non chiese subito di me. Cominciò a chiacchierare e poco dopo le due donne parlavano come se non fosse mai successo niente. Maria era stata riammessa. Fu tra i pochi fortunati.

Era necessario rafforzare i collegamenti tra Kensington Palace e Fleet Street, così la principessa, che intendeva vendicarsi per la pubblica ammissione di adulterio da parte del marito, con il suo fascino ingaggiò un'offensiva per blandire i media. Invitò direttori di giornali e cronisti a pranzare a Kensington Palace in privato. Pensava che fosse una buona opportunità per farsi vedere nel suo ambiente naturale e che avrebbe dato ai giornalisti la possibilità di capirla meglio. A sua volta la principessa avrebbe cercato di scoprire che cosa pensassero di lei, cosa sapessero e perché alcuni articoli avessero privilegiato certe ottiche particolari. Era una missione d'inchiesta reciproca.

«Se Buckingham Palace lo scopre, l'ufficio stampa andrà in panico come al solito!» disse ridendo.

I grandi nomi, i bravi e anche quelli meno bravi di Fleet Street si pulirono le scarpe sullo zerbino davanti alla porta d'ingresso dell'appartamento 8 e, indipendentemente da quanto coraggiosi fossero stati sulle loro colonne entro i confini sicuri del loro impero, era avvincente vederli muoversi con trepidazione nel disarmante territorio del Boss. Per molto tempo, lei era stata solo un'immagine affascinante che, giorno dopo giorno, li aveva aiutati a far vendere le loro pubblicazioni. Ora toccava a lei affrontarli nel suo salotto, a pranzo. Era in forma smagliante. Quanto abbiamo riso mentre analizzavamo minutamente ogni ospite dopo che se n'era andato!

«È proprio divertente vedere quanto posso innervosire persone tanto importanti» diceva divertita, poi aggiungeva: «Che piacere!».

I grandi nomi del giornalismo vennero uno dopo l'altro, in giorni diversi; Charles Moore, direttore del «Daily Telegraph»; Paul Dacre, direttore del «Daily Mail»; Piers Morgan, direttore del «Daily Mirror»; Stuart Higgins, direttore di «Sun»; Lynda Lee-Potter, che aveva una rubrica sul «Daily Mail»; e poi il corrispondente per le questioni reali della BBC Jennie Bond. In ogni occasione il Boss era vestita da mozzare il fiato e in precedenza avevamo concordato che io rimanessi sulla soglia della sala da pranzo. Avevamo segnali segreti, che avevamo ripetuto a lungo – e a lungo avevamo usato negli anni con qualsiasi ospite. Un'occhiata furtiva degli occhi azzurri e un sopracciglio sollevato indicavano che dovevo servire le tre portate più rapidamente. A uno sfortunato ospite a pranzo, un famoso personaggio della TV e cronista, venne servito il pranzo più veloce mai registrato. Venne ricevuto, nutrito, dissetato e congedato in quaranta minuti, per non essere mai più rivisto.

«Sono quasi entrata in coma dalla noia, Paul. Era *così* noioso!» Era frustrata perché le sue illusioni erano andate distrutte.

Direttori e cronisti avevano l'opportunità di chiacchierare

con lei e farle domande in via ufficiosa. La principessa era un diplomatico perfetto. Quando Stuart Higgins del «Sun» le chiese cosa pensasse di Camilla Parker Bowles, lei rispose: «Be', mi dispiace veramente per lei». Higgins si era aspettato uno sfogo pieno di disprezzo e amarezza e quasi cadde dalla sedia di bambù. Poi il Boss aggiunse: «Quella donna ha perso quasi tutto nella vita e in fondo che cosa ha guadagnato?».

Quando Piers Morgan del «Daily Mirror» le chiese franco: «Crede che Carlo diventerà re?». lei rispose: «È quello che pensa, ma io credo che sarebbe più felice in Provenza o in Toscana».

Al pranzo e alle punzecchiature scherzose con il direttore del «Daily Mirror» si unì anche William. Si sedette accanto alla madre ascoltando attentamente, dimostrando una maturità che sconfessava la sua età.

Piers Morgan si rivolse a lui. «Che cosa pensa della stampa?»

William sollevò lo sguardo verso la madre, che gli fece un cenno con il capo perché rispondesse. «La stampa va bene. Ho cominciato a riconoscerli e so dove saranno, il che significa che posso evitarli. Non è la stampa britannica, sono i fotografi che vengono dal continente a darmi fastidio. A Eton si siedono sull'argine del fiume e mi guardano remare aspettando che cada in acqua!»

Jennie Bond, della BBC, era l'unica giornalista ospite a pranzo che beneficiò della generosità della principessa. Nel corso dell'incontro più rilassato rispetto a tutti gli altri che lo avevano preceduto, la chiacchierata ufficiosa divenne una conversazione tra donne, mentre l'elegante corrispondente reale prendeva consigli dalla donna meglio vestita del mondo. Jennie aveva fatto un commento sulla sorprendente brillantezza delle calze della principessa e, più tardi quella sera, dovetti incartare sei paia di calze e mandargliele con un biglietto. Durante il pranzo la principessa consigliò Jennie sui colori più indicati da indossare per andare in onda. In un'altra occasione, il corteggiamento privato dei media da parte della principessa le si ritorse contro e offrì ai suoi critici più severi un'opportunità d'oro per scatenare una tempesta anti-Diana. Era stata fotografata in macchina, mentre incontrava segretamente il reporter del «Daily Mail» Richard Key in una strada secondaria. L'isteria che seguì era ipocrisia bella e buona. Per anni i funzionari reali e gli amici maligni del principe Carlo avevano diffuso informazioni tese a denigrare la principessa; quello che stava cercando di fare era solo prendere in mano le PR per essere certa di essere capita e non fraintesa. Così decise di riferire la verità tramite un alleato fidato. Era la stessa cosa che aveva fatto la squadra di PR incaricati di presentare sotto una luce favorevole i provvedimenti impopolari del primo ministro Tony Blair, o l'ex-assistente del principe Carlo, Marc Bolland, che, corteggiando i media dopo la morte della principessa, portò avanti una strategia tesa a «vendere» Camilla Parker Bowles al pubblico. Gli uffici stampa a Buckingham Palace e a St James Palace non riuscivano a mandar giù che la principessa fosse un passo avanti a loro – e stesse vincendo la partita.

Mentre l'auto superava la rotatoria di Shepherd's Bush diretta a Bayswater Road a nord di Kensington Palace, il passeggero dallo sguardo furtivo si gettò piuttosto drammaticamente a sinistra sul sedile posteriore e si allungò su un fianco coprendosi con il plaid scozzese. Alzai gli occhi al cielo e mi concentrai sulla strada davanti a me. Non era la prima volta che dovevo introdurre di soppiatto un visitatore segreto superando la polizia, ma questo passeggero sembrava apprezzare l'operazione clandestina più degli altri.

Misi la freccia e svoltai a destra, superando le ambasciate straniere sul «chilometro dei milionari» parallelo al palazzo. Chiunque guardasse, mi avrebbe visto solo in macchina mentre andavo al lavoro come al solito.

«Adesso dove siamo? Abbiamo già superato il posto di polizia?» chiese una voce soffocata da sotto il plaid.

«No, rimanga nascosto. L'avvertirò io» risposi impaziente, desideroso di attenermi fedelmente alle istruzioni della principessa di «tenerlo nascosto all'entrata».

Mentre la macchina rallentava alla sbarra della polizia, la guardia in uniforme mi riconobbe e mi fece cenno di passare.

«Non posso crederci che non ci abbiano mai fermato» esclamò la voce soffocata.

Guidai fin sotto l'arco della Torre dell'Orologio a fianco al palazzo, poi nel Cortile dell'Orologio e parcheggiai accanto all'ingresso segreto dell'appartamento 9.

«Non riesco a credere quanto sia stato facile!» esclamò il passeggero gettando di lato il plaid e scendendo dalla macchina. Martin Bashir si riassettò la giacca e la camicia, prese la sua ventiquattrore e mi seguì oltre la porta, lungo le scale, oltre la camera da letto della principessa, lungo il corridoio fino al salotto dei ragazzi dove lei lo aspettava. Era l'estate del 1995, si stavano mettendo in moto gli ingranaggi per le riprese e la trasmissione dell'intervista reale per *Panorama* della BBC1.

A essere onesti, allora non avevo idea che si stesse preparando il progetto *Panorama*. A quanto pareva, solo Bashir e il Boss condividevano il segreto. Ma portare dentro e fuori il giornalista da Kensington Palace diventò una routine consolidata. Non facevo mai domande, scambiavamo solo poche parole.

La missione veniva eseguita sia con la mia Vauxhall Astra blu o con la BMW blu scuro della principessa. «La bellezza della BMW è che a Londra si confonde nel traffico» diceva sempre.

Le istruzioni erano facili da seguire. Parcheggiare fuori dal palazzo di uffici bianco che sorge accanto al Centro Televisivo della BBC, aspettare nel parcheggio, poi Martin Bashir emergeva e saliva sul sedile posteriore, a sinistra. Quando eravamo nei pressi di Kensington Palace, l'ordine era «tienilo nascosto». Ero diventato un esperto nel nascondere altri visitatori, visitatori di gran lunga più delicati di Bashir; visitatori che facevano molto meno storie di lui. Ma una volta consegnato in incognito alla principessa, il mio compito era finito e tornavo nel mio office finché mi chiamava per il viaggio di ritorno.

«Paul, ci sei?» gridava la principessa.

«Sì. È pronto?»

«Signor Bashir, il suo autista l'aspetta» sorrideva la principessa.

Durante quelle visite, non ci fu mai alcun indizio che si stesse preparando un piano segreto. Era un segreto che la principessa non avrebbe condiviso con me, almeno finché non fosse «completato». Ma Bashir era un uomo intelligente e con il tempo imparò a conoscere le insicurezze della principessa, e senza dubbio la convinse dell'opportunità di rilasciare un'intervista televisiva franca. La principessa ascoltava quel professionista affascinante dalla parlantina sciolta. Istintivamente *voleva* fidarsi di lui. Lui giocò la carta della compassione e quell'estate raccontò alla principessa che negli ultimi tempi la sua vita «non era stata entusiasmante»: le parlò del suo matrimonio e dello stress di vivere in una villetta a schiera nell'area di Wimbledon, a Londra. Come mi raccontò in seguito lei stessa: «Non ha avuto una vita facile. Mi ha fatto piacere parlare con lui». Credo che si convinse perfino che fosse un amico.

Quello che non sapeva è che Bashir mi telefonava regolarmente a caccia di informazioni dall'interno. Quello che non sapeva lui, era che una volta, poco dopo la trasmissione dell'intervista, quando telefonò, la principessa stava proprio accanto a me nell'office.

Mentre cominciavo come al solito a respingere il suo chiacchiericcio, lei mosse silenziosamente le labbra per dire: «Chi è?»

Coprendo il ricevitore, le risposi allo stesso modo: «Martin Bashir».

«Metti il viva voce» articolò, indicando il pulsante sul telefono. Lo schiacciai e in pochi secondi la voce irriverente del giornalista risuonò nell'office. Dopo quella conversazione la principessa vide il suo «amico» sotto una luce diversa.

Con il programma *Panorama* Bashir aveva sfruttato il lato vendicativo della principessa: all'epoca lei voleva rendere la pariglia al principe Carlo per l'adulterio confessato nel documentario di Dimbleby. Le riprese vennero organizzate per il sabato, quando la principessa era sicura di rimanere da sola. Non c'era la cameriera personale, non c'era il cuoco ed era il mio giorno libero. La principessa doveva cavarsela con le insalate lasciate in frigorifero e notificare alla polizia le visite previste. La troupe televisiva, sotto la direzione di Martin Bashir, montò l'attrezzatura nel salotto dei ragazzi. Il mattino dopo, quando chiesi perché i mobili fossero stati spostati, la principessa disse che non le risultava.

Poi, una settimana prima della trasmissione, la principessa mi disse che aveva registrato *Panorama*; era tutto top secret e lei pensava che alla fine il paese l'avrebbe capita meglio. «Sono sicura che molta gente vi sosterrà. Purché siate soddisfatta del prodotto finito» le dissi.

La sera di martedì 20 novembre, sedevo all'Old Barracks e facevo quello che facevano oltre venti milioni di persone: guardavo la principessa che spiegava come voleva essere la «regina dei cuori della gente», diceva che il principe Carlo non era adatto al «supremo incarico» di diventare re, che nel suo matrimonio «erano in tre», che aveva adorato James Hewitt e che non avrebbe abbandonato la scena in silenzio. L'intervista non mi diceva nulla di nuovo. Non c'erano posizioni che già non conoscessi, ma era grande la mia preoccupazione per la sua immagine mentre guardavo *Newsnight* sulla BBC2 e ascoltavo Nicholas Soames, l'uomo politico amico del principe Carlo, criticare ferocemente la principessa con quell'ipocrisia che sia lei che io avevamo imparato ad aspettarci e a odiare. Quando era necessario difendere il principe Carlo, Nicholas Soames veniva tirato fuori perché presentasse una discussione articolata con i suoi sproloqui anti-Diana. Il giorno dopo la principessa aveva il morale alto, sostenuta dall'adrenalina per la sua ultima mossa a sorpresa e anche dalla reazione positiva e la simpatia che aveva riscontrato sui giornali della mattina. Aveva corso un grosso rischio di PR, e tra il pubblico britannico era rimasta intatta la reputazione che aveva di «sopravvissuta reale». Ma quando aveva deciso ostinatamente di collaborare con Bashir, non aveva nemmeno preso in considerazione, forse ingenuamente, le ripercussioni che *Panorama* avrebbe avuto sul suo matrimonio. Il divorzio avrebbe bussato presto alla sua porta, ma per il momento era sulla cresta dell'onda mediatica. Aveva quasi un'aura di invincibilità. Sentiva che poteva sfidare chiunque e Tiggy Legge-Bourke era la prossima della lista.

Era il 14 dicembre 1995 e il pranzo di Natale per il personale, che riuniva sia quelli che lavoravano per il principe che per la Principessa di Galles, era organizzato al Lanesborough Hotel a Hyde Park Corner. Quel giorno il Boss si sarebbe trovata faccia a faccia con Tiggy Legge-Bourke.

«Vieni in macchina con me» disse la principessa. Percorremmo in auto la breve distanza, oltre Knightsbridge Barracks, attraverso Hyde Park, e superammo l'arco in pietra premendo un pulsante all'interno della macchina che attivava a distanza la sbarra del passaggio. «Mi piace questa piccola scorciatoia.» Era raggiante. Quando arrivammo era tardi, e il centinaio circa di ospiti stava già gustando il ricevimento prima del pranzo.

Quando entrammo nella sala tutte le teste si voltarono verso la principessa. «Rimani accanto a me e osserva» disse lei continuando a sorridere. Le sue gambe eleganti si fecero largo tra la folla con un obiettivo, seguendo una linea irregolare per arrivare a Tiggy Legge-Bourke che stava chiacchierando in fondo alla sala. Io le andavo dietro.

«Salve, Tiggy, come sta?» disse la principessa sorridendo. Prima che potesse rispondere, la principessa assunse un'espressione di ironico compatimento. «*Mi è tanto dispiaciuto* quando ho saputo del bambino.»

L'orrore congelò l'espressione di Tiggy mentre le lacrime le salivano agli occhi. Lasciò la sala accompagnata dal cameriere personale del principe Carlo, Michael Fawcett. Mi voltai verso la principessa. Si stava mescolando con il resto della folla. Il suo messaggio era stato sparato sul ponte del campo nemico. Bel lavoro, pensò la principessa.

«Hai visto la sua espressione, Paul? È quasi svenuta!» mi disse in seguito.

Il fulmine caduto a Lanesborough aveva trasmesso scosse telluriche attraverso Hyde Park fino a St James's Palace e Buckingham Palace. Il principe Carlo era livido di rabbia. La cosa arrivò anche alle orecchie della regina che ne fu scandalizzata. La ricaduta del caustico saluto della principessa provocò scosse successive nel sistema la settimana dopo, quando Tiggy Legge-Bourke istruì i legali perché negassero l'accusa con una dichiarazione che diceva: «circolano una serie di menzogne malevole... volgari insinuazioni sulla reputazione morale della nostra cliente. Queste insinuazioni sono assolutamente prive di qualsiasi fondamento».

La mossa della principessa aveva avuto l'effetto desiderato, accelerando l'indagine più che discreta svolta dietro le quinte dal segretario privato della regina, sir Robert Fellowes. Sir Robert telefonò personalmente alla principessa, che era anche sua cognata, quattro giorni dopo il confronto per arrivare al fondo di qualsiasi cosa avesse voluto alludere durante la conversazione con Tiggy Legge-Bourke. Aveva fatto scoppiare la bomba e, durante la telefonata, riferì le sue insinuazioni al braccio destro di Sua Maestà: che Tiggy aveva avuto una storia con Carlo e che aveva subito un aborto. Addirittura fornì una data precisa all'ufficio della regina.

«Ecco, ora è tutto ufficiale. Robert ha promesso di fare indagini» mi disse dopo la telefonata.

Di nuovo a Buckingham Palace, sir Robert Fellowes era l'uomo ideale per trattare una questione così delicata. Dopo aver parlato con la principessa, si mise al lavoro per accertare la verità.

Scoprì che Tiggy Legge-Bourke – che venne «interrogata approfonditamente» – era andata dal ginecologo due volte, una durante l'estate e una volta nell'autunno 1995, per quelli che vennero definiti «problemi femminili». Nell'autunno di quell'anno era stata in ospedale in due diverse occasioni.

Ma sir Robert concluse che l'insinuazione fatta dalla principessa era falsa. Il rigetto della sua accusa venne consegnato da un inserviente in uniforme che suonò il campanello e mi consegnò la lettera ufficiale.

La principessa l'aprì con il suo tagliacarte d'argento e mentre leggeva scosse la testa con aria di disapprovazione. «Tipico!» esclamò. «Paul, leggi.»

Sir Robert aveva scritto:

> Le tue insinuazioni su Tiggy Legge-Bourke sono completamente infondate. Il suo rapporto con il Principe di Galles non è mai andato oltre il rapporto professionale.
> Alla data dell'ipotetico aborto, era a Highgrove con William e Harry. È nel tuo interesse ritirare queste accuse. Hai fatto un terribile errore rispetto a tutta la vicenda.

L'accurata inchiesta sottolineava con enfasi che non c'era verità alcuna nelle sue accuse. Anzi, Robert Fellowes allegò una sua nota personale alla cognata per sottolineare quanto si fosse sbagliata: «Questa lettera viene inviata da una persona fermamente convinta che tu ti sia sbagliata completamente su questa vicenda; *devi* capirlo – per favore».

Col senno di poi, e con una valutazione obiettiva dei fatti, era impossibile che la principessa avesse ragione.

Alla fine del 1995, il segretario privato della principessa stava preparando una lettera. Patrick Jephson aveva deciso di lasciare Kensington Palace, un altro membro del personale che faceva il salto prima di esservi spinto. Tutte le linee di comunicazione erano state tagliate tra lui e la principessa. Era triste assistere alla fine di quel rapporto, perché non solo Jephson era stato un esperto nel suo lavoro, era stato anche vicino alla principessa. Una volta venni mandato da Asprey & Gerrard, i gioiellieri della Corona, per scegliere un paio di gemelli d'oro con le sue iniziali. La principessa consentiva anche che il venerdì lasciasse presto il lavoro per tornare solo il lunedì, in modo che potesse passare più tempo con la famiglia nel Devon. Ma nel 1995 si sentiva ignorato da qualsiasi decisione privata ed era all'oscuro della corrispondenza che la principessa aveva dirottato sul mio fax. Nello staff reale non c'è futuro per un dipendente che non vede e non sente. L'intervista a *Panorama* e l'incidente Tiggy Legge-Bourke erano state le mazzate finali. La sua breve lettera di dimissioni, che un giorno lasciò a Kensington Palace, riassumeva la sua amarezza. Diceva alla principessa che gli aveva negato tutti i normali mezzi di comunicazione con lei, facendolo sentire indesiderato.

«I topi abbandonano sempre la nave, Paul» commentò lei. «Sembra che dovrai fare da maggiordomo, dama di corte e segretario privato. Adesso sei tu al timone!»

Il compito sovrumano di gestire le PR della principessa, grazie a Dio, non era responsabilità mia. Quel fardello ricadde su una nuova assunta, Jane Atkinson, che aveva il compito di gestire le ripercussioni dell'incidente Tiggy Legge-Bourke. L'assistente del principe Carlo pretese le sue scuse, ma la principessa si rifiutò di cedere. Ormai pensava ad altro. Aveva ricevuto la sua bomba personale, consegnata a mano da un attendente in uniforme. La regina e il principe Carlo avevano sparato una doppia bordata contro Kensington Palace proprio prima di Natale. Sia la sovrana che l'erede al trono chiedevano il divorzio.

Divorzio era solo una parola e non una prospettiva per la principessa. L'aveva usata per minacciare il principe Carlo negli ultimi anni del loro matrimonio, gliel'aveva urlata in faccia per avere la sua attenzione, per ferire, come una bambina in piena crisi che minacci un genitore poco attento di scappare di casa, sapendo di non fare sul serio. A mano a mano che imparavo a conoscere e a capire la principessa, discutevo con lei su quanto si sentisse incompresa, quanto dolore avesse dovuto sopportare, e quanto la sua «tortura personale» – perché così la chiamava – avesse contribuito a farla diventare più forte. Ma una cosa che emergeva da tutte le nostre conversazioni sincere era l'amore che ancora nutriva per il principe Carlo, non importava quanto dolore le avesse inferto. La principessa aveva trovato libertà e sollievo nella separazione ma su una cosa era adamantina: «Di divorzio non se ne parla nemmeno».

Poi, una settimana prima che la principessa andasse a Sandringham House con William e Harry per il Natale, ricevette una lunga lettera che per la prima volta menzionava il divorzio. Non era del principe Carlo, era della regina e arrivò come un colpo di maglio il 18 dicembre 1995. Era la prima volta che la principessa avesse mai sentito la parola «divorzio» sulle labbra dei Windsor.

La regina aveva letto un libro che riportava il punto di vista della principessa, un altro che riportava quello del principe; aveva assistito alla confessione televisiva del figlio e a quella della nuora. La disintegrazione del matrimonio tra i principi di Galles avveniva pubblicamente. Come capo dello stato, la regina riteneva suo dovere assumere il controllo della situazione. Avevo portato la lettera alla principessa nel suo soggiorno ed ero tornato nell'office. Qualche minuto dopo, un grido familiare arrivò dalle scale: «Paul, vieni qui».

La principessa era sul divano e sembrava sul punto di scoppiare in lacrime. Sollevò lo sguardo con aria rassegnata, indicando con un cenno la scrivania dietro di lei. «Guarda cos'è arrivato» disse.

Sulla scrivania, esattamente nel posto in cui era stata letta, c'era una lettera con lo stemma rosso del Castello di Windsor; riconobbi la grafia caratteristica della regina. Cominciava, come sempre, «Carissima Diana» e finiva «Con affetto, Mamma». Ma quella lettera era diversa da tutte le altre che avevo letto e, come ex-valletto della regina, ero piuttosto a disagio mentre la leggevo.

Mi ritrovai a parlare alla nuca della principessa, che era rimasta seduta sul divano, ma sentivo il bisogno di esprimere il mio imbarazzo. «Non so se dovrei leggerla, c'è scritto "massima riservatezza"».

«Oh, Paul, leggila e basta. Che cosa farò? Che cosa penseranno gli altri?» disse sospirando.

Mentre leggevo lei saltò in piedi agitata e cominciò a camminare avanti e indietro. «Il primo ministro e l'arcivescovo di Canterbury! Il mio divorzio è stato discusso con John Major e George Carey prima di parlarne con me.»

La principessa era infuriata perché la regina aveva consultato il governo e la Chiesa per primi. Le questioni costituzionali non la riguardavano. «È il mio matrimonio e non riguarda nessun altro!» gridava. Ripensando a un altro passaggio della lettera disse: «Nell'interesse del paese, vero? E che dire dell'interesse dei miei figli?».

Sentiva che il suo divorzio, come il suo matrimonio, veniva trattato come una questione d'affari. Il tono della lettera della regina era comprensivo, garbato e senza collera, ma si avvertiva la suocera frustrata per il comportamento di entrambe le parti; sottolineava che un divorzio non poteva fare altri danni ai due ragazzi, che avevano già sofferto abbastanza negli anni precedenti.

La principessa non ne volle sapere e telefonò immediatamente alla regina a Buckingham Palace. Nel corso di una conversazione cortese, le chiese il motivo di tanta fretta per una decisione così importante. La regina la calmò e cercò di rassicurarla che non sarebbe stata spinta a prendere una decisione affrettata.

Ma il Boss non era rassicurata. Si mise a sedere alla sua scrivania e immerse il pennino nella bottiglietta di Quink. Scrisse una risposta immediata alla regina, dicendole che le serviva tempo. Ma ci sarebbe stato poco tempo per riflettere. Il giorno dopo una seconda bomba atterrò sul suo zerbino: una lettera del principe Carlo che chiedeva il divorzio.

Venni nuovamente invitato a leggerla. Il principe Carlo diceva che il matrimonio non aveva possibilità di recupero e che rappresentava «una tragedia personale e nazionale». Il divorzio era inevitabile e doveva essere fatto in fretta, scriveva. La principessa sospettava che la lettera rappresentasse un attacco a tenaglia da Buckingham Palace e da St James's Palace, concepito per farla cedere sotto la loro pressione congiunta.

La principessa appoggiò le due lettere sulla scrivania, la rossa di Windsor e la blu di Highgrove. «Che cosa vedi?» mi chiese. Era evidente ma io non lo notai. «Guarda.» Con il dito sottolineò una frase usata nella lettera della regina, poi lo stesso dito indicò una frase nella lettera del principe. Erano identiche, parola per parola, e si riferivano alla «situazione triste e complicata» del matrimonio reale. «Queste lettere sono state scritte e consigliate dalle stesse persone» disse la principessa con l'eccitazione di chi ha appena fatto una scoperta vitale. «Devono credermi stupida.»

Si mise a sedere e scrisse una risposta fulminante al marito; il ritmo della scrittura non riusciva a star dietro alla collera. La sua risposta era inequivocabile: «*La tua richiesta mi lascia molto perplessa. Non consento a un divorzio immediato!*».

Quella settimana, eventi ed emozioni arrivarono al culmine, con le accuse infondate su Tiggy Legge-Bourke che non erano approdate a niente e le lettere della regina e del principe Carlo. L'aspettava un altro difficile periodo festivo, reso ancor più delicato dalla richiesta di divorzio. Quella settimana precedente il Natale, dubito di aver mai visto la principessa tanto affranta. Le sue reazioni riassumevano una dicotomia: da una parte amava Carlo e si opponeva al divorzio, ma dall'altra aveva agito contro di lui con il libro di Morton e l'intervista a *Panorama*. Sospetto che cercando di ferirlo per provocare una reazione, la principessa ferisse se stessa. Era evidente che il principe Carlo era arrivato al limite della sopportazione.

La comunicazione tra il principe e la principessa non era mai stata così ai minimi termini. La principessa chiedeva incontri a tu per tu, ma il principe voleva che ci fosse qualcuno a prendere appunti. Lei rifiutò e il 1995 si concluse con una situazione di stallo. Il principe voleva il divorzio, la principessa voleva restare sposata.

In quel periodo divenni la sua stampella. Era demoralizzata e sentiva che il suo mondo stava per essere sconvolto e che le avrebbero tolto ogni ruolo. Le lettere sul divorzio la lasciarono a pezzi. Si rannicchiò sul divano, prese la testa fra le mani e cominciò a singhiozzare. Che cosa doveva fare un maggiordomo? Rimanere lì in piedi?

In assenza di William – una grande fonte di conforto per sua madre quando era afflitta – io mi accertavo che la scorta di Kleenex fosse a posto; le restavo accanto ad ascoltare e facevo in modo che non restasse sola nella sua sofferenza. Non vedevo piangere la Principessa di Galles; vedevo una donna ferita, vulnerabile, che piangeva e aveva bisogno di conforto. La regina non avrebbe mai mostrato tanta emotività con me, nessun valletto avrebbe mai avuto la temerarietà di passarle un braccio intorno alle spalle. Ma io avevo un rapporto molto più caldo, più intimo con la principessa, che era una persona che amava il contatto fisico. Quando era ferita era come una bambina, e vedere il suo dolore mi spinse a fare qualcosa, invece di starmene a guardare imbarazzato. Sedetti accanto a lei, le circondai le spalle con un braccio e cercai di dirle che tutto si sarebbe risolto per il meglio, che era una sopravvissuta, che era forte, che il popolo britannico la sosteneva. L'ascoltai per diverse ore e, come avveniva quando guardavamo *Breve Incontro*, alla fine ridevamo tutti e due.

Quando i nostri rapporti si fecero più intimi, restavo con lei finché non ero sicuro che sarebbe stata bene anche da sola. Ma persino quando me ne andavo per tornare a casa, continuavo a preoccuparmi. In certe occasioni, si svegliava alle due o alle tre di notte e aveva bisogno di parlare con qualcuno. Io l'ascoltavo e tornavo al lavoro per la prima colazione.

Quel Natale, la principessa mi scrisse una lettera, datata 27 dicembre 1995, che ancora oggi custodisco gelosamente. Durante il mio processo all'Old Bailey nel 2002, quando qualche malinformato, inasprito e ignorante, insinuò che io non fossi niente più che un maggiordomo per la principessa, che la mia intimità con lei era frutto della mia immaginazione, continuavo a rileggere quel biglietto. Nel momento più duro della mia vita, toccava alla principessa, attraverso le sue parole, confortarmi:

> Una lettera che ti dovevo da tempo per ringraziarti profondamente di tutto quello che hai fatto per me e, in particolare, da agosto. La tua presenza si è dimostrata inestimabile tra tutte le mie lacrime e le frustrazioni, e volevo dirti che apprezzo enormemente il tuo sostegno. Il 1996 sarà un anno felice e lo aspetto con ansia... grazie, con affetto – Diana.

10.
Il divorzio

Nell'incontro a tu per tu con la regina a Buckingham Palace, la principessa sapeva che non poteva trovare un'opportunità migliore per porle una domanda che continuava a tormentarla da quando il principe Carlo aveva confessato pubblicamente di avere una relazione con Camilla Parker Bowles. «Significa che Carlo si risposerà?» domandò.

«Credo che sia molto improbabile» rispose la regina.

Se il Boss era andata all'incontro cercando di strappare delle concessioni, quell'assicurazione dal livello più alto la fece sentire più sicura nel futuro, se proprio doveva contemplare il divorzio.

Era la tarda mattinata del 15 febbraio 1995 e la principessa era nel salotto di Sua Maestà per un incontro che il principe Carlo sperava mettesse fine allo stallo sulla questione del divorzio che tutti, tranne la principessa, volevano. Il giorno prima aveva mandato al marito separato un biglietto di San Valentino firmato «con amore, Diana». Cupido li aveva abbandonati da tempo, perché la loro causa era senza speranza, ma la principessa sino alla fine non si adeguò, persino mentre il sistema la costringeva a mollare la presa su un matrimonio che aveva così ostinatamente rifiutato di lasciare andare. Non smise mai di amare il principe Carlo. Sentiva che la stavano costringendo ad arrendersi. Ma persino quando si trovò davanti all'evidenza dell'irreparabilità del danno, non si rese mai conto dell'inevitabile.

Ma l'incontro con la regina era la sua prima opportunità di parlare apertamente e con franchezza alla suocera da quando le lettere del divorzio erano cadute sul suo tappetino; non voleva che qualcuno si facesse illusioni. «Non voglio il divorzio. Amo ancora Carlo. Nulla di quanto è accaduto è colpa mia» disse la principessa. La sua posizione fu cristallina sin dall'inizio di quella che diventò una conversazione pratica ma amichevole. Non poteva essere altrimenti, dato che il segretario privato della regina, Robin Janvrin, era presente per prendere appunti. Gli avvocati di Buckingham Palace erano preoccupati perché «le bulimiche riscrivono la storia in ventiquattr'ore».

La principessa non voleva che qualcuno prendesse appunti durante un incontro privato di famiglia ma qualcuno temeva che potesse cercare alleati tra i media. Robin Janvrin sedeva accanto alla regina per preservare la verità. Quando tornò a Kensington Palace, la principessa trovò me per lo stesso genere di protezione.

Mentre la principessa parlava del suo profondo dispiacere per la rottura del matrimonio, sembrava che la regina l'ascoltasse favorevolmente. In effetti sottolineò che, nel corso degli anni, aveva cercato di fare tutto il possibile per tentare di essere d'aiuto, come pure il Duca di Edimburgo.

Ma la principessa, che non dubitò mai che i suoceri avessero fatto uno sforzo sostanziale, a differenza del figlio, sentiva che altri, gelosi del suo lavoro nella vita pubblica, erano fin troppo felici di vederla messa da parte. La principessa diede voce ad anni di sospetti ed emozioni davanti alla regina, e non era la prima volta. Sapeva che poteva parlare apertamente con lei. Risposte e soluzioni arrivavano raramente, ma Sua Maestà offriva sempre un orecchio comprensivo, anche quando la complessità della situazione la frustrava. Nel corso degli anni mi disperavo quando i giornalisti e gli «esperti» reali «a conoscenza dei fatti» dichiaravano che la principessa e la monarca avevano sputato veleno sull'altra o, come una volta suggerì il «Daily Mirror», «Diana respinse la mano tesa dalla regina in segno di amicizia... e le due donne divennero nemiche». Non furono mai nemiche.

Fino alla morte della principessa, nel 1997, la regina e la principessa si scambiarono diverse lettere. Due icone reali diverse, di generazione diversa, si sforzavano di capirsi. La questione per cui condividevano un identico interesse era il benessere di William e Harry. Nel corso di quell'incontro, la regina rassicurò la principessa che non doveva preoccuparsi del benessere o della custodia dei due giovani principi. «Qualsiasi cosa possa succedere in futuro, nulla cambierà il fatto che tu sei la madre di William e Harry. La mia unica preoccupazione è che i bambini sono stati sul campo di battaglia di un matrimonio fallito» disse.

A mano a mano che l'incontro andava avanti e la penna del signor Janvrin rimaneva in attesa, alla fine la principessa acconsentì al divorzio, ma volle che anche il suo dolore venisse messo agli atti. Disse: «Mamma, ricevere la tua lettera e quella di Carlo quasi lo steso giorno, prima di Natale, è stata dura. Era la prima volta che Carlo accennava al divorzio, e le lettere che ho ricevuto da allora non sono state d'aiuto».

La regina ne convenne. «Il recente scambio di lettere non ha portato alcun risultato, ma quanto ho scritto prima di Natale rimane il mio punto di vista. La situazione attuale non fa bene a nessuno, né al paese, né alla famiglia o ai bambini.» La sovrana insisteva, usando la sua migliore diplomazia, perché le pratiche del divorzio cominciassero presto. Non si poteva tornare indietro.

Ma capiva perfettamente le preoccupazioni della principessa per il futuro. In seguito la principessa disse che la regina aveva dimostrato la stessa sensibilità e gentilezza che il Duca di Edimburgo aveva manifestato nelle sue lettere del 1992. Nella primavera del 1996, la principessa pensava di aver avuto più discussioni costruttive con sua suocera di quanto avrebbe mai potuto avere con suo marito.

Poi l'incontro aveva toccato le questioni del futuro e del titolo della principessa, un argomento delicato che nei giorni seguenti divenne oggetto prioritario delle congetture dei media. La principessa sosteneva di non essersi offerta di rinunciare al titolo di «Altezza Reale» perché era troppo importante per lei. Poi Buckingham Palace diffuse una dichiarazione. «La decisione di rinunciare al titolo è della principessa e solo sua.»

È vero che la principessa all'inizio aveva sollevato la questione del suo ruolo futuro. Disse alla regina: «Ho lavorato duramente per sedici anni per te, mamma, e non voglio vedermi privare della mia vita. Voglio proteggere la mia posizione pubblica. Voglio essere in grado di difendere la mia vita». Poi aggiunse: «Sono veramente preoccupata per il futuro, e tu hai tutte le risposte, mamma».

La regina accettò il suo punto ma disse: «Vorrei decidere dopo essermi consultata con Carlo. Anche il titolo è una questione da discutere con Carlo». Poi aggiunse: «Personalmente ritengo che il titolo "Diana, Principessa di Galles" sarebbe più appropriato».

La questione dello status di Altezza Reale rimase incerta finché sia la regina che la principessa poterono parlarne con il principe Carlo. Quello che è certo è che il titolo con cui in seguito la principessa sarebbe stata conosciuta, era un seme gettato dalla regina.

Quel giorno molte cose vennero discusse: alla principessa venne rifiutato un ufficio a Buckingham Palace e lei spiegò alla regina le ragioni alla base dell'allontanamento di Patrick Jephson. Mentre l'incontro si prolungava, la principessa espresse la propria preoccupazione per la sicurezza di William. Era preoccupata perché il figlio maggiore e il principe Carlo viaggiavano sullo stesso aereo: in caso di disastro o di incidente in volo, sarebbero rimasti coinvolti entrambi.

La regina rispose: «Questo problema esiste solo per le vacanze e poi è una questione che riguarda solo chi vola sulle linee pubbliche; la flotta reale è sicura. Probabilmente non c'è da preoccuparsi un granché».

Alla fine dell'incontro, la regina desiderava che la principessa sapesse che lei era sempre a disposizione per lei. «Questa è una questione particolarmente difficile per me personalmente, ma la situazione deve essere risolta per il bene di tutti» spiegò.

Il dovere e la protezione degli interessi del paese aveva nuovamente posto la regina nella poco invidiabile posizione di mediatrice tra figlio e nuora. La principessa accettava il fatto che la regina dovesse essere ferma, ma non riusciva a capacitarsi di quanto fosse stata premurosa. «Voglio solo un accordo amichevole, mamma» disse la principessa. «Non voglio creare difficoltà.»

Non potevo immaginare la vita senza la principessa.

«La roccia di Diana» è una definizione che qualcuno prenderà per buona e qualcun altro commenterà con disprezzo, ma era l'etichetta che lei mi aveva attribuito quando parlava con i suoi amici. Eppure con me non la usò mai direttamente. A Kensington Palace mi descriveva così: «Paul, tu sei il mio terzo occhio»; «Sei al timone della mia nave». Oppure, quando era con la sua amica Susie Kassem, io ero «il mago Merlino». È anche vero che spesso mi diceva: «Ah, sei un tale rompiballe!» quando le proponevo un consiglio poco gradito, o avevo sistemato disordinatamente i fiori in soggiorno oppure le stavo semplicemente tra i piedi.

Ma sapevo anche quando essere presente, quando lei voleva compagnia per parlare. Ero lo stesso istinto che mi diceva quando voleva caffè o succo di carota. L'arte di essere un bravo domestico è quella di anticipare le mosse e sapere cosa vuole il padrone o la padrona prima che lo sappiano loro stessi. O, come la governante, la signora Wilson, dichiara nel film *Gosford Park*: «Essere un domestico perfetto significa non avere una vita personale». Probabilmente Maria sarebbe stata d'accordo.

Sapevo quando la principessa era giù di corda, quando la vita la sopraffaceva. In quelle occasioni mi limitavo a manifestare la mia presenza: apparivo in soggiorno mentre lei era seduta sul divano, aspettavo nel passaggio ad arco che portava al suo spogliatoio o accanto al buffet in sala da pranzo mentre lei mangiava, appoggiato al corrimano del primo piano mentre lei correva dalla camera da letto al soggiorno. In quelle occasioni mi chiamava la sua «lavatrice emotiva» – «Posso tornare a casa, raccontarti tutto e cancellare tutto quanto» diceva.

La principessa usciva e assorbiva la pena, il dolore, le gravi condizioni e le sofferenze durante le sue visite ai senzatetto, ai malati, ai moribondi e ai poveri, e tornava a Kensington Palace con quel fardello ma soddisfatta, perché in una giornata di lavoro aveva colmato di amore e affetto le persone che contavano. Se a questo si aggiungono le sue insicurezze, paure e problemi personali, il risultato era un sovraccarico emotivo. Di solito arrivava a Kensington Palace e correva sulle scale gridando: «Dammi cinque minuti, devo parlarti – *devo* parlarti».

Io accendevo il bollitore, preparavo due tazze di caffè e rimanevamo a chiacchierare per più di un'ora. O altrimenti ascoltavo la principessa mentre mi raccontava le cose più tristi che aveva visto, o del momento emozionante quando gli occhi di un bambino malato si erano spalancati a guardarla. Alla principessa salivano spesso le lacrime agli occhi mentre ricordava esperienze traumatiche in un ospedale, in una clinica per malati terminali o in un centro medico. Era come se parlare con me fosse una liberazione emotiva. Poi prendeva il telefono e chiamava un'amica, la guaritrice Simone Simmons o la sensitiva Rita Rogers.

William cresceva e la principessa decise di avere con lui delle serie conversazioni da madre a figlio. Pensava che avesse una mente saggia su spalle ancora molto giovani, e aveva cresciuto i suoi figli perché fossero sensibili, premurosi e in contatto con le loro emozioni. Ma confidava a William i suoi problemi e la sua vita e lui prese l'abitudine di confortarla; aveva un'aria matura che contrastava con i suoi anni. Dovette farsi carico di molte delle emozioni materne in giovane età, ma la principessa non voleva nascondergli nulla. Voleva che sapesse tutto quello che doveva sapere in modo da evitare in futuro una distorsione dei fatti da parte della stampa o della famiglia in generale.

Un venerdì, William tornò a casa come al solito per un permesso dalla scuola, accompagnato dal suo amico Sam. L'agente di polizia addetto alla protezione, Graham Cracker, li aveva portati a palazzo e William era schizzato oltre la porta d'ingresso e su per le scale gridando: «Mammaaaa!».

Ormai era alto quasi la principessa e quando sorrideva rivelava l'apparecchio per i denti. Sua madre, che era in attesa di sentire il rumore delle ruote sulla ghiaia, corse fuori sul pianerottolo e lo abbracciò. Indipendentemente da quanto fossero cresciuti, la principessa coccolava i suoi ragazzi con baci e abbracci. Quel fine settimana, William si staccò dalla madre e corse nel soggiorno dei ragazzi per buttarsi sul divano verde sistemato davanti alla televisione con il suo amico. Il fracasso dei giochi d'azione alla Play Station e gli strilli dei due contendenti di colpo interruppero il silenzio di Kensington Palace. La principessa era felice quando i suoi ragazzi tornavano a casa; la loro naturale esuberanza riportava la gioia negli appartamenti.

Sam, l'amico di William, vedeva Kensington Palace con gli occhi di un giovane estraneo. Willliam e Harry erano abituati a me – facevo parte della mobilia. Erano i loro amici di scuola, ragazzi come Sam, che sembravano trovare strano che il maggiordomo fosse una presenza costante negli appartamenti privati della principessa. Dal venerdì fino alla loro partenza, la domenica, Sam mi vedeva dappertutto. William fece irruzione in soggiorno senza preavviso, seguito da Sam. «Oh, scusa, mamma.» Io ero seduto accanto alla principessa, appollaiata all'estremità del divano, voltata a metà verso di me, ed eravamo immersi nella conversazione.

Mentre William si ritirava educatamente, sentimmo Sam chiedergli: «Perché *lui* è sempre là dentro?».

La risposta di William fu molto pratica. «Oh, è solo Paul. È sempre qui.»

Un posto dove si poteva essere sicuri di trovare la principessa era la sua scrivania. Come prolifica scrittrice di lettere, lì si sentiva pienamente a suo agio. Durante le nostre conversazioni, a volte si sforzava di trovare le parole per descrivere un'esperienza o le sue emozioni, ma con una penna in mano trovava le parole per esprimersi. Se mi ha insegnato qualcosa, è stata la stessa lezione che ha insegnato a William e Harry: scrivere sempre biglietti di ringraziamento: per il tempo dedicato, per i regali, per l'ospitalità, per i consigli o per l'amicizia della gente. Diceva che una cosa che le avevo insegnato era di mettere sulla carta i suoi pensieri alla fine delle nostre tante conversazioni. «Imparate a conoscere le vostre emozioni. Può essere terapeutico» le avevo detto. Sapevo quanto fosse importante mettere tutto per iscritto, perché la regina teneva un diario con la sua personale visione della storia. Come icona reale la principessa viveva episodi straordinari, mai come nella metà degli anni Novanta. Dato che, a quanto pareva, molti diffondevano informazioni contro di lei, doveva documentare accuratamente la verità.

La mattina, dopo una delle nostre sedute, entravo nell'office e trovavo una busta sul tampone di carta assorbente rivestito di pelle verde sulla mia scrivania. All'interno la principessa aveva scritto i suoi pensieri sulla sua carta da lettere bordata di rosso. Aveva riflettuto sulla nostra conversazione, sui consigli ricevuti, sulle opinioni che si era rifiutata di modificare. Quelle lettere divennero un supplemento regolare alle nostre conversazioni.

Spesso mi mostrava una lettera, come quelle sul divorzio della regina e del principe Carlo, e poi la riprendeva ma, in certe occasioni, quando pensava che «la verità deve stare al sicuro», la trascriveva e me la consegnava. Divenni il depositario delle verità reali, distinte dai segreti più intimi che non vennero mai scritti e rimasero chiusi nel mio cuore. Ogni lettera cominciava invariabilmente con: «Sono qui seduta...». Quei messaggi sono il suo testamento: sono decisivi per le verità che racchiudono il suo ricordo e sfatano i miti dannosi che sono stati fatti circolare dal giorno della sua morte.

Il 28 febbraio 1996, Kensington Palace rilasciò una dichiarazione: «La Principessa di Galles ha consentito alla richiesta di divorzio del principe Carlo. La principessa manterrà il titolo e avrà l'appellativo di Diana, Principessa di Galles».

L'annuncio avvenne in seguito a un incontro tra il principe Carlo e la principessa. Ma era stata una lettera del principe, ricevuta quella settimana, a convincere la principessa ad alzare bandiera bianca. Nulla avrebbe potuto far cambiare idea al principe, esausto a furia di discutere che cosa fosse andato male e di chi fosse la colpa. «*Cerchiamo di andare avanti, di non guardare indietro e di smettere di farci del male*» l'esortò, e la principessa acconsentì. Una volta eliminato l'ostacolo della loro reciproca ostinazione, gli avvocati cominciarono a lavorare allo scioglimento di quel matrimonio fiabesco. Per tutta la primavera di quell'anno, la principessa rimase in comunicazione con la regina.

Una volta raggiunta una decisione, la principessa sembrava più forte psicologicamente. Dopo anni e mesi di rifiuto del divorzio, in qualche modo sembrava aver trovato una scorta di energia mentale. «Sono concentrata, Paul» diceva. «Sento fortemente il senso della mia responsabilità pubblica. Ho le idee chiare, sono motivata e voglio andare avanti senza impedimenti.»

In maggio, mentre gli avvocati mettevano a punto un accordo e il compromesso di divorzio, il Principe e la Principessa di Galles fecero buon viso a cattivo gioco per William e parteciparono insieme all'annuale giornata dei genitori a Eton. La principessa voleva andarci per il figlio maggiore, ma aveva temuto quell'occasione perché sapeva che sarebbero venuti anche gli amici del marito, i Knatchbull e i Romsey, dato che anche i loro figli frequentavano Eton. La principessa voleva arrivare con il marito, ma la sua richiesta venne declinata. «Sono stata trattata con freddezza sin dal primo momento del mio arrivo, da tutti, anche da Carlo» mi disse in seguito.

Al momento dell'aperitivo prima di pranzo, la principessa socializzò per conto suo, sorrise e chiacchierò con tutti, forte e sicura fino alla punta dei capelli, nascondendo il suo grande disagio. Durante il concerto che seguì, la disposizione dei posti fu il colpo finale. La principessa avrebbe voluto sedere accanto al principe Carlo ma si trovò seduta accanto al rettore, mentre il principe sedeva all'altra estremità della corsia di passaggio tra i tavoli con la moglie del rettore. Non ho intenzione di tollerarlo, pensò la principessa.

Si alzò, attraversò la corsia e si avvicinò alla moglie del rettore: «Mi scusi, potrei scambiare il posto con lei in modo da sedermi accanto a mio marito?».

La moglie del rettore non poteva certo rifiutare e la principessa aveva mandato a segno un piccolo colpo che era passato inosservato a tutti ma non al principe. E non aveva finito di rubargli la scena. L'umiliazione non faceva per lei. La principessa si assicurò che fuori dalla scuola gli operatori della BBC e della ITN fossero pronti in attesa.

Mentre il Principe e la Principessa di Galles uscivano dalla scuola come due genitori orgogliosi e si separavano per andare ognuno per la sua strada, la principessa corse alla macchina del marito, gli posò una mano sulla spalla e lo baciò sulla guancia mormorando: «Arrivederci, caro».

Quella rara dimostrazione di un fronte unito finì su tutti i notiziari della sera e i titoli di testa del giorno dopo gridavano: «UN BACIO È SOLO UN BACIO».

«Ora Camilla sa cosa significhi stare dall'altra parte» disse la principessa a colazione la mattina dopo. Aveva mantenuto un comportamento garbato durante le procedure per il divorzio, ma non era obbligata a essere anche clemente.

Il 30 maggio 1996 il divorzio del Duca e della Duchessa di York divenne definitivo. La duchessa corse a Kensington Palace, spogliata quel giorno del suo status di Altezza Reale e rimasta con il nuovo titolo di Sarah, Duchessa di York. Rideva per i titoli di testa di quella mattina. «Gliela faremo vedere!» disse. In un momento triste per entrambe, quella risata di complicità era il tributo di due donne che si rifiutavano di subire passivamente e arrendersi davanti alla «Ditta».

Come la principessa, anche la duchessa si sentiva sollevata da quel senso di libertà ritrovata. Anche lei aveva una determinazione interiore che l'aiutava a sopravvivere contro «i leguleii» che, pensava, continuavano a minare la sua posizione.

La duchessa era abbastanza forte da accettare il fatto di essersi sforzata di soddisfare le aspettative che le erano state riversate addosso. Aveva «vagato senza bussola», aveva dovuto affrontare una stampa velenosa e nemici crudeli all'interno della famiglia e dello staff reale. Ma era comunque una sopravvissuta. Sembrava esserne consapevole persino il giorno in cui venne concesso il divorzio. «Alla fine vinceremo, vero Paul?»

«Continuate a sorridere e ad avanzare a testa alta» risposi, e lei entrò leggera in soggiorno per andare dal Boss. Quell'estate la principessa e la duchessa andarono in vacanza con i figli in un rifugio di montagna nel sud della Francia. Nel condividere le loro esperienze, le loro lotte e il loro dolore, non erano mai state più vicine. Più sorelle che ex-cognate, ciascuna imparava a sopravvivere secondo il proprio modo indomito. E poi, entrambe avevano un nuovo uomo nella loro vita e sembravano di nuovo felici.

Il piano di sopravvivenza personale della principessa consisteva per lo più nel creare un nuovo futuro e dare un nuovo corso alla sua vita. Sarebbe sempre rimasta fissa a Londra e a Kensington Palace per William e Harry, ma cominciò a cercare una casa per le vacanze e una base all'estero da dove potesse pianificare una campagna umanitaria su scala mondiale. «Paul, ti piace l'Australia?» mi chiese la principessa agli inizi di un mese di giugno straordinariamente caldo, nel 1996. Mi chiese cosa pensassi della vita agli antipodi, e io le parlai dei miei viaggi all'altro capo del mondo al seguito della regina. «Sono stato in tutti gli stati e probabilmente il New South Wales è quello che preferisco» le dissi.

Lei sedeva sul divano, sfogliando una serie di opuscoli e pubblicazioni di proprietà immobiliari che le aveva mandato la sua amica erborista Eileen Whittaker, amica anche della Duchessa di York. «Prenderesti mai in considerazione l'ipotesi di viverci?» chiedeva.

Sapevo che alla principessa piaceva stupire ma nel corso degli anni nulla di quanto aveva fatto mi aveva mai veramente shockato. Fino a quel momento. La guardai come se avesse detto una battuta. «Dico sul serio!» protestò.

«Be', è un po' troppo lontano da casa per me» dissi.

«Lo so, lo so» rispose chiudendo di scatto l'opuscolo; dopo di che cambiò argomento.

Le risate a Kensington Palace erano in netto contrasto con i silenzi all'Old Barracks. Senza un secondo maggiordomo a cui appoggiarmi, nessuna dama di corte e segretario privato a tempo pieno, il lavoro era un vortice ininterrotto che continuava a farmi correre di qua e di là, lontano da casa. Passavo troppo tempo al lavoro e lo sapevo; uscivo di casa alle otto di mattina e non tornavo prima delle undici passate. Quando tornavo, Maria dava il benvenuto a un marito emotivamente svuotato, esausto e irritabile. Alexander e Nick mi vedevano solo la domenica o quando la principessa li invitava a giocare a palazzo. La vita di famiglia ne risentiva. Dal giorno in cui la principessa, a febbraio, aveva annunciato di aver acconsentito allo scioglimento del suo matrimonio, io avevo vissuto, mangiato e dormito con il dramma del divorzio al suo fianco, condividendo con lei i traumi, gli incontri legali e il turbamento che l'imminenza di un cambiamento burrascoso può provocare.

«Mentre tu ti preoccupi per la distruzione di una famiglia, a questa famiglia bisognerà ricordare com'è fatta la tua faccia» disse Maria. «Non è vero che ci sono tre persone nel matrimonio del Principe e della Principessa di Galles. Ci sono tre persone nel *nostro* matrimonio: tu, io e la principessa. Non ne posso più, Paul.»

Nella famiglia Burrell un altro matrimonio era in condizioni di gran lunga peggiori. Mio fratello Graham aveva confessato di avere una relazione e sua moglie Jayne se n'era andata di casa con i due figli. Graham mi telefonò nell'office, pieno di rimorsi, in lacrime; il matrimonio sembrava finito una volta per tutte. Eravamo una famiglia unita e la rottura di quel matrimonio occupava i miei pensieri più del divorzio del principe e della principessa. Il giorno della telefonata di Graham il Boss notò che ero giù di morale quando le servii la cena. Dai barbecue a cui avevamo partecipato a Highgrove sapeva quanto fossi legato a mio fratello.

Quando ebbe finito di mangiare disse: «Posso avere il numero di telefono di Graham? Vorrei chiamarlo».

Quella sera prese posto alla sua scrivania e compose il numero di casa di mio fratello a Grassmoor, vicino a Cherster-field. Quando rispose, io ero seduto sul divano davanti alla televisione.

«Ciao, Graham, sono Diana. Paul è piuttosto giù, quindi immagino che anche tu lo sia» disse.

Graham non poteva credere che fosse proprio lei; nessuno al lavoro gli avrebbe creduto se avesse detto che la Principessa di Galles gli aveva telefonato nella sua villetta a schiera in qualità di consulente matrimoniale, disse. Il Boss fu brillante. Lo ascoltò e gli rivolse parole di conforto, dicendogli che sapeva bene quanto fosse difficile quando un matrimonio va a rotoli. Gli fece molte domande sull'amore, sul matrimonio, sull'altra donna, sul futuro, e gli telefonò alte tre volte nelle due settimane seguenti. Non usò mezzi termini e disse a Graham quanto fosse stato stupido, ma se amava ancora sua moglie doveva convincerla a tornare. Graham fece proprio così, assistito dalla principessa, e ancora oggi le riconosce il merito di aver salvato il suo matrimonio.

Con suo eterno rammarico, il matrimonio che non poteva essere salvato era proprio il suo. Dal mese di febbraio, ogni martedì sera lord Mishcon si era presentato alla porta d'ingresso. Era un uomo piccolo e cortese che, secondo la principessa, aveva una mente geniale per le questioni legali. Era anche di piacevolissima compagnia. In quei primi mesi invernali, io aprivo la porta, lui entrava e si toglieva il cappello. Quando stringeva la mano alla principessa, diceva spesso: «Scusate la mano fredda di un vecchio, signora. Vi assicuro che il cuore è caldo». Prima che l'avesse messa al corrente delle ultime novità dei negoziati con lo studio di suo marito, era già riuscito a farla sorridere. Quella estate, Anthony Julius, un altro avvocato dello stesso studio, fu latore di buone e cattive notizie. Per la fine di giugno una piccola questione tecnica doveva essere appianata.

L'accordo di divorzio stabiliva che la principessa avrebbe ricevuto una somma forfait di 17 milioni di sterline. In cambio il Principe di Galles aveva fatto le sue richieste: voleva indietro un paio di acquerelli di lontani parenti tedeschi, un paio di sedie (del 1780 circa) e tutta l'argenteria Giorgio III che usavamo quotidianamente.

Il primo luglio cominciò un flusso costante di fiori, regali e biglietti per il trentacinquesimo compleanno della principessa.

Un ammiratore inviò due mazzi di rose rosse a stelo lungo, trentacinque in tutto. Ma due giorni prima, il sabato, c'era stata una sorpresa ancora maggiore. Il campanello all'entrata squillò. Non aspettavamo nessuno e girai la maniglia di ottone, chiedendomi di chi potesse trattarsi.

L'ultima persona che mi sarei aspettato di vedere era l'erede al trono. Il principe Carlo era passato senza preavviso. «Ciao, Paul, posso entrare?» disse. Doveva prendere un elicottero dal paddock, il recinto per i cavalli oltre le scuderie in alto, sul retro del palazzo, ma era presto, così aveva deciso di andare a trovare la moglie separata.

«Altezza Reale, credo che conosciate la strada.» Lui sorrise e salì le scale. Io ero sorpreso, ma non vedevo l'ora di vedere la reazione del Boss.

«Diana, ci sei?» chiamò il principe Carlo salendo le scale mentre io lo seguivo.

Incontrò la principessa, piuttosto sorpresa, sul pianerottolo del primo piano e si salutarono con un bacio sulle guance. Lei si voltò a guardarmi e spalancò gli occhi fingendo orrore. Poi non poté resistere alla tentazione di rompere il ghiaccio con il suo solito humour. «Suppongo che sia venuto a portare via i mobili, Carlo!»

Marito e moglie, seppur alle prese con un divorzio piuttosto delicato, risero insieme per la prima volta dopo un'eternità. Se solo l'avessero fatto più spesso in pubblico!, pensai. Quei due andavano d'accordo, anche se solo come amici. Era una scena bizzarra e anche triste: percepivo un'ondata di eccitazione da parte della principessa, la vidi ricaricarsi di colpo di energia. L'atmosfera era molto cordiale, rilassata e cortese. Scesi al piano inferiore per preparare una tazza di tè per il principe, proprio come amava berlo a Highgrove: Earl Grey, forte, con una goccia di latte.

A metà luglio Buckingham Palace annunciò che era stato emanato un decreto provvisorio. Lasciava una questione in sospeso: lo status di Altezza Reale della principessa. All'inizio la regina aveva suggerito il titolo Diana, Principessa di Galles, ma la questione del «Altezza Reale» era rimasta irrisolta. Quello che so è che la principessa telefonò a suo cognato, il segretario privato della regina, sir Robert Fellowes, per chiedere di poter conservare il titolo di Altezza Reale. La sua richiesta venne declinata. Avrebbe ricevuto la somma forfait di 17 milioni di sterline ma a prezzo della perdita dello status reale. La principessa non era tipo da tenere alle formalità, ma era un titolo importante perché, ai suoi occhi, era un titolo speciale che le era stato assegnato al momento del matrimonio e sembrava una cattiveria revocarlo. Sentiva che faceva parte della sua identità reale e lei aveva lavorato per molti anni come altezza reale. Quando la decisione finale venne presa dietro le quinte, la principessa era distrutta.

Nella sua pena la principessa si rivolse a William. Mi raccontò che una sera era turbata per la perdita del titolo di Altezza Reale, e William si era seduto accanto a lei e l'aveva abbracciata dicendo. «Non preoccuparti, mamma, te lo restituirò io un giorno, quando sarò re», il che la fece piangere ancora di più.

Quando le lacrime si esaurirono, la principessa cominciò a firmare oltre un centinaio di lettere stampate per istituti di beneficenza, reggimenti e organizzazioni a cui apparteneva, spiegando che, dato che non sarebbe più stata Altezza Reale e membro della famiglia reale, non era più in grado di esercitare la funzione di patrona reale. Interruppe i rapporti con la Croce Rossa e Help the Aged. Invece di mettere troppa carne al fuoco, la principessa riteneva che sarebbe stato più efficace concentrarsi su un nucleo più ridotto di organizzazioni, così mantenne i legami con il National Aid Trust, Centrepoint, Great Ormond Street Hospital, Leprosy Mission e l'English National Ballet.

Nel frattempo l'ufficio della principessa si era trasferito con armi e bagagli da St James's Palace al pianterreno dell'appartamento numero 7 a Kensington Palace. Le era stato rifiutato un ufficio a Buckingham Palace, perché la regina pensava che era meglio che la principessa fosse indipendente. Così l'appartamento 7 divenne ufficialmente l'ufficio di Diana, Principessa di Galles, di cui era responsabile il revisore dei conti Michael Gibbins.

Una complicazione dovuta alla perdita del titolo di Altezza Reale era che in base al protocollo la principessa sarebbe diventata un'estranea che avrebbe dovuto fare l'inchino ai membri della famiglia reale che ancora portavano il titolo. La ex-futura Regina d'Inghilterra ora doveva subire l'umiliazione di inchinarsi davanti al Duca e alla Duchessa di Gloucester e alla principessa Alexandra. Ma trovò sostegno da un ramo improbabile della famiglia reale. La sua vicina della porta accanto, dell'appartamento numero 10, Sua Altezza Reale la Principessa di Kent, scrisse una lettera sincera che toccò la principessa. «Paul, guarda questa. È stata veramente cara» disse.

> Mi ha inorridito venire a sapere dalla stampa che, dato che ti hanno tolto il titolo, dovresti farmi l'inchino quando mi incontri in pubblico... Dichiaro con la massima energia che per me sarebbe causa di grande disagio, per cui ti prego di non prenderlo neanche in considerazione. Ho sempre ammirato il tuo coraggio e la tua forza. Se Carlo ti avesse amata sin dall'inizio, questa situazione non si sarebbe mai creata. Avrai sempre il mio sostegno.

La lettera della Principessa di Kent fu un'iniezione di energia. L'unica cosa che potevo fare, insieme agli altri suoi amici, era rassicurare la principessa che lei era di gran lunga più grande di qualsiasi combinazione di iniziali. Le dissi: «Voi non avete bisogno di un titolo. Ovunque andiate nel mondo, siete conosciuta come Lady D. – e questo nessuno può togliervelo. E poi, per me voi sarete sempre Vostra Altezza Reale».

E tenni fede alla mia parola per quello che sarebbe stato l'ultimo anno della sua vita. Tutte le mattine, quando la salutavo a colazione, appoggiavo il bricco del caffè sul tavolo e dicevo: «Buongiorno, Altezza Reale».

Se c'era un lato positivo nella perdita dello status di Altezza Reale, era che finalmente la principessa era libera di decidere autonomamente quale direzione dare alla sua vita e concentrarsi sui progetti umanitari. Ma altri, nel mondo del cinema e della cosmetica, avevano molte offerte da proporle.

Una sera di luglio squillò il telefono. Era l'attore cinematografico Kevin Costner. La telefonata arrivò al mio office sulla linea diretta. Mentre lo mettevo in attesa, chiamai la principessa sulla derivazione in soggiorno. «È Kevin Costner. Vorrebbe parlarvi» le dissi. Sentii un gridolino eccitato. «Passamelo, Paul, e vieni di sopra.»

Entrai in soggiorno, la principessa ascoltava attenta seduta alla sua scrivania. Quando mi vide mi fece cenno di avvicinarmi. «Ma io non so cantare!» diceva ridacchiando. «Che cosa dovrei fare?... Non sono sicura ma... sì, va bene, me lo mandi, prometto che gli darò un'occhiata.» Finita la telefonata mi disse: «Mi vuole come protagonista del suo prossimo film – *Body Guard II*!». Era il seguito del primo film con Whitney Houston. Lei avrebbe avuto il ruolo di una principessa e Kevin Costner le avrebbe salvato la vita. Costner aveva promesso che sarebbe stato un film di buon gusto, che si sarebbe preso cura di lei. Le avrebbe mandato la sceneggiatura per posta dall'America. «Non è incredibile?» disse la principessa. «Era così affascinante, ma non può fare sul serio.»

Costner non avrebbe potuto essere più serio. Era stato un approccio informale ma la principessa, sebbene fosse lusingata e lui l'avesse affascinata, rifiutò. «È semplicemente impossibile» disse.

Alla fine la sceneggiatura di *Body Guard II* arrivò. Non sono certo che riuscì a leggerla tutta.

L'offerta per il film seguiva una proposta più adatta a lei dal gigante della cosmesi americano Revlon. Avevano inoltrato alla principessa un'offerta per un contratto multimilionario – il ricavato da destinare a un'organizzazione di beneficenza a loro cura. «Cindy Crawford continuerà a essere "il volto". Vogliono che io sia "lo spirito e lo stile"» mi disse. Da metà febbraio avevamo lavorato e ci eravamo preparati per la mattina del 28 agosto 1996, il giorno in cui il divorzio divenne definitivo; il giorno in cui il Principe e la Principessa di Galles ridivennero single. Quando quel giorno arrivò, c'era un'atmosfera di tristezza mista ad anticipazione. Mentre ero in corridoio, in attesa che la principessa venisse a fare colazione, mi colpì il fatto che proprio nel momento in cui lei diceva addio al suo matrimonio, io stavo tagliando i legami con la famiglia e lo staff reale al quale mi ero unito nel 1976 per cominciare una nuova avventura, quindi la tristezza era bilanciata dall'eccitazione di una nuova sfida.

Quando la principessa apparve era piena di energia, decisa a trarre il meglio dalla sua indipendenza. Attaccò il pompelmo con il miele e parlò dei viaggi previsti: Washington a settembre e a novembre l'Australia. Pensava ancora di trasferirsi in Australia.

Più tardi invece camminava avanti e indietro, preparandosi a una giornata d'assedio da parte dei media internazionali. Squillò il telefono. Era sir Robert Fellowes nelle vesti di cognato più che in quelle di segretario privato della regina. «Volevo chiamarti solo per augurarti buona fortuna per la difficile giornata che ti aspetta. È una fine tragica di una storia meravigliosa» le disse, ma la principessa non intendeva crogiolarsi nella commiserazione o nella compassione.

«Oh, no» rispose guardandomi. «È l'inizio di un nuovo capitolo. E non dimenticare che io amo ancora mio marito, Robert. Questo non cambierà mai.»

Quel giorno la principessa era così elegante in blu pastello. Prese la borsetta, respirò a fondo e si avviò a passi decisi sul pianerottolo, lungo le scale, fino alla porta d'entrata con determinazione, portando ancora l'anello di fidanzamento e la fede nuziale. «Li toglierò alla fine» disse. «Ma non ora.» Ricordava fin troppo bene la sua reazione quando il divorzio aveva messo fine al matrimonio dei genitori e quanto era stato traumatico per lei bambina vederli togliere gli anelli. «Un anello è così piccolo ma significa così tanto» diceva. Varcò la soglia per onorare un impegno all'English National Ballet.

Più tardi, al suo ritorno, la principessa aveva voglia di parlare. Seduta in soggiorno davanti a una tazza di caffè disse: «Ora sono una signora molto ricca e credo che tu abbia meritato un aumento di salario». Il mio salario salì da 22.000 a 30.000 sterline, e anche il resto del personale – lo chef Darren McGrady, la segretaria Caroline McMillan, il revisore dei conti Michael Gibbins e la sua assistente personale Victoria Mendham – venne ricompensato. Il Boss ci ringraziava per essere rimasti fedeli nel corso degli ultimi mesi, nella buona e nella cattiva sorte.

Sembrava silenziosa quando la lasciai. Avevamo parlato del significato di quella giornata, del suo amore per il principe Carlo, di quanto desiderasse che il pubblico britannico sapesse quanto lei non aveva voluto il divorzio, di come aveva sperato che le cose andassero diversamente. Si tuffò nella miriade di filosofie che, come diceva lei, «mi aiutano a fare pulizia mentale». La filosofia limitava le sue insicurezze, i dubbi e le preoccupazioni, e le parole degli altri le davano forza.

> Preoccupati più del tuo carattere che della tua reputazione, perché il tuo carattere è quello che tu sei realmente, mentre la tua reputazione è semplicemente quello che gli altri pensano di te.

> Il sé deve conoscere l'immobilità prima di poter scoprire il suo vero canto.

> Il successo è il risultato di buon discernimento. Il buon discernimento è il risultato dell'esperienza. L'esperienza è il risultato del cattivo discernimento.

> Usa i problemi come opportunità per cambiare la tua vita.

> I problemi fanno venire alla luce il nostro coraggio e la nostra saggezza.

> Impara ad adeguarti alle richieste di un'epoca tanto creativa.

> Dal corretto rapporto con te stesso nasce il corretto rapporto con gli altri e con il divino.

Oppure citava Benjamin Franklin: «Quel che ferisce insegna».

La sera del divorzio ripeté un'altra massima per convincersi di aver fatto il passo giusto. «"È necessario l'incontro tra cuore e mente che ci consenta di amare e di staccarci dalle cose." Lo so, Paul. Ora lo so» disse.

Sono state scritte così tante sciocchezze sulla principessa e sul suo divorzio. I cosiddetti amici e consiglieri hanno mentito al mondo intero dichiarando che lei voleva divorziare dal principe Carlo già dal 1990. Sono state scritte così tante sciocchezze sul suo odio per il marito, che non è mai esistito. «Carlo e io siamo amici e ci trattiamo civilmente. Credo che capisca che cosa ha perso con me. Non provo odio per lui. Tutte le mie sofferenze mi hanno trasformato nella persona che sono oggi» diceva. Per quanto riguarda la sua posizione su Camilla Parker Bowles, la principessa nutriva risentimento, ma non odio. Dovette nuovamente far ricorso alla filosofia per venire a patti con i suoi sentimenti nei confronti dell'amante del marito. Faceva riferimento a una massima in particolare: «Risentimento significa cercare di cambiare qualcosa che è quello che è. Quando non possiamo cambiarla, proviamo risentimento».

La principessa passava molte ore a cercare di capire perché il suo matrimonio fosse fallito. Ne parlammo molte volte. Ne passava addirittura di più ad analizzare se stessa, cercando di capire i suoi processi mentali. In questo modo, diceva, sarebbe diventata una persona migliore. Era facile e conveniente per gli amici di suo marito trattare i suoi problemi liquidandoli con «Diana è di nuovo instabile». La principessa non era tanto superficiale. Spesso cercava di arrivare a un'autoanalisi profonda. In questo modo riuscì a capire molto sulle ragioni del fallimento del matrimonio e quando, forse, aveva cominciato a degenerare. Ne concludeva che soffriva di scarsa autostima, che aveva eroso prima lei, poi il suo matrimonio. Come spiegò lei stessa: «Un'alta considerazione di sé non protegge, ma ti consente di avere qualche insicurezza senza esserne distrutta!».

Pensava che la scarsa stima di sé si fosse radicata da bambina, quando aveva sviluppato molte delle opinioni che nutriva nei suoi confronti. Aveva portato quell'immagine di sé nel matrimonio con il principe Carlo. Con lui, si era concentrata solo su quanto serviva a rassicurare il proprio ego, cercando il riconoscimento del marito. Quando non arrivava, disse, si sentiva rifiutata. «Come se tutte le fondamenta della mia autostima fossero state demolite» diceva. Citando un certo Mevlana, a quanto pareva «il miglior poeta e mistico di tutti i tempi» disse: «È stato detto che "la pazienza è la chiave della felicità" – se solo l'avessi saputo allora!».

La principessa doveva anche capire, e credo che molti gliel'abbiano detto, che la collera è un sentimento naturale, ma secondo lei per molte donne la collera era angosciante. Le dissi che lo era anche per il principe Carlo.

Ingaggiò persino un pugile perché venisse a Kensington Palace con il suo punching-ball in modo da potersi liberare della propria rabbia. Diana, Principessa di Galles, era indubbiamente in grado di mettere a segno un pugno ben assestato.

La notte del divorzio parlammo di tutte queste emozioni. Dopo la nostra conversazione, la lasciai per andare in cucina e quando tornai nell'office, trovai un breve appunto con un 'grazie' sopra a un altro foglio di carta A4 – le sue riflessioni al termine della nostra conversazione.

Lei non aveva mai voluto altro che il popolo britannico capisse quello che aveva passato, quanto fosse stato difficile. E sebbene pensasse che il principe Carlo l'avesse fatta veramente soffrire, la sua sofferenza le aveva comunque insegnato qualcosa. Andò nella tomba continuando ad amare il principe. Lo so perché è la verità che quella sera mi lasciò sulla scrivania. Il principe Carlo ha spesso detto che, entro i prossimi venticinque anni, gli archivi reali dimostreranno la verità sul suo rapporto con la principessa. Mi sembra sbagliato lasciare che il mondo viva sotto una falsa impressione per il prossimo quarto di secolo. Le parole della principessa possono sfatare le menzogne. Quella sera mi scrisse:

> È il 28 agosto 1996 – oggi sono stati cancellati 15 anni di matrimonio. Non ho mai voluto il divorzio e ho sempre sognato un matrimonio felice con il sostegno affettuoso di Carlo. Questo non dove-

va realizzarsi, ma abbiamo due ragazzi meravigliosi, profondamente amati dai loro genitori. Una parte di me amerà Carlo per sempre ma quanto vorrei che si fosse occupato di me e fosse stato orgoglioso del mio lavoro.
Sono stati 15 anni turbolenti, ho dovuto affrontare l'invidia, la gelosia, l'odio da parte della famiglia e degli amici di Carlo – mi hanno talmente frainteso e questo è stato doloroso e mi ha causato un'angoscia enorme.
Desidero moltissimo diventare la migliore amica di Carlo, dato che io lo conosco più di chiunque altro e so com'è fatto.

11.

Una questione di fiducia

« *Hurrà, siete tornati!* »

Quelle parole spiccavano sulla carta color crema bordata di rosso. Avevamo spalancato la porta d'ingresso all'Old Barracks, trascinandoci dietro le valigie dopo due settimane di vacanza nel Kentucky, che mi aveva dato l'opportunità di rimettermi in pari, quanto al tempo sottratto a Maria e ai ragazzi. Tra la posta sparpagliata sul tappetino c'era una busta che colpì immediatamente la mia attenzione. Era indirizzata a « Paul » nella calligrafia della principessa.

La vigilia del nostro ritorno, aveva fatto un salto da noi e l'aveva infilata sotto la porta. La lessi, ovviamente aveva un sacco di cose da raccontare. « *Drammi a iosa durante le ultime due settimane; ne saresti impressionato! È fantastico sapere che sei tornato. Ci vediamo lunedì! Baci. – Diana* »

Tornai al lavoro con un colorito che fece invidia alla principessa. Entrambi avevamo un'abbronzatura che doveva essere mantenuta, e la principessa si stendeva sul suo lettino solare due volte alla settimana. Era sistemato a pianterreno accanto alla sala per le prove degli abiti e al guardaroba, grande come una navetta spaziale. « Vai a riscaldarlo, Paul, io scendo tra mezz'ora » mi diceva. Non le piaceva usare la macchina quando era fredda e il vantaggio di essere il « riscaldatore » ufficiale era che facevo una seduta di quindici minuti prima di lasciarlo pronto per la principessa. Una volta osservò che si sentiva « come un panino in un tostapane a ultravioletti ».

Quando William e Harry tornarono dalle vacanze estive a Balmoral, la madre pensò che avessero disteso William su una tavola e che l'avessero allungato. Le stava accanto in soggiorno e lei non riusciva a credere che fosse cresciuto tanto; quando si mettevano schiena contro schiena era leggermente più alto di lei. Aveva bisogno di nuove scarpe da rugby e io venni mandato a comprarne un paio taglia quarantatre per un quattordicenne che continuava a crescere.

«L'altezza è nei geni degli Spencer» diceva la principessa, «I Windsor sono PACL – Persone a crescita limitata».

Anche William sapeva che stava crescendo in fretta. «A Balmoral non credevo ai miei occhi. La nonna e zia Margot sembravano essersi ristrette. E ora sono più alto di papà» si vantava.

Il piccolo Harry sollevò lo sguardo verso la madre e il fratello. La principessa chinò lo sguardo su di lui. «Oh, Harry, anche tu hai i geni degli Spencer. Un giorno sarai alto quanto tuo fratello.»

William sarà re un giorno, re William V. Nell'estate 2003, nel corso di un'intervista in occasione del suo ventunesimo compleanno, spiegò quanto prendesse sul serio il proprio ruolo e quanto desiderasse diventare re. Conoscevo il ragazzo e mi rincuorava sentirglielo dire. Credo che sarebbe stata una bella sorpresa anche per sua madre, perché lei sapeva quanto quello studente timido e introverso avesse temuto la prospettiva di salire al trono. Era stato allevato con grandi aspettative eppure lui non desiderava l'attenzione pubblica. Mentre girava il Galles per gli impegni legati al suo ventunesimo compleanno, so che la principessa sarebbe stata orgogliosa del cambiamento che sembrava aver fatto. So quanto sarebbe stata fiera perché era preoccupata per il suo futuro. «William non vuole diventare re e questo mi preoccupa» mi disse una sera in soggiorno. «Non vuole che ogni sua mossa venga sorvegliata.» Andò a telefonare alla sua amica americana Lana Marks e le espresse le sue preoccupazioni.

La principessa si identificava con il figlio che, come lei, era di natura timida e riservata. Era nato in seconda posizione dinastica. All'epoca, sembrava quasi che Harry possedesse le caratteristiche che lo rendevano più adatto per il fardello oneroso di monarca. Era più estroverso e pragmatico del fratello.

«Harry non avrebbe problemi ad accettare il lavoro» disse la principessa. «GKH, per Good King Harry, il Buon Re Harry. Mi piace!» Da quel momento in poi, quando Harry veniva per il fine settimana, usavamo quelle tre iniziali per fare riferimento a lui. Era un soprannome affettuoso che la principessa condivideva con altri due amici intimi, anche se Harry non lo seppe mai. «Dov'è GKH?» chiedeva la principessa quando lo cercava per casa.

Ovviamente quando i ragazzi erano a casa il personale aveva istruzioni rigorose su come rivolgersi loro. Non dovevamo inchinarci, nonostante lo status di Altezze Reali. Non dovevamo chiamarli «Altezza Reale». Non dovevamo nemmeno chiamarli principi. Erano semplicemente William e Harry. Anche questo era dovuto alla determinazione della principessa, che voleva che venissero trattati normalmente.

Essendo un adolescente, William non desiderava altro che la normalità. Desiderava ardentemente sentirsi accettato, normale, non unico e destinato a una vita di privilegi e doveri. Sua madre era stata spinta, impreparata, sotto le luci della ribalta come futura regina d'Inghilterra, quindi capiva le sue paure, ma non voleva che attecchissero e crescessero quando sarebbe diventato adulto. Per questo lo seguiva, lo preparava e gli parlava a lungo dei suoi diritti di nascita. William poteva anche contare sulla saggezza e sul sostegno del principe Carlo e della regina. A Eton attraversava regolarmente il ponte sul Tamigi fino a Windsor e camminava fino al «castello della nonna» per prendere il tè con Sua Maestà, lanciandosi con lei in lunghe discussioni sul futuro, su cosa avrebbe comportato il suo ruolo, su quanto importante fosse il suo compito per il paese e per il popolo.

La principessa cominciò a prepararlo a una vita di responsabilità in tenera età, come avveniva da generazioni per i rampolli reali, ma non voleva che fossero i consulenti dallo staff reale a modellare suo figlio. Voleva farlo a modo suo, proprio come si era presa la responsabilità dell'educazione di entrambi i figli, di fatto rendendo superflue le governanti.

Ero a Kensington Palace quando la principessa incoraggiò William a tenere il suo primo discorso in pubblico, a dieci anni. Era il Natale del 1992, fornitori e domestici si erano riuniti negli appartamenti di stato per il cocktail party annuale offerto ai dipendenti. Poco prima William aveva preparato un breve messaggio per noi. Si era seduto alla scrivania della principessa in soggiorno, ridacchiando nervoso mentre scriveva il suo discorso di esordio su un foglio di carta rosa. Poi arrivò il suo momento. Salì su una cassetta per poter essere visto da tutti, circa un centinaio di persone. Tutti fecero silenzio. «Signore e signori...» cominciò. La madre non gli toglieva gli occhi di dosso. «...So quanto abbiate avuto da fare, tutti voi» e fece scoppiare a ridere tutta la sala con quell'osservazione ironica, rivolta a uno staff notoriamente sovraccarico di lavoro, «quindi vorrei ringraziarvi per essere venuti.» Poi, accennando agli agenti della sicurezza presenti nella sala, aggiunse: «Vi avverto che qui ci sono poliziotti sufficienti a fare il test dell'alcol a tutti quanti, anche due volte! Buon Natale e Buon Anno». La sala eruppe in una risata fragorosa mentre William scendeva dalla cassetta a ricevere l'abbraccio di sua madre e il padre gli scompigliava affettuosamente i capelli.

La gentilezza era il segno distintivo di Harry. Una volta, Alexander era andato a giocare con la Play Station del principe, e gli disse che stava risparmiando per comprarne una. Harry, che si rendeva conto che ai reali non mancava mai nulla, disse che gli dispiaceva. Andò in camera sua al piano della nursery e tornò qualche minuto dopo con un biglietto da cinque sterline. «Ecco, Alexander. Aggiungilo ai tuoi risparmi.»

Nel frattempo William continuava a partecipare ai pranzi a Kensington Palace insieme alla principessa, che lo incoraggiava a unirsi alla conversazione con gli adulti: parlava con Elton John, ponendogli domande e discutendo dell'AIDS; con il direttore del «Daily Mirror», Piers Morgan, per promuovere migliori rapporti con i media; discuteva con Sarah, Duchessa di York, dei problemi e delle tensioni derivanti dal dovere.

Un giorno William ebbe il permesso speciale di saltare le lezioni a Eton perché sua madre aveva una sorpresa per lui. Mentre aspettava al piano superiore, una limousine nera si fermò davanti alla porta d'ingresso e ne scesero le topmodel Naomi Campbell, Christie Turlington e Claudia Schiffer, che erano a Londra per l'apertura del loro Fashion Café. William, che aveva i loro poster sul muro, desiderava incontrarle, quindi la principessa aveva organizzato la loro visita a Kensington Palace, così come qualche mese dopo organizzò un incontro con Cindy Crawford.

William, penosamente consapevole del suo apparecchio per i denti, sedeva a disagio sul divano in soggiorno, mente Campbell, Schiffer e Turlington erano tutte chine intorno a lui, posando per la macchina fotografica della principessa. William arrossì. «Mamma, smettila!»

Le modelle cercarono di metterlo a suo agio con una conversazione garbata. La principessa era felice di vedere suo figlio cavarsela egregiamente. Se oggi William è in grado di comportarsi adeguatamente in compagnia di belle donne, credo che sia merito della madre.

Quando Claudia Schiffer gli chiese di Eton, William rispose: «Non mi piace molto come fanno il purè di patate, ma la professoressa di matematica, la signorina Porter, è molto attraente». La Schiffer e le altre lo trovarono molto divertente. Wiliam continuò a parlare della vita a Balmoral, dei corgi della regina e dei suoi gusti. Quando le modelle uscirono dalla porta d'ingresso, la principessa gli chiese che cosa ne pensasse. «Non sono carine come Cindy Crawford.»

William aveva lo stesso desiderio di sua madre, essere normale. La donna più fotografata del mondo desiderava ardentemente assaporare il gusto dell'anonimato. Amava fare «quello che fanno tutti». Se visitava lo zoo o passeggiava in un parco senza essere notata, era felice. A volte usciva alle sette di mattina a fare jogging o sui pattini lungo i sentieri di Kensington Palace

Gardens, sapendo che avrebbe potuto correre con un meraviglioso senso di libertà perché non c'era nessuno.

Quando si sentiva particolarmente audace indossava un travestimento elaborato, e presto trovare il suo armamentario divenne parte del mio lavoro. Una volta venni mandato da Selfridges a comprare una parrucca bruna di capelli lisci lunghi fino alle spalle. Poi dovetti andare da un ottico a Kensington High Street a comprare un paio di grandi occhiali dalla montatura rotonda, chiedendo di montare lenti neutre. Quando tornai a Kensington Palace, la principessa non vedeva l'ora di provare il suo nuovo look.

Io ero nel mio office quando lei scese: un'altra persona. Cercò di rimanere seria ma io non riuscì a non rimanere a bocca aperta. «Nessuno vi riconoscerà! Guardatevi!» dissi. La principessa rideva di cuore, tanto che le lacrime le rigavano il volto.

Quella sera Diana, Principessa di Galles, in parrucca, occhiali, giacca Puffa nera e jeans, si mise in fila con gli amici davanti al Ronnie Scott's Jazz Club, a Londra. Il mattino dopo, non vedeva l'ora di parlarne a colazione. «Il fumo in quel locale mi entrava negli occhi – perfino con gli occhiali!» spiegò. «Quando stavamo fuori, abbiamo fatto la fila troppo a lungo per i miei gusti. Ho cominciato a chiacchierare con un uomo dietro di noi e lui non ha neanche immaginato chi fossi. Era così buffo. Poter essere me stessa in pubblico!»

Ai miei occhi il paradosso era evidente, ma non lo era per la principessa, perché non era stata per niente «se stessa». Aveva dovuto diventare una persona diversa prima di poter essere se stessa, e mentre si meravigliava della libertà offerta dal travestimento, pensai a quanto fosse terribilmente triste la sua affermazione.

«Vieni, voglio mostrarti una cosa» mi disse un giorno la principessa alla fine di settembre 1996. La seguii da presso, cercando di tenere il passo con le sue falcate fino al piano inferiore, nella stanza di lavoro della cameriera personale e nel guardaroba dalle porte bianche che arrivavano al soffitto. Le spalancò una dopo l'altra, rivelando fila e fila di abiti da sera lunghi, sistemati in base alla scala cromatica, cominciando dal nero a un'estremità, i colori intermedi al centro e il bianco alla fine.

«Guarda tutti questi vestiti!» disse. «Quanti abiti da sera credi che ci siano in questa stanza?» Cominciò a passarli in rassegna, contando con un dito le grucce di velluto. Ce n'erano sessantadue solo in quella stanza, ma c'erano anche gli abiti appesi nel guardaroba a forma di L del primo piano.

«Ognuno è un ricordo, un caro amico» disse. «Ma ora è venuto il momento di venderli tutti.»

Alla fine dell'estate, questo fu lo shock numero due. Il primo era stato la proposta di trasferirci in Australia, poi quella di vendere il suo guardaroba. La principessa stava prendendo in mano il suo mondo: basta con il vecchio, avanti con il nuovo. Era stata una conversazione con William e poi con Elton John a spingerla a pensare a un'asta di beneficenza degli abiti. L'accordo di divorzio le aveva lasciato milioni di sterline. Mettere all'asta i suoi vestiti avrebbe permesso che anche altri ne beneficiassero, soprattutto le organizzazioni di beneficenza per l'AIDS, a cui serviva denaro per le case di cura e la ricerca.

Rimanemmo in quella stanza mentre la principessa sceglieva gli abiti e si abbandonava ai ricordi. Prese una stampella e tenne l'abito diritto davanti a sé. «Ah, il mio vestito da *Via col vento*!» Era un abito senza spalline, stampato a fiori. Poi ne tirò fuori un altro. «Indossato alla Casa Bianca, ballando con John Travolta, mentre io avevo messo gli occhi su qualcun altro!» Era un modello di velluto blu inchiostro.

Poi individuò un abito di raso color ostrica con bolerino disegnato da Victor Eldstein e indossato all'Eliseo, a Parigi, per un banchetto di stato offerto dal presidente Mitterrand. «Non sono sicura di potermi separare da questo. Quando lo portavo mi sentivo veramente una principessa.» Il giugno seguente la sua riluttanza era chiara quando venne fatta la selezione finale per l'asta a New York e quel vestito fu l'ultimo lotto, il n. 80.

La nostalgia non fermò la missione della principessa. Afferrò due grucce e io feci lo stesso, salimmo di sopra, e poi avanti e indietro, avanti e indietro.

«Telefona a Maria e chiedi a Betty di venire» disse la principessa, sapendo che Betty era da noi all'Old Barracks.

Quando Betty arrivò, avevo la camicia incollata alla schiena. Avevo fatto avanti e indietro lungo le scale per portare quei cinquanta vestiti al primo piano, per poi smontare e rimettere a posto una fila di vestiti nel soggiorno dei ragazzi. Ora sembrava un negozio ingombro di abiti usati. La principessa affrontava la proposta dell'asta come la sua vita personale: chiedeva consigli a tutti. Betty, un'esperta di lavori a maglia a casa sua, nel Galles del nord, improvvisamente si scoprì il ruolo di voce della ragione per la *haute couture* a palazzo. Quanto rise la principessa! Betty non era abbastanza crudele per quel compito: vedeva solo che la più bella collezione di abiti veniva buttata via ed era inorridita. Ebbe la visione degli abiti alla vendita di beneficenza, come quelle del Women's Institute a Kenyon Hall dove andava lei. «Oooh» esclamò inorridita, portandosi una mano al petto. «Non dovete buttare via quello lì!»

Uno a uno, sollevavo i vestiti per sottoporli al loro giudizio e la più inflessibile, la principessa, non era mai d'accordo con Betty, la conservatrice.

«Oooh, no, non darete via anche quello!» continuava a dire Betty. «Oh, no, quello è un bel vestito. Che spreco!» continuava a ripetere. Dopo poco la principessa aveva le lacrime agli occhi dal gran ridere.

Quel fine settimana, William contribuì con qualche decisione difficile al processo di selezione. Esaminò una a una le grucce sull'appendiabiti che era apparso in camera sua e fece la sua scelta. Un'altra persona il cui contributo fu prezioso era Aileen Getty, figlia del miliardario americano Paul Getty. Aveva l'AIDS manifesto e venne a pranzo diverse volte a Kensington Palace. La principessa non vedeva l'ora di mostrarle gli abiti che venivano venduti per raccogliere denaro per chi era nelle sue stesse condizioni.

Christie's mandò la sua esperta in materia, Meredith Etherington-Smith – che la principessa prese in simpatia – per catalogare e illustrare ciascun modello. Dato che il lotto tredici non esisteva, settantanove abiti da cocktail e da sera finirono battuti e raccolsero 3.258.750 dollari, circa 1,85 milioni di sterline per enti non-profit per l'AIDS e il cancro sulle due sponde dell'Atlantico.

Un armadio nel guardaroba al piano inferiore non era stato toccato. Il giorno che ere venuta l'idea dell'asta, la principessa aveva sollevato la stoffa che copriva un abito speciale: l'abito da sposa che aveva indossato nel 1981. «Questo non posso venderlo» disse e ricordò che sua madre Frances Shand Kydd l'aveva pagato in ghinee. «Voglio donarlo al Victoria and Albert Museum per la collezione di abiti nazionali» disse. Espresse questo desiderio un anno prima della sua morte e non ne parlò solo con me: l'aveva detto anche al direttore del «Daily Telegraph» Charles Moore durante un pranzo. Oggi quel vestito è esposto al museo di Diana ad Althorp, la casa avita.

Non tutti gli abiti finirono alle aste o nei musei. Alcuni modelli che aveva scartato andavano al personale femminile, ma altri completi e vestiti vennero portati nei negozi di abiti usati a Knightsbridge o a Chelsea, in conto vendita. Questo veniva fatto per ordine della principessa, per ricavare un po' di denaro per le sue piccole spese, perché raramente i reali portano denaro contante con sé. La principessa preferiva usare la carta di credito, che firmava con «Wales» e non «Diana». Ma un'entrata in contanti le permetteva di spenderla come voleva senza lasciar tracce, così poteva portare William e Harry al cinema o da McDonald's. Il maggior paradosso della loro opulenta vita di reali era che i giovani principi fossero affascinati dal denaro e dal fatto che il viso della regina fosse su tutte le banconote di qualsiasi taglio. Il biglietto da cinque sterline divenne la «nonna blu»; quello da dieci era la «nonna marrone» e la banconota da cinquanta era «nonna rosa». Quando la principessa dava loro del denaro, era un piacere guardare i ragazzi che saltellavano stringendo le banconote: invariabilmente una «nonna rosa».

Sia io che la sua assistente personale Victoria Mendham, che lasciò il servizio a palazzo all'inizio del 1997, portammo una ventina di abiti ai negozi d'usato, che improvvisamente offrivano etichette di Catherine Walker, Versace, Chanel e Armani sui loro appendiabiti, senza conoscerne la provenienza. Un completo che valeva duemila sterline sarebbe stato venduto per circa duecento, e qualcuno, da qualche parte, sarebbe andato in giro con gli abiti della principessa.

Quelle vendite regolari diedero alla principessa un utile netto di circa undicimila sterline, che lei teneva infilate in una busta nell'ultimo cassetto. Un giorno dell'aprile 1997, decise di darli al revisore dei conti Michael Gibbins che, come disse la principessa, quando aprì la busta rimase a bocca aperta. Prese il denaro e lo mise in banca, ignorando da dove venisse una somma del genere. Persino il contabile era stato lasciato all'oscuro sulle finanze più private della principessa – fino a quel momento.

Il problema di essere una principessa appena divorziata e la donna più bella del mondo, è che gli uomini in tutto il mondo sanno che sei di nuovo single. Alla fine dell'estate 1996, molti uomini di alto rango e miliardari cominciarono a far sapere le loro intenzioni alla principessa. Naturalmente lei era lusingata, ma nutriva già dei sentimenti per qualcuno. Non che i suoi pretendenti ne fossero consapevoli, perché la sua nuova felicità era un segreto. Continuavano a venire a bussare alla porta, imperterriti nonostante gli educati dinieghi o le scuse continue. Fare il maggiordomo a Kensington Palace in quei tempi era come coabitare con un'amica e condividere con lei le adulazioni e l'eccitazione della caccia, sapendo che era comunque irraggiungibile. Ora rientrava nei miei compiti rispondere abilmente alle telefonate degli sconfitti, degli ostinati e dei mariti infelici. Era compito mio sapere con chi lei volesse parlare e con chi no, chi dovevo respingere con delicatezza e a chi bisognava dire semplicemente «No!».

Un giorno, arrivarono inaspettatamente cinquanta rose rosse a gambo lungo con un messaggio un po' troppo confidenziale. Prima la principessa chiese la mia opinione, poi spettegolò su quell'omaggio con Katherine Graham, che si avvicinava all'ottantesimo compleanno ma che non perse mai la sua eleganza di editore del «Washington Post». La principessa ammirava la sua forza. «Si è mossa in un mondo di uomini ed è arrivata in cima», diceva. Miss Graham divenne un alleato-chiave in America insieme ad Anna Wintour, direttrice di «Vogue», Barbara Walters, la decana delle intervistatrici della televisione americana, e i fotografi Patrick Demarchelier e Mario Testino, che vivevano a New York.

La principessa adorava le visite a Manhattan: lo shopping in Fifth Avenue, il pranzo al Four Seasons e il Carlyle Hotel dove scendeva sempre. Divenne una visitatrice regolare in America, passava molto tempo a Washington e lì, ovviamente, risiedeva presso l'ambasciata brasiliana dalla sua migliore amica, Lucia Flecha de Lima. Fu Lucia a presentarle Lana Marks, che divenne amica della principessa nel suo ultimo anno di vita. Lana era moglie di uno psichiatra che viveva a Palm Beach, in Florida, e gestiva una catena di boutique di pelletteria esclusiva negli Stati Uniti. Condivideva con la principessa il senso dell'umorismo e la passione per la moda e i balletti. Quando Lana si trasferì a Londra per la prima volta, toccava a me far entrare di soppiatto la principessa nel Lanesborough Hotel per un pranzo riservato: la principessa si stendeva sul sedile posteriore mentre io guidavo la Vauxhall Astra blu nel portico fino all'entrata.

«Via libera?» chiedeva lei.

Non c'erano fotografi in vista. «Cessato allarme» rispondevo, e lei scendeva dalla macchina e schizzava dentro l'albergo.

L'immagine da uomo sicuro di un attore di Hollywood premio Oscar crollò di colpo quando si dimostrò troppo timido per telefonare a palazzo e chiedere un appuntamento alla principessa: si fece scrivere una lettera da un amico. La principessa gli rispose rifiutando cortesemente e un mese dopo lui si ripresentò con un'altra richiesta. La principessa lo incontrò per un drink e decise di non vederlo mai più.

Non era l'unico ad avere intenzioni onorevoli. C'erano un mito dello sport abituato a scendere in pista contro gli avversari, un famoso musicista, un avvocato, un imprenditore, un miliardario che gestiva un impero e un uomo politico molto in vista. Ma purtroppo, sebbene tutti fossero in grado di offrirle una compagnia affascinante, il suo cuore era impegnato altrove.

La principessa mi chiamava il «maggiordomo delle corse» perché l'aiutavo a monitorare gli uomini della sua vita decidendo, dopo serie consultazioni, chi fosse un corridore valido nella corsa e chi arrancava in fondo al gruppo dei concorrenti. Ora organizzavo letteralmente ogni aspetto della sua vita, ma assolvevo il mio compito con spirito. La prendevo in giro. Lei prendeva in giro me. Proprio come aveva diviso in comparti le sue amicizie, così monitorava la posizione delle sue amicizie maschili. Lo chiamavamo «il sistema dei calessi» come se gli uomini fossero avversari che correvano in pista dietro alla principessa con i loro regali e i fiori. Il fantino del calesse n. 1 non cambiava mai. Agli occhi della principessa rimase in pole position, e quelli rimasti ai margini non rappresentavano una minaccia per lui. Nel corso della giornata informavo la principessa su quale calesse aveva telefonato, e a che ora. «Il calesse n. 8 vuole parlarvi. Devo declinare di nuovo?» Sulla sua scrivania la principessa teneva un elenco dei calessi e dei loro occupanti. Nel mio office, un duplicato dello stesso elenco, che cambiava quando gli uomini acquistavano o perdevano favore, era infilato in fondo alla mia agenda da tavolo.

A volte la principessa era incredula sul numero di pretendenti che manifestavano le loro intenzioni. Era solita scherzare che la corsa stava diventando «un po' sovraffollata». Una volta le scrissi: «*Permane un grave sovraffollamento sulla pista. Dopo ulteriori consultazioni, sono stato informato che i calessi 8 e 9 sono vuoti e sono stati dichiarati fuori competizione. Uno non ha superato un test antidroga casuale e l'altro non ha superato un controllo medico accurato*».

La principessa mi rispose: «*A causa del grave sovraffollamento della pista, i giudici hanno richiesto una rivalutazione del contenuto dei calessi e per una questione così delicata hanno richiesto la preziosa assistenza del signor Paul Burrell!*».

Dopo quella che potrei definire «l'indagine del maggiordomo», provai un senso di potere tracciando una riga sui calessi dell'avvocato e dell'uomo politico.

L'inconveniente di essere risucchiato in questo vortice reale e di essere così in intimità con la principessa, era che alla fine la mia vita si fondeva nella sua. Se un amico le diceva che sarebbe stato sempre disponibile per lei, significava esserlo ventiquattrore al giorno. Ma essere maggiordomo e amico creava aspettative persino maggiori sul mio tempo. Era il settembre 1996, ero tornato a casa tardi, di nuovo dopo le undici, ed ero seduto davanti a una bottiglia di vino rosso con Maria all'Old Barracks. Poco dopo la mezzanotte, la principessa telefonò in lacrime per una piccola contrarietà privata. Mentre le parlavo, Maria dava segni d'impazienza. La principessa mi chiedeva di uscire a consegnare un messaggio a qualcuno in seguito a un litigio al telefono.

Come potevo rifiutare sentendola così sconvolta? Persino a quell'ora tarda, anche se ero esausto, dovevo – volevo – obbedire. Mentre riagganciavo, dovetti dire a Maria che la principessa aveva bisogno che sbrigassi una commissione.

«Basta, ne ho abbastanza! Sei... sei... patetico!» disse sprezzante.

«Ma, tesoro, devi capire che ha bisogno di me. Nessun altro può aiutarla a quest'ora» le dissi.

«Paul, tu la tratti come una bambina. Lei schiocca le dita e tu corri. Be', io ne ho abbastanza. Mi sono stufata di te e mi sono stufata di lei!» Maria se ne andò a letto infuriata mentre io mi infilavo le scarpe, la giacca e uscivo nella notte.

Compiuta la mia missione tornai a letto. Era molto tardi ma quella mattina andai al lavoro alle otto come al solito, chiedendomi se fossi mai andato a dormire. Ma venni ripagato per la mia stanchezza quando arrivai alla mia scrivania nell'office e trovai un biglietto da un Boss molto più contento.

> Caro Paul, non molte persone uscirebbero nel cuore della notte per lenire un cuore... ma del resto non molte persone hanno la gentilezza e le qualità che tu possiedi... Sono profondamente toccata dal tuo comportamento di ieri notte, e volevo che lo sapessi. Sono momenti difficili in questa casa, ma una cosa è certa: se non avessi te al timone di questa nave, saremmo tutti ridotti male e ad-

dio alle risate! Quindi grazie molte per essere venuto in mio soccorso ancora una volta, con affetto, Diana.

Ero andato al lavoro quasi impaziente di scoprire se mi avesse lasciato un messaggio. I messaggi venivano lasciati quotidianamente in tutto l'appartamento: istruzioni, comunicazioni o ringraziamenti – si dava ancora la briga di scrivere quello che avrebbe potuto dirmi direttamente o al telefono.

Una volta, uno dei suoi pretendenti aveva convinto la principessa ad accettare un invito a cena mentre lei in realtà non aveva voglia di andarci, e io continuavo a punzecchiarla dicendole di stare in guardia. «Non preoccuparti, Paul, so badare a me stessa.»

Quando se ne andò rimasi a palazzo e passai metà del tempo a preoccuparmi per lei, chiedendomi se sarebbe andato tutto bene. Le avevo detto di telefonarmi dal suo portatile, che teneva sempre in borsetta, se ci fossero stati dei problemi. Doveva tornare alle undici, così decisi di lasciarle un messaggio malizioso sul cuscino, chiedendomi se, come uomo, fossi in grado di anticipare le mosse del corteggiatore. La principessa diceva spesso che avevo l'irritante abitudine di avere sempre ragione.

Quando tornò, riempì il mio questionario scherzoso e lo lasciò su uno sgabello in cima alle scale per essere certa che sarebbe stata la prima cosa che avrei visto al mio arrivo per la prima colazione. Le mie domande erano scritte in nero, le risposte della principessa in verde.

Vostra Altezza Reale...
SE... era una cena a due a lume di candela?   *Giusto!*
SE... c'erano rose sul tavolo?   *Giusto!*
SE... lui aveva labbra di lucertola e ha sbavato tutta la sera?
    Era sordo.
E... ha insistito per farvi bere una coppa di champagne?
    2 coppe.
ALLORA AVEVO RAGIONE!

Quanto ridemmo quella mattina a colazione. Dopo averla servita, presi una sedia, sedetti al tavolo da pranzo e dissi: «Avanti, allora, raccontatemi tutto».

Quelle furono esattamente le stesse parole usate dal giornalista di un quotidiano nazionale che aveva avuto il numero di telefono della linea diretta del mio office. Telefonava per informarsi su una soffiata che aveva ricevuto, secondo la quale mi era stata offerto un posto da maggiordomo in America, dall'attore Mel Gibson. Nel 1996 la stampa stava cominciando a occuparsi del rapporto tra me e la principessa. Prima cominciò il «News of the World» il 14 gennaio, con un titolo in prima pagina «IL MAGGIORDOMO È L'UNICO DI CUI LADY D SI FIDA» seguito da una pagina intera sul «Daily Mail» che chiedeva: «È QUESTO L'UNICO UOMO DI CUI DIANA SI FIDA VERAMENTE?» e raccontava che io ero incaricato di «fare la guardia al fax a casa della principessa e di agire come il suo intermediario più personale» anche quando lei era via in vacanza. Ma con quella telefonata inaspettata su Mel Gibson per la prima volta ero stato messo alle strette da qualcuno che non conoscevo.

La verità era che un'agenzia americana aveva suggerito che io avrei potuto lavorare per Mel Gibson, ma questo non l'avrei detto a quel reporter insistente. Nel corso di una telefonata di dieci minuti insistette per sapere la verità, ma io dissi: «Sono felice di lavorare per la principessa».

Il reporter continuò: «Ma potrebbe negare che Mel Gibson si è messo in contatto con lei per chiederle di diventare il suo maggiordomo?».

«Io mi trovo benissimo con la principessa» ripetei.

Mi aveva colto di sorpresa e andai in panico perché non avevo detto nulla alla principessa di Mel Gibson, dato che il problema non si poneva. Ora i giornali potevano crearmi guai, pensai. Salii al piano di sopra e raccontai immediatamente alla principessa il tenore della telefonata.

Era furiosa. «Questo non l'accetto! Non accetto che ti telefonino qui in questo modo!» e si precipitò al piano di sotto, fuori dalla parte posteriore dell'edificio e fino all'ufficio vicino dove fece telefonare al reporter da Caroline McMillan, che lo rimproverò per aver violato il protocollo concordato, chiedendogli di astenersi dal prendere contatti con il personale della principessa, ripetendo che il suo maggiordomo rimaneva dov'era. Temevo i giornali del mattino dopo e lessi con la principessa l'imbarazzante titolo di testa su due pagine che annunciava: «SONO L'UOMO DI D.» raccontando come avessi snobbato Mel Gibson per dedicare il mio futuro al Boss. Una situazione potenzialmente negativa era stata trasformata in una storia positiva, e la principessa mi prese in giro per tutto il girono con la storia che ero il suo uomo.

Pensavo che qualsiasi discorso sui tentativi di rubarmi fosse concluso fino al giorno in cui la regina del talk-show americano Oprah Winfrey venne a pranzo a Kensington Palace. La principessa era veramente nervosa all'idea di incontrarla, perché, disse, «è un nome così importante». Non le passò per la testa che forse anche Oprah era nervosa.

Accompagnai Oprah Winfrey in salotto, le offrii un drink e lei accettò un bicchiere d'acqua. Quando tornai in soggiorno, la principessa mi chiese sussurrando: «Com'è?».

«Osserva tutto, non le sfugge nulla. È molto in gamba e porta dei diamanti enormi alle orecchie!» La principessa sembrava impressionata.

Fece la sua caratteristica entrata piena di sicurezza. «Mi spiace di averla fatta aspettare, scusi tanto» disse avvicinandosi a salutare la star televisiva americana.

Servii un lunch in sala da pranzo e presi parte all'incontro mentre cominciavano a parlare dell'America.

«Noi amiamo l'America, vero Paul?» disse la principessa. «Lui ci va in vacanza tutti gli anni.»

Battuta di Oprah alla principessa: «Allora prenderebbe mai in considerazione l'idea di vivere in America?».

«Sarebbe un posto magnifico da visitare per i miei ragazzi» rispose lei diplomaticamente, senza accennare al fatto che stava già considerando la possibilità di trasferirsi in Australia.

Allora intervenni. «Io farei i bagagli e andrei a vivere in America anche domani.» Guardai la principessa e le strizzai l'occhio.

Oprah colse l'opportunità al volo. «Un maggiordomo ci sarebbe utile. Perché non viene a Chicago a occuparsi di me?»

Di colpo la principessa si raddrizzò sulla sedia. «Senta, Oprah» disse ridendo. «Lui è il mio maggiordomo e rimane qui.» Divenne un tira-e-molla scherzoso fino al caffè e Oprah continuava a tornarci sopra per mettermi in imbarazzo.

Dopo pranzo la principessa e io l'accompagnammo alla porta d'entrata dove l'aspettava la sua macchina. Proprio prima di ripartire, Oprah aprì il finestrino, si chinò in avanti e disse: «Questa è la sua ultima opportunità, Paul».

Il Boss era in piedi accanto a me sugli scalini dell'ingresso, mi mise un braccio intorno alle spalle con aria possessiva e gridò: «Ehi, lui è mio – e rimane qui con me». L'appuntamento terminò tra le risate mentre la salutavamo con un cenno della mano.

Io sembravo essere eternamente al fianco della principessa, la mattina, a mezzogiorno, la sera tardi.

«Vieni, Paul, andiamo a fare un giro in macchina» disse la principessa una sera d'estate dopo cena.

Saltammo nella sua BMW e lei si diresse verso le strade secondarie di Bayswater e Queensway, verso Paddington Green, accanto alla stazione ferroviaria. Destra. Sinistra. Destra. Sinistra. Traversa dopo traversa. Conosceva tutte le scorciatoie.

«Certo non avete bisogno di fare l'esame di conoscenza del territorio» scherzai.

«Potrei battere qualsiasi tassista londinese» disse sorridendo. La visiera del berretto da baseball metteva in ombra il suo viso.

Arrivammo all'angolo di una strada. La principessa si fermò ma rimase con il motore acceso. Poi abbassò il finestrino dal mio lato. Due ragazze in minigonna, pesantemente truccate, stavano parlando tra loro all'angolo della strada. Quando la nostra BMW si fermò, s'interruppero, ci guardarono, mi guardarono negli occhi e trotterellarono verso di noi sui tacchi alti. Le signore della notte stavano lavorando sul loro territorio.

Quella più corpulenta continuò a guardarmi negli occhi mentre mi agitavo sul sedile. Appoggiò le mani sul tetto della macchina, si chinò e si sporse in avanti. «Ciao, principessa D. Come sta?» disse parlando sopra la mia testa.

Mi voltai e la principessa si chinò verso di me. «Sto bene [nome]. «Hai avuto molto da fare?»

La ragazza più snella si chinò per unirsi alla conversazione. «Nooo, tutto tranquillo, ma noi rimaniamo nei paraggi. Bisogna lavorare, principessa» aggiunse.

Mio Dio, pensai, la principessa le conosce!

«Allora, chi è questo?» chiese una guardando un maggiordomo piuttosto nervoso che non diceva niente.

«Questo è Paul.» La principessa ci presentò. Ci stringemmo la mano. Eravamo tutti molto cortesi.

Il Boss ficcò la mano in tasca e tirò fuori due banconote fruscianti da 50 sterline. «Ecco, ragazze, prendete la serata libera. Tornate a casa dai vostri figli» disse ficcando le banconote in due mani entusiaste. La principessa chiese informazioni sui loro figli. Uno tossiva, ora stava meglio?

Dopo una breve conversazione la donna più corpulenta diede un buffetto al tetto della macchina e le due ragazze se ne andarono, attirate dai fari di una macchina che si era fermata a un centinaio di metri lungo la strada. Quella mancia da 100 sterline non era servita a niente. Che spreco, pensai. «Questo è veramente pazzesco, non potete permettervi di stare qui, Altezza Reale» dissi. «D. E IL SUO MAGGIORDOMO COLTI A CERCARE PROSTITUTE PER STRADA» era il titolo di testa che avevo immaginato e che aveva fatto salire la mia voce di un'ottava o due per il panico.

«Oh, Paul» disse la principessa mentre ripartiva. «Tranquillizzati. Quelle ragazze hanno bisogno di aiuto ed è quello che faccio – le aiuto.»

L'ingenuità della sua missione era sorprendente, ma il suo cuore, come sempre, non si smentiva. Se la principessa si fosse trovata davanti una valanga, avrebbe cercato di fermarla. Voleva aiutare tutti. I malati, i poveri, i senzatetto, gli affamati, i malati di AIDS, gli infermi, le prostitute, i drogati, gli alcolisti. Se fosse dipeso da lei, e sempre più così sembrava, le sue missioni caritatevoli sarebbero state innumerevoli. Quante volte durante il mio lavoro l'avevo sentita dire: «Penso di poter essere d'aiuto...» oppure «Voglio andare dove ci sono dei cuori da consolare»? Voleva consolare il mondo e la società su una scala che era una vera e propria Mission Impossible umanitaria.

Tornammo a Paddington diverse volte durante l'estate e l'inverno 1996. A novembre, ci fermammo allo stesso angolo di strada. La prostituta aveva due figli a casa, lavorava sulla strada per mantenerli, e in una sera tanto fredda non poteva nemmeno permettersi un cappotto.

La principessa, durante una delle sue sessioni «di consulenza», aveva dato 100 sterline alla donna. «Ecco, comprati un cappotto e la prossima volta che vengo qui voglio vedertelo addosso» aveva detto quasi materna. Dopo qualche settimana vedemmo di nuovo la donna, che sembrava stare molto più al caldo con un pesante giaccone nero.

Nel guardaroba della principessa c'era una pelliccia lunga fino ai piedi che le avevano regalato. Lei l'aveva accettata di buon grado ma non indossava mai pellicce. Un pomeriggio la vidi uscire da Kensington Palace con la pelliccia sotto braccio e quando tornò a casa non l'aveva più. Mi disse che stava attraversando Victoria quando aveva visto un cassonetto al lato della strada. Aveva fermato la macchina, abbassato il finestrino e aveva lanciato la pelliccia nel cassonetto. «Non si sa mai, potrebbe trovarla un barbone. Con quella dovrebbe stare al caldo!» disse.

Mi abituai a giri in BMW, a volte sul sedile del passeggero, a volte dietro il volante, spesso dopo la mezzanotte. C'era una ragione pratica per uscire così tardi: non solo le strade di Londra erano più tranquille, la principessa sapeva che i fotografi, in caso fossero appostati, al buio non potevano rubarle una foto con il teleobiettivo.

Parcheggiavo in un vicolo proprio dietro l'angolo del Royal Brompton Hospital a Chelsea, a volte aspettavo anche un'ora ascoltando i programmi notturni alla radio. Avevo accompagnato la principessa che era entrata armata di riviste, video e

CD per i pazienti che avevano subito un trapianto di cuore o i malati di fibrosi cistica. Quelle visite in ospedale non erano nuove, anche se i cinici le liquidarono come una trovata pubblicitaria. La principessa ci andava perché aveva un contatto in ospedale, e poi le importava veramente, il suo interesse era genuino. Stava semplicemente facendo quello che aveva già fatto quando Adrian Ward-Jackson era morto nel 1991 o quando nel 1992 io ero in ospedale a Swindon. Sapeva che per qualcuno le sue visite potevano essere un tonico migliore di qualsiasi medicina e quella era l'unica cosa che le importasse.

A volte aspettare in macchina la principessa non era così noioso. Una volta, mentre lei era a pranzo con il suo amico lord Attenborough da Tante Claire a Chelsea, seduta accanto alla vetrina del ristorante, tornai a prenderla con la BMW alle due e mezza. Fortunatamente c'era un posto per parcheggiare proprio davanti al ristorante, e potevo vedere la schiena di lord Attenborough con la principessa. Lei sedeva dirimpetto alla vetrina e mi aveva visto arrivare.

Lo stereo della macchina suonava il CD della colonna sonora di *Aladino*. In Florida, Chuck Webb e Ron Ruff, amici di famiglia, mandavano regolarmente alla principessa i CD con gli ultimi film Disney: *Il re Leone*, *Pocahontas*, *La Bella e la Bestia* e *Toy Story*. Io ero da tempo un collezionista di arte dell'animazione e andavo a New York per la vendita annuale per comprare «celluli» – fotogrammi individuali dei film con i fondali originali. La principessa aveva i suoi, i più famosi di *Chi ha incastrato Robert Rabbit?*, che le erano stati offerti in dono nel corso della première reale a Leicester Square, a Londra. Comprava per William e Harry tutti i video Disney e spesso ascoltava le colonne sonore della Disney – *La Bella e la Bestia* e *Aladino* erano quelle che preferiva. Lo scherzo privato tra maggiordomo e principessa era legato a una canzone di *Aladino* – *A Whole New World* – che lei ascoltava continuamente. Sapeva a memoria le parole e, sia con me che sola, le cantava a voce alta mentre guidava. Stavo ascoltando quella canzone quando lei terminò il pranzo con lord Attenborough. Cominciai a muovere le labbra silenziosamente dietro la canzone e a gesticolare in maniera esagerata. Quando mi vide la principessa ridacchiò e senza dubbio lord Attenborough deve aver pensato che le sue battute funzionavano alla grande. Tornando a palazzo la cantammo insieme. Non proprio Rachmaninov, ma comunque un altro bel ricordo.

Nel novembre 1996, dopo aver visitato Sydney in Australia, per aiutare a raccogliere un milione di sterline per la Vistor Chang Cancer Foundation, la principessa tornò e diede addio al sogno di vivere agli antipodi. L'Australia e la sua gente si erano innamorati di lei, ma lei non si era innamorata dell'Australia. Pensava che fosse «primitiva» rispetto a Londra, New York e Washington e disse che si sarebbe sentita troppo isolata. Invece la sua attenzione era rivolta verso un nuovo paese ospite potenziale: il Sudafrica.

Il Natale 1996 sarebbe stato l'ultimo Natale della principessa e lei lo passò all'altro capo del mondo, ai Caraibi. La stampa era convinta che avrebbe passato le festività con un accompagnatore, quindi era compito mio lasciarli in quell'illusione prenotando due posti su un volo Qantas per Sidney, sapendo che i reporter avrebbero controllato la lista passeggeri. La vigilia di Natale, mentre i media assediavano il banco della Qantas a Heathrow, la principessa se la svignava al lato opposto del mondo, nell'esclusivo complesso del K-Club sulla piccola isola di Barbuda, vicino Antigua, accompagnata dalla sua assistente personale Victoria Mendham. La strategia funzionò, ma solo per un giorno o due.

William e Harry avevano frugato nelle loro calze natalizie la domenica prima di Natale. William era al settimo cielo per il suo impianto stereo e Harry cominciò subito a collegare la sua Play Station 2.

All'Old Barracks il giorno di Natale il telefono squillò incessantemente. Maria insisteva perché non rispondessi, sapevamo entrambi che era la principessa e, per una volta, obbedii all'ordine di mia moglie e dedicai tutto il mio tempo alla famiglia.

Il giorno di Santo Stefano risposi al telefono. La principessa telefonava tutti i giorni per una chiacchierata, in attesa del suo ritorno a Capodanno; non vedeva l'ora di tornare. A differenza di Harry, che era andato a Klosters, in Svizzera, con il principe Carlo e si era divertito un mondo a sciare, nonostante la presenza della stampa che in seguito descrisse a sua madre come «un incubo», William non aveva voluto andare con loro; a quattordici anni, già cominciava a detestare i riflettori dei media. Io non avevo avuto scelta riguardo la mia prossima destinazione: l'Angola. Avrei camminato al fianco della principessa che poteva finalmente realizzarsi come vera filantropa, sostenendo le cause umanitarie che erano così importanti per lei.

12.

Fianco a fianco

Seguii da presso la principessa mentre lasciavamo l'accecante bagliore del sole africano per entrare nell'ombra di un ospedale di villaggio. Dico «ospedale» perché quello per i residenti era l'ospedale, ma in realtà era una stanza spoglia con sei letti di ferro. In passato i muri erano stati intonacati ma non vennero mai imbiancati. Tallonati dal branco dei media che si pigiava arrancando dietro di noi, ci avvicinammo al capezzale di una ragazzina, il sottile lenzuolo bianco tirato fino al collo, i grandi occhi puntati su di noi.

Poi un'infermiera tirò giù il lenzuolo fino alla vita e fu una visione orripilante. Gli intestini uscivano dall'addome squarciato. La bambina era andata a prendere acqua per la famiglia e aveva calpestato una dei dieci milioni di mine ancora sepolte e attive nell'arido sottosuolo angolano.

Era impossibile collegare le due immagini: il bel viso sul cuscino, le viscere insanguinate all'altezza della vita. La reazione istintiva era di rifuggire quella vista, ma la principessa si sforzò di concentrarsi sullo sguardo della ragazza, non voleva che la giovane paziente pensasse di essere una visione insopportabile, anche se ormai era oltre qualsiasi possibilità di aiuto. La principessa prese la mano della ragazza e si morse le labbra per non piangere, poi la ricoprì con il lenzuolo fino al collo, si voltò verso la stampa e disse: «Per favore, ora basta». Le luci delle telecamere si spensero.

Era il 15 gennaio 1997. Quel giorno è ancora ricordato per la famosa fotografia della principessa mentre attraversa un campo minato percorrendo un corridoio sicuro bonificato dall'Halo Trust. Indossava una camicia bianca e pantaloni color crema, un giubbotto antiproiettile verde e un casco con una visiera trasparente. Per quelle foto i soliti cinici di casa nostra dissero che la principessa si stava intromettendo sulla scena politica, e le diedero della «mina vagante». Il suo sostegno alla campagna antimine sarebbe servito a sensibilizzare l'attenzione mondiale sulle vittime di guerra dimenticate, sui civili innocenti uccisi o menomati per aver fatto un passo sbagliato nelle strade del loro villaggio, disseminate di congegni mortali e scavate di trincee, mentre il trattato antimine tra Regno Unito, Canada e Stati Uniti era ancora in stallo.

I cinici di Fleet Street l'accusarono di aver colto l'occasione per un servizio fotografico già predisposto che avrebbe colpito l'attenzione pubblica. Ma loro non avevano visto la ragazzina in quel letto d'ospedale, perché la principessa non aveva voluto che la vedessero. Quello fu solo uno delle migliaia di momenti intensi di cui fui testimone durante il mio incarico, quando la principessa, privatamente, lontana dalle telecamere, portava il suo aiuto sincero alle persone che chiamava «la gente vera». La sua breve sosta in quella povera clinica africana non poteva certo restituire la vita alla ragazza, ma aveva dato speranza a chi era stato dimenticato e, giustamente, con la Croce Rossa Internazionale, aveva portato all'attenzione internazionale una tragedia nascosta. Chi non vuol credere che la principessa abbia determinato un cambiamento reale, dovrebbe leggere l'articolo del «Sunday Times» a firma Christina Lamb, che quel giorno rimase in ospedale per intervistare la ragazzina.

La giornalista, indurita dalle esperienze di guerra e cinica per natura, cercò di spiegare alla ragazzina chi fosse appena venuta a trovarla. «È una principessa inglese» disse Lamb.

«Allora è un angelo?» chiese la ragazza, e morì quel pomeriggio stesso per le ferite riportate.

Fuori, la principessa offriva la sua risposta personale. Alle domande dei reporter sul fatto di essere «una mina vagante» dichiarò: «Io sono dedita alle cause umanitarie – lo sono sempre stata e sempre lo sarò».

Non viaggiavo con la principessa dai tempi del viaggio in Egitto, nel 1992, ma lei mi aveva chiesto di accompagnarla in una visita di quattro giorni in Angola, dal 12 al 17 gennaio. La sua richiesta era arrivata inaspettata. «Saremo solo tu, io e quelli della Croce Rossa» disse, oltre a due agenti addetti alla sicurezza per insistenza del governo, perché era un viaggio oltremare.

Mi chiedevo di quale aiuto potessi essere.

«Tu verrai sempre con me, sarai mio assistente, dama di corte, segretario e cameriera personale!» scherzava. Quindi la svegliavo, le stiravo i vestiti e la seguivo come un'ombra durante gli incontri. La mia forzata versatilità ancora una volta spinse la stampa a chiedersi il motivo della mia costante presenza al fianco della principessa e sentivo che, tra gli altri dipendenti dello staff reale, il mio ruolo dava fastidio a molti.

La principessa aveva ripreso i contatti con la Croce Rossa dopo aver rinunciato al ruolo di patronessa e aveva consultato Mike Whitlam, allora direttore generale, sulle campagne antimine. Whitlam le aveva mandato pubblicazioni e video, suscitando in lei il desiderio di fare qualcosa. In Angola le mine uccidevano un angolano su quattro su una popolazione di dodici milioni di abitanti; il paese divenne il trampolino di lancio per la crociata antimine della principessa, affiancata da Mike Whitlam.

Armato con l'itinerario del viaggio, ero andato a fare shopping per il guardaroba casual di cui la principessa avrebbe avuto bisogno. La prima visita fu a Ralph Lauren, in Bond Street, per comprare camicie, pantaloni cachi e calzoni a tre quarti (mi fece comprare perfino qualche camicia per me). Poi Armani per i jeans e Tod's per le scarpe basse. Tutto doveva essere messo in valigia con gli abiti e le gonne per l'ambasciata e la cena con la first lady Ana Paula dos Santos. Andai anche da Boots per i farmaci di prima necessità, vitamine comprese.

Bill Deedes, esperto columnist del «Daily Telegraph», doveva raggiungere il gruppo della stampa in Angola, ma la principessa insistette perché facesse con noi il viaggio di andata e ritorno per la capitale Luanda perché, essendo impegnato nella causa antimine sin dal 1990, aveva influenzato in modo determinante le sue posizioni. Era stato un visitatore regolare a Kensington Palace, dove scherzavamo sempre sulla difficoltà delle parole crociate del « Daily Telegraph ». « Il mio maggiordomo è tuttora convinto che le vostre parole crociate siano proprio sleali » diceva la principessa quando salutava Bill, mettendo in evidenza le mie carenze intellettuali con i cruciverba piuttosto che le sue.

Sul volo per Luanda la principessa continuò a prendere appunti modificando il suo discorso, che tenne tra i calcinacci dell'aeroporto in macerie. Dichiarò che voleva «bandire una volta per tutte le mine antiuomo ».

Mentre andavamo all'ambasciata britannica, saltando sulle strade dissestate a bordo di una Landcruiser, la principessa scuoteva la testa davanti allo spettacolo pietoso a cui assisteva: tra le persone che superavamo, quasi la metà aveva una gamba sola; erano rimaste solo le facciate degli edifici – case, negozi, uffici – disseminate di crateri aperti dai colpi di mortaio. Sembrava di attraversare il set di un film.

La principessa aveva fatto molta strada dal 1992, quando aveva visitato Calcutta e la casa di Madre Teresa, che si dedicava soprattutto ad assistere gli affamati, i malati e i moribondi. Quel viaggio era stato un'esperienza che le aveva cambiato la vita, dandole speranza e facendole intraprendere un percorso umanitario e spirituale in un momento in cui non trovava nessuna soddisfazione in un matrimonio ormai alla fine. « È stato allora che ho trovato la mia strada » mi disse.

Avevamo discusso molte volte del significato dell'esperienza a Calcutta, ma prima di partire per l'Angola la principessa mi consegnò una copia dei suoi appunti, dove aveva annotato pensieri ed emozioni suscitati dal viaggio in India, come se volesse farmi capire la natura della causa umanitaria e perché quel lavoro fosse tanto importante per lei. Ne aveva dato una copia anche all'agopuntrice Oonagh Toffolo, il cui marito Jo aveva ricevuto molte visite della principessa al Royal Brompton Hospital. Il vivido racconto della principessa spiega il risveglio spirituale cominciato a Calcutta, che divenne la forza motrice dietro ogni suo atto assistenziale, ogni missione e campagna per cui si prodigava.

Era andata a visitare la sede di Madre Teresa e quando arrivò le suore stavano cantando il Pater Noster nella cappella, poi s'inginocchiarono insieme alla principessa per pregare.

La principessa considerava sante quelle donne, ma non pensò mai di esserlo anche lei, nonostante le etichette che gli altri appiccicavano alla sua immagine. Suore come quelle di Calcutta erano le vere sante, le principesse inglesi no. Ma la principessa voleva comunicare al suo pubblico il calore umano e la compassione che aveva sentito in quelle donne.

L'Angola del 1997 avrebbe rispecchiato l'India del 1992 per la vicinanza della principessa ai malati. L'India divenne quasi un modello su cui basarsi per le future missioni umanitarie, perché lei non dimenticò più quanto potesse essere importante un gesto semplice e sincero quando ci si occupa dei giovani, dei malati e dei poveri.

Portava nel cuore la lezione che aveva imparato da sola quando, visitando la casa per l'infanzia di Madre Teresa, in un gesto istintivo aveva preso in braccio un bambino cieco e sordo. In seguito scrisse: «*L'ho abbracciato stretto, sperando che potesse sentire il mio amore e il mio calore*». Parlava della sua esperienza con passione e fede e con una convinzione che mi fece capire di quale pasta fosse fatta.

Nel resoconto scritto delle sue esperienze a Calcutta, la principessa raccontava una sua visita in un ricovero per i malati terminali. Leggendolo capii che il periodo vissuto in India e l'aver assistito alla morte del suo amico Adrian Ward-Jackson nel 1991 avevano avuto su di lei un impatto enorme e per questo la principessa aveva potuto comunicarmi tanta forza dopo la morte di mia madre. Condividendo con me la sua esperienza, voleva farmi capire meglio le radici della sua vocazione umanitaria.

In quel ricovero si trovò davanti file e file di letti occupati da uomini, donne e bambini che affrontavano con coraggio la morte inevitabile. «Morire con dignità» commentava la principessa. Erano «contenti» di morire sotto il tetto di Madre Teresa.

Dubito che la principessa fosse mai stata tanto turbata da qualsiasi altra scena a cui avesse assistito nel corso dei suoi viaggi intorno al mondo. Si avvicinò a ciascun letto e a ogni malato offrì una scatola di cioccolatini. Un uomo era così debole per la tubercolosi che fu la principessa a mettergli in bocca il cioccolatino.

Lessi quanto aveva scritto su quell'esperienza e quanto questa avesse profondamente cambiato la sua visione della vita – e della morte. Quando tornò da Calcutta la principessa era mossa da un bisogno profondo di aiutare malati e moribondi su scala globale. Era il suo risveglio. Basta analizzare i discorsi dal 1992 della principessa per capire che parlava sempre di più di fede e spiritualità. Sentiva profondamente che i momenti più gratificanti erano quelli passati ad aiutare i malati e i moribondi. Così si sentiva «appagata». Come Principessa di Galles, sentiva anche di avere la responsabilità di cercare di cambiare le cose.

In Angola continuavo a leggere il suo resoconto. Tutte le mattine la principessa non vedeva l'ora di uscire per andare a trovare le vittime delle mine antiuomo, di nuovo ansiosa di operare un cambiamento.

«Avanti, andiamo al lavoro» diceva e andavamo a visitare i villaggi di Huambo e Kuito, seguendo la strada che aveva intrapreso cinque anni prima.

In seguito, a giugno di quell'anno, la principessa andò a New York per incontrare Madre Teresa nel Bronx. Il titolo di testa di un giornale britannico riportava: «ANGELI NEL BRONX».

L'Angola rappresentò il culmine dei miei anni al servizio dei reali e superò tutte le mie aspettative, personali e professionali. Mi sentivo abbastanza sicuro da lasciarmi alle spalle tutte le limitazioni autoimposte dello status di «maggiordomo» e diventare di fatto il braccio destro della principessa. Alla fine mi liberai dei resti dell'uniforme di maggiordomo nella seconda settimana di gennaio, all'ambasciata britannica a Luanda, dove mi mossi in prima linea invece di rimanere dietro le quinte. Quando la principessa mi aveva detto che intendeva portarmi dappertutto, parlava sul serio. Solo che non mi ero reso conto che questo avrebbe significato attraversare i corridoi di marmo della sede del governo per incontrare la first lady, Ana Paula dos Santos, e il ministro degli Affari esteri.

In Pakistan, in Cecoslovacchia e in Egitto nel 1992-93, sapevo quale fosse il mio posto in panchina, in veste di osservatore. In Angola fui partecipe accanto a Diana, Principessa di Galles, ed ero ricevuto dai nostri anfitrioni dopo la principessa. Non credo che la first lady sapesse che il mio titolo era «maggiordomo». Per tutti i presenti in quella sala, persino per lo staff angolano, io ero il suo segretario privato o scudiero di corte. Era una sensazione bizzarra, perché io invece sapevo esattamente chi fossi.

Questo dovrebbe farlo un segretario privato, pensavo, ma lei non ne aveva uno. Questo dovrebbe farlo una dama di corte, ma non ne aveva. Così toccava all'uomo che le aveva stirato l'abito, portato le valigie e lavato a mano gli indumenti, avere un colloquio formale con la first lady, ascoltando attentamente il dibattito sulle mine antiuomo e sulla politica nazionale in proposito.

Almeno la mia formazione mi tornava utile. Ero più che abituato ad annunciare i capi dei paesi del Commonwealth alla regina sullo yacht *Britannia*, quindi conoscevo il protocollo e sapevo esattamente come comportarmi, un passo dietro la principessa.

Mentre me ne stavo in piedi in quei primi minuti pieni d'ansia, ricordai il mio primo incarico al castello di Windsor nel lontano 1976, quando non si erano fidati a farmi maneggiare il vassoio delle carni o delle verdure. Ed eccomi lì, in piedi, e poi seduto accanto al Boss, la donna che aveva reso possibile il mio avanzamento di carriera. Ero orgoglioso. E, se devo essere onesto, anche piuttosto compiaciuto sapendo che, se lo staff avesse potuto vedermi, non avrebbe approvato. Questo rendeva l'esperienza ancora più piacevole, immaginare quei conformisti arricciare il naso perché io non «appartenevo all'ambiente» o non «stavo al mio posto». Era un'accusa che avrei dovuto affrontare in seguito, quando avrei lavorato per la Fondazione intitolata a Diana, Principessa di Galles.

Non sono nemmeno sicuro che l'ambasciatore di Sua Maestà Roger Hart avesse capito quale fosse il mio ruolo. Durante la nostra permanenza nella sua residenza ufficiale, mi vide spesso emergere da un incontro a due con la principessa. Poi veniva la cena, quando la principessa chiedeva che il mio nome venisse incluso nello schema dei posti degli invitati. Ed eccomi lì, a tenere un'educata conversazione con il rappresentante in Angola di Sua Maestà, sua moglie e la principessa.

La parte migliore per me e che fece veramente ridere la principessa, fu alla fine della serata, quando annunciò che si sarebbe ritirata per la notte. Era un congedo collaudato, così quando si alzò spingendo indietro la sedia, la imitai e ci ritirammo contemporaneamente, per poi scoppiare in una risata irrefrenabile ripensando alle sòpracciglia aggrottate che avevamo lasciato a tavola. Lei detestava la claustrofobia del rigido formalismo, anche se l'ambasciatore e sua moglie erano di ottima compagnia.

Partecipammo a una cena formale solo una volta, dopo si passò agli spuntini freddi in camera sua. Ogni due giorni, di sera, avvolta nell'accappatoio sopra il costume, percorreva con me la residenza ufficiale, lungo i corridoi, attraverso le cucine e fuori in giardino fino alla piscina. Io sedevo sui bordi piastrellati con i piedi che dondolavano nell'acqua, contando le vasche della principessa. Da un capo all'altro, con un crawl veloce, faceva venti vasche prima di fermarsi a riprendere fiato.

Poi rimaneva in piedi dove l'acqua era poco profonda, liberando il viso dai capelli bagnati. «Com'è andata oggi?» mi chiedeva appoggiandosi alla parete della piscina. Discutevamo sull'esito, su cosa avrebbe portato il domani e sulle sue preoccupazioni personali. Poi faceva altre venti vasche sotto la luna e le stelle.

Stava per uscire l'ultimo film di lord Attenborough, *Amare per sempre*. Nel corso della prima a Londra, in febbraio, sarebbe stato seguito da un documentario di dieci muniti per raccogliere fondi per l'Appello Antimine della Croce Rossa Britannica. Per questo una troupe aveva accesso esclusivo alla nostra Landcruiser per seguire le mosse della principessa in Angola.

In quell'occasione alla principessa non dispiaceva avere gli operatori alle costole, perché sapeva che avrebbero dato risalto in tutto il mondo alla causa per cui si batteva, ma c'era un aspetto pratico, la principessa doveva essere «collegata». Le avevano fissato un microfono sul davanti della camicetta, che finiva nel corpo trasmittente assicurato dietro alla cintura dei pantaloni. Credo che fosse il secondo giorno della nostra visita quando facemmo un regalo inaspettato ai tecnici del suono. Dimenticando di essere collegata al microfono, facemmo quello che la principessa definiva una «sosta al box» in una stazione di servizio sperduta. Io mi allontanai con la principessa per una chiacchierata privata lontano dalle telecamere, dietro l'edificio. La principessa voleva discutere delle questioni personali, e decidere chi dovesse chiamare al nostro ritorno alla residenza ufficiale. Poi spettegolammo sulla troupe: sui personaggi, su come lavoravano, sugli incidenti più stupidi, e lei rideva maliziosa. Alla fine notai il microfono e anche lei se ne accorse nello stesso momento. La risata venne strangolata dall'orrore.

«Controlla!» disse nel panico.

Com'era prevedibile, la lucina rossa della trasmittente lampeggiava. I nostri pettegolezzi erano stati trasmessi in diretta.

Tornando alla macchina come due scolaretti indisciplinati, sentivamo che la nostra colpa era evidente come il sole, ma l'unica cosa che la principessa poteva fare era stringere le labbra per non scoppiare a ridere. Ancora oggi, non so se la produzione abbia registrato quel momento. Non osammo mai chiederlo.

L'Angola fu un'esperienza che ci aveva svuotato emotivamente, eravamo esausti, ma tornammo tutti con un senso di trionfo, perché avevamo portato all'attenzione della scena internazionale una questione importante. Alla fine la principessa, con la sua solita generosità, dimostrò la sua gratitudine a tutti i partecipanti e il viaggio fu un successo. Tutto il personale della residenza dell'ambasciatore britannico, gli autisti, il cuoco, le cameriere, il personale dell'ufficio e l'ambasciatore stesso, ricevettero un portafoglio e un portablocchetti in pelle con la D e una corona, e sue foto firmate. Quando tornai a Kensington Palace, mi aspettava un regalo della principessa: un busto di marmo di una donna africana che le avevano dato in Angola.

La generosità della principessa, da ultimo, mi fece finire davanti al tribunale dell'Old Bailey dato che il mondo, e soprattutto Scotland Yard, non riusciva a capire quanti regali facessero i reali ai propri dipendenti. Era incomprensibile per chi non conosceva quel mondo a porte chiuse.

Il settembre precedente, mio figlio Alexander era stato ammesso alla London Oratory School, accanto al grande stadio del Chelsea Football Club. La principessa chiese come andasse a scuola e casualmente dissi che sembrava avere molti più compiti da fare.

«Allora rimane chiuso nella sua stanza per ore intere, vero?» mi chiese.

«No, siede al tavolo in cucina mentre Maria prepara il tè.»

La principessa non riusciva a credere che non avesse una scrivania. I tavoli di cucina sono fatti per i pasti in famiglia. Per fare i compiti ci voleva una scrivania in un angolo tranquillo. «Ho proprio quello che ci vuole» disse.

Nel 1981, per commemorare il matrimonio del Principe e della Principessa di Galles, il comune di Aberdeen aveva regalato loro uno scrittoio che non era mai stato usato. Era rimasto in magazzino per tutti quegli anni e la principessa vide l'opportunità di farne buon uso. Mio fratello Graham e io scendemmo al magazzino nell'atrio interno del pianterreno di Kensington Palace e caricammo lo scrittoio sul retro della mia Vauxhall Astra. È uno degli oggetti che fui accusato di aver rubato dopo la morte della principessa.

Nel corso del suo ultimo anno di vita, la principessa continuò a liberarsi degli oggetti che le ricordavano il matrimonio. I tappeti e le porcellane con lo stemma del Principe di Galles erano già stati eliminati. Ora le circostanze erano diverse. Anche se una parte di sé sarebbe sempre stata innamorata del principe Carlo, la principessa cominciò un nuovo processo di eliminazione degli oggetti più carichi di ricordi, come se si stesse separando mentalmente da un passato che aveva occupato tutta la sua emotività. Si era finalmente convinta ad andare avanti e a lasciare andare il passato. Il processo non era caratterizzato da nessuna animosità, perché i rapporti con il principe Carlo non erano mai stati così civili. Come per la vendita all'asta degli abiti, che si sarebbe tenuta nel giugno 1997, la principessa si stava staccando dal suo passato. Ed era un trionfo personale per lei riconoscere che stava «rinunciando al passato». Tutto ciò aveva un grande significato e dimostrava quanta strada avesse fatto nella sua crescita personale, infatti al culmine della sua bulimia, il passato l'aveva perseguitata e la principessa diceva che la bulimia le faceva «vomitare il passato». È importante riconoscere questa distinzione. La principessa aveva trionfato, era sopravvissuta, era diventata forte. E aveva preso un'altra strada, nuova ed emozionante.

«Nel nostro nuovo mondo non avremmo bisogno di tutto questo» diceva la principessa, in piedi nel soggiorno dei ragazzi. Stava vuotando le scatole piene di vestiti, gingilli, soprammobili, CD, libri, cassette, regali indesiderati. Quello era il processo di «riordino» che avveniva sia la sera tardi che la domenica pomeriggio.

Mi regalò un orologio di Cartier. L'aveva comprato il principe Carlo ma la principessa pensava che la facciata in madreperla e la base in marmo nero fossero «orrendi».

Una pila di oggetti venne ammucchiata in mezzo alla stanza e la principessa invitò i membri del personale a servirsi. Lily Piccio, una cameriera filippina, non poteva credere ai suoi occhi e portò tutto quello che poteva nel modesto appartamento che divideva con la sorella. L'aromaterapeuta Eileen Malone, madre del produttore di cosmetici Jo Malone, ricevette un'elaborata pendola da tavolo che era stata un regalo di nozze. «Così ti ricorderai sempre di me» disse la principessa. Alla sensitiva Rita Rogers venne donata una bella collana Van Cleef and Arpels in oro diciotto carati a forma di cuori intrecciati, che valeva almeno 8000 sterline. Per il suo ottantesimo compleanno, l'editrice del «Washington Post», Katherine Graham ricevette una scatola d'argento dei gioiellieri Asprey con una K incisa sul coperchio e all'interno la dedica: «Dedizione e ammirazione, da Diana». Persino l'esperta di Christie's Meredith Etherington-Smith conobbe la generosità del Boss. Come ringraziamento per aver catalogato e supervisionato l'asta dei suoi abiti, la principessa, che conosceva la sua passione per le stelle di mare, fece fare dai gioiellieri della Corona di Garrad una stella di mare in oro tempestata di diamanti, con una dedica sul retro: «Con affetto sincero, Diana».

I grandi sacchi neri della spazzatura pieni di vestiti abbondavano e l'amica guaritrice della principessa, Simone Simmons, che andava a trovarla quasi tutti i giorni, fu un'altra beneficiaria. Un pomeriggio la principessa chiese a Simone di servirsi. «Cosa? Volete che prenda tutti questi sacchi di abiti?» chiese Simone, piuttosto sorpresa.

«No» rispose la principessa. «Quelli sono per Paul.» Io ne presi almeno tre pieni di vestiti, borse e scarpe per Maria, mentre i nostri figli provavano gli abiti scartati di William e Harry.

La principessa faceva regali persino a dei perfetti sconosciuti. Una volta i miei figli stavano giocando sul prato con Bill, un ragazzo americano. La principessa e io stavamo passando lungo la strada principale quando lei si fermò a parlare con Bill. Alla fine mi disse di mandargli una sua fotografia, che io feci incorniciare dopo che l'ebbe firmata.

Come la cameriera filippina, Scotland Yard non poteva credere ai propri occhi, o alla verità, quando gli agenti entrarono nella camera da letto mia e di Maria e trovarono appesi in guardaroba i modelli firmati, che la principessa aveva indossato, o quando scoprì i CD in una scatola o i soprammobili sui nostri scaffali; quando trovò lo scrittoio, quando scoprì in casa quattrocento oggetti che la principessa mi aveva regalato. Né potevano i fratelli Spencer ritenere credibile la natura prodigiosamente generosa della sorella nei confronti di un non parente. Lady Sarah McCorquodale disse in seguito che si aspettava che io, come maggiordomo, non avessi altro che una foto firmata e un paio di gemelli. E si chiedono perché ho sempre detto che gli amici conoscevano la principessa meglio della sua stessa famiglia.

A Pasqua la principessa tornò al K-Club di Barbuda con William e Harry. A maggio partì per una visita di tre giorni in Pakistan, ospite di Imran Khan e di sua moglie Jemima, figlia della sua amica lady Annabel Goldsmith. La principessa voleva approfondire le sue conoscenze sull'Islam. Quando era in visita all'estero mi telefonava tre volte al giorno come, ne sono certo, faceva con gli altri amici. Non so proprio che cosa avrebbe fatto se avesse perso il suo telefono portatile. Sembrava permanentemente incollato all'orecchio destro.

Mentre la principessa era in viaggio, a Kensington Palace io insegnavo a un nuovo venuto i rudimenti del mestiere. La principessa aveva assunto un aiuto maggiordomo per svolgere i compiti che io non avevo più il tempo di fare. Craig Weller, allora ventitreenne, era stato formato dal team di Buckingham Palace, e il suo arrivo mi rese la vita molto più semplice.

La principessa tornò dal Pakistan e venni messo al corrente di un grande segreto. È uno di quelli che non avrebbe dovuto dirmi, ma lei scoppiava dalla voglia di dirmelo. Credo che riuscì a tenere la bocca chiusa per cinque minuti in tutto.

«Paul! Paul!» gridò dal pianerottolo del primo piano prima di scendere le scale di corsa fino al mio office. «Ho un segreto! Ho un segreto!»

Quando arrivò all'ultimo scalino ormai non era più un segreto. Io ero perplesso. Quello non era il modo abituale in cui mi metteva la corrente di qualcosa. Indossava un modello di Chanel azzurro chiaro e mi disse: «Ti daranno una medaglia, Paul!». Poi mi informò che sarei stato decorato dalla regina a Buckingham Palace con la Royal Victorian Medal, dell'Ordine personale di Sua Maestà. «Ed era ora, direi. Dovrebbe essere un segreto ma, insomma, tu conosci tutti i miei segreti, dovevo dirtelo. Sono così contenta per te, Paul» disse.

Io ero attonito. La regina mi avrebbe decorato con la medaglia in occasione del suo compleanno, e la cerimonia sarebbe stata annunciata a giugno, in riconoscimento dei ventun anni passati al servizio della casa reale. Finalmente mi ricompensava per aver portato a passeggio nove corgi recalcitranti per tutto quel tempo.

La principessa sembrava più emozionata di me. Mi disse: «Dopo l'investitura ti porto fuori a pranzo e per festeggiare pasteggeremo a champagne da Mara [il ristorante San Lorenzo]. Sarà una gran festa».

Quando il 17 giugno venne emanato l'annuncio ufficiale, la principessa era a Washington per la festa dell'ottantesimo compleanno di Katherine Graham, ma mandò comunque un messaggio di congratulazioni che diceva: «*Un milione di congratulazioni sincere per la tua medaglia dell'Ordine Vittoriano – è una splendida notizia e i ragazzi e io siamo molto felici per te! Un abbraccio da Diana, William e Harry*».

Il 6 giugno, la mattina del mio trentanovesimo compleanno, andai nel mio office e trovai una busta appoggiata sulla mia scrivania su una scatola avvolta in carta da regalo. All'interno c'era un orologio da polso d'oro Longines con il cinturino in pelle nera, con un biglietto: «*Un felicissimo compleanno! Con affetto, Diana*».

Il primo luglio, quando la principessa compì trentasei anni, Kensington Palace sembrava di nuovo un negozio di fiori: una cinquantina di composizioni diverse di fiori freschi, fiori secchi e piante occupavano ogni vaso e recipiente disponibile. Tra questi, sessanta rose bianche da Gianni Versace e una dozzina di calle da Giorgio Armani. Il Principe di Galles aveva mandato una candela profumata da Highgrove. Mohamed Al Fayed, proprietario di Harrods, aveva mandato una borsa in cuoio. La matrigna della principessa, Raine Spencer, fu la prima a telefonare quel giorno, seguita a ruota da Lucia Flecha de Lima – che a Washington si era svegliata alle tre di notte per essere tra le prime ad augurare buon compleanno alla principessa alle otto di mattina, ora britannica. Questa è la devozione di una vera amica.

Se il mio incarico significava anticipare i desideri della principessa, rendeva anche necessario che con i giovani principi agissi seguendo l'istinto. William e Harry sapevano che a Natale la principessa e io avremmo scelto i loro regali e, nello stesso tempo, che avrei scelto di nascosto i loro regali per la principessa. Li comprai per loro conto anche per il suo trentaseiesimo compleanno. Sapevo esattamente cosa comprarle. La sua collezione di cristalli cresceva e lei si ricaricava con la loro «energia» calmante e rilassante, incoraggiata dall'amica e guaritrice Simone Simmons che portava sempre un grande pendente di cristallo intorno al collo. Dietro suo consiglio andai a Londra, accanto alla London Oratory School, da un esperto in fossili e cristalli ed entrai in un labirinto di cristalli multicolori. Su uno scaffale era esposta una torre in pietra di 45 centimetri, la cui sezione frontale era stata asportata per mostrare l'interno color porpora e viola. Capii immediatamente che quello era il regalo, anche se costava 500 sterline. Il weekend precedente il giorno del suo compleanno, William era a casa da Eton e venne di soppiatto nel ripostiglio al pianterreno mentre la principessa era in soggiorno al piano di sopra. Tirai fuori dalla scatola il grande minerale pieno di quarzi, e il viso di William s'illuminò. «Scelta brillante, Paul!» disse.

Una volta incartato, William lo prese tra le braccia e lo portò faticosamente su per le scale. «William sei sicuro di farcela?» dissi, vedendolo barcollare sotto il peso.

Qualche minuto dopo sentii lacerare la carta, il fruscio della velina e poi un grido di piacere. Il cristallo faceva bella mostra accanto al caminetto del soggiorno; era un regalo prezioso.

All'Old Barracks mio figlio Nick teneva molto alla sua collezione di cristalli, ispirato da quelli che gli aveva mostrato la principessa che, parlando con lui nel soggiorno, l'aveva stregato con i racconti delle magiche potenzialità dei cristalli. Nick aveva preso la sua scatoletta con dei piccoli cristalli appoggiati sul cotone per mostrarli alla principessa. Mi faceva sorridere vedere mio figlio di nove anni conversare con la principessa, seduta sul bordo del divano a guardare nella scatola di Nick. Erano tutti presi dai cristalli. Nick le spiegò quanto fosse importante lavarli, pulirli e ricaricarli di energia.

«Devono essere messi sotto una luce forte, principessa» le consigliò.

Così la principessa decise di dare un incarico al figlio del suo maggiordomo. Gli diede qualche cristallo e Nick tornò all'Old Barracks per lavarli in una scodella di acqua calda saponata. La sera li lasciò asciugare sotto la luce brillante della lampada sul suo comodino e il giorno dopo corse a palazzo per dire alla principessa che i suoi cristalli erano completamente ricaricati.

Per ricompensarlo la principessa gli regalò un cristallo rosa e gli disse di metterlo sul comodino accanto al letto dove avrebbe avuto un effetto calmante mentre lui dormiva. «Ho un cristallo rosa identico accanto a me, quando dormo» gli disse, «così ora puoi averne uno anche tu.» Poi gli fece una promessa. «Quando saremo tornati tutti dalle vacanze estive, ti porterò alla fabbrica dove tagliano i cristalli e ne sceglieremo uno bello e grosso per te.»

Nick non vedeva l'ora.

Per il compleanno della principessa, lo stilista Jacques Azagury aveva creato un vestito da sera stupendo, ornato di perline, nero e scintillante, con un taglio scollato con spalline e fiocchi di raso nero. «*Dovete* indossare questo stasera!» le dissi mentre sfilava su e giù nel soggiorno. Andai sul pianerottolo fino alla cassaforte e scelsi zaffiri e diamanti.

«No, Paul, non quelli. Voglio gli smeraldi.»

Quella sera indossò l'abito di Jacques Azagury alla cena per il centenario della Tate Gallery a Londra, con un braccialetto di smeraldi e diamanti che il principe Carlo le aveva regalato per le nozze, gli orecchini di smeraldi e diamanti che le aveva comprato per il suo ventiduesimo compleanno, e un girocollo di diamanti e smeraldi cabochon della regina Maria, un regalo di matrimonio della regina.

Dopo lunghe discussioni tra il principe e la principessa, venne deciso che Harry avrebbe seguito le orme del fratello e che dopo Ludgrove sarebbe andato a Eton.

«Starà bene in frac, vero Paul?» disse la principessa. «Come un piccolo pinguino!» Harry aveva desiderato tanto andare ad Harrow per poter stare con l'amico van Straubenzee, così la notizia che sarebbe sembrato un pinguino a Eton non lo entusiasmò.

Neanche William poteva fare a modo suo; a Londra era prevista una dimostrazione a favore della caccia e il giovane principe era desideroso di partecipare, di unirsi alla folla, di parlare alla gente e confondersi con loro, ma la principessa non voleva permettergli di andare. Non lo riteneva «opportuno». Stranamente Tiggy Legge-Bourke partecipò alla manifestazione e la notizia occupò i titoli di testa dei giornali del giorno dopo. William capì le ragioni della madre.

A palazzo venivano anche tre bambini che non smettevano mai di sorridere. Una bella famiglia venne in visita per il tè: madre, padre e i loro figli di dieci, sette e cinque anni. Sin dall'età di quattro anni, la bambina di sette aveva un tumore al cervello. Era stato asportato due volte ma si era riformato e ai suoi genitori avevano detto che un terzo intervento era impossibile. Era desiderio della bambina prendere il tè con la principessa, così il Boss decise di accontentarla. Venni mandato a comprare palloncini e piccoli giocattoli per la tavola. La famiglia se ne andò dopo aver immortalato quel ricordo con una macchinetta usa e getta.

William e Harry ebbero la gradita sorpresa di una vacanza estiva a St Tropez, l'11 luglio, dopo che la principessa aveva declinato un invito per una vacanza con i figli a Phuket, in Tailandia. Madre e figli partirono in jet per il sud della Francia, fino alla villa sulla costa di Mohamed Al Fayed, sua moglie Heini e i loro tre figli minori. La principessa aveva accettato l'invito, che le era stato fatto in primavera, dopo aver pranzato con la matrigna Raine Spencer al RAC Club nella prima settimana di luglio.

Il proprietario di Harrods – che viveva con l'alta società in Park Lane a Londra, con tanto di maggiordomi – non si poteva considerare un amico intimo della principessa. Era una presenza ai margini della sua vita per i forti legami che aveva con la sua famiglia; era stato amico del conte Spencer, il padre ormai defunto della principessa, e della matrigna Raine. In effetti Raine era ospite regolare nella sua residenza al Bois de Boulogne, a Parigi. La proprietà si chiamava Villa Windsor perché in passato vi avevano abitato il Duca e la Duchessa di Windsor dopo l'abdicazione del duca nel 1936.

Dopo la morte della duchessa, nel 1986, il fascino che l'ambiente reale esercitava su Al Fayed lo indusse ad acquistare l'imponente proprietà. Undici anni dopo, mirava a un altro personaggio, oggetto di biasimo per aver portato lo scompiglio nella dinastia Windsor: Diana, Principessa di Galles. Per molti anni le aveva fatto sentire la sua presenza e la sua ospitalità. Quando la principessa andava a far compere nel suo negozio di Knightsbridge, lui spuntava sempre al suo fianco. Ogni anno a Natale, senza fallo, mandava una cesta di Harrods a Kensington Palace; quando c'era un compleanno inviava regali generosi alla principessa e ai giovani principi. Agli occhi del Boss Al Fayed era un vero gentiluomo. Raine Spencer gli aveva raccontato tutto dei momenti difficili che la principessa aveva dovuto superare a metà degli anni Novanta. Lui voleva solo aiutarla, essere presente in caso lei avesse avuto bisogno – per rispetto per il suo amico, il padre della principessa, le diceva sempre.

Fino a quell'estate, la principessa aveva sempre declinato educatamente le sue offerte di ospitalità. Ma la proposta di qualche giorno di pausa in una villa affacciata su una baia della Costa Azzurra, con personale privato e un'efficiente rete di sicurezza, era irresistibile. Per William e Harry c'era anche la prospettiva delle moto d'acqua, delle corse in motoscafo da competizione e delle immersioni subacquee. Uno yacht di 60 metri, il *Jonikal*, con un proprio equipaggio, li aspettava; era la versione personale del multimilionario egiziano dello yacht reale *Britannia*. Quello che la principessa non sapeva quando arrivò in volo, era che era stato appositamente comprato per lei e i principi. Non appena aveva accettato l'invito, Al Fayed aveva preso il libretto degli assegni e aveva acquistato lo yacht per circa 15 milioni di sterline. Né la principessa sapeva che il suo anfitrione le avrebbe offerto qualcos'altro per risollevarle il morale: la presenza del figlio primogenito Dodi, produttore cinematografico, che era fidanzato e avrebbe dovuto sposare la modella americana Kelly Fisher. Mohamed Al Fayed chiese al figlio di trovarsi sullo yacht entro il 15 luglio.

Quando Dodi Al Fayed salì a bordo dello *Jonikal* il 15 luglio, la stampa assediò la principessa da una barca a nolo. Io ero rimasto a fare la guardia a Kensington Palace, supervisionando il rinnovamento del soggiorno della principessa. Lei aveva di nuovo interpellato il suo vecchio amico Dudley Poplak perché operasse la magia di trasformare la sua stanza preferita color rosa e crema in qualcosa di «un po' più serio e maturo» – sulle tonalità crema, oro e blu. I divani a righe vennero foderati in color crema; i cuscini color pesca vennero sostituiti da altri in blu e oro. Un nuovo sgabello imbottito dalle zampe tornite tappezzato in color crema. Alla principessa piaceva il rosa – persino la carta che usava per i suoi promemoria interni era rosa – ma quell'estate lo stava eliminando dal suo mondo.

Mentre i tappezzieri, i moquettisti e i tappezzieri per le tende erano all'opera nel soggiorno, la principessa continuava a telefonarmi. Rimpiangeva il gesto spontaneo che l'aveva fatta salire sulla barca della stampa per una breve visita. Era andata a chiedere ai giornalisti per quanto tempo ancora intendessero rimanere appostati a fare fotografie. Prima di andarsene, li aveva stuzzicati: «Sorprenderò il mondo con il mio prossimo annuncio!».

A Kensington Palace, il revisore dei conti Michael Gibbins si occupava della ricaduta e la principessa lo incaricò di rilasciare una dichiarazione: «*Diana, Principessa di Galles, desidera chiarire di non aver rilasciato alcuna intervista esclusiva ai reporter nella giornata di ieri. Lo scopo per cui ha parlato ad alcuni giornalisti era puramente quello di sapere quanto a lungo intendessero rimanere nel sud della Francia, dato che la presenza oppressiva dei media sta provocando grave disagio a tutti i bambini.*

È fuori discussione qualsiasi possibilità d rilasciare una dichiarazione in futuro».

Dallo *Jonikal* la principessa mi telefonava a Kensington Palace anche otto volte al giorno. Nel corso di una telefonata-maratona non insolita, mi disse che si sarebbe vendicata dei media – usando il costume da bagno a macchie di leopardo. «Lo indosserò per il resto della vacanza. Li irriterà perché faranno la stessa fotografia tutti i giorni!» mi disse. E infatti quella settimana i giornali erano pieni di sue foto sulla spiaggia, sulla barca, sulla moto d'acqua o mentre si tuffava in acqua indossando il suo costume a macchie di leopardo.

Ma il divertimento svanì alla notizia che avevano sparato al suo amico Gianni Versace davanti alla sua villa di Miami, uccidendolo. Alla fine dell'autunno avrebbe dovuto mandare alla principessa un intero guardaroba invernale. Per il numero di quel mese della rivista «Vanity Fair», la principessa era in copertina con un abito di Versace. La notizia della sua morte la rese frenetica. Ogni ora ricevevo una telefonata agitata. «Dobbiamo trovare Elton John!» disse. «È da qualche parte nel sud della Francia. Alla sua casa di Windsor avranno il numero.»

Non ebbi la possibilità di dire che Elton John aveva telefonato a Kensington Palace il giorno prima, lasciando le coordinate per mettersi in contatto con lui. La tragedia dell'assassinio di Versace aveva concluso un periodo di silenzio di nove mesi tra la principessa e il cantante, e aveva consentito una riconciliazione che doveva avvenire da lungo tempo. La principessa aveva litigato con Elton John perché una foto che gli aveva donato, di lei con i figli, era stata usata «inopportunamente» nel libro di Versace *Rock and Royalty*. La principessa era inorridita vedendo l'immagine di famiglia pubblicata tra le foto di modelle seminude; era profondamente preoccupata per quanto avrebbe detto la regina. Elton non c'entrava nulla con l'uso di quella foto, ma dato che era stato lui il tramite, la principessa lo aveva ritenuto responsabile e la questione si era inasprita da entrambe le parti. La rottura venne superata in occasione del comune cordoglio e il 22 luglio, al funerale di Versace, la principessa era seduta accanto a Elton con un braccio intorno alle spalle per confortarlo.

Nel corso di una telefonata mi disse che aveva parlato di nuovo con Elton «come ai vecchi tempi». Aggiunse: «È stato tanto comprensivo e mi ha chiesto se non era ironica la sorte che ci aveva messo in condizione di trarre qualcosa di buono da questa tragedia e ritrovare la nostra amicizia. Ha detto che a Gianni avrebbe fatto piacere. Non è stato carino?».

Il Boss era in panico. Il jet privato che avrebbe dovuto riportarla a casa con i suoi figli aveva avuto un problema meccanico sulla pista dell'aeroporto di Nizza. «Devo tornare, Paul. Domani ho un impegno pubblico importante in un ospedale» mi diceva domenica 20 luglio. Sarebbero dovuti tornare per le sei ma invece alle otto e mezza era ancora al telefono. Era rimasta a terra. Alla fine riuscirono a tornare a mezzanotte. «Oh, è così bello essere a casa» disse. Le piaceva sempre tornare a casa sua.

«Allora, com'è andata?» mi informai.

«Meravigliosamente. Abbiamo passato un bel periodo, assolutamente normale.» Poi andò a letto.

Il giorno dopo il programma prevedeva Meredith Etherington-Smith a pranzo e Mike Whitlam della Croce Rossa Britannica per il tè.

Quella fine estate lessi incredulo sui tabloid i due nomi che occupavano tutti i titoli di testa: «DIANA E DODI», e la dichiarazione dei giornalisti secondo cui quella era «la prima relazione seria della principessa dopo il divorzio». Era assurdo insinuare una cosa del genere, e la principessa temeva che molti avrebbero «frainteso». Conosceva Dodi da meno di due mesi e lei non aveva *mai* preso una decisione affrettata rispetto a un uomo.

Tutti gli amici più intimi della principessa conoscevano l'identità dell'unico uomo con cui aveva avuto una relazione a lungo termine, seria e felice, da quando aveva divorziato. E *non* era Dodi Al Fayed. Era qualcuno il cui rapporto con lei si basava su basi di gran lunga più profonde e importanti della breve intesa spirituale con l'erede di Harrods dalla voce vellutata. In tutto il periodo in cui si frequentarono, Dodi Al Fayed trascorse una decina di minuti in tutto a Kensington Palace. È falso, quindi sleale per la memoria della principessa, permettere che il mondo creda che Dodi fosse «il prescelto». È vero che era affascinata dalla sua compagnia, attratta dal suo fascino, colpita dalla novità del suo assiduo corteggiamento, ma certamente non era lui «il prescelto». Di fatto, anche se aveva la testa annebbiata a furia di girare in jet in tutta Europa, il suo cuore, ne sono convinto, era rimasto a Londra.

Mohamed Al Fayed stesso si unì a quel vortice di illazioni. Secondo quanto venne riferito aveva detto: «Per Diana sono come un padre». Con tutto il dovuto rispetto, non fu mai così e, nella solitudine di Kensington Palace, mi sembrava che il rapporto Diana-Dodi appartenesse al regno della fantasia. Il marito di Lucia Flecha de Lima, l'ambasciatore Paulo, era una figura paterna. Lord Attenborough era una figura paterna. Il signor Al Fayed al massimo poteva solo rivendicare di aver avuto un ruolo da lontano parente nella sua vita. Era estremamente gentile, ma per lei era un padre quanto Dodi era «il prescelto».

In effetti per me Dodi non era neanche Dodi, lo chiamavamo «sorella». Era un nome in codice che gli aveva dato la principessa in modo che potessimo riferirci a lui davanti agli altri. Quando la principessa diceva: «Secondo te che cosa direbbe mia sorella?», oppure «Ha chiamato mia sorella?» non si riferiva a lady Sarah McCorquodale o a lady Jane Fellowes, ma a lui.

Ne era stata conquistata, stordita dalla sua natura stravagante, dal suo vezzeggiarla. Apparteneva al jet set, con tutti i relativi trastulli di uno stile di vita reale ma senza le soffocanti limitazioni che lo accompagnavano.

«Posso invitarti a cena?» le chiese nel corso di una telefonata a Kensington Palace.

«Certamente» replicò la principessa. «Quando?»

«Domani sera.»

«Dove andiamo?»

«A Parigi» rispose Dodi. La principessa era su di giri per l'eccitazione.

Dodi faceva di tutto per fare colpo su di lei: le mandò un elicottero che la portasse oltre Manica e le mise a disposizione la Suite Imperiale dell'Hotel Ritz, di proprietà di famiglia. Sistemai tutto quello di cui avrebbe avuto bisogno in una borsa a tracolla di Versace e la principessa partì per la sua serata affidando William e Harry alle cure della tata Olga Powell e alle mie.

Quel sabato sera, era il 26 luglio, mi telefonò dalla suite. «Oh, Paul, è fantastico. Fantastico!» gridò. «E mi ha appena fatto un regalo. Non vedevo l'ora che se ne andasse per potertelo dire. Mi ha regalato un bellissimo orologio d'oro circondato di diamanti. Non ho *mai* visto niente di così bello.»

Sembrava una sedicenne e la sua felicità era contagiosa.

Quel giorno visitò Villa Windsor – dove si disse che lei e Dodi avevano progettato di vivere. Ma quella non era l'opinione della principessa. «Non siamo rimasti a lungo. Le stanze sembrano un mausoleo, non potrei proprio viverci! È piena di fantasmi» disse. Mi chiese di comprare una cornice in coccodrillo nero da Asprey e inviare a Dodi una sua foto, come le aveva chiesto.

«Non potete dargli una foto con dedica, non sapete a chi la mostrerà» la misi in guardia. La cornice venne comprata e lei vi inserì la fotografia. Ma, significativamente, ascoltò il mio consiglio ammonitore e non la personalizzò con un messaggio o la sua firma.

Tornò a Kensington Palace carica di regali per Maria e per me. Dalla borsa a tracolla tirò fuori due accappatoi rosa, ciascuno con lo stemma ricamato del Ritz Hotel. «Sono sicura che andranno bene per Maria, ma non sono certa di come starai tu in rosa!» scherzò.

Nel corso di quell'ultima settimana di luglio la principessa prese una decisione difficile. La ragione le diceva di chiudere il rapporto che aveva avuto fino a quel momento. Anche Dodi aveva deciso di rompere il fidanzamento con Kelly Fisher. Entrambi erano di nuovo adulti single. William e Harry avrebbero passato il mese di agosto con il principe Carlo e la vacanza si sarebbe conclusa a Balmoral. La principessa raggiunse Dodi, questa volta da sola, dal 31 luglio al 4 agosto, di nuovo a bordo dello *Jonikal* per una crociera nel Mediterraneo, dalla Corsica alla Sardegna; poi tornò a casa per riprendere il suo percorso umanitario.

Una mappa del mondo costellata di spilli rossi era affissa a un pezzo di cartone appoggiato contro lo schienale di una sedia in un angolo del soggiorno di Kensington Palace. Con l'aiuto di Mike Whitlam, la principessa aveva identificato i paesi con il maggior numero di mine antiuomo al mondo – dalla Georgia alla Corea, dall'Angola al Vietnam – e ciascuno spillo indicava un'area pericolosa e una missione da portare a termine.

Dopo il successo in Angola, la principessa aveva deciso di portare la sua crociata antimine in Georgia, nella Russia meridionale, ma il governo britannico aveva ritenuto troppo rischioso il viaggio, che dovette essere cancellato. Allora la visita venne deviata verso la ex-Iugoslavia e la Bosnia, dall'8 al 10 agosto, accompagnata dal Landmine Survivors Network – LSN, la rete dei sopravvissuti alle mine e Bill Deedes del «Daily Telegraph».

La prima sera la passammo in un'abitazione privata che ci avevano procurato sulle colline di Tuzla. Quella sera venne messa a dura prova la capacità di principessa e maggiordomo di cavarsela con qualcosa anche remotamente high-tech. Datemi un coltello, una forchetta e una pianta con la disposizione dei posti a tavola e avrete il meglio; datemi un gadget elettronico e divento un inetto. Quando Dodi diede alla principessa un telefono satellitare per rimanere in contatto dalla Bosnia, noi due lo avevamo guardato impotenti. Ed eccoci qua, in una casa in cima a una montagna, con la principessa che studiava la bussola per darmi la posizione del satellite mentre io, dopo aver scartato e sintonizzato l'apparecchio, correvo nel sottobosco per cercare il segnale.

«ANCORA NON FUNZIONA?» gridai, ma la principessa riusciva appena a parlare da quanto rideva. Poi finalmente trovammo il segnale e lei stabilì il contatto.

«Dopo tutta questa agitazione, ti darò un paio delle mie pillole leggere prima che vada a dormire» disse mentre rimettevamo a posto l'apparecchio.

«Ma rischio di non svegliarmi!» obiettai.

«Non preoccuparti, farò il solito baccano. Ti sveglierai.»

Il giorno seguente viaggiammo in cinque su una Landcruiser e la principessa insistette per stare davanti. Sul sedile posteriore, accanto a me sedevano Jerry White e Ken Rutherford, due americani che avevano fondato la LSN dopo essere rimasti vittime civili delle mine antiuomo. Jerry aveva perso una gamba, Ken entrambe. Avevano lo stesso senso dell'umorismo della principessa. Mentre prendeva posto sul sedile anteriore, loro cominciarono a salire impacciati su quelli posteriori; la principessa si girò e disse: «Potete togliervi le gambe, ragazzi!». Quella battuta ruppe il ghiaccio con i due uomini, convinti che, dato che lei era «reale», dovevano tenere i loro arti artificiali.

Mentre viaggiavamo verso Sarajevo lungo strade polverose e malmesse, la principessa mangiucchiava frutta o beveva Evian da una bottiglia di plastica. La conversazione si concentrò su un fenomeno noto, cioè che la vittima di una mina antiuomo sa esattamente dove e quando – data e ora – è avvenuto l'incidente. «È inciso nella loro memoria per sempre» aggiunse la principessa.

Jerry raccontò il suo incidente, poi fu la volta di Ken e la principessa disse: «Il mio è avvenuto il 29 luglio 1981».

Ci fu uno scambio di sguardi perplessi. Nemmeno io avevo capito subito a cosa si riferisse. Poi finalmente capimmo e scoppiammo a ridere. Finché la principessa notò una donna che portava un mazzo di fiori e stava varcando il cancello di un cimitero. «Stop! Si fermi qui!» Il fuoristrada accostò al margine della strada.

La principessa aprì lo sportello scorrevole, saltò giù dall'auto e corse attraverso un varco nel muro di mattoni, poi si avviò tra le fila di lapidi finché raggiunse la donna. Venne a sapere che aveva perso un figlio diciottenne nella guerra civile dell'ex-

Iugoslavia. Mentre la donna vestita di nero continuava a sistemare i fiori sulla tomba, la principessa si sedette con lei a parlare. Dopo circa cinque minuti, la principessa si rialzò e, imitata dalla donna, le prese il viso tra le mani e si salutarono.

Andammo all'Elephant Hotel a Sarajevo dove eravamo alloggiati. La principessa voleva usare di nuovo il telefono satellitare, così passai metà della serata appeso fuori dalla finestra, agitando il ricevitore. «No... sì... no... sì» diceva la principessa per segnalarmi se riceveva o meno il segnale.

Dodi aveva comprato una macchina nuova, sebbene ne avesse già a sufficienza per riempire un parcheggio. Ora voleva comprare una Lamborghini metallizzata e le disse che le avrebbe fatto una sorpresa. Suo padre stava dando sfoggio di sé al Craven Cottage, sede del Fulham Football Club, che aveva comprato per circa 7 milioni di sterline, impegnandosi a investire oltre 20 milioni di sterline sul calcio-mercato. Su una scala meno grandiosa, aveva mandato da Harrods a Kensington Palace un televisore Sony maxi-schermo da 5000 sterline, un regalo per William e Harry, insieme a due computer portatili, di cui uno venne regalato ai miei ragazzi dalla principessa. Il signor Al Fayed aveva messo in chiaro che il denaro non era un problema e suo figlio esibiva la propria prodigalità, ma un dubbio minava l'eccitazione della principessa. Stava diventando tutto un po' troppo.

Guidammo dentro Sarajevo e visitammo una cittadella di tuguri su una collina accompagnati da un sacerdote. Lì, in una casa in mattoni nudi e con il tetto in lamiera, incontrammo una quindicenne. Non aveva i genitori e aveva perso una gamba mentre frugava in una discarica in cerca di cibo per dare qualcosa da mangiare al fratello e alla sorella più piccoli di cui si occupava. Agli occhi della stampa, e a quelli della principessa, la condizione di quella quindicenne appariva straziante. Ma mentre i reporter e i fotografi si concentravano su un'altra vittima delle mine antiuomo, cercai lo sguardo della principessa e attirai la sua attenzione verso una stanza sul retro, separata da una tenda. Ce la svignammo senza essere seguiti dagli obiettivi. Mentre cercavamo di adattare gli occhi all'oscurità, vedemmo la sorellina di quattro anni della ragazzina, scheletrica, distesa su un materasso puzzolente in un angolo della stanza. La bimba soffriva di un grave handicap mentale, aveva sporcato il letto ed era fradicia della sua stessa urina. Teneva gli occhi chiusi.

Non dicemmo una parola. Guardai la principessa avvicinarsi al letto, chinarsi e prenderla in braccio. Strinse a sé il corpicino accarezzandole le braccia e le gambe deperite.

La bambina aprì gli occhi che non avevano pupilla; era cieca. Mentre me ne rimanevo accanto alla principessa, improvvisamente capii che stavo assistendo a qualcosa di molto speciale. Non c'erano fotografi a immortalare quel momento, io ero l'unico testimone di un semplice atto di umanità, un'azione che incarnava la donna che conoscevo tanto bene. Ora capivo il valore di quel messaggio da Calcutta del 1992 che mi aveva dato con la descrizione del ragazzo sordo e cieco: «*L'ho abbracciato stretto, sperando che potesse sentire il mio amore e calore*».

Compì innumerevoli altri gesti umanitari durante quella breve missione ma quello in particolare, e la ragazza nel letto d'ospedale in Angola, non li dimenticherò mai.

Sul volo di ritorno in Inghilterra, la principessa, Bill Deedes e io, sedevamo insieme. Il Boss volle fare un breve brindisi. Sollevò il bicchiere e disse: «Al nostro prossimo paese».

Quando tornammo a Kensington Palace, era già concentrata sulla prossima missione antimine, in Cambogia e Vietnam, prevista per l'ottobre del 1997.

13.
Addio, Altezza Reale

Intorno a me esplose un applauso entusiastico mentre «la Bella» e «la Bestia» si presentavano a ricevere una standing ovation sul palcoscenico del Dominon Theatre di Londra.

Era la sera del 30 agosto, la mia ultima opportunità di svago, e mi ero concesso anche un musical con la mia famiglia prima del rientro del Boss da Parigi il giorno dopo. Era alla Imperial Suite dell'Hotel Ritz per l'ultima serata di una vacanza estiva improvvisata con Dodi.

Tornati all'Old Barracks, Maria, mio fratello Graham, sua moglie Jayne e io sedemmo in salotto con le nostre tazze di caffè, discutendo i punti salienti di uno dei musical preferiti della principessa.

Io fui il primo a ritirarmi per andare a dormire, pronto a riprendere servizio alle sette a Kensington Palace, impaziente di rivedere la principessa per la prima volta dal 15 agosto, e rimettermi in pari con tutti i pettegolezzi. Ne aveva a bizzeffe da raccontarmi, come aveva detto chiaramente nel corso della nostra ultima conversazione. Bisognava anche pianificare molte cose prima di un autunno impegnato in altre missioni antimine.

Poco dopo la mezzanotte squillò il telefono. Era Lucia Flecha de Lima, ed era fuori di sé. Era a casa sua a Washington quando Mel French, capo del protocollo del presidente Clinton alla Casa Bianca, le aveva telefonato per informarla di un incidente in cui era rimasta coinvolta la principessa. Aveva visto i notiziari della CNN. Lucia non aveva ancora il nuovo numero del portatile della principessa. Sapevo che la principessa non andava da nessuna parte senza, così telefonai senza nemmeno pensare che non avrebbe risposto. Lei rispondeva sempre. Squillò, poi scattò la segreteria telefonica. Maria preparò dell'altro caffè. Telefonai ancora. E ancora. Sedemmo intorno al tavolo della cucina. E continuai a telefonare, ancora e ancora.

Nel corso degli anni avevo detto più di una volta al Boss che se si fosse mai trovata nei guai, doveva cercare un bagno pubblico, chiudersi in una delle toilette e telefonarmi. «Io verrò a prendervi, sempre, ovunque siate» le dicevo. Ora era nei guai, il telefono continuava a suonare e io mi sentivo impotente.

Lasciai l'Old Barracks e attraversai di corsa il prato, lungo la strada che fiancheggiava il palazzo fino all'ufficio dove trovai il revisore Michael Gibbins, l'assistente personale Jackie Allen, l'autista Colin Tebbutt e le segretarie Jo Greenstead e Jane Harris. Volti ansiosi ovunque. Qualcuno preparò il caffè. Michael, che fumava a ripetizione, era al telefono appoggiato sulla scrivania del suo ufficio privato, in contatto con il segretario personale della regina a Balmoral, mentre Jackie e io sedevamo fuori nell'ufficio.

La prima telefonata arrivò verso le dodici e trenta e confermò che a Parigi c'era stato un incidente d'auto. Comunque non sembrava un incidente serio.

Prima che scadesse l'ora arrivò una seconda telefonata. *Era serio*. Dodi era morto, la principessa aveva riportato alcune ferite, si pensava un braccio rotto e il bacino fratturato. Devo andare a Parigi, pensai, avrà bisogno di me. Jackie Allen cominciò a prenotare il volo per me e per Colin, l'autista. Era stato scelto perché, essendo un ex-agente addetto alla protezione dei reali, era abituato a prendere decisioni non emotive. Tutti gli uffici della British Airways a Londra erano chiusi, quindi i biglietti dovettero essere prenotati attraverso i loro uffici di New York.

Alle quattro Michael rispose di nuovo. Jackie entrò nella stanza per uscirne qualche minuto dopo. Mi disse di mettermi a sedere e mi circondò le spalle con un braccio. «Paul, devi essere forte. Mi dispiace doverti dire una cosa del genere, ma la principessa è morta.»

La principessa era stata dichiarata morta un'ora prima, alle tre di notte, ora britannica, le quattro a Parigi; non aveva superato l'intervento chirurgico d'emergenza. Una forza invisibile mi colpì e mi lasciò senza fiato. Se avessi cercato di gridare non avrei emesso un suono. Il vuoto totale. Dolore bruciante. Jackie e io rimanemmo seduti a piangere. Poi il senso del dovere, attivato da qualche sorta di pilota automatico, mise da parte le emozioni. Ora lei ha bisogno di me più che mai, pensai.

Telefonai a Maria all'Old Barracks. «Tesoro, la principessa è morta. Vado a Parigi.» La lasciai che singhiozzava. I biglietti aerei erano prenotati. Corsi a casa a preparare una piccola borsa per la notte, poi tornai di corsa agli appartamenti 8 e 9. Dalla porta sul retro entrai in una casa che aveva aspettato il suo arrivo. Il silenzio mi colpì. Entro dodici ore la sua voce e le sue risate avrebbero dovuto riempire quel vuoto. Ora più nulla. Girai per l'appartamento, tutto era come lei l'aveva lasciato. Andai alla sua scrivania. Era tutto pulito e ordinato: tre orologi in miniatura ticchettavano discreti indicando la stessa ora; una dozzina di matite in un bicchiere, la bottiglietta di Quink su un lato; la penna stilografica nel calamaio; un promemoria con il suo «elenco di parole» per avere sotto mano un buon vocabolario da usare nella corrispondenza. Ammetteva senza esitazioni di fare molti errori di ortografia.

Poi i miei occhi si posarono su quello che stavo cercando, il rosario che le aveva dato Madre Teresa, drappeggiato su una statua in marmo di Gesù Cristo sistemata accanto a due statuette della Vergine, una bianca e una ocra, sotto il paralume. Presi il rosario e lo feci scivolare in tasca. Andai in soggiorno e mi avvicinai al tavolo di fronte allo specchio dove si preparava tutte le mattine e dove il parrucchiere le acconciava i capelli. Un orologio in miniatura l'avvertiva se era in ritardo o no; bottiglie iniziate dei suoi profumi preferiti, Faubourg 24 di Hermès ed Heritage di Guerlain; la sua lacca Pantène; un bicchiere pieno di batuffoli di cotone; file di rossetti in un contenitore di plastica. Presi un rossetto e un portacipria dalla toeletta e li sistemai in una borsa in cuoio rigido con l'emblema e la D dorati, fatta appositamente per lei l'anno prima. *Non* presi vestiti. Poi tirai tutte le tende, trovai i gioielli della principessa e li sistemai in cassaforte.

Uscii fuori per raggiungere Colin Tebbutt. C'era un'ultima cosa che dovevo fare, perché sapevo che non potevo lasciare incustodite le sue stanze più private – il soggiorno, la camera da letto, il salotto – mentre andavamo a Parigi. Era il suo mondo e doveva essere protetto. Colin e io facemmo il giro chiudendo le porte e sigillandole con solido nastro da pacchi, aggiungendo un'etichetta autoadesiva che firmammo, sbarrando l'accesso a tutti quelli che, temevo, sarebbero arrivati di corsa nelle seguenti ventiquattr'ore.

Colin e io andammo in macchina a Heathrow per prendere il primo volo per Parigi. Grazie a Dio lui era con me e conosceva le procedure del protocollo per i VIP dell'aeroporto. Durante il volo pronunciai a malapena una parola. Sentivo solo la voce della principessa, l'ultima conversazione. L'ultima volta che l'avevo vista. La sua risata. La sua ansia di tornare a casa da William e Harry.

In quale stato l'avrei trovata? Come avrei potuto sopportarlo?

Parigi. Lei non ci voleva nemmeno andare a Parigi.

Perché? Perché? Perché?

Mentre volavo sopra il canale della Manica, a Washington Lucia Flecha de Lima saliva a bordo del primo volo disponibile per Londra.

Maria andò a svegliare i nostri figli. Alexander, allora dodicenne, aveva saputo la notizia dalle conversazioni sul pianerottolo e stava seduto sul letto senza parlare. Anche Nick, nove anni, aveva sentito. Stava steso a pancia in giù, il cuscino sopra la testa, e singhiozzava disperatamente. «Mi doveva portare alla fabbrica dei cristalli. Mi doveva portare alla fabbrica dei cristalli.»

Quella domenica Maria non riuscì a vestirsi, il telefono squillava senza sosta.

Arrivai a Parigi per fare quello che la principessa si sarebbe aspettata da me.

Sir Michael Jay, ambasciatore britannico in Francia, terreo in viso, e sua moglie Sylvia, ci incontrarono all'ambasciata britannica. Dopo il caffè presi da parte la signora Jay. «Temo che vestano la principessa con qualche orribile sudario e a lei non farebbe piacere» dissi.

La signora Jay capì. «Venga con me, faremo qualcosa» mi disse.

Mi portò in un appartamento piuttosto imponente e aprì un grande guardaroba stile Luigi XIV. «Se c'è qualcosa di adatto qua dentro, si serva pure» disse.

«Deve essere nero, possibilmente un tre quarti, accollato» spiegai.

La signora Jay frugò tra gli attaccapanni e tirò fuori un vestito da cocktail nero di lana con il collo sciallato. «Questo è perfetto» dissi e infilammo anche un paio di scarpe nere nella borsa di cuoio della principessa. L'abito venne sistemato in una busta portabiti e uscimmo per il breve tragitto sino all'ospedale Pitié-Salpetrière. Quando arrivammo all'ingresso dell'ospedale di otto piani, la signora Jay, che aveva visto la principessa nelle prime ore del mattino, mi strinse la mano. «Si faccia coraggio» mi disse.

Ricordo il caldo afoso e interminabili corridoi vuoti; sembrava che l'edificio fosse stato evacuato. Uscimmo dall'ascensore al secondo piano dove invece ferveva un vortice di attività: medici in camice bianco, infermiere indaffarate, poliziotti che facevano la guardia. Ci fecero accomodare in un piccolo ufficio. Nel suo inglese incerto il chirurgo capo espresse la propria solidarietà e spiegò che non era stato possibile far nulla per salvare la principessa. Poi fummo accompagnati lungo un altro corridoio dove si affacciavano delle stanze vuote. Alla fine due gendarmi montavano la guardia ai due lati di una porta. La principessa è lì, pensai.

Superammo i poliziotti, entrammo nella stanza a destra e

fummo presentati a un sacerdote cattolico, il reverendo Martin Draper. Era stato padre Clochard-Bossuet a impartire l'estrema unzione e mi disse che aveva benedetto la principessa con l'olio santo. In un flash ricordai immediatamente tutte le volte che la principessa e io eravamo andati nella chiesa delle carmelitane a Kensington Church Street, avevamo acceso le candele e avevamo pregato.

A Parigi, Colin e io aspettavamo insieme ai sacerdoti, bevendo caffè. La capo infermiera Beatrice Humbert entrò nella stanza in camice bianco. Erano le undici circa. Ci disse che potevamo entrare brevemente per vedere la principessa. L'infermiera Humbert, una donna minuta, ordinata e precisa, gestì la situazione da professionista consumata.

Dissi: «Non voglio che tutto questo si trasformi in un peep-show. Devo essere informato su chiunque voglia entrare nella stanza della principessa». Lei capì la mia ansia per la privacy della principessa, e uscì dalla stanza per verificare che le disposizioni fossero rispettate.

Finalmente arrivò il momento di vedere la principessa. Non so come mi alzai. L'infermiera Humbert mi strinse forte la mano e Colin mi prese per il braccio. Uscimmo e superammo i due gendarmi che ci salutarono con un cenno del capo. La porta si aprì sulla stanza in penombra. La luce del giorno filtrava attraverso le fessure delle veneziane quasi completamente chiuse e un'applique era l'unica fonte d'illuminazione. Una donna e un uomo dell'agenzia funebre stavano in piedi in un angolo come due statue. Il silenzio era interrotto solo dal ronzio di un grande ventilatore.

Poi la vidi. La donna di cui mi ero preso cura tanto a lungo era distesa su un letto con la testiera rivolta al muro. Il lenzuolo di cotone bianco era tirato fino al collo. L'infermiera Humbert e Colin mi sostennero quando mi appoggiai a loro; desideravo distogliere lo sguardo ma avevo bisogno di starle accanto.

In quella stanza la realtà mi aggredì brutalmente e cominciai a piangere. Mi avvicinai alla sponda del letto, desideravo tanto che stesse solo dormendo. Non ci sono parole per dire quanto vidi davanti a me e non è opportuno continuare con la descrizione. Ma il suo aspetto non importava, la volevo tenere stretta come avevo fatto così spesso prima, volevo poter cambiare le cose come avevo fatto tanto spesso prima. Mentre mi voltavo lentamente, sentii la corrente d'aria del ventilatore e vidi muoversi le ciglia della principessa. Che cos'avrei dato perché quegli occhi si aprissero!

 Sollevai lo sguardo e notai che gli unici fiori nella stanza erano due dozzine di rose rosse da parte dell'ex-presidente Valéry Giscard d'Estaing e di sua moglie. L'unica cosa che mi diede forza in quel locale fu la fede spirituale che la principessa mi aveva istillato. Non aveva paura della morte da quando aveva assistito al decesso di Adrian Ward-Jackson nel 1991; quell'esperienza aveva segnato l'inizio della sua illuminazione, del fascino che la spiritualità esercitava su di lei. «*Quando una persona muore, per un po' il suo spirito rimane nelle vicinanze a guardare*» sentivo la sua voce dire, tanto tempo prima, quando era morta mia madre. Quel pensiero fu il mio solo conforto. Credevo che il suo spirito fosse ancora in quella stanza, sopra il suo corpo martoriato, un'anima in attesa di cominciare il suo viaggio, come avrebbe detto lei.

 Mi asciugai gli occhi, feci appello a tutta la mia forza, e informai l'infermiera Humbert che avevo portato un abito da cocktail nero e le scarpe per preparare la principessa, con cipria e rossetto. Poi tirai fuori dalla tasca il rosario d'avorio di Madre Teresa e glielo diedi. «Potrebbe metterlo tra le mani della principessa, per favore? Grazie.»

 Dovevo fare un'ultima cosa, dovevo andare all'hotel Ritz e prendere gli effetti personali della principessa alla Suite Imperiale. Colin Tebbutt, che altruisticamente si occupava della mia pena e del mio dolore prima del suo, aveva organizzato il trasporto. Il tragitto attraverso Parigi era breve e presto arrivammo alla reception. Chiesi se era possibile informare il signor Al Fayed del mio arrivo per prendere gli effetti della principessa. Alla reception mi dissero che Al Fayed era al piano di sopra. Ci fecero aspettare nel corridoio principale della reception per quarantacinque minuti circa e alla fine ci informarono che il signor Al Fayed era troppo occupato e che gli effetti della principessa erano stati già spediti in Inghilterra attraverso la sua proprietà in campagna, Oxtead.

Tornammo all'ospedale, che era assediato dalla stampa. Colin e io sedemmo nella stanza dove avevamo incontrato i sacerdoti. Un telefono su un tavolino squillò. Sollevai il ricevitore e riconobbi la voce del Principe di Galles che telefonava da Balmoral.

«Paul, stai bene?» mi chiese.

«Sì, Altezza Reale, grazie.» Ricordo di aver pensato che era una risposta proprio idiota. Non mi ero sentito peggio in vita mia.

«Paul, tu tornerai con noi sul volo riservato. Saremo da te verso le sei. Jane e Sarah [le sorelle della principessa] vengono con me» disse.

Poi disse una cosa che per l'emozione strangolò in gola il mio arrivederci. «William e Harry ti abbracciano e la regina vuole che ti trasmetta la sua solidarietà.»

Chiesi all'infermiera Humbert se potevo rivedere la principessa. Mi ricomposi, questa volta sapevo cosa aspettarmi. Eppure quando entrai mi trovai davanti una scena diversa, che restituiva dignità alla morte. Ora indossava l'abito nero e le scarpe, i capelli erano stati asciugati col phon e sistemati ad arte; tra le mani stringeva il rosario d'avorio di Madre Teresa.

Il principe Carlo arrivò quel pomeriggio. Si avvicinò a me e non ci fu bisogno di esprimere la pena che provavamo entrambi. Rimase in piedi sul lato opposto, mi sfiorò il bavero della giacca e disse: «Sei sicuro di sentirti bene?». Riuscii ad annuire.

Quando lady Jane Fellowes e lady Sarah McCorquodale mi videro, corsero a gettarmi le braccia al collo singhiozzando. In un certo senso, un Windsor, due Spencer e un maggiordomo erano di grande conforto l'uno per l'altro.

Poco prima delle sei entrai nella stanza per l'ultima volta. Il corpo della principessa era stato sistemato nella bara. Si sono scritte molte assurdità sulle due coste dell'Atlantico, fra queste, che lei mi aveva detto di voler essere sepolta in una bara con una finestra in modo che si potesse vedere il suo viso. La principessa non disse mai nulla del genere. Il suo corpo venne effettivamente composto in una bara grigia con una finestra, che venne poi sistemata all'interno di una bara in quercia francese con un solido coperchio. Mi dissero che la finestrella era necessaria per la normativa doganale francese.

Salii a bordo del volo riservato BAe 146 con il principe Carlo, Colin Tebbutt, lady Jane e lady Sarah. Insieme riportavamo a casa la principessa.

Che ironia che sull'aereo mi sedessi accanto a Mark Bolland, l'assistente del principe, all'epoca suo vice segretario privato, l'uomo che la principessa chiamava «the fruit in the suit» (quell'eccentrico in doppio petto); lo Svengali dei media, come l'omonimo, malefico ipnotizzatore protagonista di *Trilby*, di George du Maurier; l'uomo che negli anni seguenti sarebbe stato incaricato da St James's Palace di rendere accettabile Camilla Parker Bowles come partner del principe Carlo, con un'accorta strategia rivolta alla stampa. Mi chiesi che cosa diavolo facesse su quell'aereo e a malapena gli rivolsi la parola. Mentre nella cabina veniva servito il tè, mi sentivo male all'idea della principessa nella stiva sotto di noi, ridotta a carico prezioso.

L'aereo atterrò all'aeroporto della RAF a Northolt, a ovest di Londra. Sbarcammo da quel triste volo e scendemmo la scaletta di metallo accolti da una brezza tiepida e sostenuta che ci scompigliava i capelli. Il sole al tramonto splendeva. Rimanemmo in fila, in silenzio ai bordi dell'area di stazionamento del campo di aviazione. Quasi al rallentatore, otto piloti estrassero delicatamente dal ventre dell'aeroplano la bara avvolta nel vessillo reale per poi incamminarsi lentamente lungo la pista verso il carro funebre in attesa. Il principe Carlo ripartì verso nord per stare con William e Harry e le due sorelle e il maggiordomo vennero incaricati di controllare che la principessa arrivasse alla destinazione finale, prima alle pompe funebri e poi alla Cappella Reale a St James's Palace.

Le tre macchine del corteo lasciarono il campo di aviazione e si inserirono nella doppia carreggiata della A40 per portarci nel centro di Londra. Una vista veramente sorprendente mi riscosse dallo stordimento e mi aiutò a rimettere a fuoco le cose. Durante la nostra corsa le altre macchine rallentavano e si fermavano. Ogni singolo automobilista, su entrambi i lati della strada, una delle più affollate arterie per la capitale, si fermava, spegneva il motore, scendeva e rimaneva in piedi accanto alla macchina a capo chino. La gente fiancheggiava i ponticelli pedonali e lanciava fiori sul nostro percorso. Io non riuscivo a fare altro che chiedermi che cosa avrebbe detto la principessa. «Non si fermano per me, oh no!» Si sarebbe rannicchiata sul sedile per l'imbarazzo. Quando arrivammo alle pompe funebri a Londra, la prima persona che incontrai fu il medico della principessa, il dottor Peter Wheeler, che cercava di confortare tutti. Mi prese da parte, voleva sapere cosa avessi visto a Parigi. «Se ha bisogno di qualcosa che l'aiuti a dormire...» Annuii. Non ero l'unico che doveva comportarsi professionalmente in occasione della perdita di una cara amica e non invidiavo il compito che attendeva il dottor Wheeler. «Ora devo assistere all'autopsia» disse. «E non sarà facile.»

«Perché deve fare un'altra autopsia?» chiesi, sapendo che la principessa ne aveva già subita una a Parigi.

«Quella eseguita a Parigi è avvenuta in territorio francese, in base alla normativa francese. Dobbiamo rifarla per soddisfare il nostro governo» disse, aggiungendo qualcos'altro circa gli esami forensi e le procedure necessarie. L'autopsia venne eseguita nel 1997, tuttavia alla fine del 2003 non è stata ancora avviata alcuna inchiesta da parte britannica. Il corpo della principessa passò la notte alle pompe funebri.

Il giorno dopo, c'era un solo posto per me – dovevo tornare a Kensington Palace come al solito. Maggiordomo di una casa senza padrona. Alle otto di quel lunedì mattina, il mio primo compito fu rimuovere il nastro da pacchi dalle porte; ora ero tornato a fare la guardia al suo mondo. Io ero l'unica persona rimasta negli appartamenti numero 8 e 9, a parte Lily, la cameriera, che cercava di continuare a pulire ma poi si rimetteva a sedere scoppiando in lacrime.

Michael Gibbins venne a parlarmi; l'avevano incaricato di

un compito difficile. «Paul, St James's Palace mi ha chiesto di prendere tutte le chiavi delle entrate di servizio.»

Meno di ventiquattrore dopo aver riportato a casa la principessa, quegli insensibili uomini in grigio mi chiedevano di restituire le chiavi del mio mondo, e avevano chiesto al revisore dei conti di fare al loro posto il sporco lavoro. Non gliele avrei restituite per nessuna ragione al mondo. Rifiutai e non venni contestato.

Il trattamento indifferente riservato allo staff della principessa fu evidente più tardi, quando venni informato del destino della cameriera personale Angela Benjamin – che il Boss ammirava per i suoi modi spontanei, la sua freschezza e il senso dell'umorismo. Quando si era presentata al lavoro come tutti noi, era stata allontanata dal palazzo dai poliziotti. Le era stato detto di prendere i suoi effetti personali e venne addirittura controllata mentre toglieva il bucato dall'asciugabiancheria. La sua pena non sembrava avere importanza. All'ora di pranzo era di nuovo sul treno per il Devon, chiedendosi che cosa mai avesse fatto di male. La risposta era chiara: era un essere umano carico di calore, con sentimenti autentici, in un mondo di robot gestito da una famiglia e da uno staff freddo e insensibile, che decide il bando tanto facilmente quanto pretende lealtà.

Quella mattina ignoravo quanto era successo ad Angela. Ero rimasto alla scrivania nel mio office a guardare il cortile fuori dalla finestra. Davanti a me l'agenda da tavolo era aperta. Doveva venire il sarto di William e Harry, poi c'era la prova di Armani. Dal piano superiore l'unico rumore che sentivo era il telefono della principessa che squillava. Poi, nell'ora seguente, cominciò a squillare il mio: due lucine lampeggianti delle due linee dirette del palazzo. Passai la giornata a rispondere al telefono; non appena riagganciavo, squillava di nuovo. Un altro amico che si rivolgeva a me perché ero la persona più vicina alla principessa, per condividere la sua pena: gli amici intimi, gli amici celebri, gli esperti in terapie alternative, gli astrologhi, i chiaroveggenti, gli istruttori di ginnastica, i parrucchieri, gli stilisti, i membri della famiglia reale. L'elenco era infinito. Quel giorno telefonò chiunque avesse fatto parte del mondo della principessa. Persino la sua famiglia, lady Sarah, lady Jane e la madre, signora Frances Shand Kydd, vennero da me con il loro dolore. Tutti volevano sfogarsi, porre le loro domande, sapere quale fosse l'intima opinione della principessa su di loro. Qualcuno si abbandonava ai ricordi e qualcuno sorrideva rievocando il passato, altri si sentivano in colpa e avevano quasi bisogno di qualcuno che li assolvesse. Sembrava la giornata di un prete che ascolta confessioni e pensieri.

Alla fine, il giorno dopo, la cosa era diventata veramente eccessiva e Michael Gibbins e Jackie Allen decisero, per il mio bene, di prendere i messaggi per conto mio.

Quella fu la settimana più stressante della mia vita, e solo il senso del dovere mi permise di superarla. C'erano cose molto più importanti a occupare la mia mente di quelle politiche famigliari inasprite. Sin dall'inizio la famiglia Spencer mi coinvolse in *qualsiasi* decisione, fidandosi del mio giudizio e conoscenza delle cose. Redassi le mie raccomandazioni per la lista degli invitati ai funerali nell'abbazia di Westminster, basandomi sulla rubrica della principessa e comunicando alla sua famiglia i nomi di tutti i suoi amici. Lady Sarah studiò l'elenco ed espresse i suoi dubbi sulla presenza di alcuni nomi importanti: Michael Jackson, Chris de Burgh, Tom Hanks, Tom Cruise, Steven Spielberg. «Ma questi *sono* amici della principessa» le dissi.

Pensai che era indicativo il fatto che io, il maggiordomo e non la famiglia, sapessi chi fossero i veri amici della principessa.

Di ritorno all'Old Barracks, trovai Maria che stava cercando di confortare la signora Shand Kydd, che era scesa lungo lo scalone fumando ininterrottamente e bevendo generose dosi di vino. Diceva che la figlia non sarebbe mai dovuta andare sullo yacht degli Al Fayed; che, essendo la sua famiglia, erano gli Spencer ad avere il controllo delle disposizioni, non i Windsor; che suo figlio Carlo avrebbe fatto un discorso «di cui andare fieri» e che buona madre fosse stata per la principessa.

Ma io conoscevo la verità sui rapporti tra la famiglia e il Boss – e qualche anno dopo venne a galla. Se c'era mai stata una figura materna nella vita della principessa, quella era Lucia Flecha de Lima. Era fuor di dubbio che la principessa considerasse il suo rapporto con lei un rapporto madre e figlia. Lucia trattava la principessa come se fosse una figlia e nei momenti più difficili fu di enorme conforto per il Boss. Quel lunedì mattina, la persona che più desideravo vedere era Lucia, che venne a trovarmi a palazzo accompagnata dalla figlia Beatrice.

Per quattro notti quella settimana, la principessa – ora in una bara di quercia inglese foderata di piombo – giacque nella Cappella Reale a St James's Palace, le cui mura posteriori davano sul Mall, dove un pubblico in lutto proveniente da tutto il mondo cominciava a raccogliersi, lasciando fiori e accendendo candele. Era una veglia pubblica simile a quella che avveniva fuori dai cancelli di Kensington Palace.

Non potevo pensare a un'altra persona con cui avrei voluto stare in un momento del genere se non Lucia e decidemmo di andare insieme alla cappella, entrambi vestiti a lutto. La porta si aprì con un cigolio e guardammo verso la navata, con i banchi di legno sui due lati. Lì, davanti a noi, nel grigiore freddo di quel luogo santo, la bara riposava su un cavalletto davanti all'altare. Mi colpì l'atmosfera solitaria, fredda e aliena, ma Lucia aveva visto qualcos'altro che non andava. Non c'era una candela accesa, non c'era un fiore. Fuori, il pubblico stava creando il più spettacolare giardino del ricordo e c'erano più candele sul margine del prato che stelle nel cielo notturno. All'interno invece non c'era niente.

Lucia cercò immediatamente il cappellano della regina, il reverendo Willie Booth. «Per favore, la prego di portare qui qualche fiore portato dal pubblico» disse. Lui rispose che avrebbe visto cosa poteva fare.

Per Lucia non era una risposta soddisfacente. La moglie dell'ambasciatore ricorse a una diplomazia più decisa. «Posso solo dire che se domani, al nostro ritorno, qui non ci saranno fiori, uscirò fuori e dirò alla gente che la principessa non ha neanche un fiore!»

La regina non era ancora partita da Balmoral e circolavano gli interrogativi più severi sul motivo della lontananza dei Windsor dalla capitale in lutto; la prospettiva che Lucia rivelasse la fredda nudità della cappella era l'ultima cosa di cui aveva bisogno una monarchia travagliata. Per essere sicura che la sua cortese ma ferma richiesta venisse soddisfatta, Lucia s'incaricò di sistemare i bouquet portati dal fioraio della principessa, John Carter, che li offrì gratuitamente. Il giorno dopo, un mazzo di calle mandato dal principe Carlo era poggiato sulla bara; Lucia portò altri fiori e rose bianche arrivarono dal giardino di lord e lady Palombo. Lady Annabel Goldsmith mi telefonava tutti i giorni e Rosa Monckton, che per la principessa era allo stesso tempo sorella e amica del cuore, venne a Kensington Palace con il marito per farmi compagnia. Insieme ricordammo i tempi andati e piangemmo; anche lei visitò la cappella.

Susie Passim venne a palazzo portando una candela. Insieme salimmo le scale, fino al pianerottolo tra le due rampe e ci fermammo sotto il grande ritratto della principessa, opera di Nelson Shanks. Susie si chinò e appoggiò la candela accesa sul tappeto. C'inginocchiammo insieme a pregare, ciascuno riandando in silenzio ai propri ricordi.

Nella cerchia ristretta della principessa ero circondato da una solidarietà che mi dava forza. I suoi amici, le persone che la conoscevano meglio, si erano raccolti in squadra per essere sicuri che l'addio si svolgesse nel migliore dei modi.

Michael Gibbins mi disse che William e Harry stavano tornando a casa con il principe Carlo. Mentre incontravano la folla all'esterno e ammiravano i fiori lasciati in tributo alla madre, io già li aspettavo nell'anticamera interna. Harry entrò di corsa e mi abbracciò, bagnandomi la camicia con le sue lacrime. William allungò il braccio e mi strinse la mano. Era incredibile il coraggio che i due ragazzi mostravano; con l'abito scuro e la cravatta sembravano cresciuti di colpo.

«Siamo venuti per prendere qualcosa. Andiamo solo di sopra» disse William e i due fratelli andarono nella nursery e nel loro salotto privato.

«Come va, Paul?» chiese il principe Carlo. Era evidente che stava facendo del suo meglio per gestire un evento di tale enormità. Parlava educatamente, con calma, ma sembrava distante mentre si muoveva nell'appartamento, immerso nei suoi pensieri. Salì al piano di sopra e io lo seguii senza che mi fosse richiesto. A Highgrove questo avrebbe rappresentato il massimo dell'arroganza, perché quando lavoravo alle sue dipendenze, la mia presenza era richiesta, o prevista, solo a pranzo o a cena. Ma in un territorio che non era più suo, non poteva congedarmi. Ora era il *mio* territorio. Che fosse un amico o il futuro Re d'Inghilterra, nessuno rimaneva fuori portata del mio sguardo. Lo seguii in soggiorno, si avvicinò alla scrivania e rimase in piedi. Aprì il primo cassetto, sollevò lo sguardo, e quando vide che osservavo ogni sua mossa lo richiuse.

La voce di William ci salvò dall'imbarazzo. «Sei pronto, papà?» Scendemmo le scale tutti e quattro insieme.

«Ci vediamo presto, Paul. Torneremo» gridò Harry prima di sparire fuori dalla porta d'ingresso.

A Kensington Palace arrivò una busta chiara, di tipo forense, con gli abiti che la principessa indossava quando la Mercedes guidata dall'autista si era schiantata contro il tredicesimo pilastro del tunnel di Place de l'Alma. Lucia era con me in quel difficile momento. Ora avevamo qualcosa della principessa da Parigi: un top nero e pantaloni bianchi. Rimanemmo ai piedi delle scale con la busta. Non sembrava importante che fossero macchiati di sangue e lacerati per l'intervento chirurgico. Era lei. Nel mio dolore non riuscivo a separarmene. Sistemai la busta nel frigorifero a pianterreno.

Era imperativo preservare la dignità della principessa. «Dignità nella morte» come avrebbe detto lei. In qualche modo, l'idea che passasse la vigilia del suo funerale nella Cappella Reale non mi sembrava opportuna, e lo comunicai a lady Sarah McCorquodale e a Michael Gibbins.

Kensington Palace era la casa della principessa, lì aveva passato la maggior parte della sua vita adulta e sembrava più che giusto che tornasse a casa per quella notte finale e che ne uscisse dalla porta di entrata *en route* per l'Abbazia di Westminster. «Lasciate che mi occupi di lei per un'ultima notte, che la principessa esca dalla porta d'ingresso di casa sua per l'ultima volta » pregai. Anche lady Sarah voleva portare a casa la sorella e la regina approvò la richiesta.

La principessa avrebbe passato la sua ultima notte nella hall interna a pianterreno. Quel giorno avevo chiesto alla polizia di portare dentro i fiori dalla strada e passai due ore a sistemare quei fiori con i bouquet mandati dagli amici – gigli, tulipani e rose, tutti bianchi. C'erano fiori in vaso, che pendevano da piedestalli ornati o appoggiati sul tappeto. Tirai fuori tutti i candelieri di casa e li disseminai tra le piante.

Poi arrivò il sacerdote cattolico romano, padre Tony Parsons della Chiesa Carmelitana, dove la principessa e io avevamo pregato. Aveva con sé due grandi candele color avorio che sistemai sui sostegni d'argento, e benedisse la stanza con l'acqua santa. Mi porse le fotocopie delle preghiere consigliate e un testo biblico del Vangelo secondo San Giovanni. Recitammo insieme una preghiera e poi se ne andò.

Rimasi da solo in mezzo a quella stanza nel mio abito a lutto, respirando a pieni polmoni il profumo pesante dei fiori. In quei minuti silenziosi prima che la principessa arrivasse, mi sembrava di aspettare che tornasse a casa il giorno del suo compleanno, con i fiori ovunque. Le doppie porte dell'ingresso principale erano aperte e finalmente sentii avvicinarsi i pneumatici del carro funebre. Sua Altezza Reale, perché quello era per me, venne portata dentro la sua casa nella bara avvolta nella bandiera reale rosso, oro e azzurro. Non accesi le candele, non ancora. Lasciai acceso il lampadario. La signora Shand Kydd venne con i nipoti e rimase con lady Jane e lady Sarah accanto alla bara, ma il conte Spencer quella notte non si vide.

Qualcuno che avrebbe voluto essere lì, che *avrebbe dovuto* esserci, era Lucia. Aveva chiesto per tutta la settimana di poter passare con me la veglia. «Posso venire e pregare con te, Paul?» continuava a chiedermi. Ma quando raccontai a lady Sarah quanto Lucia fosse importante per la principessa e quando avesse bisogno di stare lì quella notte, la richiesta venne respinta. Lady Sarah riteneva che fosse opportuna solo la presenza della famiglia. Alla donna che secondo me era più di famiglia di chiunque di loro, venne negato l'ultimo e più personale addio.

Maria non voleva che rimanessi da solo a palazzo. «Sembri esausto, tesoro, domani sarà una giornata importante. Hai bisogno di dormire» protestò pur sapendo che era inutile.

«Non può rimanere da sola, *devo* stare lì.»

Alle otto di sera tutti i parenti avevano visitato la principessa. Chiusi a chiave e sprangai la porta d'ingresso, pronto per la lunga notte che mi aspettava con la principessa, per la veglia che avevo pianificato tanto scrupolosamente. Invece di Lucia al mio fianco c'era un estraneo, il reverendo Richard Charteris, vescovo di Londra. Sedeva in preghiera su una sedia nel corridoio che conduceva alla porta d'ingresso. Nell'atrio interno, spensi le luci e accesi le candele, tutte e cinquanta, e le pareti giallo chiaro si coprirono di ombre danzanti. Mi accomodai su una sedia dando le spalle al vescovo, la mano sinistra sulla bara, la destra sulle preghiere e il testo biblico che tenevo in grembo. Nonostante la mia pena, e sapendo che all'esterno circa trentamila persone stavano pregando per lei, mi sentii la persona più privilegiata del mondo, perché potevo passare quell'ultima notte con la principessa. Non chiusi mai occhio, perché era mio dovere rimanere sveglio. Ebbi un'ultima conversazione finale con la principessa, sapendo che mi stava ascoltando. Le parlai, lessi e pregai per lei fino alle sette circa.

Quando arrivò il mattino tornai all'Old Barracks, feci la doccia e mi cambiai per il funerale, poi tornai a palazzo. Era una bella mattinata. I fiori profumavano ancora ma le candele erano consumate. Aspettai di sentire il lento rotolio delle ruote dell'affusto di cannone delle Truppe del Re fermarsi all'esterno. Otto soldati nell'uniforme scarlatta delle Welsh Guards sfilarono all'interno, sollevarono la bara sulle braccia intrecciate e fecero i primi passi del tragitto di due miglia fino all'Abbazia di Westminster. Alle nove e dieci di domenica mattina erano pronti per andarsene.

Era una vista impressionante dagli scalini dell'ingresso. Sei cavalli neri montati dai soldati in uniforme da cerimonia, con un berretto da cui spuntava una sola piuma dorata, l'affusto della Prima Guerra Mondiale dietro, con la bara circondata dai gigli bianchi che traboccavano. Poi arrivò il 1° battaglione delle Welsh Guards, in casacca rossa e colbacco di pelle d'orso, e si mise sull'attenti. Guardai verso la strada. Maria, Alexander e Nick erano raccolti insieme al resto del personale di Kensington Palace.

I cavalli si misero in moto e le ruote dell'affusto cominciarono a girare. Due settimane prima ero esattamente nello stesso punto e salutavo con la mano la principessa che si allontanava sulla sua BMW per partire per la Grecia. Ora se ne stava andando di nuovo. Per l'ultima volta. Ma questa volta non la salutai con la mano: mi inchinai.

14.

Una strana faccenda

Il conte Spencer aveva lo sguardo fisso sul feretro dall'alto del pulpito intarsiato dell'Abbazia di Westminster. Mentre parlava, altre parole risuonavano alla mia mente, parole che aveva rivolto alla sorella: «*I tuoi problemi mentali... la tua amicizia incostante... sono sempre stato ai margini della tua vita e ormai la cosa non mi rattrista più... tra tutte le mie sorelle, tu sei quella con cui ho il rapporto più debole...*».

Questo è quello che sentivo io mentre lui declamava il suo capolavoro di arte oratoria, carico di sentimento, mentre parlava «in rappresentanza di una famiglia distrutta dal dolore, in un paese in lutto, davanti a un mondo sotto shock».

Le mie orecchie non udivano il suo elogio funebre pronunciato il 6 settembre 1997. Risentivo le parole che aveva detto in privato alla principessa un anno prima, il 4 aprile 1996; parole che il mondo avrebbe dovuto conoscere prima di lanciarsi in un'ovazione commossa al termine del suo discorso.

Mentre la sua voce riecheggiava nella casa di Dio, io sedevo a capo chino nei banchi del coro, trattenendo a stento l'incredulità di fronte a quelle parole studiate ad arte. Le vedevo uscire dal foglio che teneva in mano e afferrare la monarchia per la gola, mentre la folla all'esterno applaudiva alla sua pubblica umiliazione e il capo della famiglia in lutto sceglieva il momento meno opportuno per rivendicare i suoi alti motivi morali. L'ipocrisia mascherata dall'eloquenza era palese solo alla famiglia reale della principessa: alle persone come me che la conoscevano bene, ai pochi amici fidati e ai confidenti che sapevano la verità sul rapporto di estraneità che aveva con il fratello.

Quel giorno non vidi salire sul pulpito il fratello a cui era più legata. Vidi un lontano cugino con cui c'era stata un'amicizia nei giorni lontani dell'infanzia. Disse poche parole in ricordo di una persona notevole, a cui chiaramente era affezionato ma che non conosceva più. Per sua stessa ammissione, aveva visto la principessa una cinquantina di volte da quando si era sposata, nel 1981. Aveva fatto quelle considerazioni statistiche in una lettera sconnessa che mi lesse lei stessa sulle scale di Kensington Palace, nella primavera del 1996.

Mentre l'abbazia e la nazione erano inchiodate dall'elogio funebre, mi trovai diviso tra due immagini mentali: il conte che pronunciava parole accorate dal pulpito elevato sopra di me e la principessa sulle scale, che leggeva una delle sue lettere di tono ben differente.

Nell'abbazia diceva: «In fondo non era cambiata per niente dalla sorella maggiore che mi accudì da bambino». La mia mente tornava a un anno prima: «*Dopo anni di disinteresse reciproco, tra tutte le mie sorelle tu sei quella con cui ho il rapporto più debole... forse tu hai più tempo per renderti conto che parliamo raramente*». E ancora: «*Io... sarò sempre qui per te... come un fratello che ti vuole bene, anche se in quindici anni di lontananza ho perso il contatto al punto che devo leggere Richard Kay* [sul «Daily Mail»] *per sapere quando verrai ad Althorp...*».

Di nuovo nell'abbazia: «Diana rimase fino alla fine una persona insicura – infantile nel suo desiderio di fare del bene agli altri per liberarsi da quel senso di inadeguatezza di cui i suoi disordini alimentari erano solo un sintomo». Nel 1996: «*Sono preoccupato per te. So quanto la manipolazione e la falsità facciano parte della malattia... Prego che tu abbia cure adeguate per i tuoi disturbi mentali*».

La principessa era convinta di aver superato la bulimia, ma quello che la sconvolgeva era l'insinuazione di essere considerata una malata di mente. «Disturbi mentali» era una definizione che credeva di aver sentito solo dagli amici malevoli del principe Carlo.

Nell'abbazia: «Il mondo avvertiva questo lato del suo carattere e provava tenerezza per la sua vulnerabilità, ma la ammirava anche per la sua onestà». Nel 1996: «*Ho accettato da tempo di essere ai margini della tua vita e la cosa non mi rattrista più. Di fatto è più facile per me e per la mia famiglia restare in questa posizione, quando vedo quanta preoccupazione e dolore la tua amicizia incostante ha causato a così tante persone...*».

E, riferendosi a William e Harry: «Non permetteremo che patiscano quell'angoscia che ti ha ridotta così spesso in lacrime di disperazione». Un altro flashback: «*Mi dispiace, ma ho deciso che la Garden House non è una soluzione possibile in questo momento. Ci sono parecchi motivi, prima di tutto la presenza massiccia della polizia e della stampa che seguirebbero inevitabilmente*».

Questa lettera aveva fatto piangere la principessa, già sconvolta dalla richiesta del fratello di riavere la tiara di famiglia. Queste parole, dell'aprile 1996, avevano rinnovato il dolore.

Molti commentatori videro il discorso del conte all'abbazia di Westminster come un'espressione di dolore per una sorella vittima del sistema. Ai miei occhi erano le parole di un uomo roso dai sensi di colpa, che guardava ai giorni dell'infanzia perché da adulti si era creata una spaccatura fra loro. Ma le rese anche qualche omaggio adeguato, descrivendo «l'unica, complessa, straordinaria e insostituibile Diana, la cui bellezza, esteriore e interiore, non si spegnerà mai nei nostro cuori». E colse «la gioia di vivere che sapevi trasmettere ovunque portassi il tuo sorriso e la luce che brillava in quegli occhi indimenticabili...».

Tuttavia non potevo fare a meno di sentire che quell'uomo, che negli ultimi anni aveva causato tanto dolore alla sorella, non era la persona più adatta a parlare in suo ricordo e a farsi suo portabandiera. Le aveva rifiutato asilo nella casa di famiglia, ma era pronto ad accoglierla nella tenuta ora che era morta. Sedevo nell'abbazia e pensavo: come può essere così ipocrita nella casa di Dio?

Mi sembrava altrettanto incredibile che nel giorno dedicato a una vita così notevole, il conte scegliesse proprio quel momento per sferrare un velato attacco alla famiglia reale, ricordando al mondo che lui, sua madre e le sue sorelle erano la famiglia che avrebbe protetto William e Harry «per far sì che le loro anime non vengano soffocate dal dovere».

A quel punto sollevai lo sguardo e guardai verso la regina. Harry si stava sfregando gli occhi. William guardava davanti a sé: due pedine nella lotta che vedeva gli Spencer contro i Windsor. Pensai che la principessa avrebbe rabbrividito a questa pubblica rivendicazione di possesso quando, fra tutti, era la prima a rispettare l'influenza che il principe Carlo e la regina avevano sui suoi figli.

Fissai il feretro avvolto nella bandiera reale, con una candela a ogni angolo. Sopra, in una corona di rose bianche, era posato un biglietto dei giovani principi: «Mamma» c'era scritto sulla busta. Strinsi la mano di Maria, alla mia destra, e quella di Nick, a sinistra. Stava piangendo a calde lacrime e, accanto a lui, Alexander faceva del suo meglio per mostrarsi forte. Guardai dritto davanti a me e vidi Hillary Clinton. Mi colpì un altro flashback: la principessa mi diceva che, durante una visita alla Casa Bianca, quello stesso anno, aveva parlato con la signora Clinton della possibilità di trasferirsi in America e la first lady le aveva assicurato che il popolo americano l'avrebbe accolta a braccia aperte. Ancora una volta inghiottii le lacrime.

Il conte Spencer finì il suo discorso e si levò il suono di un applauso che si propagava dalle strade, superava il portone dell'abbazia e si diffondeva nella navata con il crescendo di una marea. Mi guardai intorno e vidi Elton John e George Michael che battevano le mani. L'euforia collettiva faceva applaudire una mistificazione e l'umiliazione della regina era completa. Lo sfogo emotivo di uno Spencer veniva accolto con calore dalla folla che, nel corso di quella settimana, si era rivoltata come non aveva mai fatto prima contro la casa di Windsor. Provai un profondo senso di ingiustizia. La regina era sempre stata una delle persone preferite dalla principessa, che era stata in relazione epistolare con lei fino alla morte. Ammirava il Duca di Edimburgo per la sua mediazione – crudele a fin di bene – nel corso della separazione, nel 1992. Ma se quello era stato l'*annus horribilis* della regina, i sei giorni che precedettero i funerali della principessa, nel 1997, furono i peggiori per una famiglia che era stata indecisa se trasferirsi da Balmoral a Londra, aveva esitato prima di far pendere su Buckingham Palace l'Union Jack a mezz'asta, ed era rimasta annichilita dall'enormità del dolore per quella perdita.

Sembrava che mai la monarchia si fosse trovata in una situazione tanto pericolosa, precipitata com'era in uno stato di introspezione e in una critica dei suoi stessi protocolli. Il discorso del conte Spencer e l'ovazione che ne era seguita non fece che esacerbare una crisi già in atto. I cronisti avrebbero ricamato sul fatto che la morte della principessa aveva cristallizzato il divario esistente tra una monarchia anacronistica e il suo popolo moderno; dissero che con la sua morte la principessa aveva messo in ginocchio la casa di Windsor, provando che per loro era stata solo una seccatura quando era in vita. Le tesi dei repubblicani trovavano un pericoloso sostegno.

Nella bufera di quei giorni, la cosa più triste – e la verità che nessuno si fermò a considerare – fu che la principessa si sarebbe rivoltata nella bara che non era stata ancora interrata.

Cronisti ed esperti della televisione sembravano accarezzare l'idea che lei guardasse dall'alto, soddisfatta al veder barcollare un'istituzione ritenuta responsabile del suo isolamento e delle sue sofferenze. Eppure nessuno era più privo di rancore della principessa e nessuno più di lei si augurava la sopravvivenza della casa di Windsor.

Il punto fondamentale è che lei non incolpava la famiglia reale del proprio isolamento. La causa del suo dolore e della sua infelicità era il principe Carlo, ma non nutriva rancore nei confronti dell'ex marito o dei suoi genitori. Se la principessa avesse potuto parlare, quella settimana, avrebbe difeso i Windsor. Ecco perché il tono vendicativo del conte Spencer era così sbagliato e fuori luogo. Se avesse conosciuto sua sorella, avrebbe capito la verità.

Fra tutti i discorsi che potevano essere tenuti in quei giorni, la principessa, con la sua semplicità di sempre, avrebbe guidato i pensieri dei dolenti in un'altra direzione. «Non trovo mai le parole giuste per esprimere quello che voglio dire» diceva spesso (da lì la «lista di parole» sulla sua scrivania). Ma nell'ottobre precedente la sua morte, lei ed io sedevamo insieme sulle scale di Kensington Palace, cercando di fare proprio questo. Per più di un'ora eravamo rimasti seduti a riflettere sul suo futuro, sui suoi timori e sullo stato della monarchia. A dipanare i suoi pensieri e a metterli per iscritto. Il giorno dopo, com'era ormai abitudine, trovai una busta sul tavolo dell'office. Conteneva una lettera, vergata sulla sua carta dai margini color borgogna.

Se quella lettera fosse stata letta al suo funerale, avrebbe liberato la famiglia reale dal peso della «principessa del popolo», nel momento in cui ne aveva maggior bisogno. La pubblico ora per spazzare ogni dubbio; questi sono i pensieri, privi di animosità, dell'unica Spencer che ha voce in capitolo:

> Vorrei abbracciare mia suocera e dirle che capisco profondamente quello che prova. So quanto è isolata, circondata dall'incomprensione e dalla menzogna, e capisco quanto deve sentirsi sconcertata e delusa. Voglio che la monarchia sopravviva e metta in atto i cambiamenti necessari a far sì che «lo spettacolo» continui su una strada nuova e migliore. Capisco anche il timore della famiglia nei confronti dei cambiamenti, ma dobbiamo farli per rassicurare il popolo, perché la sua indifferenza mi preoccupa e non dovrebbe essere così.
> Lotterò per la giustizia, lotterò per i miei figli e per la monarchia...

Il treno reale ci stava aspettando a Londra; ero stato invitato a partecipare al servizio funebre riservato ai famigliari, nella tenuta di Althorp, nel Northamptonshire, a settanta miglia di distanza. Mentre il carro funebre che portava la principessa raccoglieva una pioggia di fiori lungo le vie di Londra e lungo l'autostrada M1, salii insieme alla famiglia Spencer, al principe Carlo, a William e Harry, a bordo del treno con le eleganti carrozze color borgogna, trainato da due locomotive che portavano i nomi di *Principe William* e di *Principe Harry*.

Fu uno strano viaggio, imbarazzato e sotto tono, che durò un'ora e mezza. Io devo essermi assopito subito dopo la partenza, recuperando così il sonno perduto nella notte di veglia. Mi svegliai alla stazione vicina ad Althorp. Dopo un breve tragitto in auto fino alla tenuta di famiglia, ci riunimmo in soggiorno prima di essere introdotti nella grande sala da pranzo. Mentre attraversavamo l'ingresso, mi colpì il fatto che il pavimento di marmo a scacchi bianchi e neri era simile a quello dell'Abbazia di Westminster.

Il conte Spencer era in piedi all'estremità del lungo tavolo in palissandro e assegnava i posti. Mi trovai in una posizione piuttosto imbarazzante, seduto fra la madre del mio Boss e il suo ex marito: la signora Frances Shand Kydd a sinistra e il principe Carlo a destra. Non era facile per il principe trovarsi nel territorio degli Spencer, dopo il tono anti-Windsor del discorso pronunciato al funerale, ben sapendo che nessuno lo guardava con simpatia.

La conversazione era difficile e stentata, ma, dato che ero l'unico dei presenti a sapere che tra il principe e la principessa si erano restaurati dei rapporti civili, cercai di mantenerla viva, sapendo che Highgrove e i suoi giardini erano un argomento che ci avrebbe aiutati ad affrontare il pranzo di tre portate.

«Dovresti venire ogni tanto a vedere i giardini» mi disse il principe Carlo.

«Mi piacerebbe molto, Vostra Altezza Reale» replicai, ben sapendo che era improbabile.

William e Harry sedevano di fianco al padre, quasi in fondo al tavolo. Erano tutti e due tranquilli e di tanto in tanto partecipavano alla conversazione con poche frasi educate.

Al caffè, un maggiordomo si avvicinò al conte e gli sussurrò qualcosa all'orecchio. Lui si alzò e lasciò la sala; rimase via cinque minuti. Al suo ritorno, annunciò: «Diana è a casa».

Attraversammo l'ingresso con il pavimento a scacchiera. Io camminavo proprio dietro il principe Carlo e i ragazzi. Guardando da dietro le loro spalle, vidi il feretro e qualcos'altro. Il vessillo reale che era stato drappeggiato sulla bara non c'era più, sostituito dalla bandiera bianca, rossa, nera e oro degli Spencer, di cui bastava la metà a coprirlo. Nei cinque minuti in cui il conte si era assentato, aveva fatto la sostituzione. Fino al mio processo, nel 2002, tutti credevano che la principessa fosse stata seppellita come l'avevano vista l'ultima volta, con la bara avvolta nella bandiera reale. Come un membro della famiglia reale. Come una principessa. Come lei avrebbe desiderato. Invece la dignità accuratamente orchestrata di quel giorno subì un cambiamento quando il conte scambiò le bandiere, senza rendersi conto di quanto fosse penoso e inappropriato quel gesto di ripicca. Perché la principessa era orgogliosa di far parte della famiglia reale e aveva pianto quando aveva perso il suo stato di Sua Altezza Reale. Sembrava un'ironia della sorte che la famiglia reale, dopo averle negato quello status, riconoscesse il suo ruolo e le tributasse un commiato regale con i funerali di stato. Ma c'era suo fratello a esercitare il proprio controllo e a sminuire il significato di quel giorno.

Otto soldati del Reggimento della Principessa di Galles apparvero all'improvviso e caricarono in spalla il feretro, dirigendosi un passo alla volta verso il lago; attraverso un ponte di barche provvisorio raggiungemmo l'isolotto al centro, dove era stata scavata una fossa. Non c'erano tappeti di fiori, solo l'erba e l'ombra degli alberi, mentre i raggi del sole filtravano tra le fronde. Tutto quello che riuscivo a pensare era: «Che luogo solitario per seppellire una persona che non sopportava la solitudine». Era come se un estraneo avesse predisposto il funerale di una donna che io conoscevo bene e avesse fatto tutto nella maniera sbagliata. Non c'è un solo amico della cerchia più intima della principessa che sia convinto che quello fosse il luogo appropriato dove seppellirla. Quando cercava un rifugio, da viva, il conte le aveva voltato le spalle. Quando aveva bisogno dell'ultimo posto dove riposare in pace, l'aveva accolta e l'aveva relegata nel più solitario dei luoghi. Ma questo era il momento dell'addio; sapevo che non sarei ritornato lì. Come per tutti i suoi veri amici, anche per me non ci sarebbe stato un ritorno a quell'isola. Non ci sarebbe stato un luogo da visitare come aveva fatto la principessa con la tomba della principessa Grace a Monaco, come avevo fatto io mille volte con quella di mia madre.

Il servizio funebre durò una trentina di minuti. Quello che accadde e quello che venne detto deve rimanere privato. Dirò solo che alla fine mi chinai, raccolsi un pugno di terra e lo lasciai cadere sulla targa dorata che recava inciso «Diana – Principessa di Galles 1961-1997».

Quindi mi alzai e dissi ad alta voce: «Addio, Vostra Altezza Reale».

Più tardi sedetti insieme alla signora Frances Shand Kydd nel tempietto bianco che si affaccia sul lago. Lei fumava una sigaretta e rifletté ad alta voce: «Be', se non altro l'ho avuta tutta per me per nove mesi, Paul. Per nove mesi è stata mia».

Io sciolsi il nodo della cravatta nera e slacciai i primi bottoni della camicia. Quindi mi levai la catena con la croce d'oro che la signora Shand Kydd mi aveva dato la sera della veglia funebre. «È servita a proteggermi, ma ora appartiene a lei» dissi, lasciandola cadere nel palmo della sua mano.

Attesi con lei finché ebbe fumato due sigarette, dopo di che ci riunimmo tutti in soggiorno per una tazza di tè. Il conte Spencer si avvicinò al televisore in un angolo della stanza e lo accese. Tutti gli occhi si girarono verso lo schermo dove venivano mostrati i momenti salienti del funerale. Il principe Carlo e i suoi figli stavano in piedi in silenzio. La stanza era muta. Perché lo stiamo guardando?, mi domandai.

Poi la voce del conte Spencer uscì dal retro del televisore, riempiendo il locale. La sua voce roboante dall'Abbazia di Westminster. Il suo discorso dal pulpito. Non mi sono mai trovato in una situazione così imbarazzante. Ma era chiaro che il principe Carlo non aveva intenzione di assistere a una replica della sua umiliazione.

Posò tazza e piattino e disse a William e a Harry: «Credo che sia ora di andare». E mentre il discorso del conte continuava in sottofondo, i Windsor salutarono educatamente con una stretta di mano e presero commiato. Io me ne andai poco dopo.

Devo aver vagato come perso tra gli appartamenti 8 e 9 per tutto settembre e ottobre. Soffrivo d'insonnia e, quando riuscivo a dormire, facevo un incubo ricorrente: la principessa era con me a Kensington Palace e mi diceva: «Quando diremo a tutti che sono ancora viva?». Mi svegliavo convinto che fosse lì. Oppure Maria mi diceva che piangevo nel sonno. A quell'epoca, non riuscivo a crogiolarmi nel mio dolore all'Old Barracks. Avevo bisogno di tornare a Kensington Palace per trovare conforto. Era l'unico posto dove mi sentivo vicino alla principessa.

Andavo di stanza in stanza e restavo lì per ore, immaginando la principessa ovunque. In salotto, rannicchiata sul divano, al piano mentre suonava Rachmaninov. Alla tavola da pranzo, avvolta nell'accappatoio di spugna, per la colazione. Nella stanza guardaroba, in posa da sfilata. Alla sua scrivania, china sulle lettere che stava scrivendo. Sedevo sul divano appena rifatto, stringendo un cuscino con una D ricamata sopra. Guardavo verso il caminetto e vedevo tracce del suo senso dell'umorismo: un adesivo rosso e bianco con la scritta «I LIKE D.» appiccicato in modo incongruo sul marmo grigio; un cartello che diceva «ATTENZIONE: Principessa a bordo». Due paia di scarpette da ballo rosa erano appese sul retro della porta. In un angolo della stanza c'era il suo cestino per la merenda di scuola con il nome – D. Spencer – sul coperchio.

Sedevo sugli scalini, immaginando che lei si sporgesse dalla balaustra – «Paul, sei lì?». Rivivevo tutte le volte che avevamo scritto lettere insieme, il rumore della porta che si richiudeva, lei che entrava di corsa con l'ultimo pettegolezzo.

Sedevo sulla *chaise-longue* nella sua camera da letto, fissando la montagna di peluche sul sofà contro la parete: orsacchiotti, un panda, un gorilla, un coniglio, una rana, un elefante rosa, una pantera nera, un porcospino. Saranno stati almeno cinquanta.

Su entrambi i comodini a fianco del letto c'erano foto di William e di Harry. Poi andavo al tavolino rotondo accanto alla finestra, dove c'erano cinque foto incorniciate del marito con i ragazzi, e una di lui solo, accanto ad altre immagini care: l'adorato padre, il conte Spencer, in una serata con Liza Minnelli, mentre danzava con Wayne Sleep al London Palladium; le sorelle Jane e Sarah; le sue amiche Lucia e Rosa.

Un giorno Maria venne a trovarmi e mi portò un sandwich. «Non ti fa bene venire qui» mi disse. Invece sì. Almeno un po'.

Una volta, in piena notte, dopo uno dei miei soliti incubi, uscii dall'Old Barracks e tornai a Kensington Palace. Avevo appena sognato la principessa e avevo bisogno di sentire la sua presenza. Chi ha subito una perdita capirà quello che feci. Gli altri mi prenderanno per matto. In quel momento mi sembrava giusto. Andai nella stanza guardaroba a forma di L, scostai la tenda dietro la quale erano appesi i vestiti e mi rannicchiai tra gli abiti e il pavimento. Potevo aspirare il suo profumo. In quella posizione, mi addormentai.

A metà ottobre mi trovavo in quello stesso guardaroba con le sorelle e la madre della principessa, lady Sarah, lady Jane e la signora Frances Shand Kydd. Stavano passando in rassegna i vestiti per decidere cosa portare via. Mi chiesero di andare a prendere i bagagli della principessa, un set di tre valige di pelle nera. Tutte e tre vennero riempite di camicie, gonne, golf di cachemire e scarpe, cosmetici, schiuma da bagno e profumi, quindi caricate sul retro delle auto famigliari che aspettavano fuori. Nessuno di quegli oggetti era stato valutato prima dell'omologazione del testamento ma, in qualità di esecutori, i famigliari stavano rispettando le ultime volontà.

Io mi ero già occupato di fare l'inventario completo dei due appartamenti: biancheria, suppellettili, gioielli, vestiti ed effetti personali. Fu un compito penoso, portato a termine con l'aiuto e l'esperienza di Meredith Etherington-Smith, di Christie's, che aveva catalogato gli abiti della principessa per l'asta che si sarebbe tenuta a New York in estate, con enorme successo. Venne anche David Thomas, il gioielliere della Corona, per completare l'inventario dei beni preziosi della principessa. Mentre ero con lady Sarah nel guardaroba, lei prese una camicetta di seta che la principessa aveva indossato. Ai polsi erano ancora attaccati un paio di gemelli d'argento e smalto rosso a forma di cuore. Senza dire una parola, lady Sarah li tolse e me li mise in mano con un sorriso. «Se c'è qualcos'altro che ti piacerebbe avere, Paul, non hai che da chiederlo» mi disse.

Io presi i gemelli e dissi: «Ho tutto quello che mi serve e i ricordi sono dentro il mio cuore, ma grazie lo stesso».

Sapevo che di tutta la famiglia, lady Sarah era quella che era stata più vicina alla sorella. Insieme alla madre, era stata nominata esecutore testamentario. In quell'occasione la loro generosità fu tale che fecero un cambiamento a loro discrezione, trasmettendomi un lascito di 50.000 sterline «in riconoscimento del servizio reso e della lealtà alla principessa». Lady Sarah continuò a frugare tra gli abiti. Poi scelse un completo nero di Versace, con abito e giacca, e me lo tese dicendo: «Questo è per Maria. Potrà metterlo alla cerimonia».

La data si stava avvicinando. La regina mi avrebbe decorato con la Royal Victorian Medal il 13 novembre. Avrei fatto ritorno a Buckingham Palace per la prima volta da quando avevo lasciato il servizio di Sua Maestà, dieci anni prima.

Fu una sensazione strana varcare i cancelli di Buckingham Palace, attraversare il piazzale e, attraverso l'arcata, raggiungere il quadrilatero interno, con la ghiaia rossa appena rastrellata per un'altra cerimonia. Scesi dall'auto, alzai lo sguardo alle finestre dell'ultimo piano e mostrai a Nicholas e a Nick dov'erano i primi alloggi di loro padre. Quel giorno mi presentavo in abiti civili come tutti gli altri, non come un domestico in livrea. Non mi sentivo così nervoso dal mio primo giorno di lavoro come valletto, nel 1976.

Era una mattina d'inverno fredda e luminosa quando ci avvicinammo alla veranda dell'ingresso principale ed entrammo nel palazzo. Maria e i ragazzi mi lasciarono per prendere posto nella sala da ballo. Potevo sentire un'orchestra d'archi che suonava in sottofondo mentre raggiungevo le altre cento persone che avrebbero ricevuto onorificenze. Erano tutti riuniti nella Galleria dei Quadri, dove avevo visto la principessa abbracciare le sue damigelle il giorno delle nozze, nel 1981. Quel giorno, i ricordi mi assalivano in ogni corridoio e in ogni stanza mentre le lancette degli orologi e delle pendole si avvicinavano alle 11. Poi, in gruppi di dieci, fummo invitati ad avanzare lungo la galleria e aspettare sulla soglia della sala da ballo, dove un pubblico di cinquecento persone assisteva a uno spettacolo tipicamente inglese.

Mentre aspettavo il mio turno, notai una giovane donna che sedeva da sola su un sofà, sotto un ritratto di Van Dyck che raffigurava Carlo I. «Come mai siete qui?» le chiesi, dopo essermi presentato.

«Per la George Medal» disse semplicemente quella donna di ventidue anni.

La George Medal è la massima onorificenza di cui possa essere insignito un borghese per il suo coraggio e quella giovane donna bionda e attraente, con un elegante vestito rosso e cappello color caffè, era lì per riceverla. Mi domandai che cosa mai avesse fatto. Si chiamava Lisa Potts ed era una un'insegnante di scuola materna che aveva fatto scudo con il proprio corpo per proteggere i bambini quando, durante un picnic nel campo giochi della scuola di Wolverhamtpon, un pazzo aveva fatto irruzione con un machete e l'aveva ferita.

Guardai le sue mani, orribilmente sfregiate. «Questo è niente paragonato alle ferite che hanno riportato i bambini. Ad alcuni di loro aprì la bocca da un orecchio all'altro» mi disse.

Burrell e Potts vennero chiamati insieme nella sala da ballo. Lei era il personaggio famoso ed era un privilegio per me dividere quella cerimonia con qualcuno che aveva mostrato tanto coraggio. Rimasi a guardare mentre si avvicinava a Sua Maestà e pronunciava poche parole.

Quindi venne il mio turno di ricevere l'onorificenza. La principessa mi aveva anticipato che sarebbe stata in riconoscimento di ventun anni di servizio nella famiglia reale, prima presso la regina e poi presso lei e il principe Carlo. Ma mi aspettava una sorpresa.

La voce del gran ciambellano uscì dal microfono: «Viene insignito della Royal Victorian Medal per i servigi resi a Diana, Principessa di Galles, Mr Paul Burrell».

Nessuno me l'aveva detto, ma la regina aveva ritenuto giusto che il premio mettesse in rilievo la mia lealtà nei confronti della principessa. Mi inchinai, le strinsi la mano e lei mi appuntò la medaglia al petto. «Non sai quanto sia felice di consegnarti questa medaglia» disse. «Significa molto per me. Grazie di tutto. Che cosa farai adesso?»

Io guardai alle sue spalle e riconobbi Christopher Bray, il paggio della regina, un vecchio collega. «Forse Christopher potrebbe aver bisogno di aiuto, Vostra Maestà?» Lei fece una risata sommessa. Ci stringemmo nuovamente la mano, io feci due passi indietro, mi voltai e uscii dalla sala.

Quella sera, un gruppo di una decina di amici e parenti vennero a festeggiare con me al ristorante San Lorenzo. Come aveva pianificato la principessa.

Due settimane dopo mi arrivò a casa una lettera dal cancelliere dello scacchiere, Gordon Brown, in cui mi informava che ero stato scelto come membro del Memorial Commitee intitolato a Diana, Principessa di Galles, con la funzione di consigliare lo stato su come commemorare la vita della principessa; avrei lavorato a fianco della sua amica Rosa Monckton e di lord Attenborough. Il comitato era sorto per affiancare l'opera di un'altra istituzione indipendente, la recente Fondazione intitolata a Diana, Principessa di Galles.

Se ci fu un momento in cui i miei detrattori si convinsero che non ero altro che un maggiordomo «che si era montato la testa», credo che coincise con l'incarico al comitato, quando quelli che non erano stati vicini alla principessa cominciarono a sussurrare alle mie spalle anziché parlarmi apertamente, travisando i rapporti che avevo avuto con lei.

La situazione venne forse peggiorata da un editoriale pubblicato da «Times», intitolato «IL POTERE DEL MAGGIORDOMO: Paul Burrell è l'uomo più adatto per scegliere come commemorare Diana». Diceva:

> Nessun uomo è un eroe per il suo maggiordomo... e nessuna principessa è un'eroina per il suo maggiordomo... ma camerieri e mag-

giordomi sono i veri eroi non celebrati dietro le quinte. Sono fra i pochi privilegiati a essere ammessi a quel mondo privato che si cela dietro la facciata pubblica del cerimoniale e dietro gli strombazzamenti. Per questo la nomina di Paul Burrell... è uno di quei rari casi in cui la vita imita l'arte. Per una volta, viene consultato ufficialmente il parere del maggiordomo... Jeeves avrebbe approvato. Ma è anche un incarico delicato... Il Governo prende ispirazione da illustri precedenti, dal folklore e dalla narrativa. Quando si trova in dubbio, consulta il maggiordomo in qualità di persona discreta e informata.

Credo che sia comprensibile se l'orgoglio mi rese sordo allo stridere dei coltelli che si stavano affilando dietro le mie spalle.

William e Harry tornarono a Kensington Palace due settimane prima del Natale del 1997. Io avevo preparato gli appartamenti con fiori e piante per farli sentire il più possibile a casa; la tata Olga Powell li aspettava con me nel soggiorno. I ragazzi fecero irruzione dall'ingresso principale, di buon umore all'idea di trascorrere il Natale a Sandringham.

Girai l'appartamento con loro, con una manciata di post-it gialli per segnare a chi appartenevano i vari oggetti e dove dovessero essere inviati. I ragazzi stavano traslocando insieme al principe Carlo da un appartamento a St James Palace alla York House, sempre all'interno del palazzo, che sarebbe stata la loro nuova base a Londra. William e Harry scorrazzavano da una stanza all'altra raccogliendo libri, vecchi giocattoli, fotografie, poster, videocassette e disegni; poi scelsero quali divani, sedie e tappeti volevano portare con sé. William era il più metodico dei due. Accennò ai gioielli, ma poi ci ripensò. «Oh, possiamo farlo l'anno nuovo, non c'è fretta» disse.

Mi colpì quanto fosse educato anche quando si trattava di selezionare le cose che gli appartenevano. «Posso prendere questo... Non c'è problema se tengo quest'altro?»

«William» gli dissi «tutto quello che c'è qui dentro appartiene a lei e a Harry. Potete prendere quello che volete. Non c'è bisogno di chiedere.»

Andò nella stanza guardaroba e guardò la collezione di abiti firmati Chanel, Versace, Jacques Azagury e Catherine Walker. «Che cosa faremo dei vestiti della mamma?» chiese.

«Non so se ve l'hanno detto, ma gli Spencer vogliono metterli in mostra ad Althorp e ci tengono molto che ci siano i completi e gli accessori fondamentali, compreso l'abito da sposa.»

«No!» dichiarò William, deciso. «Non voglio che lo prendano loro!»

«Perché no?» si intromise Harry.

«Non voglio e basta» replicò William. «Ma se vogliono, possono avere qualcuno dei vestiti della mamma. Anche a questo ci penseremo l'anno nuovo.»

Era desiderio della principessa che l'abito da sposa andasse alla Collezione Nazionale di Abbigliamento al Victoria and Albert Museum. Il maggiore dei suoi figli stava mettendo in chiaro che non voleva che andasse ad Althorp. E dov'è oggi? In mostra ad Althorp.

Poi William proseguì lungo il corridoio della nursery. «Mi piacerebbe quel tappetino, quel divano, quella sedia... quelle tende, il tavolino dei drink...» Ricordammo che la principessa aveva speso 30.000 sterline in tappeti nuovi, due anni prima.

Era commovente vedere i due fratelli aggirarsi per le loro stanze, selezionando oggetti, e il modo in cui William si prendeva cura del fratello minore.

«Posso avere il mio letto, Paul?» domandò Harry, «E quel cassettone?»

«Oh, quello è meglio di no, Harry!» intervenne William in tono paterno. «Non c'è abbastanza posto.»

«Sì che c'è» strillò Harry e io immaginavo la principessa che sorrideva scuotendo la testa.

Non ci furono controversie quando entrarono nel soggiorno al piano di sotto, dove c'era il grande televisore a schermo piatto. «È troppo grande per Highgrove. Non potremmo portarlo a York House? Riempirà una delle pareti» disse William. Era sempre lui a decidere sugli apparecchi elettronici e visivi. Io sorrisi, sapendo che il principe Carlo non avrebbe approvato. Non sopportava che i ragazzi stessero davanti al televisore a guardare programmi idioti. Lui guardava raramente la TV, a meno che non ci fosse qualche documentario interessante.

Credo che fu proprio in soggiorno che vennero assaliti dai ricordi, perché quella era stata la stanza della loro madre e loro lo sentivano. Calò il silenzio mentre William fissava le foto sul tavolo e Harry andava alla scrivania, sfiorando ogni oggetto come se fosse in trance.

Qualche minuto dopo la voce di William interruppe quell'attimo di riflessione. «Voglio l'ippopotamo gigante, Paul» disse, indicandolo. Madre e figli si rannicchiavano insieme sul pavimento, appoggiati all'enorme peluche, quando guardavano la TV.

Terminato il giro, l'appartamento era disseminato di bigliettini gialli con la scritta «W-York House» o «H-York House».

Mentre passavano in rassegna la collezione di videocassette e di CD, io ricordai che il 1997 sarebbe stato il primo anno in cui la principessa avrebbe avuto con sé i ragazzi per Natale: si era messa d'accordo durante l'estate con il principe Carlo e con la regina che potevano evitare la tradizionale festa a Sandringham. Aveva in programma di passare il Natale con i ragazzi al K-Club a Barbuda.

Ma anche se la principessa non era più con noi, volevo che i ragazzi avessero almeno un assaggio di festa a Kensington Palace: un ricordo che avrebbero portato con sé a Sandringham. Avevo preparato una calza per entrambi. Mentre William e Harry salutavano e si precipitavano giù dalle scale, li richiamai. «Dato che sono sempre stato io a occuparmi delle vostre calze, ogni anno, non ho potuto evitare di fare lo stesso anche quest'anno» dissi. I loro volti si illuminarono di sorpresa. «Ho anche cucito le estremità, così non potrete guardare che cosa contengono. Anche se dubito che arriveranno intatte fino a Natale!» aggiunsi, tendendo loro le calze fatte a maglia che la principessa usava ogni anno.

«Oh, ci arriveranno, Paul» mi assicurò William. «E grazie, grazie tante!» Harry corse ad abbracciarmi.

Insieme ci avviammo all'ingresso principale. «Sapete dove trovarmi» dissi. «Qualsiasi cosa abbiate bisogno, non dovete fare altro che chiamarmi.»

«Lo faremo, Paul» disse Harry «e ci rivedremo in gennaio, quando torneremo dalla settimana bianca con papà.»

Dopo aver sistemato le calze e il resto degli oggetti che avevano preso con sé nel baule della Land Rover Discovery, abbassarono i finestrini. William sedeva davanti, Harry dietro. «Arrivederci, Paul!» gridarono, mentre la guardia del corpo Graham Craker metteva in moto.

Quante volte ero rimasto a salutarli lì insieme alla principessa. Lei si voltava sempre verso di me e diceva: «La casa sarà silenziosa, adesso. Mi mancheranno i miei ragazzi».

Dal centro del mondo della principessa, a Kensington Palace, guardai fuori con il magone.

Ai suoi esordi, la Fondazione intitolata a Diana, Principessa di Galles, fu gestita dall'avvocato che aveva seguito il divorzio della principessa, Anthony Julius. Mi sembrava che avesse preso in mano ogni aspetto della sua vita, insieme a lady Sarah McCorquodale e a Michael Gibbins. Tutt'a un tratto vedevo tre persone che non avevano conosciuto intimamente il Boss gestire tutti i suoi affari. La fondazione indipendente istituita in memoria della principessa vedeva l'avvio senza che nessuno dei suoi amici più intimi fosse coinvolto nel progetto. Dopo aver organizzato tutta la vita della principessa quando era viva, mi trovavo improvvisamente ai margini.

A palazzo mi ero abituato alle visite della signora Frances Shan Kydd. Sedeva in soggiorno con una bottiglia di vino e passava in rassegna la corrispondenza della figlia, decidendo da sola che cosa andava distrutto. Stracciò più di cinquanta lettere e io assistevo a quella cancellazione della storia da parte di una famiglia determinata a strappare dalle mani dei Windsor il controllo del mondo della principessa. Mi sembrava sbagliato.

La Fondazione. I documenti distrutti. Alla fine del 1997 avevo la sensazione di perdere il controllo su un mondo che la principessa mi aveva affidato per così tanto tempo. Non mi ero mai sentito così impotente. Tutt'a un tratto, l'articolo di «Times» a proposito di «consultare il maggiordomo in qualità di persona discreta e informata» non contava più nulla. Non era nella mia natura farmi da parte e assistere mentre tutto andava a rotoli. Era mio dovere intervenire, così almeno mi sembrava, tuttavia ero in dubbio su chi mettere a parte dei miei timori. Nessuno degli Spencer avrebbe capito. William e Harry erano troppo giovani ed era impensabile rivolgersi al Principe di Galles per avere consiglio. Non sono sicuro nemmeno che mi avrebbe ascoltato, figurarsi se avrebbe capito. C'era solo una persona che mi avrebbe dato ascolto: Sua Maestà la Regina. Sapevo che non avrei avuto bisogno di passare attraverso la pomposa gerarchia dello staff per ottenere un'udienza.

Presi il telefono e chiamai qualcuno vicino a Sua Maestà, una persona discreta di cui sapevo di potermi fidare. «Crede che la regina possa dedicarmi cinque minuti?» domandai.

«Lasci fare a me: le farò sapere.»

Il giorno dopo mi arrivò la risposta. «Sua Maestà sarà lieta di vederla alle due di giovedì 19 dicembre. Credo che conosca la strada.»

Dalla porta laterale che si apre su Buckingham Palace Road. Oltre il poliziotto di guardia, che mi stava aspettando. Lungo i corridoi piastrellati dei seminterrati. Oltre i magazzini, le cantine, il guardaroba della biancheria e la stanza dei fiori, in un piccolo ascensore a due posti. Sapevo muovermi all'interno di Buckingham Palace, anche se vi mancavo da molto tempo.

Quando la porta dell'ascensore si aprì, mi trovai in un'area di servizio che mi era familiare prima di aprire una pesante porta in rovere e posare piede sulla passatoia rossa dei corridoi della regina; avevo calcolato il mio arrivo per le tredici e cinquantacinque in punto. Mi avvicinai allo stretto vestibolo dei paggi, a metà del corridoio, dove avevo atteso tante volte di servire Sua Maestà. Mi sedetti e aspettai che finisse il suo caffè dopo pranzo. Poi, allo scoccare delle due, un paggio venne ad annunciare: «La regina è pronta a riceverla... Vostra Maestà, c'è Paul».

Eccola, nel suo salotto privato. La sua figura minuta era alla scrivania nel bovindo. Portava gli occhiali con mezza montatura e tutt'intorno c'erano documenti di stato e scatole rosse. Nove o dieci corgi erano sparpagliati per la stanza. Alcuni di loro, di una generazione che non conoscevo, sollevarono il capo e ringhiarono.

La regina venne verso di me e io mi inchinai prima che mi tendesse la mano dicendo: «Salve, Paul, come stai?».

Il suo sorriso era caldo come sempre, anche se era un po' invecchiata, con i capelli leggermente più grigi. Indossava un abito blu con tre fili di perle e una grossa spilla di diamanti a forma di cuore.

Vide che stringevo un piccolo omaggio. «Un mazzo di fiori, Vostra Maestà.»

«Che pensiero gentile» disse prendendoli. «E che buon profumo.»

Era rilassata e cordiale, per niente sulle difensive, ed era già stata avvisata in modo informale che ero preoccupato per alcune questioni che riguardavano la principessa.

«È una strana faccenda» esordì mentre affidava i fiori a un paggio.

«Lo so, Vostra Maestà. Non c'è assolutamente nessuno con cui possa confidarmi. Voi siete la mia sola speranza e vi ringrazio per avermi concesso l'opportunità di parlarvi. Significa molto per me.»

Restammo in piedi. Non ci si siede in presenza della regina a un'udienza privata. Lo sapevo bene. Sua Maestà volle sapere come stavo. Le dissi che mi tenevo occupato. Mi chiese di Maria e dei ragazzi e io la aggiornai. Poi venni al punto: le riferii quel che succedeva a Kensington Palace, quello che pensavo su come veniva gestita la Fondazione, delle persone coinvolte e dei problemi che presentivo. Parlammo di Anthony Julius, di lady Sarah, di Patrick Jephson, del mio futuro, degli ingenti costi legali richiesti dalla Fondazione: 170.000 sterline per il solo mese di ottobre. Poi discutemmo di Dodi Al Fayed e dell'infatuazione della principessa per lui.

Pareva che la regina condividesse l'impressione del resto del paese: che la loro relazione fosse l'inizio di un rapporto a lungo termine piuttosto che un flirt estivo.

«Vostra Maestà, questa storia d'amore sarebbe finita in lacrime» le dissi. «La principessa sapeva che lui aveva dei problemi: soldi, droga, alcool e perfino prostitute. Non ho dubbi che alla fine sarebbero venuti a galla. Le dicevo sempre: "Cercate di mantenere il controllo del vostro ambiente", ma la verità è che non aveva alcun controllo su quello yacht» continuai. «Era lui che controllava l'aria condizionata, decideva dove andare e cosa mangiare. Fu lui a decidere di andare a Parigi. Lei voleva tornare a casa, Vostra Maestà. Voleva riappropriarsi della sua indipendenza.»

La regina mi ascoltò attentamente e mi diede apertamente il suo parere su questa e su altre questioni. Poi mi disse che dal mese di settembre la signora Frances Shand Kydd veniva a trovarla di tanto in tanto.

«Se Vostra Maestà mi consente, devo dire che siete stata molto coraggiosa a farvi trovare» scherzai.

Visto che eravamo già in argomento, mi parve il momento migliore per esprimerle i miei timori riguardo a quanto avevo visto a Kensington Palace: quella distruzione indiscriminata di lettere, documenti e appunti che a mio parere potevano avere una rilevanza storica. «Non posso permettere che venga cancellate la storia, Vostra Maestà. È mia intenzione difendere il mondo della principessa e salvaguardare i suoi segreti. Voglio mettere al sicuro i documenti e gli oggetti che mi ha affidato.»

Anche stavolta la regina ascoltò. Non fece obiezioni e credo che entrambi capissimo che ritenevo mio dovere fare qualcosa. Non entrai nel dettaglio di quali oggetti avrei conservato e dove li avrei tenuti. Lei non fece obiezioni; interpretai il suo atteggiamento come se mi dicesse di trattare la questione nel modo che più ritenevo opportuno.

Credo che capisse quello che provavo. Mi disse: «Ricordo che quando morì mia nonna, girai per Marlborough House trovando etichette su ogni oggetto. Tutti erano discesi come avvoltoi e questa è la cosa più ripugnante quando si perde una persona cara».

Fu allora che parlammo di William e Harry e che le raccontai della loro visita a Kensington Palace per prendere quello che apparteneva loro.

Non avevo mai avuto una conversazione così lunga con la regina ed era un privilegio trovarsi ad avere un colloquio così intimo e personale. Se ben ricordo, l'incontro si protrasse dalle due del pomeriggio fino a quasi le cinque. Per tutto il tempo in piedi. Avevamo dieci anni da ricostruire ed era come rincontrare un parente che non vedevo da molto tempo. L'atmosfera era informale.

Naturalmente, l'idea che un maggiordomo potesse avere un colloquio di quasi tre ore con la regina fu definita una «colossale fandonia» dalla stampa nei giorni che seguirono il mio processo per furto che si tenne davanti al tribunale dell'Old Bailey nel 2002. Esperti della monarchia, che potevano solo sognare di avere una tale conversazione con la regina, apparvero alla TV con aria incredula e liquidarono il mio resoconto come «impensabile», «altamente improbabile», «pura fantasia».

«Il primo ministro dispone solo di quindici minuti, per cui è del tutto improbabile che a un maggiordomo venga concessa una tale udienza» dichiarò in tono di scherno un ex membro dello staff.

Il «Sun» rincarò la dose, con la sua solita accuratezza, strombazzando che l'incontro era durato probabilmente tre minuti e sicuramente non aveva superato l'ora.

Poi Buckingham Palace fece una dichiarazione tesa a stabilire la verità e a illuminare qualcuno. Il ricordo personale della regina era che «l'incontro durò almeno novanta minuti».

Comunque fosse, eravamo stati insieme per un periodo di tempo che sembrava incredibile. Avremmo potuto anche dare da mangiare ai corgi.

Naturalmente parlammo a lungo della principessa. Ricordo che dissi alla regina che il principe Carlo era l'unico uomo che avesse mai amato veramente in tutta la sua vita, ben sapendo che aveva fatto la stessa affermazione di persona, proprio in quella stanza, nel febbraio del 1996.

Mentre parlavamo della principessa, il tono della conversazione era cambiato. Avvertivo il desiderio della regina di far tornare indietro le lancette del tempo. «Ho cercato tante volte di tendere la mano a Diana» mi disse. «Le ho scritto molte lettere, Paul.»

In quel momento mi rividi insieme alla principessa, seduti sulle scale o in salotto, mentre leggevamo insieme la corrispondenza da Buckingham Palace o dal castello di Windsor. «Lo so» dissi. «Ho visto quelle lettere e so che la principessa rispondeva sempre. Ma il problema era, Vostra Maestà, che voi vi esprimevate in bianco e nero, mentre lei si esprimeva a colori.» Volevo suggerire che appartenevano a due generazioni diverse, che parlavano linguaggi differenti.

Per la prima volta nella mia vita, provai il desiderio di abbracciare la regina ma, naturalmente, lei non era la principessa e non era possibile. Mi limitai a restare in piedi davanti a lei, ascoltando e pensando che se l'intero paese avesse potuto vedere quanto era sinceramente legata alla principessa, non ci sarebbero state tutte quelle polemiche sulla sua freddezza nei giorni immediatamente successivi alla tragedia.

Ricordo un appunto che la principessa mi aveva lasciato al riguardo: «*Ho un gran desiderio di abbracciare mia suocera*».

Quello a cui stavo assistendo era l'interesse genuino di una suocera, non di una sovrana distante; di qualcuno che aveva sempre cercato di aiutare la principessa. Il Boss lo sapeva bene ed è per questo che non considerò mai la regina e il Duca di Edimburgo alla stregua di nemici.

Anche la regina lo sapeva, ma aggiunse: «Tutto quello che facevo veniva criticato o frainteso». La sua frustrazione era evidente. «Mentre cercavo solo di rendermi utile.»

Verso la fine del colloquio, mi diede un avvertimento. Guardando al di sopra delle mezze lenti, disse: «Attento, Paul. Nessuno come te è stato così vicino a uno dei membri della mia famiglia. Ci sono poteri all'opera in questo paese, poteri di cui non abbiamo conoscenza». Mi fissò con uno sguardo che diceva: «Hai capito?».

«Bene, è stato un piacere parlare di nuovo con te, Paul» concluse. «Mi terrai al corrente di quello che succede, vero? Adesso credo che sia proprio ora di portare fuori i cani.»

Ci stringemmo la mano. Feci un inchino e lasciai la stanza.

Sin dalla conclusione del mio processo, quando riferii per la prima volta questo incontro con la regina, ci furono un'infinità di congetture non prive di scherno sul significato di quell'avvertimento da parte di Sua Maestà. Che cosa voleva dire? Tutto quello che so è quello che ho sentito. Non quantificò il pericolo né si dilungò oltre; il tono in cui era stato pronunciato quell'«Attento!» non era melodrammatico. Me ne andai prendendolo per quello che era: un invito a essere prudente. Credo che volesse dirmi di non fidarmi di nessuno, perché nessuno meglio di lei capiva la posizione in cui mi trovavo e la confidenza che avevo diviso con la principessa.

L'accenno a «poteri all'opera in questo paese, poteri di cui non abbiamo conoscenza» mi è tornato spesso alla mente negli anni successivi e confesso che ho avuto paura. Forse la regina si riferiva al potere che hanno i baroni dei media e gli editori di far cadere una persona dal piedistallo. Forse si riferiva a quell'entità ignota che chiamiamo «il Sistema», una rete invisibile e indefinita che lega i circoli sociali dei grandi e dei potenti. Forse si riferiva ai servizi segreti di Buckingham Palace, il MI5, perché potete stare sicuri che nemmeno la regina conosce il loro lavoro nell'ombra e la loro oscura attività, ma è consapevole del potere che sono in grado di esercitare. Come lo staff reale, i servizi segreti hanno carta bianca per agire nel modo che ritengono migliore, nell'interesse dello stato e della monarchia.

Tutto quello che so è che, a distanza di quattro mesi dall'avvertimento di Sua Maestà, fui arrestato con l'accusa di un reato che non avevo mai commesso e trascinato in un processo che stava a malapena in piedi. Per tutto il tempo che durò, i motivi che si celavano dietro la superficie del caso riguardarono i segreti della principessa. Chi li custodiva? Dov'erano? Ma, in tutta onestà, non potrei dire con esattezza a che cosa si riferisse la regina. Mi sono rimproverato mentalmente mille volte per non averle chiesto in quel momento che cosa intendesse. Come voi, posso solo fare alcune congetture. Nessuno più di me è consapevole dei segreti che custodisco nella mia mente. Scegliendo di confidarmi certe informazioni, la principessa si era assicurata che condividessi con lei una conoscenza storica. Io ero il suo testimone indipendente della storia, così come ero il testimone delle lettere che scriveva e riceveva, dei documenti del divorzio e del suo testamento.

Mi confidò anche i suoi timori di essere continuamente sorvegliata. Sarebbe ingenuo credere che, dal momento che sposò il principe Carlo, non avesse il telefono sotto controllo o che non si facessero indagini sulle persone che frequentava. È la prassi normale che i membri del governo e della famiglia reale vengano sorvegliati. La principessa lo sapeva. Per cui, sotto questo aspetto, «i poteri» erano discretamente al lavoro in tutti gli anni che passai ad Highgrove e a Kensington Palace. Lei me lo ricordava costantemente e mi invitava a essere prudente. Se c'era una cosa che odiava della vita a Kensington Palace, era quella sensazione ineluttabile di essere sempre spiata o ascoltata. Era una delle ragioni per cui rinunciò alla guardia del corpo. Non si fidava della polizia come braccio dello stato. In realtà nutriva una diffidenza radicata per tutto quello che aveva a che fare con lo stato.

Una volta che eravamo entrambi fuori casa, sospettò perfino che avessero piazzato dei microfoni nascosti negli appartamenti 8 e 9. Spostammo insieme tutti i mobili del soggiorno ammucchiandoli a una parete e arrotolammo un tappeto in stile azteco, la moquette blu e il suo supporto. Poi tastammo le assi del parquet con i cacciavite. Era convinta che ci fossero dei microfoni spia nel palazzo, ma non trovammo niente. Temeva che piazzassero le cimici nelle prese della corrente, negli interruttori o nelle lampade. Si potrebbero liquidare questi sospetti come una forma di paranoia e perfino io tenderei a crederlo se fossero stati privi di fondamenti razionali, ma i critici che con troppa leggerezza la definirono paranoica non si rendevano conto che aveva valide ragioni per essere preoccupata. Era prudente, non paranoica, perché agiva sulla base di informazioni attendibili, avute da qualcuno che aveva lavorato per i servizi segreti inglesi; un uomo nella cui esperienza, nei cui consigli e nella cui amicizia nutriva grande fiducia.

Anche un altro membro della famiglia reale l'aveva messa in guardia: «Devi essere prudente – perfino in casa tua – perché «loro» sono sempre in ascolto». (Prima del mio processo del 2002 vidi, insieme alla mia squadra legale, le prove evidenti che perfino le mie telefonate erano state intercettate nel corso dell'inchiesta giudiziaria senza che io ne fossi a conoscenza e che erano stati controllati almeno venti numeri di telefono.)

Dopo un tale avvertimento, mi chiedo chi, nella sua posizione, non si sarebbe messo a cercare microfoni nascosti. Quando non li trovammo, si rivolse al suo amico ex agente segreto. Un sabato pomeriggio questi si presentò a palazzo sotto falso nome e fece una ricognizione degli appartamenti in cerca di cimici. Ogni stanza venne perlustrata. Non trovò nulla. Poi, di dimostrazione in dimostrazione, la principessa e io ricevemmo una lezione dettagliata sulle moderne tecniche di sorveglianza. Quello che la colpì maggiormente fu sapere che per tenere sotto controllo una persona non era necessario piazzare dei microfoni in casa. I dispositivi tecnologici erano talmente sofisticati che era possibile ascoltare una conversazione da un furgoncino parcheggiato all'esterno, tramite un segnale che veniva trasmesso all'interno dell'appartamento e rimbalzava con un sistema di specchi. Come risultato, tolse lo specchio rotondo appeso sopra la mensola del camino, di fronte alla finestra del salotto. Non era paranoica: era prudente.

Negli ultimi due anni della sua vita, la principessa divenne sempre più preoccupata della sicurezza che la circondava. Fin dalla sua separazione, nel 1992, si era resa conto di essere cresciuta d'importanza e si sentiva pronta ad affrontare il mondo per la sua missione umanitaria. Ma, a ragione o a torto, sentiva anche che più si faceva forte più veniva percepita come una ventata di modernità che costituiva una seccatura, dal momento che era pronta a rischiare di persona e a fare qualcosa che andava contro le convenzioni. In una certa misura ne ebbe la conferma qualche tempo dopo, quando il suo lavoro umanitario in Angola, nei primi mesi del 1997, fece nascere la voce che fosse una «mina vagante» che faceva più male che bene. Nell'autunno del 1996 aveva la netta impressione di essere considerata un ostacolo. Di sicuro avvertiva che «il Sistema» non apprezzava il suo lavoro e che, fino a quando lei sarebbe stata di scena, il principe Carlo non sarebbe stato libero di muoversi. «Sono diventata forte e a loro non piace vedere che sono capace di cavarmela e reggermi da sola sulle mie gambe» affermò.

In un periodo di particolare inquietudine, nell'ottobre del 1996, la principessa mi chiamò dall'office. La incontrai a metà delle scale. A una sua domanda che metteva in dubbio la fiducia in se stessa le risposi rassicurandola; a un'altra domanda ci sedemmo sugli scalini per discutere delle sue preoccupazioni. Sentiva che quella che chiamava «la brigata anti-Diana» stava concertando un insieme di azioni che miravano a sminuirla agli occhi del pubblico. Parlammo del ruolo permanente di Tiggy Legge-Bourke. Parlammo di Camilla Parker Bowles e ci chiedemmo se il principe Carlo la amasse veramente. Inevitabilmente, venne fuori quanto la principessa si sentisse sottovalutata e poco apprezzata. Ma il cuore della conversazione verteva sui suoi timori riguardo il futuro. Disse di essere «costantemente sconcertata» dai tentativi dei simpatizzanti del principe Carlo di «distruggerla». Era una «giornata no» e la principessa aveva bisogno di sfogarsi. Con tutti quei pensieri confusi che si affollavano nella sua mente, andammo in salotto per metterli sulla carta e cercare di trarne un senso. Ancora una volta, la sua penna diede forma ai pensieri in una sorta di operazione terapeutica.

Mentre lei era alla scrivania, io sedevo sul sofà e la guardavo scrivere freneticamente. «Ci metterò la data e voglio che tu lo conservi... non si sa mai» disse. C'era un'altra ragione a spingerla a espormi i suoi pensieri e a metterli per iscritto, quel giorno. A livello razionale o irrazionale, era preoccupata per la propria sicurezza e questo pensiero la tormentava. Scrisse quello che pensava ma non chiarì i motivi che la spingevano a farlo. Credo che si sarebbe sentita sciocca o imbarazzata. Voleva solo mettere le idee su carta. Era, in un certo senso, una specie di assicurazione per il futuro.

Quando ebbe finito di scrivere, infilò il foglio in una busta indirizzata a «Paul», la sigillò e me la tese. La lessi il giorno dopo, a casa, e non vi diedi un peso particolare. Non era la prima volta, né sarebbe stata l'ultima, che esprimeva tali preoccupazioni, a voce o per iscritto. Ma con il senno di poi il contenuto di quella lettera mi ha tormentato fin dal giorno della sua morte. Questo era quello che scriveva dieci mesi prima di morire in quell'incidente d'auto a Parigi.

> Siedo alla mia scrivania in questo giorno d'ottobre, e vorrei tanto che qualcuno mi abbracciasse e mi incoraggiasse a essere forte e ad avanzare a testa alta. Sto vivendo il periodo più rischioso della mia vita. [Qui la principessa dice chiaramente da dove pensa che vengano le minacce e il pericolo] sta progettando «un incidente» alla mia auto: i freni verranno manomessi e io dovrei procurarmi ferite mortali alla testa, in modo che Carlo abbia la strada libera per sposarsi. Sono ormai quindici anni che subisco maltrattamenti e violenze mentali da questo sistema, ma non provo risentimento né odio. Sono stanca di lottare, ma non mi arrenderò mai. Perché sono forte dentro e questo è un problema per i miei nemici.
> Grazie, Carlo, per avermi fatto vivere quest'inferno. Grazie, perché ho tratto insegnamento dalle crudeltà che mi hai inflitto. Sono cresciuta in fretta e ho pianto più di quanto nessuno saprà mai. L'angoscia mi ha quasi uccisa ma la forza interiore non mi ha mai abbandonata e i miei angeli custodi si sono presi cura di me fino a ora. Non sono fortunata a essere sotto la protezione delle loro ali?

Questa lettera fa parte del peso che porto con me dalla morte della principessa. Decidere che cosa farne è stato una fonte di tormento interiore. Tutto quello che posso dire è questo: pensate di ricevere una lettera simile da un persona a cui siete legato e che, l'anno dopo, questa persona muoia in un incidente d'auto. Nello sforzo di dare un senso alla cosa, passerete dal considerarlo una bizzarra coincidenza a darvi una spiegazione ancor più bizzarra e paranoica. Io ho sperato che la questione fosse chiarita da un'inchiesta sulla morte della principessa – un'analisi accurata portata avanti da un coroner e da un tribunale inglese su quanto accadde il 31 agosto 1997. Ma, per qualche ragione inesplicabile, non ci fu nessuna inchiesta. Se si fosse trattato di chiunque altro, ci sarebbe stata, eppure questo processo inquisitorio fondamentale è stato accantonato.

Verso la fine dell'estate del 2003, fu annunciato che ci sarebbe stata un'inchiesta nel Surrey per indagare fondamentalmente le circostanze della morte di Dodi Al Fayed. Non era chiaro se l'udienza preliminare avrebbe riguardato anche la morte della principessa. Comunque sia, l'assenza di un'inchiesta fino a oggi e il tentativo messo in atto da Scotland Yard e dai guardasigilli di distruggere la mia reputazione con il processo del 2002, mi hanno spinto a rendere pubblico il contenuto di questa lettera. So che forse non avrà alcun effetto, dato che non fa altro che aggiungere un punto di domanda alla questione. Ma se questo punto di domanda condurrà a un'inchiesta e a una piena disamina dei fatti da parte delle autorità britanniche, avrà ottenuto il suo scopo. Forse qualcuno preferirebbe evitare un'inchiesta del genere, ma non dobbiamo permettere che accada.

15.

Qualcuno alla porta

Se la principessa era felice di sapere che c'ero io a tenere tutto sotto controllo quando era in vita, si capisce che quanti furono incaricati di mantenere vivo il suo ricordo da morta avrebbero preferito liberarsi di me. Nella storia della mia vita tra il 1997 e il 2002, ben pochi afferrarono la natura del rapporto privilegiato che mi univa al mio Boss dietro le porte di Kensington Palace. Le conseguenze di questa incomprensione avrebbero finito per combinarsi all'ignoranza nel perseguitarmi negli anni a venire.

Il problema, quando si condivide così intensamente un mondo privato, è che nessuno degli esterni può vedere le sue caratteristiche uniche. E quando qualcosa non viene visto, specie se va contro i normali codici di condotta, viene frainteso. Io ero né più né meno che un maggiordomo che aveva fatto il suo dovere. Ma agli occhi di qualcuno potevo sembrare un maggiordomo con manie di grandezza che si era montato la testa.

Il desiderio impellente di ridurmi alle giuste dimensioni e ricacciarmi in una sorta di livrea che era quel che mi si addiceva divenne evidente poco dopo il febbraio del 1998, con la mia nomina alla Fondazione intitolata a Diana, Principessa di Galles, in qualità di incaricato della raccolta di fondi e organizzatore di eventi.

Mi trovai catapultato dai locali tranquilli e segreti di un palazzo negli uffici alla Millbank Tower nella zona sudoccidentale di Londra. Volevo gettarmi nel nuovo ruolo che mi era stato conferito e raccogliere fondi in un modo di cui la principessa sarebbe stata orgogliosa. Mi arrivavano una quantità di assegni:

dai 2 milioni di dollari versati dall'industriale dei Ty Beanie Babies, alle 26.000 sterline della Tower Records, fino alle centinaia di sterline inviate da un gruppo di giovani agricoltori dei dintorni di Highgrove. Inaugurai spettacoli di beneficenza in tutta l'Inghilterra, compresi i Giochi Nazionali per Disabili Junior a Birmingham, e frequentavo le riunioni del Memorial Committee in Downing Street. Non ci sarebbero stati problemi con il Comitato. I problemi sarebbero venuti dalla Fondazione.

Sentivo di poter portare una prospettiva unica e modellare le attività della Fondazione secondo i desideri della principessa. La conoscevo profondamente, capivo come lavorava la sua mente, ero stato al suo fianco nelle missioni umanitarie, avevo sognato con lei sui progetti di altre missioni e opere di beneficenza che le stavano a cuore.

Una sera, a Kensington Palace, lei e io eravamo seduti in soggiorno, intenti a buttar giù qualche idea su come proseguire, perché lei aveva la sensazione che le sue buone intenzioni venissero fraintese.

> Mi è stato dato un talento e, con gran dispiacere di Carlo, è un talento che devo coltivare e mettere a frutto per aiutare chi soffre. Non abbandonerò mai tutte le persone che credono in me e porterò l'amore ovunque mi troverò nel mondo, a chiunque: lebbrosi, malati di AIDS, re, regine e presidenti.
> Ho un destino da seguire e lo farò con orgoglio e con dignità; distribuirò a piene mani tutto il mio amore e la comprensione per i bisognosi...

Conoscevo la direzione umanitaria che aveva intrapreso. Avendo diviso i suoi programmi per il futuro quando era ancora in vita, in tutta onestà sentivo di essere qualificato a portarli avanti a suo nome, assicurandomi che il lavoro della Fondazione si ispirasse ai suoi desideri e al suo modo di pensare. Anche l'assistente personale della principessa, Jackie Allen, e le sue segretarie Jane Harris e Jo Greenstead portarono il loro contributo appassionato al tavolo dove si decideva cosa sarebbe stato giusto fare in nome della principessa.

Come me, anche loro si trovarono a essere allontanate perché erano troppo coinvolte sul piano emotivo. Io avevo la sensazione che di essere trattato come il maggiordomo che cominciava a diventare seccante con le sue idee su quello che avrebbe voluto la principessa. Ma quello che diede veramente fastidio fu quando la stampa cominciò a identificarmi con «il volto e la voce della Fondazione». Specie quando lady Sarah McCorquodale ne era la presidentessa.

«Ricordati da dove vieni, Paul.»
«Andiamo, Paul, smettila di comportarti come se fossi un'anima in pena. Tutti noi la piangiamo, lo sai.»
«Temo che sia emotivamente instabile. Le persone troppo emotive non prendono le decisioni migliori.»
«Paul, non sarebbe meglio che ti cercassi un altro lavoro e ti tirassi fuori da tutto questo? Circolano delle voci piuttosto antipatiche su di te.»
Commenti del genere, pronunciati in faccia o dietro le mie spalle, erano diventati comuni nei circoli londinesi. Ma io restavo concentrato sul lavoro da portare a termine. Se il mio dovere era stato quello di servire la principessa in vita, ero determinato a servire la sua memoria da morta.
Ricordo quello che era solita dire a proposito di esporsi troppo. «Finisci sempre per prenderti una pallottola!» Ma lei non si tirava mai indietro quando si trattava di difendere quello in cui credeva e puntava i piedi con ostinazione. Non potevo fare altro che imitare il suo esempio.
La rubrica rilegata in pelle della principessa era stata lasciata sulla mia scrivania, in una stanza chiusa a chiave, separata dall'ufficio principale della Millbank Tower. Jackie Allen e io la chiudevamo ogni sera. Poi, un giorno, agli inizi della Fondazione, la rubrica sparì. Conteneva i nomi e i numeri di telefono di tutti gli amici della principessa. Era un pilastro della sua vita. Gliel'avevo letta durante la veglia funebre.
Insieme a Jackie, riferii della scomparsa al capo ufficio Brian Hutchinson che, a sua volta, ne informò lady Sarah McCorquo-

dale. Non venne chiamata la polizia. Non ci fu nemmeno un'inchiesta interna. L'ipotesi che circolava in ufficio era che fosse stata presa da un addetto alle pulizie, da un guardiano notturno o da un agente della sicurezza. Non si indagò mai e questo fatto mi fece sospettare che ci fosse qualcosa che non andava.

Il dottor Andrew Purkis venne nominato direttore esecutivo della Fondazione. Non avevamo le stesse opinioni – non potevamo averle, perché lui non aveva le stesse opinioni della principessa. Mise subito in chiaro che «se la Fondazione doveva avere una voce», questa voce era la sua. Non aveva mai nemmeno *incontrato* la principessa, per cui fu grande il mio sbigottimento nel sentire questo estraneo parlarne come se ne avesse un ricordo. Era stato il segretario privato dell'arcivescovo di Canterbury a Lambeth Palace. Rappresentava in una sola persona le alte gerarchie ecclesiastiche e il Sistema: tutto quello contro cui la principessa si era ribellata. Aveva ottenuto quell'incarico perché possedeva un cervello di prim'ordine e un eccellente curriculum professionale. Tuttavia sentivo che non aveva idea di come gestire quella preziosa eredità. Non riuscì mai a entrare in empatia con la passione o le convinzioni che condividevano la maggior parte degli amici della principessa. Un ente di beneficenza in memoria di una persona speciale viene privato della guida e dell'ispirazione essenziale se è incapace di fare propria o comprendere la personalità nel cui spirito dovrebbe operare.

Ogni volta che mi trovavo a difendere con passione la personalità eccezionale della principessa, mi pareva di gridare dietro una spessa parete di vetro.

Il dottor Purkis sapeva bene che non avrei fatto salti di gioia al suo arrivo. «So che lei potrebbe essere risentito per la mia nomina, ma farò del mio meglio per lavorare al suo fianco. Non voglio che ci siano animosità» mi disse.

All'inizio di luglio del 1998, gli appartamenti 8 e 9 erano stati svuotati. Niente tappeti. Niente tappezzeria di seta. Nemmeno una lampadina. Sembrava che nessuno ci avesse mai vissuto. I mobili di valore e i dipinti erano andati ad arricchire la collezione reale. I gioielli erano tornati a Buckingham Palace. Le richieste di William e di Harry erano state rispettate. Gli Spencer avevano portato il resto ad Althorp, compresi il ritratto di Nelson Shanks appeso sulle scale e l'abito nuziale. Perfino la BMW della principessa venne inviata a un deposito segreto per essere rottamata in modo che nessuno potesse vantarsi della sua provenienza.

Con la sparizione di tutto quello che conoscevo si avvicinava anche il mio inevitabile distacco da Kensington Palace; avevo accantonato quel pensiero nel retro della mia mente fin dal mese di dicembre, quando Maria e io eravamo stati informati che, non essendo più impiegato presso la casa reale, non avevamo più diritto ad abitare per grazia e concessione all'Old Barracks. Il 24 luglio dicemmo addio a tutto quanto: al palazzo, alla nostra casa, alla scuola dei ragazzi, ai loro amici, ai nostri amici, al parroco, alla mia pensione. Avevamo perso tutto. Ma, più importante di ogni altra cosa, avrei dovuto abbandonare quel mondo privato di Kensington Palace a cui mi ero aggrappato dalla morte della principessa. Era un distacco fisico, perché sapevo che quello mentale non sarebbe stato possibile. Non so se lo sarà mai.

Quando la signora Frances Shand Kydd seppe che eravamo stati sfrattati dall'appartamento reale, ci offrì 120.000 sterline per pagare l'affitto di un appartamento a Londra, a condizione che il contratto fosse intestato a lei e che le tenessimo a disposizione una stanza per quando veniva nella capitale. Era una proposta molto generosa, ma noi avevamo il nostro piccolo cottage a Farndon, nel Cheshire, così decidemmo di trasferirci al nord e ricominciare da capo. Maria e i ragazzi avrebbero vissuto in paese, accanto alla sua famiglia, mentre io avrei passato la settimana a Londra per lavorare alla Fondazione e mi sarei sistemato da un amico.

Il nostro ultimo giorno all'Old Barracks, Maria e i ragazzi fecero gli scatoloni e vuotarono l'appartamento. Mi lasciarono fare un'ultima visita a Kensington Palace. Attraversai il prato. Risalii la strada laterale, superai i cottage sulla sinistra. Percorsi il passaggio reale e mi trovai alla porta posteriore dell'appartamento numero 8. Vagai per il laboratorio del pianterreno, oltrepassai le piccionaie di legno vuote ed entrai nel mio office, dove le credenze erano state svuotate e il telefono e il fax erano spariti. La mia sola presenza – il rumore dei passi, le porte che si aprivano, le assi del pavimento che scricchiolavano – sembrava lasciare un'eco in una casa che ricordavo così piena di vita. Mi aggirai per l'appartamento fermandomi dieci o quindici minuti in ogni stanza, riflettendo su quanto era successo in quello spazio. Stavo proiettando una serie di immagini mentali su uno schermo nero, rivivendo con ritmo accelerato cinque anni di vita a Kensington Palace, condensati in quell'ora in cui ero immerso nel silenzio più totale. Era solo un involucro vuoto ma, nella mia mente, visualizzavo ogni cosa com'era stata.

Questi pensieri mi accompagnarono nel viaggio lungo l'autostrada M6, che mi avrebbe portato a una nuova vita nel nord.

Vivevo, respiravo e dormivo pensando prima di tutto al mio ruolo nella Fondazione. Andavo su e giù per il paese dandomi da fare a raccogliere fondi in memoria della principessa: a una sfilata di moda alla Lighthouse di Londra; al golf club di Telford, Shropshire, per inaugurare una giornata dedicata agli sport per disabili insieme all'ex campione d'Inghilterra Peter Shilton; a una gara di beneficenza di cricket a Retford, Lincolnshire; al Great North Run di Newcastle-upon-Tyne; a una gara di cornamuse a Glasgow. Viaggiai per l'Inghilterra in lungo e in largo e la Fondazione sembrava non farci caso se lavoravo per la causa anche duranti i weekend liberi. Andavo a ritirare gli assegni di persona perché mi pareva importante che qualcuno della Fondazione riconoscesse gli sforzi di coloro che si davano da fare per raccogliere fondi in nome della principessa.

A ottobre gli uffici si erano trasferiti dalla Millbank Tower alla County Hall di Westminster e io avevo un ufficio con una stupenda vista sul Tamigi, sul palazzo del Parlamento e sul Big Ben.

I miei orizzonti, però, non erano così sereni, perché volevo partecipare alla maratona di New York, in novembre, e il dottor Andrew Purkis mi aveva scritto un messaggio, mettendo bene in chiaro che non avrebbe permesso che acquistassi troppa importanza.

> Se e quando andrà a New York... lo farà a titolo personale... per soddisfare una sua ambizione. Non sarà in rappresentanza della Fondazione... e lei non farà nulla, né rilascerà interviste in riferimento al lavoro della Fondazione. Anche un'intervista che sia esplicitamente rivolta alla sua persona, infatti, non potrebbe fare a meno di sottolineare il fatto che lei lavora per la Fondazione.

Così portai a termine la maratona in quattro ore e quaranta minuti. A titolo personale.

Più avanti, quello stesso mese, si tenne un ballo in maschera al Grosvenor House Hotel di Park Lane, a Londra, per raccogliere fondi per la Fondazione intitolata a Diana, Principessa di Galles. In suo onore si presentò una schiera di celebrità e la rock star Bryan Adams donò una chitarra autografata, che venne venduta all'asta e acquistata dall'ex calciatore Vinnie Jones, poi divenuto attore. Ma dopo una serata così brillante e prestigiosa, potevo quasi sentire le insinuazioni che mi definivano «accecato dal bel mondo» e «troppo interessato allo showbiz». Era un brutto presagio.

L'ultima settimana di novembre fui convocato a un incontro a due con il dottor Purkis. L'ordine che regnava nel suo ufficio luminoso era il simbolo della sua efficienza come direttore esecutivo. Pannelli di legno ricoprivano le pareti fino a due terzi; sulla sua scrivania non c'era un solo foglio di carta fuori posto. Alle sue spalle era appesa una foto della principessa, scattata da Mario Testino per una compilation in suo onore.

Il dottor Purkis, un uomo minuto dall'aria nervosa, venne subito al punto. Mi suggerì di cominciare a guardarmi intorno per un altro lavoro perché avevano intenzione di chiudere i settori che si occupavano della raccolta di fondi e dell'organizzazione di eventi. «Il suo futuro nella Fondazione è piuttosto limitato» mi disse.

Tutto quello che udivo era una voce insignificante che ronzava in sottofondo. Non afferravo il significato delle sue parole perché ero concentrato sul ritratto della principessa. Quest'uomo non ha capito niente di te, pensavo.

Lo interruppi nel mezzo del suo discorso. «Mi sta forse dicendo che farete in modo di mettermi in esubero? Perché io non ho alcuna intenzione di rassegnare le dimissioni. Questo è il lavoro che so fare e lo faccio al meglio. Dovrà rimuovermi dal mio incarico con un intervento chirurgico e io me ne andrò con i panni sporchi e...»

«Paul, non mi piacciono queste metafore, ma credo davvero che per lei sia venuto il momento di andarsene.»

Come osava? «È facile per lei stare lì seduto e dire una cosa del genere» replicai. «Ma lei non si è scoperto pubblicamente come ho fatto io. Se mi butta fuori, il danno si ritorcerà sul lavoro della Fondazione.»

Il dottor Purkis non mi stava ascoltando.

Qualche giorno dopo mi telefonò lady Sarah McCorquodale. «Tutto bene, Paul?»

«No, non direi» risposi.

«Pranziamo insieme martedì prossimo. Mi troverò al Mishcon de Reya's per un appuntamento; potremmo vederci lì e parlare un po'» propose.

Quando accettai, pensavo a un incontro informale a tu per tu. Così, dopo aver ricevuto un altro assegno alla County Hall dagli organizzatori di una serata di beneficenza, martedì 8 dicembre mi recai all'appuntamento in un'enoteca vicino a Southampton Row. Intravidi lady Sarah a un tavolo d'angolo, insieme all'avvocato Anthony Julius, che era stato direttore provvisorio della Fondazione ed era rimasto in qualità di amministratore fiduciario.

«Non sapevo che ci sarebbero stati anche i pezzi da novanta» dissi in tono leggero, in un vano tentativo di rompere il ghiaccio. Guardai il volto serio di Anthony Julius e capii che non era in vena di scherzare, fedele com'era al suo ruolo. Sapevo parecchie cose su di lui perché la principessa mi aveva detto molto di più di quanto lui non sospettasse, ma se non altro avevamo qualcosa in comune: lui ed io eravamo le uniche persone di cui si era fidata nel trattare la causa di divorzio.

Aprì la conversazione dicendo che sia lui che lady Sarah avevano avuto istruzioni di illustrarmi la situazione attuale. Mentre divagava negli inevitabili rincrescimenti che spesso la gente esprime quando sta per prenderti a calci, pensavo che era strano che la persona che parlava tanto non fosse quella che avevo previsto di incontrare. Lady Sarah era silenziosa come un topolino.

«Le restano due alternative, Paul» concluse. «La prima è di andarsene con astio, il che farà del male a lei, alla sua famiglia e alla Fondazione e nell'arco di pochi anni se ne pentirebbe. La seconda è di accettare la mano che le tendiamo in amicizia. Ci serviremo dell'enorme influenza e delle risorse della Fondazione per trovarle un nuovo impiego.»

In amicizia, aveva detto. Tutto quello che sentivo, al di là del tavolo, era che la fredda aristocrazia di lady Sarah e il potere arrogante di Anthony Julius mi stavano soffocando.

Dissi che ero convinto che ci fosse ancora molto lavoro da fare.

Fu allora che lady Sarah si riscosse. «Ma cosa vuoi, insomma?» disse, chiaramente irritata. «Il tuo lavoro è in esubero!»

«Mi ascolti, Paul» incalzò Anthony Julius. «Quando il denaro cominciò ad arrivare a Kensington Palace, lady Sarah, io stesso e Michael Gibbons decidemmo di istituire la Fondazione. Se non fosse stato per noi, in primo luogo, lei non avrebbe mai avuto questo lavoro.»

Avrei dovuto mostrarmi grato, immagino. «Ma non possiamo ragionare con i "se". "Se" è una parola molto grossa. "Se" la principessa non fosse morta, non avrei avuto bisogno del vostro lavoro» puntualizzai.

«Oh, sì che possiamo, Paul» intervenne lady Sarah, indignata. «Puoi ben dire "se".» Poi cambiò argomento. «Non credi che Maria e i ragazzi preferirebbero averti con loro anziché saperti qui a Londra?»

Quando si trovava in difficoltà, cercava di toccare le corde emotive. «La mia famiglia mi ha sempre sostenuto in tutte le mie scelte e lo farà sempre» dichiarai. Dovetti mordermi la lingua per non dire che sapevo quale valore d'essero gli Spencer a una famiglia unita.

«Paul, tutto quello che vogliamo è aiutarla a prendere la decisione giusta» disse Anthony Julius.

Gli chiesi se quell'incontro fosse ufficiale o meno. «È ufficiale, a meno che lei non specifichi altrimenti» mi rispose. «I fiduciari della Fondazione sono al corrente del nostro colloquio e si aspettano un resoconto.»

Lady Sarah giocherellava con la sua insalata. Io non avevo nemmeno toccato il pesce che avevo nel piatto. Sentivo che mi stavo facendo prendere dalle emozioni e cercavo di controllarmi, senza riuscirci. «Non riconosco le persone che mi stanno di fronte» dissi. «Non posso ascoltare una sola parola di più.» Poi la voce mi si incrinò. «Mi scuserete se sono così sgarbato da lasciare la tavola.»

Mi alzai, presi la giacca dalla spalliera della sedia e mi diressi alla porta. «Ci vediamo più tardi, Paul?» La voce di lady Sarah mi raggiunse che ero già fuori dal locale. Sua sorella non mi avrebbe mai trattato così e questo pensiero mi fece spuntare le lacrime agli occhi mentre uscivo all'aria aperta.

Fermai al volo un taxi e mi infilai sul sedile posteriore senza riuscire a trattenere un gemito.

«Si sente bene, amico?» mi domandò l'autista, guardando nello specchietto retrovisore.

«Sto bene, grazie. Ho solo ricevuto delle brutte notizie. Può portarmi a Kensington Palace, per favore?»

Era l'unico posto in cui potevo pensare di andare. Non potevo più entrarvi, ma potevo passeggiare nei giardini. Lì cercai di ricompormi prima di dirigermi verso il Caffè Dome, in Kensington High Street, dove avevo un appuntamento con il giornalista del «Daily Mail» Richard Kay: un'altra persona che aveva conosciuto la principessa molto meglio di chiunque alla Fondazione; qualcuno che avrebbe capito l'ingiustizia di cui ero vittima. Non una sola parola uscì sul «Daily Mail». Ma il venerdì successivo «News of the World» riportava un articolo del giornalista esperto di questioni che riguardavano la famiglia reale, Clive Goodman, con la notizia del mio imminente licenziamento.

Quando venni convocato nell'ufficio del dottor Purkis, il lunedì dopo che «News of the World» aveva pubblicato la storia, i giornali del fine settimana erano sparsi sulla sua scrivania. Mi disse di aver saputo da fonti attendibili che avevo incontrato i media «per parlare degli affari della Fondazione». Ormai non me ne importava più niente. Dopo un'accesa conversazione, mi disse: «Bene, la farò chiamare più tardi per comunicarle la mia decisione». Quelle furono le sue ultime parole.

Per ridimensionare l'importanza data dalla stampa al mio licenziamento, il dottor Purkis fece girare una circolare tra lo staff: «Questo episodio è un pietoso esempio di una tempesta in un bicchiere d'acqua, scatenata dalla feccia della stampa scandalistica».

Il 18 dicembre, il venerdì precedente il Natale, il dottor Purkis mi telefonò a casa per spiegarmi che non aveva altra alternativa che «darmi un mese di preavviso». Rientrai al lavoro il 21 dicembre per liberare la mia scrivania e dire quel che pensavo a un direttore che stava cercando di mostrarsi conciliante. Entrai nel suo ufficio e annunciai: «Sono venuto a salutarla».

Purkis rispose: «Voglio ringraziarla per tutto quello che ha fatto e per il suo lavoro negli ultimi dieci mesi».

«L'ho fatto per la principessa. In suo ricordo e per nessun altro.»

«So quanto debba pesarle questa scelta.»

«No, non lo sa affatto. Dubito che ne abbia un'idea. Lei e i fiduciari avete completamente frainteso il mio ruolo fin dal mio arrivo e non vi siete nemmeno resi conto di quanto avrei potuto esservi utile.»

Il dottor Purkis si mise sulla difensiva. «Questo non è vero, Paul. I fiduciari si fanno in quattro per questa Fondazione!»

«Andrew, questa fondazione non assomiglia minimamente alla persona che io conoscevo. Non ha niente a che vedere con i suoi desideri o le sue richieste!»

«Noi crediamo di sì, e faremo tutto quello che è in nostro potere per assicurarci il suo proseguimento, Paul.»

«Andrew, io me ne vado con il cuore gonfio, ma vi auguro ogni bene per il futuro.» Posai sulla scrivania un biglietto di auguri natalizi ancora intatto. «Se è stato lei a mandarmelo, glielo rendo.»

Fuori, Jackie Allen mi abbracciò sulle scale mentre la stampa aspettava di cogliere la mia uscita. Fu un gesto di solidarietà. In seguito anche lei, Jane Harris e Jo Greenstead se ne sarebbero andate: la Fondazione perdeva altre tre voci appassionate.

«Come si sente, Paul?» mi gridò uno dei reporter.

«Molto triste.»

«Porterà avanti il lavoro della principessa?»

«Farò del mio meglio.» Quindi salii sull'auto in attesa e mi allontanai. Lady Sarah si era liberata di un maggiordomo intrigante. Ma quello non era destinato a essere il mio confronto finale con la sorella della principessa.

Ci saremmo scontrati ancora una volta. Quattro anni dopo, nell'aula numero 1 del tribunale dell'Old Bailey, davanti alla Corte Criminale di Londra.

Il capodanno del 1999 mi telefonò a casa Clive Goodman, del «News of the World». «Ho sentito dire che un paio di orecchini che appartenevano alla principessa sono spariti. Ha qualche commento al riguardo?»

«Posso chiederle da chi ha avuto questa informazione?»

«Sa bene che non posso dirglielo, Paul, ma è inutile dire che la fonte è altamente attendibile» disse Clive.

Naturale che fossi preoccupato. David Thomas, il gioielliere della Corona, lady Sarah McCorquodale e io avevamo spedito con ogni cura tutti i gioielli della principessa ad Althorp. Aveva catalogato io stesso gli orecchini e li avevo visti partire.

Chiamai l'addetto stampa della Fondazione, Vanessa Corringham, per riferirle la conversazione che avevo avuto con Clive Goodman.

In una lettera datata 2 gennaio 1999 ai miei amici del Kentucky, Shirley e Claude Wright, scrivevo: «*Mi è venuto il sospetto che qualcuno cerchi di danneggiare la mia reputazione, specie dopo che i giornali hanno parlato bene di me quando sono uscito dalla Fondazione e la mia immagine è cresciuta. Qualcuno vuole gettare del fango sul mio nome o sono io che sto diventando paranoico?»*

All'età di quarantadue anni, mi trovavo alla deriva, non essendo più connesso né a un palazzo né a una principessa. Per la prima volta da quando ero entrato nello staff di Buckingham Palace, nel 1976, mi sentivo in una posizione pericolosa. Decisi di mettere a frutto i miei anni di apprendistato a palazzo. Scrissi un libro di galateo ed etichetta, intitolato *Entertaining with Style* (Ricevere con stile) e scoprii che potevo ancora contare sul mio lavoro. I proventi del libro ci permisero di trasferirci dall'Old Barn di Farndon – che all'epoca valeva 110.000 sterline – a una casa più grande, in stile georgiano, in vendita per 185.000. Sulla scia del libro cominciai a tenere conferenze sui ricevimenti e l'etichetta regale; di tanto in tanto ricevevo un compenso di 3000 sterline, ma la maggior parte delle volte lo facevo gratuitamente, a serate di beneficenza.

Fu proprio questo reddito, derivante dai diritti d'autore e dalle conferenze, che finì per attirare l'attenzione di Scotland Yard. Dalle dichiarazioni della mia banca, i conti non tornavano. Due più due faceva cinque.

Qualcuno aveva sollevato il batacchio d'ottone e lo picchiava contro la porta d'ingresso. Fuori era ancora buio. Maria era già alzata e stava preparando la colazione al piano di sotto. Mi rotolai sul letto e l'orologio sul comodino mi disse che erano quasi le sette. Era giovedì 18 gennaio 2001 e quella che era arrivata era la squadra investigativa speciale di Scotland Yard – nota come SO6.

«Tesoro!» mi chiamò Maria dalle scale. «Ci sono delle persone che vogliono parlare con te.»

Mi avvolsi nella vestaglia bianca, lasciai la nostra camera da letto al primo piano e scesi le due mezze rampe di scale ripide e strette. In fondo vidi Maria, ancora in camicia da notte blu. Stava tremando da capo a piedi.

«È la polizia» disse solo con le labbra.

Bruciai gli ultimi scalini, oltrepassai la cucina, imboccai la porta successiva e raggiunsi lo stretto corridoio con le pareti color pesca piene di foto di gruppo dello staff reale durante i viaggi che avevo fatto al seguito della regina o del Principe e della Principessa di Galles. Due individui eleganti, dall'aspetto severo, mi salutarono: una donna avvenente dai capelli biondi, l'ispettore capo Maxine de Brunner, e un uomo alto e disinvolto con folti capelli scuri, il sergente detective Roger Milburn. Un tesserino d'identificazione spiccò da un portafoglio in pelle. «Lei è in arresto perché sospettato di aver rubato la riproduzione in oro di una barca. È suo diritto non dire niente, ma potrebbe nuocere alla sua difesa se tace, quando interrogato, particolari che rivelerà più tardi in tribunale. Tutto quello che dirà potrà essere usato come prova contro di lei» dichiarò il sergente Milburn.

Erano venuti ad arrestarmi in conseguenza di un'inchiesta avviata l'anno prima, riguardante il furto e la vendita di un gioiello raffigurante una barca a vela araba lunga circa mezzo metro e tempestata di pietre preziose, del valore di 500.000 sterline. Un dono di nozze del Principe e della Principessa di Galles da parte dell'emiro del Bahrain. Era stata trovata in vendita in un negozio di antiquariato chiamato Spink, a Londra. La polizia aveva avuto una soffiata secondo la quale ero stato io a disporre della vendita e questa storia li aveva condotti da me. Fu l'inizio di un incubo personale per me e per la mia famiglia e mise in moto un processo che sarebbe stato ricordato negli annali della storia legale e politica d'Inghilterra, tanto fu imbarazzante.

Appoggiato al bracciolo del divano, potevo sentire il profumo delle salsicce che Maria stava cuocendo in cucina. I ragazzi dormivano ancora al piano di sopra. Belle, il nostro terrier del West Higland, entrò in casa e cominciò ad annusare le scarpe dei due poliziotti.

Conservavo qualcosa in casa che era stato rimosso da Kensington Palace? Sapevo dove si trovava attualmente la barca d'oro? Mi chiesero.

Poi il sergente Milburn mi fece due domande singolari: «Ha un manoscritto delle memorie che sta scrivendo?».

Se ci fu un momento in cui capii che la polizia stava brancolando nel buio, fu proprio questo. Un tale manoscritto non esisteva. Ho iniziato a scrivere questo libro solo nell'aprile del 2003, e questo libro è il risultato dell'arresto, una risposta alla confusione e ai dubbi che Scotland Yard sollevò sulla vera natura della mia intimità con la principessa. Ma nel gennaio del 2001 non avevo idea di che «manoscritto» stessero parlando.

Poi venne fuori. «Lady Sarah McCorquodale dice che voi avete un cofanetto che apparteneva a Diana, Principessa di Galles. Desidera che le sia restituito il contenuto di tale cofanetto.»

Le domande si susseguirono: «Ha prelevato il cofanetto da Kensington Palace?».

Come?, pensai. Lady Sarah McCorquodale era stata l'ultima persona ad averlo. Sapevo esattamente a cosa si riferivano: lo scrigno di mogano che la principessa teneva in soggiorno per custodirvi le carte e i documenti più importanti. Lo scrigno che lady Sarah e io avevamo aperto insieme a Kensington Palace dopo la sua morte. Lo scrigno che, per quanto ne sapevo, era ancora in suo possesso.

Il mio manoscritto. I segreti della principessa. Ecco cos'era venuta a cercare Scotland Yard, insieme alla «documentazione relativa alla vendita della barca d'oro»: tutte cose che non trovarono in casa mia.

Maria andò in cucina, seguita dall'ispettore de Brunner. Il sergente Milburn rimase con me. «Se ci consegna quello che cerchiamo, ce ne andremo. Altrimenti dovremo perquisire la casa» mi disse.

In cucina, l'ispettore de Brunner stava dicendo la stessa cosa a Maria. «Le consiglio, signora Burrell, di parlare con suo marito e convincerlo a consegnarci quello che stiamo cercando.»

Al processo all'Old Bailey del 2002, entrambi negarono di aver fatto una simile affermazione. «È assolutamente erroneo» dichiarò Milburn. «Decisamente falso» sostenne de Brunner.

Altri tre detective, che erano rimasti in un'auto parcheggiata fuori, entrarono in casa per condurre una minuziosa perquisizione dopo che io avevo insistito di non possedere alcuna documentazione relativa alla vendita della barca d'oro, nessuno scrigno e nessun manoscritto. Frugarono in ogni credenza, in ogni cassetto, negli armadi, negli stipi e tra gli scaffali. Uno degli agenti venne incaricato di tenermi d'occhio ovunque andassi: rimase fuori dal bagno mentre facevo la doccia, di guardia alla camera da letto mentre mi vestivo. Un agente frugò ogni cosa, stanza per stanza: pianterreno, primo piano, secondo piano, solaio. Dozzine di capienti borse in polietilene vennero riempite con doni non richiesti da Kensington Palace: ricordi affettivi che mi aveva dato la principessa, regali che aveva preso per noi, vestiti, scarpe, cappelli e borse che aveva passato a Maria, fotografie, oggetti che mi aveva dato in custodia e altri di cui voleva liberarsi ma che io non avevo avuto il coraggio di gettare. I preziosi ricordi e i beni vennero impacchettati come prove, etichettati come oggetti che Paul Burrell aveva rubato a Diana, Principessa di Galles, al momento della sua morte.

Non era la prima volta che perdevo il controllo di un mondo che avrei dovuto proteggere. La Fondazione mi aveva messo a tacere e forse non aveva voluto attribuire alcun significato particolare ai miei rapporti con la principessa. Ma ora Scotland Yard stava mettendo in discussione l'unica cosa che per me era sacra: il mio dovere nei confronti della principessa. La Fondazione poteva pensare che ero emotivamente instabile, ma non aveva mai messo in dubbio la mia devozione. Scotland Yard stava rovistando nella mia casa e metteva in dubbio la mia lealtà.

Maria dovette accompagnare sua madre a una visita d'urgenza in ospedale. Mia nipote Louise Cosgrove, che all'epoca mi faceva da segretaria, si presentò al lavoro come al solito, alle nove in punto, e trovò il caos. Maria aveva portato a scuola i ragazzi, dicendo loro che la polizia doveva «fare certi controlli». Non ricordo di averli visti quel mattino. Louise andò al telefono per chiamare uno studio legale. Poco prima delle dieci, arrivò un avvocato, Andrew Shaw. Era un giudice distrettuale e aveva svolto lavoro di studio presso Walker Smith & Way, nel centro di Chester. Il suo sostegno e il suo approccio poco disposto a derogare dal buon senso, poi la sua amicizia, mi aiutarono a sopravvivere quel giorno e i diciotto mesi che seguirono.

Ero in ufficio, alla mia scrivania. Un agente mi teneva d'occhio mentre fissavo come in trance tutto quello che mi circondava: sulla parete alla mia sinistra, una foto della principessa che indossava il suo cappellino da baseball «492»; un single di Tina Turner con *Simply the Best* firmato «Diana» – un regalo della principessa per il quarantesimo compleanno di Maria; alla mia destra, sulla scrivania, un ritratto che le aveva fatto lord Snowdon con un abito di perline rosa. Udivo solo i passi al piano di sopra e il fruscio delle borse che venivano portate giù dalle scale. Era come assistere a un furto in casa mia.

I detective erano andati al piano di sopra in cerca di tracce della barca d'oro e lì avevano trovato quello che ritenevano un tesoro principesco che nessun servitore dovrebbe possedere: terraglie, soprammobili, cornici per fotografie, vestiti, fotografie, dipinti, CD, borse, cappelli, scarpe, lettere.

Udii una voce dalle scale: «Abbiamo bisogno di altre borse... ALTRE BORSE!»

«Avremo bisogno di un furgone per i mobili!» gridò un altro.

Nel pomeriggio, venni arrestato una seconda volta. «Mr Burrell, lei è in arresto con l'accusa di furto delle proprietà che stiamo trovando nel corso della perquisizione.»

Invece della ricevuta per la vendita di una barca d'oro, avevano trovato una quantità di oggetti che avevano qualche legame con la principessa. Perché mai lo trovassero sorprendente era un fatto che mi sfuggiva. Dall'età di diciotto anni, avevo sempre vissuto in palazzi e castelli dove il personale coscienzioso riceveva suppellettili scartate, regali generosi, vestiti smessi. Ma Scotland Yard sembrava non esserne al corrente. Per loro era una scoperta eccezionale. Un domestico con le mani nel sacco, pensavano. E pensare che erano venuti a cercare solo i documenti relativi alla vendita di una barca.

Quella perquisizione fortuita proseguì dalle sette del mattino alle otto di sera. La casa era sottosopra.

Trovarono anche la scrivania che la principessa aveva regalato ad Alexander e videro la targa che vi era impressa: «Dono della città di Aberdeen a Sua Altezza Reale il Principe di Galles e a lady Diana Spencer in occasione delle loro nozze, 29 luglio 1981». L'avrà sicuramente rubata, pensarono.

Trovarono una frusta di Indiana Jones che la principessa mi aveva dato sapendo che avevo una passione per i cimeli del cinema. Quindi lessero la documentazione allegata: «Donata a Sua Altezza Reale il Principe di Galles alla prima di *Indiana Jones all'ultima crociata*, 27 luglio 1989.» L'avrà sicuramente rubata, pensarono.

Trovarono la bibbia che avevo letto alla principessa durante la veglia funebre a Kensington Palace e pensarono che l'avessi rubata. Gli equivoci erano infiniti e la polizia ebbe una giornata campale a confiscare e impacchettare più di cento oggetti.

Sedevo piangendo alla mia scrivania, in preda al panico. Avevo assistito alla disintegrazione del mio mondo ed era stato lacerante. In un attimo compresi – anche se nessun altro lo fece – dove avrebbe condotto tutto questo. A quel punto, potevo vedere la strada che si apriva davanti a me.

«Che cosa stanno facendo? Non sanno quello che fanno» gridai a Louise.

Andrew Shaw venne a parlarmi. Disse che avevo un'aria sperduta ed era così preoccupato per le mie condizioni mentali che mandò a chiamare il medico della polizia. Questi arrivò, constatò la mia disperazione ma disse che «ero idoneo al carcere». Tutto quello che riuscivo a pensare era che i detective al piano di sopra non avevano idea di quello a cui avevano aperto la strada. C'erano segreti in quella casa che nessuno dovrebbe conoscere. La privacy della principessa veniva violata in quella razzia che non avevo alcun potere di fermare. Mucchi di lettere che lei non aveva voluto conservare a Kensington Palace vennero esaminate; scatole sigillate che avevo portato via dal palazzo per custodirle al sicuro a Farndon vennero forzate. Strisce di negativi vennero portati via per essere stampati e analizzati. La polizia stava rovistando tra gli oggetti più personali del Boss ed era qualcosa di osceno. Ai miei occhi, l'avevo tradita nel momento in cui avevo aperto la porta. Non mi ero mai sentito così impotente. Così male.

Se la polizia era cieca alle conseguenze delle proprie azioni, io non ci avevo mai visto tanto chiaro: la principessa, il principe Carlo, William, Harry... la regina. Il mondo che io avevo protetto veniva trascinato in strada dove inevitabilmente sarebbe stato esposto agli occhi di tutti: la polizia avrebbe fatto in modo che il mio arresto e la carrellata di oggetti che avevano esaminato ricevessero il massimo di risonanza da parte dei media.

La mia devozione alla principessa non veniva soltanto messa in discussione nel corso di quell'inchiesta «discreta». Fu sbandierata davanti alla nazione, messa in dubbio e infine analizzata. Tutto quello che avevo rappresentato stava per essere trascinato in un'umiliante pubblica arena.

«IL MAGGIORDOMO DI LADY D. ARRESTATO» strillava il giorno dopo il «Daily Mirror», con una fotografia che mi riprendeva mentre venivo portato alla stazione di polizia di Runcorn. L'umiliazione era completa.

«Lei è consapevole delle accuse che le sono rivolte, Mr Burrell» mi chiese il sergente di guardia alla cella di detenzione alla stazione di polizia di Runcon.

In quella stanza spoglia, non dissimile da una cantina di Buckingham Palace, non capivo un bel niente mentre vuotavo le tasche sul banco.

«Vuole darmi anche la cintura, Mr Burrell, i lacci delle stringhe e la cravatta?» aggiunse il sergente. Niente che potesse essere usato come corda venne lasciato in mio possesso. «È la procedura, Mr Burrell.»

Un'agente di custodia, una donna con corti capelli biondi e irti, mi prese per un braccio. «Non si preoccupi. Mi prenderò io cura di lei» disse con uno spiccato accento di Liverpool. Mi condusse lungo un corridoio piastrellato, fino alle celle. Il volto di Kate Murphy fu il più gentile e amichevole che avessi visto in tutto il giorno, dopo tante ore di trattamento brutale da parte di Scotland Yard.

Andrew Shaw veniva dietro di me e tre paia di tacchi echeggiavano nel corridoio. Tutt'intorno a noi, potevamo sentire gli occupanti delle altre celle che gridavano, si lamentavano e percuotevano rumorosamente le sbarre. Il movimento li aveva eccitati. L'agente si fermò davanti a una pesante porta d'acciaio. Non potevo credere a quello che stava succedendo mentre l'apriva e mi faceva entrare. Era una stanza anonima. Con pareti di pietra spoglie, dipinte in color crema, e una finestrella quadrata. In un angolo c'era una toilette in acciaio inossidabile. «Temo che non potremo offrirle una cucina a cinque stelle. Il cibo viene cotto nel microonde, ma le consiglio il curry» disse l'agente con un sorriso rassicurante.

Dopo che il mio avvocato se ne fu andato, raccomandandomi di essere forte, mangiai del curry da un contenitore di plastica, con posate di plastica. Era il mio primo pasto in tutta la giornata.

Cercai di dormire ma era difficile trovare una posizione confortevole in un letto che non era nient'altro che uno scalino di pietra. Non c'erano cuscino né coperte. Il «materasso» era come quei materassini di gomma che si usano in palestra.

Il mattino dopo tornò il sergente Roger Mirburn. Seguendo le istruzioni di Andrew Shaw, non risposi nulla alla sua raffica di domande. Di nuovo, la sua curiosità sembrava focalizzarsi maggiormente sul contenuto di un cofanetto: documenti riservati e un manoscritto. Era come se i quattrocento oggetti portati via dalla mia casa fossero solo un particolare di secondaria importanza. Per cinque ore, sedetti chiedendomi che cosa diavolo stesse succedendo. Ogni volta che mi faceva una domanda, rispondevo: «No comment».

Doveva trattarsi certamente di un errore. Di certo, quando la famiglia reale fosse venuta a conoscenza di quello che era successo, quell'assurdità sarebbe finita. Quando venni rilasciato su cauzione, in attesa di ulteriori indagini, credevo onestamente che qualcuno da qualche parte del sistema – Scotland Yard, Buckingham Palace, Kensington Palace, St James Palace, la regina, il principe Carlo, il principe William... qualcuno insomma – si rendesse conto che c'era stato un malinteso. Doni di provenienza regale si trovavano in centinaia di case dei domestici in tutto il paese: simboli affettivi del tempo speso a lavorare per qualcuno della famiglia reale. I regali erano un benefit non scritto dell'impiego, fin dai tempi di Giorgio V. Tutti lo sapevano, a palazzo. Tutta la famiglia reale lo sapeva.

Ma quel silenzio era assordante.

16.

Cappa e spada

«Paul, il figlio maggiore vorrebbe vederti» disse la voce all'altro capo del telefono cellulare. Era un nome in codice usato per discrezione tra il personale per indicare il principe Carlo. Il «figlio preferito» era il principe Andrea e il «figlio minore» il principe Edoardo.

Nelle settimane e nei mesi che seguirono il mio arresto il bisogno di discrezione era eccezionale. Venti linee telefoniche di miei parenti e amici erano intercettate, come in seguito sarebbe stato dimostrato ufficialmente. Su una linea controllata era prudente non fare nomi e tenere le conversazioni sul vago.

Dopo mesi di attesa in cui mi chiedevo perché la famiglia reale avesse deciso di tenermi alla larga, ricevetti la chiamata alla mia casa di Farndon il 2 agosto 2001. La voce raffinata che chiamava da Londra era quella di un intermediario di fiducia che aveva discusso con il più influente consigliere del principe Carlo a St James's Palace. Erano mesi che le cose erano in movimento. L'intermediario agiva per conto mio e del palazzo, due parti che condividevano una forte preoccupazione per le implicazioni di un processo di alto profilo e potenzialmente pericoloso.

Non volevo rivelare a Scotland Yard delle questioni private riguardanti la famiglia reale. Avevo cercato in ogni modo di avere la possibilità di parlare in privato e in via confidenziale con il principe Carlo. Di fargli capire. Di fargli sapere della follia che stava accadendo. Di assicurarmi che lui, William e Harry sapessero del terribile errore che veniva perpetrato.

Una telefonata di istruzioni mi aveva dato qualche speranza.

Finalmente stava per succedere qualcosa, e sarebbe successo con un preavviso di ventiquattrore.

Mi limitai ad ascoltare. «È stato autorizzato un incontro. Lei dovrebbe andare in auto nel Gloucestershire. Le verranno date ulteriori istruzioni una volta giunto sul posto. L'incontro non avverrà alla casa di campagna, ma a casa di qualcun altro. Il figlio maggiore la incontrerà là. Desidera sistemare questa faccenda una volta per tutte.»

Dopo tanti mesi di autocommiserazione, venni preso dall'euforia. Quando il principe Carlo avesse sentito ciò che avevo da dirgli, avrebbe capito che ero innocente. Lo avrebbe *capito* e basta. Per tutta una primavera e un'estate ero stato intrappolato in uno di quegli incubi in cui urli perché qualcuno ti senta ma non emetti alcun suono. Ora l'uomo che era stato il mio datore di lavoro, il padre dei ragazzi che avevo visto crescere, avrebbe fatto ciò che nessuno di Casa Windsor faceva dal mese di gennaio. Ascoltarmi.

Ci erano voluti diversi mesi per giungere a quel risultato.

La famiglia Windsor mi aveva contattato indirettamente per la prima volta due settimane dopo il mio arresto. I giornalisti accampati fuori da casa mia se n'erano andati e io ero a Farndon quando l'intermediario di fiducia fece la prima telefonata dopo avere iniziato a discutere con i consiglieri del principe Carlo. In quel periodo io stavo ancora cercando di accettare l'enormità di quanto era accaduto. Mi disse: «Il punto di vista che mi è stato comunicato è che a suo parere il personale della sua ex moglie sia in questo momento perseguitato. Lei occupa ancora un posto speciale negli affetti dei suoi figli. Vi è forte preoccupazione nella sua famiglia. È stato suggerito che lei gli scriva una lettera in cui spieghi perché tali oggetti si trovavano in casa sua. Potrebbe essere un primo passo verso una soluzione di tutta la questione.»

Era l'ultima settimana del mese di gennaio 2001. La data è importante perché nell'inchiesta che sir Michael Peat condusse a posteriori sulla condotta del personale del Principe di Galles in rapporto al mio processo, si deduceva con chiarezza che ero stato *io* a contattare in ogni occasione St James's Palace, che avevo avanzato io ogni richiesta in un cinico tentativo di gettare le fondamenta per una difesa futura. Di fatto, in assenza di ulteriori dettagli, si suggeriva che quei contatti non iniziarono fino all'aprile 2002.

Ma la verità è che fu il mio telefono a squillare per primo, e non il contrario. Fu il mio intermediario che, dopo una delle molte discussioni sul caso, mi fece giungere l'invito a scrivere una lettera. Quella richiesta giungeva dal vice segretario personale del principe Mark Bolland, un astuto assistente la cui lealtà al proprio datore di lavoro era forte quanto la mia alla principessa. Tanto lui quanto il segretario privato del principe, sir Stephen Lamport, erano perfettamente aggiornati sull'indagine della polizia ed erano ben consapevoli del potenziale incubo in termini di relazioni pubbliche di un processo di alto profilo. Ma l'insinuazione che fossi stato io a contattarli per primo è falsa. La verità è che fu una *sua* idea che io scrivessi al principe Carlo, come pure che scrivessi allo stesso modo anche al principe William.

Il signor Bolland informò Fiona Shackleton, la legale del principe, di essere in contatto indiretto con me, ma le disse che non poteva divulgare l'identità dell'intermediario tra le parti. Il principe Carlo – e in quei giorni era perfettamente chiaro – non aveva alcun desiderio di affrontare un processo. Io avevo qualche speranza che avrebbe riconosciuto la mia innocenza. Ma avevo anche un dilemma.

Le costrizioni del procedimento legale – ero stato messo in libertà provvisoria dalla polizia – mi avevano tolto la libertà di esprimermi apertamente nella lettera che avrei dovuto scrivere. Una spiegazione piena e sincera avrebbe costituito un elemento di difesa in tribunale, per cui tutta la corrispondenza doveva essere scritta con grande attenzione. Mi sedetti nell'ufficio di Chester dell'avvocato Andrew Shaw e scrivemmo insieme una lettera che sottolineava come le mie intenzioni fossero state onorevoli e la mia lealtà non dovesse essere messa in dubbio. Avrei voluto dirlo schiettamente, ma ne uscì invece una lettera accuratamente vergata in linguaggio legale. Il 5 febbraio fu messa nelle mani dell'intermediario, che in seguito la consegnò personalmente al signor Bolland. La mia lettera era arrivata a St James's Palace.

All'epoca pensai che fosse la lettera più importante che avrei mai scritto e che mi avrebbe salvato da un incubo insensato. Leggendola, il principe Carlo avrebbe certamente capito.

> Vostra Altezza Reale,
> Vi sono estremamente grato della possibilità di comunicarvi i miei pensieri riguardanti la recente situazione. (...) Sono stato messo in libertà condizionata e dovrò tornare a rispondere a ulteriori domande il 27 febbraio.
> Come sapete, io, Maria e i miei figli siamo stati trattati con enorme generosità dalla famiglia reale durante i nostri anni di servizio. In particolare abbiamo ricevuto dei doni dalla principessa e a me sono state affidate delle confidenze sia verbali sia scritte. La polizia ha portato via da casa mia molti doni e oggetti di valore affettivo datimi da membri della famiglia reale. Ma soprattutto mi ha sottratto del materiale che mi era stato affidato. Vi è anche una serie di oggetti «di famiglia» che avevo molto semplicemente immagazzinato in un deposito e recentemente trasferito nella mia soffitta per salvaguardarli. (...) Sinora non mi è ancora stata imputata alcuna accusa.
> È terribile essere accusato personalmente e pubblicamente di condotta disonesta e non posso sopportare il pensiero che voi, il principe William e il principe Harry possiate pensare che io abbia ingannato in alcun modo voi o la principessa. Tutto ciò che ho inteso fare è stato «prendermi cura» di quello che consideravo «il mio mondo».
> Forse un incontro aiuterebbe a risolvere ogni malinteso e a porre fine a questo triste episodio che sta sfuggendo a ogni controllo.
> Resto il servitore umile e obbediente di Vostra Altezza Reale,
>
> Paul

L'appello cadde nel vuoto, come tutti i miei appelli al buon senso dei mesi successivi.

Il mio intermediario mi telefonò per darmi notizie che mi sprofondarono nella depressione. «Non gli dice nulla. Non dà abbastanza spiegazioni. Temo che la lettera non verrà inoltrata.»

Mark Bolland aveva richiesto di essere illuminato. Aveva ricevuto invece una dichiarazione d'innocenza. La lettera mi venne restituita con la busta aperta. Era arrivata a St James's Palace ma, mi dissero, non era stata letta dal principe Carlo.

Fu un'opportunità persa, perché quando alla fine il mio processo fu smantellato, l'accusa disse che io non avevo mai detto a nessuno della mia intenzione di tenere con me degli oggetti di Kensington Palace per «salvaguardarli».

Ma non avrebbero potuto essere più in errore. L'avevo detto alla regina quando l'avevo incontrata nel 1997. L'avevo detto all'erede al trono in quella lettera del 5 febbraio 2001. In aprile avrei mandato una lettera al principe William, il secondo in linea per il trono, e quest'ultima missiva fu certamente vista da occhi reali. Non avrei potuto essere più chiaro, né avrei potuto rivolgermi a tre persone più potenti. Ma nessuno mi ascoltò. Di fatto nessuno *mi avrebbe ascoltato* finché la mia vita, la mia salute e la mia sanità mentale non fossero state portate fino al limite estremo.

Il 3 aprile sir Stephen Lamport, Fiona Shackleton e sir Robin Janvrin, il segretario privato della regina, si incontrarono a St James's Palace con gli Spencer, Scotland Yard e il Pubblico Ministero della Corona. Uno dei suoi funzionari chiarì che, se fossi stato giudicato colpevole, sarei finito in carcere per almeno cinque anni. «Un'aggravante sarebbe una grave infrazione di fiducia» venne detto nel corso della riunione. Vi fu un altro appunto interessante che venne preso quel giorno: dato che gli oggetti rinvenuti in casa mia non erano di proprietà del principe Carlo, la decisione finale di un'imputazione spettava agli esecutori testamentari della principessa. Gli Spencer erano saliti sul treno espresso di Scotland Yard e non vi era alcuna possibilità che si mettessero ora a tirare i freni.

Non sembrava rilevante il fatto che lady Sarah McCorquodale e la signora Frances Shand Kydd non fossero a conoscenza dello stile di vita e della generosità della principessa. Tutto ciò che importava era la loro visione ottusa: Paul Burrell non avrebbe dovuto avere altro che un paio di gemelli e una foto incorniciata. *Doveva* essere processato. Avendo gli esecutori testamentari dalla propria parte, la polizia pensava di avere per le mani un processo blindato. La *vera* famiglia della principessa, le persone che le erano più vicine di sua madre e sua sorella, avrebbero potuto illuminarli perché, a differenza degli Spencer, quegli amici conoscevano bene la principessa:

Lucia Flecha de Lima, figura materna della principessa: «La principessa mi disse di avere affidato della corrispondenza privata a Paul».

Debbie Franks, astrologa della principessa fino al 1989: «Diana considerava Paul uno di famiglia».

Rosa Monckton, quasi una sorella per la principessa: «La principessa faceva spesso dei regali. (...) Sarebbe stata persa senza Paul».

Lady Annabel Goldsmith: «Diana disse che Paul era la sua roccia. (...) Gli parlava come avrebbe fatto con un'amica».

Susie Kassem: «Paul era la terza persona di cui lei si fidava di più dopo William e Harry».

Lana Marks: «Diana mi disse di avere regalato a Maria abiti e accessori».

Avrebbero potuto chiederlo anche al calzolaio Eric Cook: «Paul e Diana erano più come fratello e sorella che un dipendente e la sua datrice di lavoro».

Ma Scotland Yard non fece nulla e ascoltò gli Spencer che, all'epoca della morte della principessa, non sapevano neppure chi fossero i suoi migliori amici. Gli investigatori ignorarono la necessità di giungere al cuore della questione passando per le amicizie più intime della principessa, quando la prima regola d'oro nella vita è proprio «conosci il tuo soggetto». Gli agenti dell'SO6 non sapevano nulla di Diana, Principessa di Galles, in un caso in cui tutto girava attorno al suo mondo.

Nelle prime due settimane di aprile Mark Bolland diede un

altro consiglio all'intermediario: avrei dovuto scrivere una lettera al principe William. Il giovane principe era in viaggio per il suo anno sabbatico ma una lettera inviata a St James's Palace avrebbe potuto essergli inoltrata confidenzialmente via fax. Il 19 aprile gli scrissi queste parole:

> Avrei tanto desiderato parlare con voi in confidenza negli ultimi mesi. Vi sono molte cose da spiegare. Oggetti che mi sono stati sottratti, molti dei quali mi furono dati perché li salvaguardassi, dovrebbero esservi restituiti. So che voi siete ben consapevole che non avrei mai tradito la fiducia che vostra madre mi accordava e che resto la persona che avete sempre conosciuto.
>
> Paul

Con quella lettera chiarivo ancora una volta il mio ruolo di custode degli oggetti incriminati. Mi stupisce quindi che il procedimento di accusa nei miei confronti sia stato avviato nell'ottobre 2002 – secondo le parole dell'avvocato William Boyce QC (Queen's Counselor) – sulla base del fatto che «Mr Burrell non aveva mai detto ad alcuno che stava conservando degli oggetti per custodirli al sicuro». Ma il Pubblico Ministero della Corona, la stessa istituzione che il signor Boyce rappresentava, aveva visto la mia lettera al principe William diciotto mesi prima del processo. Uno dei suoi legali, come chiarì l'inchiesta di sir Michael Peat, «*disse che la lettera mostrava (...) come Burrell cercasse di gettare le fondamenta per una difesa (...) e che questa lettera avrebbe forse dovuto essere esibita come prova*».

Il Pubblico Ministero aveva chiaramente letto la lettera, ma al momento del processo avrebbero dichiarato di non averla mai vista.

La cosa più importante per me fu venire a sapere che il principe William l'aveva letta. «La lettera è stata consegnata. Questa volta è stata efficace» mi disse al telefono il mio intermediario. Quella lettera sarebbe stata letta anche dal principe Carlo. Come disse il suo avvocato Fiona Shackleton in un incontro del 30 aprile: «*Mark Bolland gli fece scrivere quella lettera. (...) Noi* sapevamo che sarebbe arrivata, qualcuno lo disse al principe Carlo».

In quella stessa riunione, a cui partecipavano il Pubblico Ministero, Scotland Yard e lady Sarah McCorquodale, sorse la domanda cruciale, alla luce della lettera che avevo scritto: il principe William avrebbe sostenuto l'accusa? Quando lady Sarah disse di essere lei ad avere l'ultima parola, Fiona Shakleton «*disse che non voleva che il principe William uscisse dall'intesa con gli esecutori testamentari, aggiungendo che doveva essere tutto o nulla*».

Il principe Carlo ebbe più volte l'opportunità di garantire per me e di confermare il mio ruolo di custode dei beni della principessa. Decise di non farlo.

A propria difesa disse di avere chiarito che avrebbe «*preferito che l'accusa non venisse portata in tribunale*». Sembrava pensare fosse sufficiente dire ai rapinatori di andarsene mentre guardava il suo ex maggiordomo picchiato a sangue per strada.

Come avrebbe chiarito l'inchiesta post-processuale avviata dal suo stesso palazzo, se si fosse trattato di un membro del *suo* personale le cose sarebbero andate diversamente. Il sergente Milburn scrisse che «*Sir Stephen Lamport ha dichiarato che il personale del Principe di Galles avrebbe sostenuto un'accusa che non riguardasse un suo membro: se ne deduceva che sarebbero stati molto meno entusiasti se fosse stato accusato un membro del personale*».

Se nei circoli reali sembravo essere rimasto privo di amici, in termini professionali ero diventato un paria. Il telefono era diventato improvvisamente muto. Sin dalla pubblicazione di *Entertaining with Style* non aveva mai smesso di suonare, ma ora nessuno voleva ascoltare le conferenze di un maggiordomo accusato del peggiore dei tradimenti. Nessuno voleva darmi lavoro, nemmeno le organizzazioni benefiche che mi avevano chiesto di tenere gratuitamente dei discorsi dopo le loro cene. Solo una società non mi voltò le spalle: la Canard. Era buffo che la società di cui mia madre aveva gettato nel camino un'offerta di lavoro nel 1976 ora fosse la sola a restarmi accanto continuando a darmi lavoro nel circuito delle conferenze sui viaggi transatlantici della *QE2*.

Ma la cosa non addolcì il contraccolpo che dovetti subire. Altre società che mi avevano assunto per i miei servizi decisero di lavarsi le mani di me dopo l'arresto. Il «Daily Mail» mi tolse la mia rubrica di gestione della casa nel supplemento del mercoledì. Non volevano più i miei consigli su come diventare un ospite, un invitato o un cuoco perfetto. Poi il gigante dei prodotti per la casa Procter and Gamble decise che ero un disastro in termini di relazioni pubbliche. Avevo firmato un remunerativo contratto per alcune pubblicità televisive in cui avrei promosso i loro rotoli di carta da cucina Bounty. Era stato realizzato un servizio fotografico promozionale in una casa privata di Londra e presto avremmo dovuto iniziare a girare. Ma i dirigenti dell'azienda non vedevano l'ora di cancellare la macchia Burrell dall'immagine della società. A quanto pareva, il mio arresto aveva «rovinato la loro reputazione» e io venni liquidato con 20.000 sterline, solo una parte di ciò che mi avrebbero dovuto. Questa cifra, insieme ai nostri risparmi, sarebbe bastata a mantenerci fino alla fine dell'anno.

Dio solo sa quanto denaro spesi a ingollare bottiglie di Merlot e di Chianti in un periodo in cui avremmo dovuto tagliare tutte le spese. Maria aveva generosamente rinunciato a ogni lusso e rifiutava addirittura di acquistare i suoi cosmetici. Poi trovò un'amica che l'avrebbe pagata a ore per pulire casa sua e tornò a mettere in pratica le capacità acquisite a palazzo reale. Ogni giorno che passava io cadevo in uno stato di depressione sempre più profondo: restavo a letto fino alle undici passate, poi mi sedevo alla mia scrivania dove non facevo altro che pensare, dopodiché passavo in salotto e scolavo tre bottiglie di vino a sera solo per riuscire ad addormentarmi.

Mi svegliavo alle quattro, sedevo sul bordo del letto e sbirciavo attraverso le tendine per vedere se c'erano veicoli sospetti in strada. Mi svegliai sudato e tremante più volte di quante non voglia ricordare. Fui convinto, per quasi due anni, che Scotland Yard sarebbe tornata a farmi visita. Ancora oggi, quando un postino suona alla porta per consegnare un pacco, la mia mente torna immediatamente al 18 gennaio 2001.

Non facevo altro che sguazzare nell'autocommiserazione. Devo ringraziare Dio per la forza di mia moglie. La forza, il sostegno e i sacrifici di Maria non mi sono mai mancati: quando ci trasferimmo, contro la sua stessa volontà, da Highgrove a Kensington Palace; nelle frequenti occasioni in cui mi «perse» a favore della principessa; gli anni in cui aveva cresciuto i nostri ragazzi da sola mentre io facevo il mio dovere; il periodo in cui vissi lontano da casa per lavorare alla Fondazione. Mi accorsi del suo enorme sostegno solo quando toccai il fondo. Negli anni in cui la principessa si era appoggiata a me, io mi ero sempre retto in piedi grazie a Maria. La principessa mi definiva la sua roccia, ma la sola roccia che vi fu in tutto quel tempo fu proprio Maria. Fu lei a trascinarmi fuori dalla disperazione e a portarmi via più d'una volta quelle bottiglie di vino.

«Ma guardati!» mi diceva. «Smettila di autocommiserarti. Ci sono due ragazzi al piano di sopra che hanno bisogno che tu sia forte. Non possono vederti cadere a pezzi. Hai delle responsabilità anche qui.»

«Ma non ce la faccio!» urlavo io.

Allora Maria prendeva una delle tante fotografie della principessa e mi gridava: «Tu hai scelto *questa* strada. Ora devi continuare a percorrerla. Quindi datti una mossa, come faccio io. Lei ti teneva per le palle quando era viva e ti tiene per le palle ancora adesso!».

Maria voleva guardare al futuro, ma a me invece bastava restarmene nel 1997 con il fantasma del mio capo. Le sue fotografie erano ovunque, in ogni stanza, e questo mi faceva sentire meglio. Anche quattro anni dopo la sua morte la anteponevo ancora alla mia famiglia.

Nell'ottobre 2001 Scotland Yard tornò a colpire e arrestò un altro «sospetto»: mio fratello Graham. Come l'altra volta, fecero un raid all'alba e gli agenti della Squadra Investigativa Speciale perquisirono la casa in lungo e in largo. Graham fu arrestato e portato via per essere interrogato sulla base di una fotografia firmata dalla principessa, due vassoi con lo stemma reale, un dipinto della nave da guerra *Sirius* e una stampa incorniciata di una partita di polo. I dipinti erano regali che il principe Carlo mi aveva fatto e io avevo dato a Graham quando avevo lasciato Highgrove. Avevamo addirittura una foto del 1994 in cui si vedeva quel dipinto della *Sirius* su una parete del cottage. Ma Graham nel 1997 venne trascinato via con l'accusa di ricettazione.

Graham, come me, tentò invano di spiegare agli agenti il mondo della famiglia reale e la gentilezza della principessa. Raccontò loro di quando l'aveva inseguita nel parco di Highgrove durante una battaglia a palloncini d'acqua e di come lei l'avesse chiamato tre volte a casa per consolarlo delle sue difficoltà matrimoniali.

Avrebbe anche potuto dire loro di essere appena atterrato da Marte.

«E cosa ci faceva un ex minatore in compagnia di una principessa?» lo prese in giro uno degli investigatori.

Graham non fu mai incriminato ma l'incubo dell'attesa e del sospetto si protrasse per dieci mesi prima che la polizia capisse di non avere alcuna prova contro di lui. Io fui però condannato come un reietto reale.

Alla fine di maggio mi trovavo a fare la spesa a Chester quando squillò il mio cellulare. «Non indovinerai mai cosa ha portato il postino» strillò Maria. «Un invito... al castello di Windsor!»

Quando rincasai era sul ripiano della cucina: una busta bianca con il sigillo dell'ufficio del gran ciambellano di St James's Palace. All'interno vi era un biglietto d'invito bordato in oro con la scritta «EIIR» in rilievo, anch'essa in oro. Diceva: «*Il gran ciambellano ha ricevuto ordine di invitare MR E MRS PAUL BURRELL a un servizio di ringraziamento presso la St George's Chapel, seguito da un ricevimento al castello di Windsor, per festeggiare l'ottantesimo compleanno di Sua Altezza Reale il Duca di Edimburgo*».

Maria era emozionatissima e io ero felice per lei. Il duca aveva pensato di invitare la sua ex cameriera a quell'evento del 10 giugno. L'invito era evidentemente rivolto a Maria, ma la cortesia era stata estesa anche a me. Non fu solo il riconoscimento della sua considerazione a illuminare la nostra giornata, la nostra settimana, il nostro mese e il nostro anno, ma anche il fatto che eravamo stati invitati quando ormai pensavamo di avere tutti contro. Nessuno saprà mai quanto quell'invito risollevò i nostri animi in un momento in cui io mi trovavo ancora in libertà vigilata. Le lettere al principe Carlo e al principe William non avevano ricevuto alcuna risposta, e questo mi faceva male. Io mi ero aggrappato alla sempre più debole fiducia nel fatto che, se vi era una giustizia, il buon senso avrebbe prevalso e quella follia avrebbe avuto fine. In fondo tutto ciò che avevo fatto era prendermi cura di qualcuno nella vita e nella morte. Era un crimine? Non mi aspettavo che la gente capisse, ma nemmeno che la devozione venisse considerata illegale. Così, quando arrivò quella busta, non ci portò solo un invito elegante, ma anche una ventata di speranza e una mano tesa da parte della regina e del Duca di Edimburgo. Forse sarebbe stato il punto di svolta.

Poi, il 6 giugno, per il mio quarantatreesimo compleanno, squillò il telefono. Una voce militare, piuttosto pomposa e magniloquente, chiese di «parlare con Paul o Maria Burrell». Era il generale di brigata Hunt-Davis, segretario privato del Duca di Edimburgo e nostro ex vicino di casa all'Old Barracks. Arrivò dritto al punto: «Dopo lunghe consultazioni e valutazioni sono giunto alla conclusione che domenica prossima non sarebbe nel suo interesse, Paul, partecipare alla celebrazione dell'ottantesimo compleanno di Sua Altezza Reale il Duca di Edimburgo».

Il mio silenzio incredulo lo incoraggiò a proseguire.

«Abbiamo avuto molte richieste di informazioni circa la sua presenza e, dato che i mezzi di comunicazione saranno presenti, non sarebbe giusto distogliere la loro attenzione da quello che è essenzialmente un giorno dedicato a Sua Altezza Reale. Sono certo che lei capisca che questa decisione è stata presa in modo ponderato e tenendo a mente gli interessi di tutti.»

Ero tanto sconvolto che non riuscii a dire più che qualche parola. O forse fu quella voce pomposa a intimidirmi. Misi giù il telefono dopo un goffo saluto e restai nel salotto del secondo piano a guardare dalla finestra e a ripercorrere nella mia mente la conversazione che avevo appena avuto.

No, pensai, la regina e il Duca di Edimburgo mi avevano invitato. A prescindere dai consigli di questo attendente, sarei andato. Non avevo nulla di cui vergognarmi. Risollevai il telefono e chiamai Buckingham Palace. Dissi al generale di brigata Hunt-Davis: «Ho pensato al suo consiglio e intendo comunque partecipare alle celebrazioni per il compleanno di domenica insieme a Maria, ma desidero ringraziarla per il suo interessamento...».

«Paul» mi interruppe, «lei non ha capito. Il *suo* invito è stato revocato. Lei non è più invitato.»

Ora la rabbia si sostituì allo shock. «E cosa accadrebbe se decidessi di partecipare comunque e portassi con me l'invito?»

«Le impedirebbero di entrare» disse. «E sarebbe molto imbarazzante sia per lei sia per la famiglia reale. Sono certo che non ha alcuna intenzione di metterli in una tale posizione.»

Poi offrì il più incredibile dei contentini immaginabili: «Se però Maria desidera partecipare, naturalmente è ancora invitata».

Gli sbattei in faccia il telefono. Quando lo raccontai a Maria, non so chi dei due fosse più arrabbiato. «Va bene!» disse. «Se è così che vogliono trattarti, che vadano a quel paese.» E questo fu tutto: un'altra ferita da aggiungere alla nostra raccolta.

Capimmo subito che quest'ultima decisione non aveva nulla a che fare con Sua Maestà. Erano stati gli «uomini in grigio» del personale, che agiscono nella convinzione di fare gli interessi della famiglia reale. È una sorta di discrezione che dà a molti di loro l'illusione del potere, l'idea che sono loro a far funzionare tutta la macchina. In seguito scoprii chi stava dietro il ritiro di quell'invito: era il custode della borsa reale, sir Michael Peat, l'uomo che avrebbe condotto l'inchiesta della famiglia reale nel fallimento del mio processo all'Old Bailey. Aveva notato il nome Burrell nella lista degli invitati e aveva discusso la cosa con il generale di brigata.

So per certo anche che la decisione venne presa senza consultare la regina, che quella stessa settimana aveva dichiarato in privato che non vedeva l'ora di incontrare me e Maria. Agli occhi di Sua Maestà chiunque è innocente fino a prova contraria e non vedeva alcuna complicazione nel fatto che i Burrell fossero invitati a una funzione, soprattutto perché a quel punto non mi era stata mossa alcuna imputazione. Ecco un altro frustrante esempio di un sistema pieno di persone che pensano di saperla più lunga della regina. Erano gli stessi burocrati che soffocavano la spontaneità della principessa.

Quando il principe Carlo venne a sapere cosa mi era successo, mi dicono che espresse la propria contrarietà. Disse che il mio nome era sulla lista degli ospiti da almeno quattro settimane senza che nessuno avesse avuto nulla da obiettare: cosa era cambiato nel frattempo? Era sconcertato quanto la madre, ma il personale era riuscito a fare in modo che la mia presenza fosse scongiurata.

Il 24 luglio l'intermediario organizzò un incontro tra me e il vice segretario privato del principe, Mark Bolland. Anche in quell'occasione fu il signor Bolland a prendere l'iniziativa per chiedere se poteva essere organizzato un abboccamento a Londra. Io e l'intermediario prendemmo quindi la metropolitana fino alla stazione di Covent Garden, sulla linea Piccadilly. Svoltammo a sinistra in mezzo alla folla e giungemmo di fronte al Garrick Club. Il signor Bolland ci aspettava accanto a due cabine telefoniche davanti a un ufficio di Channel 5. Ci avviammo insieme lungo St Martin's Lane in direzione di Trafalgar Square.

Mentre ci avvicinavamo all'ingresso del Duke of York's Theatre, il cellulare del signor Bolland iniziò a squillare. Rispose. Era evidente chi vi fosse all'altro capo.

«Sì, Vostra Altezza Reale... Sì, è con me in questo momento... Sì, certamente...»

Era il principe Carlo. Era evidente che sapeva di quell'incontro.

Il vice segretario privato continuò a camminare, parlare e ascoltare attentamente. «Sissignore... e buona fortuna con il primo ministro, signore.»

A quel punto avevamo percorso tutta la strada, avevamo superato il London Coliseum ed eravamo giunti alla porta del pub Corney and Barrow. Erano quasi le tre del pomeriggio.

«Ricordo quando anch'io avevo delle discussioni informali come questa con il Principe di Galles» dissi al signor Bolland, e lui sorrise. Entrammo nel pub, ordinammo qualcosa da bere e ci sedemmo su degli sgabelli intorno a una tavola alta davanti a una finestra. Dovevamo sembrare un terzetto di uomini d'affari che si godevano un drink pomeridiano nel bel mezzo di una giornata frenetica. La nostra fu indubbiamente una formale conversazione d'affari.

Il signor Bolland disse che William e Harry erano sconvolti per quanto era successo e che il principe Carlo «aveva ogni intenzione di risolvere la situazione». Poi aggiunse: «Il Principe di Galles è molto preoccupato per lei. Sente che è stato lasciato solo per troppo tempo. Ma noi abbiamo bisogno di sapere perché lei era in possesso degli oggetti che la polizia ha trovato a casa sua».

Gli dissi ciò che avevo detto al mio avvocato: quegli oggetti erano in parte lì per essere custoditi, in parte erano miei e in parte mi erano stati regalati dalla principessa o dal principe. Aggiunsi: «È un grande errore. Tutto questo non dovrebbe accadere. Sta rovinando me e la mia famiglia e io non capisco perché sono stato arrestato. Se la cosa continuerà, verranno alla luce un sacco di cose. Devo incontrare il Principe di Galles per spiegargli tutto».

Restammo in quel locale per trenta o quaranta minuti. Il signor Bolland parlò tanto quanto me, ed è per questo che trovo strano il fatto che in seguito descrisse l'incontro dicendo «*Paul Burrell mi propinò una storia lacrimevole dicendo che la sua vita era a pezzi*». Se anche la mia storia era davvero tanto lacrimevole, ebbe comunque il suo effetto: il signor Bolland fu infatti accomodante e niente affatto sbrigativo. Mi strinse la mano e se ne andò dopo avere chiarito che avrebbe consigliato al Principe di Galles di incontrarmi la settimana seguente.

Tenendo fede alla parola data, il signor Bolland organizzò un incontro a Tetbury, nei pressi di Highgrove. Il mio intermediario mi chiamò sul cellulare il 2 agosto e mi disse: «Il figlio maggiore ti vuole incontrare». L'appuntamento era per il giorno seguente.

Come avrebbe chiarito l'inchiesta post-processuale di palazzo, il principe Carlo riteneva che «*se Mr Burrell si fosse scusato e avesse confermato (...) la sua precedente lettera al principe William (...) e avesse accettato di restituire tutti gli oggetti e avesse promesso di non rivelare informazioni personali sulla principessa, forse non sarebbe stato necessario che la polizia si occupasse di Mr Burrell*».

Venne deciso di non far sapere di quell'incontro né a Fiona Shackleton né a Scotland Yard.

Mio fratello mi accompagnò in quel viaggio in auto verso sud. Partimmo alle sei del mattino del 3 agosto, armati di un thermos di tè e qualche sandwich. Era una giornata calda e umida in cui sarebbe stato sensato indossare pantaloni corti e maglietta, ma io dovevo avere un aspetto smagliante con il mio migliore completo grigio indossato insieme ai gemelli blu con la D che la principessa mi aveva regalato. Non avevo idea del luogo esatto dell'incontro. Tutto ciò che sapevo era che si sarebbe tenuto dopo che il principe Carlo avesse finito una partita di polo. Aveva richiesto personalmente che non si svolgesse a Highgrove per evitare che passassi attraverso i controlli di sicurezza permanenti. Sembrava che stessimo viaggiando da una vita e avevamo superato il confine di contea del Gloucestershire lungo la M5 quando suonò il cellulare. Doveva essere circa mezzogiorno.

Era la voce dell'intermediario. «È tutto saltato. Lui ha avuto un incidente.»

Con il cuore in tumulto mi fermai alla stazione di servizio successiva. «Ma stai scherzando!?»

Il principe Carlo stava giocando a polo quando era caduto

da cavallo e aveva perso i sensi. Era stato portato all'ospedale e, dopo un viaggio di quasi cinque ore, io dovetti girare l'auto e tornare nel Cheshire. «Be', è finita. Non si fermeranno più, ormai» dissi a Graham. Tutto ciò che riuscii a pensare fu che per qualcuno dovette essere proprio una coincidenza fortunata che una caduta da cavallo avesse impedito quell'incontro.

Nel corso del tempo i miei sospetti si fecero ancora maggiori. La mattina del 3 agosto, *prima* della partita a polo, l'ispettore capo Maxine de Brunner e il comandante John Yates di Scotland Yard erano andati a trovare il principe e William a Highgrove per fare loro rapporto sul caso. In quel rapporto era compresa una grossolana mistificazione dei fatti che spinse il principe Carlo e suo figlio a dubitare della mia innocenza.

L'8 agosto la polizia si mosse per assicurarsi che non potessero più avvenire incontri clandestini tra me e St James's Palace. Il sergente Milburn fece firmare una dichiarazione giurata al signor Bolland, il che ne fece un testimone dell'accusa. Come tale sarebbe stato molto difficile che potesse avere ulteriori contatti con me.

Secondo le conclusioni dell'inchiesta post-processuale di sir Michael Peat, «*la polizia mi disse candidamente che quella dichiarazione era stata (...) uno stratagemma machiavellico. In questo modo intendevano impedire o prevenire ulteriori contatti tra Mr Burrell e Mr Bolland*».

Scotland Yard aveva fuorviato i principi Carlo e William e si era assicurata che tutte le linee di comunicazione venissero tagliate. Avrebbero trascinato il caso in tribunale con le buone o con le cattive e i loro paraocchi li avrebbero tenuti con lo sguardo fisso su quanto avevano sottomano.

Giovedì 16 agosto tornai alla stazione di polizia londinese di West End Central per rispondere ad altre domande. Mi presentai accompagnato dal mio avvocato Andrew Shaw e consegnai una dichiarazione spontanea. In trentanove pagine e ventisei lunghi paragrafi descrivevo l'intimità del rapporto che mi legava alla principessa, spiegando perché determinati oggetti erano in mio possesso e come la Principessa di Galles si fosse affidata a me. Avrebbe dovuto essere il mio ultimo richiamo al buon senso. Tra le righe scritte in sobrio gergo legale, una voce stremata urlava alla polizia di fermarsi, leggere e capire che danni stavano per scatenare.

«Questa è la dichiarazione che desideriamo presentarvi» annunciò Andrew Shaw appoggiando il plico sulla scrivania della stanza degli interrogatori.

Il sergente Milburn lasciò la stanza per leggerla. Dopo un'ora avevano già deciso cosa fare: «Mr Burrell, la accuseremo di furto per tre capi d'accusa».

Ebbi una stretta allo stomaco.

Accusato di avere rubato 315 oggetti di proprietà della scomparsa Diana, Principessa di Galles.

Accusato di avere rubato 6 oggetti di proprietà del principe Carlo.

Accusato di avere rubato 21 oggetti di proprietà del principe William.

Tutte le accuse erano basate sull'idea che – in un qualche momento tra il 1° gennaio 1997 (otto mesi prima della morte della principessa) e il 30 giugno 1998 – io avessi rubato una camionata di oggetti reali da Kensington Palace.

Mentre il sergente Milburn mi leggeva le accuse, c'era qualcosa che non riuscivo a capire. Perché la famiglia reale lasciava che facessero questo? Cosa diavolo stava succedendo? Cosa potevo avere fatto per meritarmi tutto questo? Poi il sergente si sedette davanti a me, dall'altro lato della scrivania, e le sue parole mi colpirono come un martello: «Io penso che tu abbia rubato tutto quanto, e in vent'anni di servizio in polizia è l'abuso di fiducia più colossale che abbia mai visto».

Era però evidente che aveva letto la mia dichiarazione spontanea perché io avevo parlato delle varie relazioni personali che la principessa aveva avuto, senza fare nomi, per dimostrare quanto sapevo e quanto le ero vicino. «Allora, la *tua* relazione con la principessa era esclusivamente professionale?» chiese il sergente Milburn. Sembrava che anche la curiosità della polizia non avesse limiti.

Mentre venivo condotto lungo un corridoio e dentro un'altra stanza, mi voltai verso Andrew Shaw e, cercando di trattenere le lacrime, gli dissi: «Non ci posso credere, non ci posso credere».

Un dottore mi disse di aprire la bocca. Mi sfregarono un bastoncino simile a un lecca-lecca all'interno della guancia per prendere un campione di DNA. In un'altra stanza mi presero le impronte digitali. Poi mi dissero di mettermi in piedi contro un muro per farmi le foto segnaletiche: profilo destro, profilo sinistro, di fronte. Tre flash che catturarono la mia disperazione: mi sentivo al tempo stesso un fenomeno da baraccone e un criminale, la stella tristemente famosa di un peep-show reale che i poliziotti guardavano ridendo.

Il flash della polizia si trasformò in una serie di lampi accecanti quando il giorno dopo si svolse il primo atto di questa farsa messa in scena da Scotland Yard sui gradini del palazzo di giustizia di Bow Street. Mentre una folla scatenata di giornalisti e poliziotti mi spingeva fin dentro l'edificio, tenni il capo chino. Non vidi il pugno che mi colpì alla tempia destra. Sentii solo il dolore della botta all'orecchio. Un curioso era arrivato di corsa dalla strada e mi aveva colpito.

«Non fermarti, Paul» mi disse mio fratello Graham che si dava da fare insieme alla polizia per aprire un varco tra la folla. Capii all'improvviso che alcune persone avevano già deciso che io avevo *veramente* saccheggiato il mondo della principessa e che sarei stato fatto oggetto dell'odio del pubblico. Ma prima venne l'umiliazione. Non puoi fare a meno di sentirti un criminale, a prescindere da quanto tu possa essere innocente, quando sei seduto alla sbarra in tribunale. Non vedevo l'ora che il procedimento formale di quella prima udienza fosse finito. Non c'è niente come un tribunale per farti realizzare immediatamente l'enormità e la realtà di una situazione che fino a quel momento ti è parsa orribilmente surreale. L'innocenza a cui mi ero appigliato sino a quel momento fu sostituita da un terribile senso di vergogna. È questo che ti succede quando ti trovi alla sbarra. Viene investito dalla vergogna e non riesci ad alzare lo sguardo per vedere chi ti sta guardando.

Per assicurarsi che la mia umiliazione fosse completa, l'ufficio stampa della polizia decise di dare il massimo risalto alla mia incriminazione. Solitamente viene rivelato solo un riassunto delle accuse, ovvero i tre capi d'accusa per furto come apparivano sul mandato d'arresto. Ma non in quel caso. La stampa ricevette l'inventario completo e dettagliato dei 342 oggetti che erano stati sequestrati a casa mia: ogni rullino di negativi con la precisa quantità di foto, ogni CD con il nome dell'artista, ogni capo d'abbigliamento o accessorio, con tanto di colore e stile. Cose come «*Oggetto 193: borsetta di pelle nera con maniglie in metallo, contiene ricevuta di Boots, accendino di plastica nera e rossetto blu; Oggetto 3: un macinapepe di metallo bianco; Oggetto 240: testo biblico* (quello usato alla veglia); *Oggetto 245: taccuino con dettagli di vittime di mine*».

Il 30 agosto sir Michael Peat, che aveva ricevuto l'incarico di segretario privato del principe Carlo, si incontrò con la polizia e mise in dubbio le basi dell'accusa. La sua inchiesta post-processuale concludeva: «*La principale preoccupazione di sir Michael era costituita dalle possibili ripercussioni negative di questo processo. (...) Era inoltre preoccupato che l'accusa non avesse prove solide e che vi fosse il rischio di un'assoluzione. Riteneva che le prove della polizia contro Paul Burrell fossero deboli*».

Nonostante queste preoccupazioni, la macchina non si sarebbe fermata. Gli Spencer volevano vedermi alla gogna.

Il giorno dopo presi un aereo insieme a undici membri della mia famiglia per trovare rifugio in una vacanza prenotata da tempo in Florida. Nell'aeroporto di Manchester tutti stavano leggendo le prime pagine che parlavano di me. «LA ROCCIA DI DIANA ALLA SBARRA» urlava il «Daily Mirror». «Il maggiordomo di Diana accusato di furto per 5 milioni di sterline» diceva «The Times». «DIANA: PROCESSO SCANDALO. Maggiordomo accusato di furto dopo un summit a Highgrove» scriveva il «Daily Mail». Quando arrivammo alla nostra villa in affitto fuori Orlando, le emozioni delle quarantotto ore precedenti vennero finalmente a galla. Piansi come un bambino, come disse mio fratello Graham.

Potevo sfuggire ai riflettori inglesi ma non potevo sfuggire all'inferno della mia vita. La pressione mentale era indescrivibile. Sembrava non esservi spazio per la razionalità e mi sentivo sempre agitatissimo. Facevo fatica anche a stare seduto – per non parlare di rilassarmi – al sole. Stavo impazzendo per la preoccupazione e il fatto stesso di essere stato incriminato aveva imposto un marchio sul mio orgoglio personale, che per me era tutto.

Desideravo ardentemente che la mia famiglia si godesse quella pausa e andai con loro a Disneyland e al centro spaziale della NASA, cercando di fare buon viso a cattivo gioco.

A metà vacanza crollai per l'esaurimento. Iniziai ad avere problemi di circolazione e i piedi mi si spellarono fino alla carne viva. Venni ricoverato in un ospedale della Florida. I dottori mi dissero che si trattava di una malattia nervosa.

Alla fine del 2001 le nostre finanze versavano in condizioni critiche. Il direttore della mia banca e il mio commercialista mi dissero che se non avessi avuto delle entrate nei tre mesi successivi avremmo dovuto pensare a ipotecare la casa. Maria rivendette a un gioielliere di Londra il suo anello di acquamarina preferito, un regalo che le avevo fatto per Natale, nel tentativo di raggranellare un po' di soldi. La situazione si stava facendo disperata ed eravamo in ritardo con il pagamento del mutuo. Se non fosse stato per la generosità degli amici, non so cosa avremmo fatto: gli Edwards di Wrexham, i Wright del Kentucky, Susie Kassem di Londra, i Ginsberg di New York. Quando Scotland Yard fece risalire una quantità sostanziosa di denaro sul nostro conto bancario ai Ginsberg, andarono a interrogarli nel loro appartamento sulla Fifth Avenue, pensando che forse vi fosse qualche trama nascosta.

«È un po' eccessivo dare via una quantità simile di denaro, non trovate?» venne chiesto loro.

«Siamo persone benestanti, agente, e stiamo aiutando un

amico nel momento del bisogno. Cosa c'è di tanto difficile da capire?» La polizia venne mandata via con la pulce nell'orecchio.

Saccheggiammo anche le assicurazioni sulla vita di Alexander e Nick, che avevamo sottoscritto quando erano ancora piccoli. Alla fine riuscimmo a mettere insieme abbastanza risorse per aprire un negozio di fiorista in un villaggio vicino a Holt. Io usai le capacità che avevo acquisito nei sotterranei di Buckingham Palace e il mio «negozietto all'angolo» divenne una vera ancora di salvezza, non solo economicamente: mi diede qualcosa su cui concentrarmi. Sono un uomo orgoglioso e così davanti ai clienti (che mi diedero un enorme sostegno) non diedi mai segni di debolezza. Ma quando alle cinque e mezza del pomeriggio spegnevo l'insegna, mi sedevo nel retro e non riuscivo a decidermi a tornare a casa. Maria mi aveva spesso incitato a essere forte per i ragazzi. Io volevo esserlo. Ma non lo ero. Così in quella stanzetta piangevo fino a consumarmi, nascosto dalla mia famiglia perché non dovessero subire più di quanto già sopportavano. Se piangevo da solo, nessuno doveva saperlo. Ma naturalmente Maria lo sapeva. Certe sere non tornavo a casa fino alle nove. Mentivo dicendo che avevo dovuto fare dei conti o rivedere l'inventario.

Una sera squillò il telefono. Era Maria. «Tesoro, quando torni a casa?» Io scoppiai in lacrime. Mi uccideva sapere che lei mi sentisse tanto debole. Ci sono persone che di fronte alle avversità diventano più forti, ma io sembravo indebolirmi ogni giorno di più, e, dato che per natura non sono una persona collerica, l'ingiustizia di tutta quella vicenda mi gettava in preda a una depressione devastante. Maria mandò mio cognato, Peter Cosgrove, a prendermi, e lui mi trovò a pezzi. Mi abbracciò e mi disse: «Forza, andiamo a casa».

Scrivendo di queste cose è inevitabile per me ripensare a quei momenti e sentirmi in colpa per essere stato tanto patetico. La mia prospettiva oggi è diversa, ma solo perché la giustizia ha prevalso. All'epoca non riuscivo a rendermi utile a nessuno e l'ironia di questo fatto non mi poteva sfuggire. Mi ero preso cura della principessa, tanto bisognosa di sostegno emotivo, e avevo assorbito tutta la sua disperazione e le sue lacrime. Come aveva detto lei, avevo spesso la risposta giusta per i suoi momenti più dolorosi. Ma nel mio dolore non sapevo trovare alcuna risposta.

Preso da quella spirale discendente non riuscivo più a pensare razionalmente. Ero un padre incapace. Un marito incapace. Ero stato incapace di proteggere il mondo della principessa da Scotland Yard. La mia reputazione sarebbe stata fatta pubblicamente a pezzi. Tutto ciò a cui avevo tenuto sembrava essere andato distrutto. Avevo toccato il fondo e nulla sembrava più importante, se non l'idea di ricongiungermi con la principessa. Volevo farla finita. Volevo smettere di piangere. Volevo morire. Solo così avrei potuto rincontrarla. Era un atteggiamento terribilmente egoistico, ma era quello che pensavo. Sapevo esattamente dove andare: una piazzola isolata della A41, nel Cheshire. Un posto tranquillo in mezzo alla campagna.

Dissi a Maria che dovevo consegnare dei fiori e lasciai il negozio senza nemmeno pensare a salutare la mia famiglia. Dopo un viaggio in auto di dieci minuti, mi fermai nella piazzola. La mia era la sola auto in vista. C'era il sole. Il cielo era blu, a parte qualche batuffolo di nuvole bianche. Nel campo lì accanto un cavallo abbassò il capo per brucare l'erba. Sul sedile del passeggero c'erano una bottiglia d'acqua e una boccetta marrone che conteneva sessanta pillole di paracetamolo. Me ne restai lì seduto a guardare quel cavallo, a pensare quanto fosse bella quella giornata e che almeno Alexander e Nick avevano Maria e la sua famiglia, che sarebbero stati loro vicini. Potevano contare su ciascuno degli altri familiari. Pensai a tutto questo. A Maria e ai ragazzi. Al fatto che avrei ritrovato la principessa. A come la morte avrebbe messo fine al processo. Al modo in cui avrebbe posto termine a quell'incubo, a come mi avrebbe evitato la vergogna di presentarmi alla sbarra.

Avevo bevuto un sorso d'acqua e stavo guardando la boccetta ancora chiusa del paracetamolo che tenevo in mano, chiedendomi se sessanta pillole sarebbero bastate. Poi tutte le emozioni tornarono nuovamente a galla e infransero quella calma. La vigliaccheria – o forse qualcos'altro – mi fece riprendere il controllo con la velocità con cui il vento cambia direzione. Iniziai a pensare in modo diverso all'irreversibilità della morte. Sarei morto come un uomo spinto al suicidio dalle proprie colpe. A Maria e ai ragazzi sarebbe rimasto quel marchio. E la principessa *era* ancora con me. Era la sua memoria che dovevo difendere. Lasciai cadere le pillole sul sedile, avviai il motore e tornai a casa da Maria. Quando entrai dalla porta, Maria mi chiese dove diavolo fossi stato.

Le spiegai tranquillamente i miei ragionamenti contorti.

Lei mi afferrò per entrambe le braccia. «Tu devi pensare a me!» disse scuotendomi. «Devi pensare a me e ai ragazzi.» Mi guardò negli occhi e dovette vedere il vuoto. «Paul!» urlò. «Devi farcela. Dobbiamo farcela tutti quanti. Come faremmo senza di te?»

Se vi fu un punto di svolta nell'inferno che rappresentarono per me il 2001 e il 2002, fu forse proprio quel momento. Chiamatela un'illuminazione improvvisa. Chiamatela come volete. Maria mi convinse a chiedere aiuto, e l'aiuto che ricevetti mi fece sembrare sopportabile l'inferno che stavo vivendo.

Il dottore mi prescrisse una terapia antidepressiva. Maria mi convinse a consultare uno specialista. Tutti i lunedì mattina, in una stanza privata dello studio del dottore, mi sedevo e parlavo con un'adorabile signora di nome Jill. Per la prima volta dal 1997 mi misi a parlare con qualcuno della perdita della principessa.

Jill ascoltava, io continuavo a blaterare. Mi ero tenuto dentro moltissime cose. Mi ero sentito in colpa, soprattutto con Maria, per non essere riuscito a superare la morte della principessa. Per molti mesi avevo pensato di impazzire perché la minima cosa mi faceva scoppiare in lacrime. Anche mentre scaricavo i miei confusi pensieri su Jill, provavo un fortissimo imbarazzo a piangere di fronte a lei.

Ma Jill fu un'immensa fonte di conforto: «Il tuo comportamento è perfettamente normale, Paul» mi disse.

Era il massimo della «normalità» che avrei avuto per un po' di tempo e iniziai così il 2002, chiedendomi cosa avrebbe portato il nuovo anno.

Scotland Yard aveva fatto la sua mossa «machiavellica» per assicurarsi che non vi fossero contatti tra me e St James's Palace, ma non poteva fare nulla per chiudere gli altri canali di comunicazione con la famiglia Windsor. A primavera iniziai a tenermi in contatto con un membro anziano della famiglia reale e il discreto sostegno di questo alleato di lunga data della principessa si rivelò per me un'enorme fonte di forza. Uno dei più grandi tonici per il mio morale fu quando lessi in una lettera: «*Urlerei la sua innocenza dai tetti, se potessi farlo*».

Avevo scritto a questo personaggio reale dicendo quanto mi sentissi «*totalmente intrappolato e solo*» ed esprimendo la mia frustrazione per come la polizia non fosse «*in grado di comprendere il mondo in cui viveva la principessa*». Conoscendo la principessa e il mondo di Kensington Palace, questo membro della famiglia reale sapeva molto più di quanto non avrebbe mai potuto sapere Scotland Yard. Nelle mie lettere non chiesi mai nulla. Scrissi: «*Perché sono stato abbandonato dal Principe di Galles e dal principe William? (...) Certamente qualcuno deve capire che il 14 ottobre* [la data del processo] *si scatenerà la frenesia dei mezzi di comunicazione, totalmente fuori da ogni controllo. (...) Non vi chiedo altro che di pregare perché sia fatta giustizia*».

Ciò che ricevetti in risposta fu una lettera che mi prometteva molto più di una preghiera. Questo importante reale mi scrisse la più affettuosa delle lettere, ricordandomi i doveri che avevo assolto e la mia innocenza a cui credevano anche altre persone. Poi, nella stessa lettera, mi venne fatta una profferta di amicizia incredibilmente generosa: mi fu offerto un rifugio segreto dove avrei potuto alloggiare per tutta la durata del processo all'Old Bailey, un luogo che mi avrebbe garantito sicurezza e privacy. La proposta fu quella di ospitarmi in una residenza usata da importanti membri della famiglia reale. Mi sarei rifugiato in un luogo di proprietà della Corona proprio mentre affrontavo un processo intentato dalla Corona.

Mi veniva offerto un sostegno segreto all'interno della famiglia Windsor, e la cosa era per me di enorme sollievo. Qualcuno mi ricordò nel corso di una telefonata, più o meno in quel periodo, che la regina riteneva che chiunque fosse innocente fino a prova contraria. Tutto ciò avvenne con grande tempestività, proprio mentre il legale Andrew Shaw, il mio avvocato difensore, lord Carlile (ex parlamentare liberaldemocratico) e il suo assistente Ray Hermon stavano passando ore e ore con me, lavorando ai dettagli della mia difesa.

Ricordo che la mia prima spiegazione a lord Carlile fu la seguente: «La mia vita le sembrerà più strana di un romanzo». Vi erano momenti in cui i tre legali restavano a bocca aperta mentre io raccontavo per ore nei dettagli il mio rapporto con la principessa. Stavo mettendo la mia vita nelle mani di questi veri professionisti. Per salvarmi dovevo rivelare degli aspetti del mio ruolo di ombra della principessa.

«La sua libertà è in gioco, e se non ci dice tutto, Paul, non possiamo aiutarla» mi disse lord Carlile. A mano a mano che si chiariva il mio ruolo a Kensington Palace, la squadra legale iniziò a comprendere il livello di fiducia che era esistito tra me e la principessa, e come il mio lavoro fosse andato ben oltre il semplice dovere e si fosse spinto nelle aree più intime della sua vita personale.

Lord Carlile disse: «La sua storia sembra una tragedia shakespeariana. È una bomba a orologeria innescata. Credo che possiamo essere ragionevolmente ottimisti sul buon esito del processo».

La corrispondenza con il membro della famiglia reale continuò a farmi da stimolo. «*Vostra Altezza Reale, non voglio causarvi alcun problema*» scrissi. La gentile offerta di un alloggio non fu ritirata. Almeno finché sir Michael Peat non scoprì cosa mi era stato proposto. Venne informato verso la fine dell'estate 2002 dell'invito che mi era stato esteso. Scandalizzato, comunicò immediatamente la propria opinione: quella soluzione sarebbe stata assolutamente inaccettabile date le circostanze, soprattutto per un ex servitore privo di autorizzazione ad alloggiare in tale residenza. Un alleato nella famiglia reale era stato costretto a battere in ritirata esattamente come era stato revocato l'invito alla festa di compleanno del Duca di Edimburgo.

Le mani reali erano ancora una volta legate dall'influenza di un burocrate.

In entrambe le occasioni il colpevole era sir Michael Peat. Per cui trovai coerente che, alla fine del mio processo, la responsabilità di condurre l'inchiesta per conto della famiglia reale sulle circostanze del crollo dell'accusa all'Old Bailey venisse affidata a lui, insieme all'avvocato della regina Edward Lawson. Io rifiutai di collaborare a quell'inchiesta. Come scrisse sir Michael Peat nella sua relazione, «*Non so quale sia l'opinione di Mr Burrell al riguardo. Egli si è infatti rifiutato di essere intervistato per la nostra inchiesta*». E si chiedeva anche il perché...

L'attrice Amanda Barrie, che aveva fatto parte in passato del cast di *Coronation Street*, mi propose gentilmente di condividere il suo appartamento londinese. Fu un gesto di grande generosità, ma io decisi di stare da dei vecchi amici di famiglia a Hampton, nei pressi di Richmond.

I migliori testimoni che avrei potuto far convocare per il mio processo erano le due donne eccezionali che avevo servito e che mi conoscevano meglio di chiunque altro. Una era morta cinque anni prima e l'altra era legalmente intoccabile. Una delle molte ironie riguardanti il mio caso è che la regina è la Legge: in quanto capo dello stato, è la sola persona che non può essere chiamata a testimoniare in tribunale.

Suppongo sia uno dei rischi del mestiere quando sei stato il valletto personale di Sua Maestà e ti ritrovi accusato di furto di proprietà della scomparsa Diana, Principessa di Galles.

Non che avessi poche carte in mano. Scotland Yard aveva preparato il suo caso *de facto* e aveva messo in fila tutte le Spencer – lady Sarah McCorquodale, la signora Frances Shand Kydd e lady Jane Fellowes – come testimoni chiave dell'accusa. Gli investigatori – e a quanto pare anche il Pubblico Ministero – si accontentavano di ascoltare la voce degli esecutori testamentari della principessa.

Per la mia difesa mi sarei basato sulle parole degli amici più intimi della principessa, pronti a testimoniare a mio favore: Lucia Flecha de Lima, Rosa Monckton, Susie Kassem, lady Annabel Goldsmith, Lana Marks, Richard Kay, lord Attenborough, la dottoressa Mary Loveday, Simone Simmons, Debbie Franks, Jacques Azagury, padre Anthony Parsons, l'avvocato americano Richard Greene, sir Jimmy Savile e numerose altre persone che non citerò per motivi di riservatezza. Loro sanno di chi sto parlando e sanno che sarò loro eternamente grato per essersi uniti a quello che considero l'elenco di testimoni più formidabile che si potesse avere. Resto peraltro convinto che, se la giuria avesse sentito ciò che queste persone avevano da dire, l'accusa sarebbe caduta ancor prima che i giurati si riunissero per deliberare.

A St James's Palace temevano che il principe Carlo e il principe William venissero chiamati a testimoniare dalla difesa. Di fatto il Pubblico Ministero era tanto preoccupato alla prospettiva che convocassi alla sbarra l'erede al trono e suo figlio che i suoi funzionari iniziarono a prendere in esame la possibilità di chiedere delle udienze a porte chiuse. Un documento dell'accusa affermava: «*Abbiamo ogni ragione di pensare che gli avvocati della difesa cercheranno di esplorare le vite private di Diana, Principessa di Galles, di Sua Altezza Reale il Principe di Galles e di Sua Altezza Reale il Principe William. Potrebbe essere necessario limitare le presenze in tribunale e vagliare la possibilità di tenere udienze a porte chiuse*».

A un certo punto del febbraio 2002, come venne stabilito dall'inchiesta post-processuale, il comandante John Yates di Scotland Yard aveva assicurato ai sempre più preoccupati consiglieri legali di St James's Palace «*che l'accusa avrebbe preferito evitare che venissero convocati e si era spinta ad affermare (...) che il procedimento sarebbe stato bloccato [prima del processo] piuttosto che giungere a tanto*».

Sembrava che entrambi i principi fossero costantemente rassicurati sul fatto che non sarebbero stati chiamati a testimoniare perché la maggior parte degli oggetti dell'elenco dell'accusa erano di proprietà della principessa. Ma a Scotland Yard e al Pubblico Ministero sembrava sfuggire qualcosa. Il principe

Carlo sapeva quanto tempo la principessa avesse passato al nostro cottage di Highgrove. Sapeva quanto spesso io fossi stato preso nel fuoco incrociato della loro crisi matrimoniale. Sapeva che la principessa mi portava sempre con sé, perché la cosa lo infastidiva. Ciò che non sapeva era che la principessa mi aveva scelto come testimone indipendente di tutto ciò che le era accaduto – la separazione, le lettere del Duca di Edimburgo, il divorzio – e che tutto questo avrebbe dovuto essere preso in esame per dimostrare quanto fosse profonda la vicinanza tra me e lei.

Quanto a William, lui sapeva meglio di chiunque altro quanto fossi vicino a sua madre: mi aveva visto seduto sul suo divano ed era stato testimone di un rapporto che andava ben oltre la relazione dipendente/datore di lavoro.

Per queste ragioni – e per le circostanze estreme che mi avevano forzato la mano – St James's Palace poteva stare certo che il 14 ottobre all'Old Bailey lord Carlile si sarebbe alzato in piedi e avrebbe detto: «Chiamiamo a testimoniare Sua Altezza Reale il Principe di Galles». Era dal 1891 che un membro della famiglia reale non veniva chiamato a testimoniare in un tribunale. Ma 111 anni dopo la storia avrebbe potuto tornare a ripetersi.

17.

Regina versus *Burrell*

Una delle domande più frequenti sul mio conto è: «Che tipo d'uomo è quel Paul Burrell?». Qualcuno forse vede nel mio senso del dovere un'ossessione insana e servile. Altri, come me, preferiscono invece considerarlo un senso del dovere scaturito dalla dedizione a un'amica fedele, una donna che è stata uno dei migliori esempi umani dei nostri tempi. Ma quando andai all'Old Bailey sapevo che l'attenzione e il fascino si sarebbero sempre concentrati sulla complessità del mio rapporto con la principessa.

Il paradosso della mia vita, e ne sono consapevole, è di essere stato altruista nel mio ruolo di maggiordomo ma egoista in quello di marito e padre. L'unica cosa che posso dire a mia difesa, è che nel corso della vita, sono poche le persone che incontriamo in grado di lasciare una traccia indelebile sulla nostra anima. La principessa era veramente una persona eccezionale. Innanzitutto mi concesse il privilegio di entrare nel suo mondo e poi di offrirmi la sua amicizia. Non era un dono a cui rinunciare; uno ci si aggrappava, lo nutriva, mi accompagnava durante la giornata. Il problema per qualcuno è che ancora mi accompagna, perché mi rifiuto di dimenticarlo.

Non sono mai stato dedito all'introspezione profonda o alle chiacchiere pseudo-psicologiche. A seconda del punto di vista, il mio dovere nei confronti della principessa, nella vita e nella morte, può essere giudicato sano o malato, ma una solida lealtà verso gli altri può essere male interpretata e fraintesa da chiunque viva fuori dal palazzo o dalle mura di un castello. Quando una persona diventa dipendente da un'altra per andare avanti, come avviene per molti reali, allora il bisogno di essere necessari e di sapere di avere il controllo della situazione può diventare quasi una droga. Più il rapporto è intimo, più si sviluppa la dipendenza. Alla fine, il membro reale e il suo assistente hanno bisogno l'uno dell'altro in uguale misura.

Nessuno è indispensabile e di sicuro la principessa lo dimostrò ripetutamente al suo staff ma, come disse agli amici che lo avrebbero poi riferito a corte, lei non sarebbe stata in grado di funzionare senza di me. Parole sue, non mie. A essere onesti, non avrei potuto immaginare di vivere senza lavorare per lei, indipendentemente da quanto fosse duro a volte il compito. Le ero devoto quanto John Brown lo era alla regina Vittoria, quanto Margaret «Bobo» MacDonald lo era per la regina; quanto il valletto Michael Fawcett lo era nei confronti del principe Carlo. Non sono mai stato unico od originale in questo senso. Ma se Scotland Yard non riusciva a capire cosa significasse vivere con dei membri reali, l'abitudine di fare regali ai dipendenti o la fiducia riposta in alcuni di loro, avrebbe potuto capirlo la giuria? A delle persone comuni, la descrizione della vita dietro le quinte con Diana, Principessa di Galles, sarebbe forse sembrata troppo inverosimile per essere vera? Quella sera, mentre lavoravamo al mio caso, quella era la mia paura peggiore: che la mia difesa sarebbe apparsa realistica quanto il racconto di una vita tratta da *Alice nel Paese delle Meraviglie*.

Nel tentativo di entrare nella mia testa e capire il mio modo di pensare, il mio collegio legale mi mandò a distendermi per cinque ore sul lettino di uno psichiatra a Beckenham, nel Kent. Perfino oggi si mette in dubbio il mio stato mentale. A me sembra che il miglior modo per capirmi sia leggere le parole dell'esperto che mi ha esaminato, il dottor Andrew Johns, del South London and Maudsley NHS Trust. Mi risparmia il lavoro introspettivo ed è una voce indipendente. Dopo un esame durato cinque ore, concluse:

> Paul ha parlato spesso con affetto di sua moglie e del forte sostegno che gli ha dato. Riguardo il suo rapporto con la principessa Diana, mi ha detto che provava «molto più rispetto» per lei, di-

chiarando che «lei si fidava di me più di qualsiasi altro». Ha sostenuto che il suo rapporto con la moglie Maria è «in un compartimento diverso».

Il rapporto professionale tra Mr Burrell e la principessa divenne molto intimo. La principessa sembrava contare molto su di lui... Sembra che Mr Burrell fosse responsabile di gran parte dell'assistenza quotidiana e anche di tenerle compagnia ... Le caratteristiche chiave del loro rapporto sono le seguenti: la principessa sembrava confidarsi con lui in misura notevole; Mr Burrell la consolava al momento opportuno; quando lei era in vacanza, lo chiamava quotidianamente; la principessa discuteva con lui i suoi problemi personali, gli mostrava la sua corrispondenza personale e occasionalmente gli affidava l'organizzazione degli incontri con i suoi amici di sesso maschile... Mr Burrell ha sviluppato considerevole autostima dall'amicizia e dall'intimità con la principessa, e sembra essersi dedicato a lei in misura tale da passare meno tempo con la moglie e i figli.

A mio avviso la morte della principessa Diana nell'agosto 1997 ha avuto un impatto sconvolgente su Mr Burrell... che ha visto diverse volte il corpo martoriato della principessa... l'impatto di questi eventi si è aggravato quando ha ricevuto la busta con gli abiti e gli effetti personali che la principessa indossava al momento del decesso. Mr Burrell ha sviluppato una serie di sintomi di ordine psicologico e comportamentale. Inizialmente ha reagito sentendosi impotente e funzionando quasi in automatico. Incubi ricorrenti durante il sonno... piangeva in modo incontrollabile ed era depresso. Risponde ai criteri diagnostici relativi a una reazione depressiva prolungata. Non è improprio suggerire che il suo stato emotivo fosse tale da fargli «seppellire» ricordi e oggetti importanti della principessa.

A mio avviso Mr Burrell non... mostra segni di malattia mentale o disordini della personalità ed è di intelligenza normale.

Il 14 ottobre 2002 venni dichiarato idoneo ad affrontare il processo all'Old Bailey.

«*Lasciate perdere i teatri del West End ed andate all'Old Bailey a vedere il più grande spettacolo offerto dalla città*» annunciava un quotidiano.

L'inconsueto spettacolo reale – il caso Regina *versus* Burrell – stava per cominciare nel foro penale centrale di Londra. Persino i giornalisti avrebbero avuto accesso con un sistema di biglietti e vennero rilasciati quasi cinquanta pass gialli per la stampa. All'esterno, la coda si snodava per tutta la lunghezza dell'edificio mentre la gente aspettava ordinatamente di entrare nella galleria riservata al pubblico che si affaccia sull'aula giudiziaria. Il mondo spiava dal buco della serratura di Kensington Palace, una sbirciatina gentilmente offerta da Scotland Yard e dall'ufficio del Pubblico Ministero della Corona. Da quel momento, la privacy tanto accuratamente protetta sarebbe stata esibita, la mia vita e quella della principessa sarebbero state esposte all'esame attento, alle congetture, ai dubbi e allo scherno del pubblico. Scrivendo questo libro ho continuato a proteggere i segreti più oscuri e intimi, ma la verità sulla vita a Kensington Palace e sulla natura del mio rapporto con il Boss intende correggere le distorsioni e le dichiarazioni azzardate fatte circolare dall'accusa, dalla polizia e, alla fine della causa, dai giornali velenosi; dalle congetture di commentatori reali ed ex-dipendenti risentiti licenziati dal servizio presso la principessa. Alla fine sembrò una gran confusione che voleva etichettarmi in uno storico non attendibile. Sin dall'inizio, la mia parola, la mia vita, la mia versione dei fatti – e quindi delle verità che la principessa aveva affidato alla mia cura – sarebbero stati trascinati nel fango.

Alla vigilia del primo giorno in tribunale, scesi in un albergo economico vicino alla stazione di Euston. Un mini-esercito di famigliari e amici arrivò a Londra per sostenere me e Maria. Mentre ci fermavamo davanti al Travel Inn, notai un grande cartellone pubblicitario della BBC appeso sopra il marciapiede sul muro dell'albergo. La gigantografia del viso sorridente della principessa, splendente nella sua immagine migliore, ci fissava dall'alto con una domanda: «Chi è la personalità britannica più importante?». A volte, anche quando non la cerco, non c'è modo di evitare il Boss.

Quella sera un amico giornalista ci raggiunse al bar, ed ebbi bisogno di diverse pinte di Guinness per calmare il tremito nervoso che la sola prospettiva di apparire sul banco degli imputati aveva scatenato. Maria fumava ininterrottamente mentre sedevamo nel locale facendoci coraggio prima di affrontare il circo mediatico del giorno dopo.

L'avvocato Andrew Shaw ci mandò un'elegante Mercedes con autista per accompagnarci in tribunale, seguita da un minibus pieno di sostenitori altrettanto apprensivi ma fedeli. Non ricordo che nessuno sui sedili posteriori abbia detto una sola parola. Maria e io ci stringevamo la mano. Sul sedile anteriore, Andrew e il socio più giovane dello studio, Ray Herman, erano immersi nei loro pensieri. In quel silenzio, mentre ci avvicinavamo alla nostra destinazione, cominciai a sentirmi male. Avevo la bocca arida e sentivo pulsare ogni vena nel mio corpo.

Risalimmo Ludgate Hill, con la cattedrale di Saint Paul in lontananza. Era lo stesso tragitto che avevo percorso durante la processione di stato con la regina per assistere alla messa di ringraziamento per l'ottantesimo compleanno della regina madre, ma questa volta non saremmo arrivati alla cattedrale. Girammo a sinistra, oltrepassando gli uffici del Pubblico Ministero della Corona all'angolo. Mentre la macchina sbucava dalla curva, potevo vedere la folla che formicolava in lontananza. In pochi secondi misi a fuoco la scena. Erano i media, decine di media. Équipe televisive che attraversavano di corsa la strada con le telecamere in spalla; due gruppi diversi di fotografi ammassati in alto, tutti accucciati, inginocchiati, seduti o in piedi su piccole scale metalliche. C'erano giornalisti radiofonici, della carta stampata, curiosi e barriere antifolla per contenerli. Maria mi strinse forte la mano. Mentre la Mercedes si fermava accanto al marciapiede, guardai verso sinistra e vidi una piattaforma di fortuna su un'impalcatura. Era il punto di osservazione per le telecamere della BBC di fronte all'entrata del tribunale. Maria e io cominciammo a tremare quasi all'unisono.

«Avanti, togliamoci il pensiero» dissi.

« Buona fortuna a tutti » ci augurò Andrew e scese ad aprire lo sportello posteriore per farci scendere. Io respirai a fondo, deglutii e aspettai qualche secondo.

« *Gli arrivi e le partenze, Paul, gli arrivi e le partenze...* » sentivo dire la principessa.

Poi scendemmo dall'auto e ci ritrovammo sul marciapiede. La prima cosa che mi colpì fu il rumore dell'otturatore delle macchine fotografiche; una sorta di frullio d'ali, come se migliaia di uccelli su un albero si fossero spaventati. Poi i flash. Io ero accanto a Maria e le passai un braccio intorno alla vita. Lei non mollava la mia mano. Due poliziotti tenevano aperta la porta mentre Andrew e Ray Herman ci facevano entrare. Era orribile pensare che Maria dovesse sopportare quell'ordalia, ma aveva insistito per rimanere al mio fianco. Mentre entravamo, si voltò verso di me e disse: « Tu sei mio marito, io ti rimango accanto, accada quel che accada ».

« Paul! » tuonò una voce, « come stai? » Una mano amica mi venne tesa. Era James Whitaker, il corrispondente reale del « Daily Mirror ».

« Ho conosciuto tempi migliori, Mr Whitaker, ma grazie lo stesso. »

Lo chiamavo sempre signor Whitaker, anche se la principessa nel corso dei suoi viaggi lo aveva battezzato affettuosamente Pomodoro Rosso. Poi, in un corridoio, vidi Nicholas Witchell della BBC, un altro vero gentiluomo, corrispondente del tribunale, « Pel di carota » come lo chiamava la principessa. Ma il primo viso che avevo cercato con lo sguardo non c'era. Jennie Bond, della BBC, a lungo ammirata dalla principessa, seguiva la visita della regina in Canada. « Guarda la sua cavigliera! » diceva la principessa. Ne era affascinata.

Quando si trattava di tenersi aggiornata sui media, la principessa non se ne lasciava scappare una. Sapeva tutto di loro: quelli che detestava, quelli che le piacevano, quelli che sapeva trovavano eccessive le pressioni dei reali. Di colpo, gli occhi che avevano seguito il Boss intorno al mondo ora erano incollati al suo maggiordomo.

Mentre l'orologio del tribunale ticchettava verso le dieci,

prendemmo l'ascensore per il secondo piano e seguii i neri mantelli svolazzanti davanti a me, mentre il mio avvocato difensore, lord Carlile e il suo assistente Ray Herman, facevano strada con le parrucche in mano. Lasciammo l'area più moderna dell'Old Bailey e attraverso le doppie porte di un ingresso entrammo nell'area vittoriana rivestita in marmo fuori dai tribunali principali, dove diversi imputati e il loro collegio legale facevano capannello o sedevano sui banchi di quercia. Mi ricordava il Museo di Storia Naturale. Dei grandi murali mi ricordavano i dipinti del Tiziano che la principessa aveva appeso a Kensington Palace. La luce del giorno penetrava attraverso i vetri della grande cupola che ci sovrastava. Allungai il collo e lessi le parole incise nella pietra curva: «La legge del savio è sorgente di vita». Raccolti intorno alla porta a vetri dell'aula di giustizia numero uno, i reporter – venuti anche da paesi lontani come l'America e l'Australia – si affollavano in un gruppo compatto e impaziente.

«Non si preoccupi» disse lord Carlile mentre varcavamo la soglia. «Oggi ci saranno solo formalità e il giuramento della giuria. Ci vuole un po' di tempo prima che cominci la causa vera e propria.»

Feci qualche passo nell'aula: con i sedili imbottiti in pelle verde e i banchi in quercia sembrava la Camera dei Comuni. L'ampio box quadrato del banco degli imputati, protetto dal vetro, sarebbe stato la mia base di lavoro per le due settimane seguenti. Maria si diresse con mio padre verso la zona riservata ai parenti sulla destra. Io mi diressi al banco degli imputati, il posto di assassini, stupratori e rapinatori a mano armata.

Una guardia giurata donna mi impedì di sedermi con cortesia. «Mr Burrell, deve venire con me al piano inferiore» mi disse. A quanto pareva era il protocollo: gli imputati non devono prendere posto nel banco loro riservato finché il giudice non è entrato in aula. All'inizio della causa, la giudice signora Rafferty aveva rinunciato a questa formalità.

Dietro di me una breve scala ripida portava in una cella con delle piastrelle bianche. Quando uscii dal suo campo visivo, la guardia giurata, con un maglione blu, mi fermò. «Va bene qui.

Rimanga qui con me» mi disse e ci sedemmo insieme sugli ultimi scalini. Sembrava che volesse risparmiarmi la prospettiva di entrare nella cella. Si accorse che mi tremavano le mani. «Andrà tutto bene, vedrà» mi disse. «Mi sono seduta qui molte volte. Ho chiesto di occuparmi di questa causa perché si trattava di lei... e ho una strana sensazione a proposito.» Si chiamava Michelle e non dimenticherò mai la sensibilità e la gentilezza che mi dimostrò.

Il chiacchiericcio nell'aula affollata sopra di me venne ridotto al silenzio da tre colpi sonori. La giudice signora Ann Rafferty era entrata in aula. Michelle mi fece un cenno, io salii gli scalini e andai al mio posto. Gli sguardi mi trapassavano da ogni direzione. Sopra di me, alla mia destra, il pubblico prese posto nelle prime file per darmi una prima occhiata. Dietro di me, nascosta alla vista del giudice dal banco degli imputati, una folla di altri reporter si schiacciava nei banchi della stampa pieni all'inverosimile. Di fronte, la giudice Rafferty fissava dritto davanti a sé. A sinistra, di fronte ai banchi degli avvocati, c'erano i banchi di quercia vuoti dove avrebbero preso posto i dodici giurati. Il loro sguardo avrebbe abbracciato tutto: me, i segreti, i documenti riservati, le memorie e le centinaia di fotografie del Boss, di William e Harry.

Mi venne chiesto di alzarmi in piedi mentre veniva letto il capo d'accusa contro di me: reati contrari al Theft Act 1968, la legge contro l'appropriazione indebita. Mi mancarono le gambe e cercai di tenermi dritto in piedi. Avevo l'impressione che sarei potuto cadere da un momento all'altro. Avevo i nervi a pezzi.

Capo d'accusa n. 1: furto ai danni di Sua Altezza Reale il Principe di Galles. Capo d'accusa n. 2: furto dalla residenza di Diana, Principessa di Galles. Capo d'accusa n. 3: furto ai danni di Sua Altezza Reale il Principe William di Galles. Nella formalità dell'Old Bailey, tutto suonava molto peggio rispetto alla pretura. A ogni capo d'accusa, replicavo: «Non colpevole», chinavo lo sguardo verso destra e vedevo Maria che nascondeva le lacrime contro la spalla di mio padre mentre la giuria prestava giuramento.

Nel corso dei mesi precedenti qualcosa era cambiato. I 342 oggetti di cui ero stato accusato inizialmente erano stati ridotti a 310, ma non era un motivo per essere ottimisti. Alla giuria bastava giudicare che anche *un solo* oggetto fosse in mio possesso disonestamente per essere sicura della mia colpevolezza. Il Pubblico Ministero William Boyce spiegò che una tale raccolta di oggetti reali era qualcosa che «nessuno dovrebbe serbare o possedere».

Io ero deciso a comportarmi con dignità in qualsiasi circostanza. Andrew Shaw mi aveva ricordato tutto quello che non doveva fare un imputato sotto i riflettori – sembrava Cyril Dickman nel mio primissimo incarico al castello di Windsor. «Quando sarà in aula non fissi la giuria, non si agiti, non ci passi troppi appunti e non permetta loro di metterla in difficoltà.»

Nessuno poteva accorgersene ma, sotto il bordo del banco degli imputati, continuavo a rigirare tra le dita due piccoli quarzi di cristallo. Li avevo presi in prestito dalla collezione di Nick; un memento delle energie su cui la principessa faceva affidamento. Io credevo veramente che, ogni giorno di quell'azione giudiziaria che mi esauriva mentalmente, la principessa e mia madre fossero con me.

Sotto la camicia, l'anello di fidanzamento di mia madre era appeso a una catenella che portavo al collo; nella tasca destra dei pantaloni tenevo la mano sopra la medaglietta miracolosa di Madre Teresa, che la principessa mi aveva dato dopo il viaggio alla missione a Londra insieme alla madre di Maria.

Era duro ascoltare il signor Boyce descrivere in dettaglio la mia casa e gli oggetti che vi erano stati sequestrati. Sembrava non finissero mai. «Decisione fredda e calcolata... Perché quegli oggetti erano a casa sua?... Le varie spiegazioni di Mr Burrell sono contraddittorie... Fermatevi un attimo a considerare il potenziale valore di un CD con autografo...» Avrei voluto urlare. A casa mia avevo oggetti potenzialmente ben più preziosi di un album di Michael Jackson o di Tina Turner firmato dalla principessa – lei li contrassegnava sempre come suoi, era un'abitudine sin dall'infanzia. Bastava che qualcuno venisse in visita a Kensington Palace e dicesse di apprezzare un disco o una canzone particolare che la principessa aveva messo sullo stereo, che lei glielo regalava. Per di più, il signor Boyce era completamente fuori strada. Non avevo mai e poi mai venduto un solo oggetto che appartenesse al Boss, così il valore potenziale che lui chiedeva alla giuria di tenere in considerazione era irrilevante. La sua origine, il fatto che fosse stato della principessa, quello era il valore che rappresentava per me.

Era più interessante osservare la giudice Rafferty. Era ipnotizzante, prendeva spesso appunti e riempiva la penna stilografica da una bottiglietta di inchiostro.

Chissà se è Quink blu scuro?, pensai.

Poi cominciava giocherellare con la carta assorbente, asciugando il pennino. Starà ascoltando? O si annoia anche lei?

Lei mi affascinava, seduta nella sua toga scarlatta e la parrucca bianca, una donna che era la personificazione dell'eleganza. Di gran lunga troppo affascinante per fare la giudice, pensai.

Entrava in processione in aula tutte le mattine e il pomeriggio con incedere quasi regale; e sebbene avesse un sorriso caldo, il suo sguardo gelido imponeva il silenzio quando la stampa dietro di me cambiava posto o chiacchierava prima che lei avesse aggiornato il processo.

Deviai la mia attenzione sullo stemma reale intagliato nel legno sopra la giudice Rafferty. Lessi le parole che conoscevo così bene, «Honi soit qui mal y pense». Che ironia dover guardare dal banco degli imputati il leone e l'unicorno che proteggevano lo stemma reale circondato dall'Ordine della Giarrettiera.

Maria era un testimone della difesa quindi non le era consentito rimanere in aula. Decidemmo che tornasse a casa nello Cheshire e che si tenesse occupata con il negozio di fiori.

Io avrei trovato rifugio a casa dei nostri amici Kevin e Sharon Hart – le prime persone in assoluto che avevamo conosciuto dopo essere tornati da Highgrove a Londra. La loro casa a schiera vittoriana ad Hampton, vicino Richmond, era il rifugio quotidiano dalla pazzia del tribunale e dalla pubblicità. A giorni alterni Kevin e Tom McMahon, il marito di mia nipote Louise, erano le mie ombre fedeli al processo. Nel corso di quelle due settimane, la loro salda amicizia mi aiutò ad andare avanti.

La sera di quel primo giorno in tribunale evitammo i notiziari della BBC e dell'ITN. La televisione venne spenta mentre veniva mandato in onda e commentato il massacro del mio personaggio da parte dell'accusa. Io ero seduto a tavola con la migliore delle famiglie a mangiare spaghetti al ragù. Il solo fatto di potermi sottrarre alla pressione era un grande sollievo perché, in tribunale, ogni espressione e gesto veniva notato da qualcuno.

«*Indossava la seconda cravatta ricercata della settimana – un'altra creazione di Hermés da 65 sterline*» scrisse James Whitaker nella sua colonna il secondo giorno del processo, «... *sedevo di fronte a lui in mensa e lo guardavo mangiare un gran piatto di moussaka... il suo abbigliamento copia il gusto del principe Carlo... e la sua stretta di mano è ferma*».

Steve Dennis, reporter del «Daily Mirror», mi comunicò la posizione della sala stampa: «Lei sorride troppo e sembra fin troppo rilassato... e si nota».

Rilassato! Non avevo mai avuto i nervi tanto a pezzi in vita mia, ma a quanto pareva non era consentito neanche avere un'espressione coraggiosa. Almeno a casa Hart, con il figlio Joe, allora diciassettenne, e la figlia Amy, diciannovenne, potevamo rilassarci con una bottiglia di Merlot e potevo essere me stesso senza che le mie azioni fossero controllate e analizzate. Se Kevin si accorgeva che stavo scivolando nel mio stato depressivo, saltava in piedi e mi diceva: «Dài, avanti, andiamo a berci una birra» e andavamo al suo pub preferito, il Nag's Head.

«Tutto questo è così ingiusto, Kev» gemevo.

«Paul, la vita non è mai stata giusta. Devi solo resistere ed essere forte» mi diceva.

Quella prima settimana ricevetti una lettera affettuosissima dalle Suore del Convento dell'Assunzione a Galway, nella Repubblica d'Irlanda. Suor Teresa, che aveva incontrato la principessa con la madre di Maria, scriveva che tutte le suore pregavano per me tutti i giorni. «Non sottovaluti mai il potere della preghiera, e sappia che preghiamo per lei» diceva la lettera. Così tante persone sembravano fare il tifo per me; ricevevo sacchi pieni di corrispondenza. I miei amici sanno che i miei sentimenti per quelle lettere vanno oltre la gratitudine, ma devo menzionare Richard Madeley e Judy Finnigan, perché anche Richard aveva fatto l'esperienza del gusto amaro dell'ingiustizia, quando venne scandalosamente marchiato da ladro in un negozio Tesco mentre faceva il presentatore di *This Morning* della ITV.

Durante i mesi e le settimane precedenti il processo, mi scrisse molte lettere di incoraggiamento. Persino quando il lavoro era frenetico trovò il tempo di scrivere qualche nota di sostegno sul retro dei suoi copioni. Mi furono di grande aiuto. Possedeva un notevole acume. Scrisse: «*A quanto pare lei si trova nell'occhio del ciclone, e intorno a lei avviene di tutto. Io ci sono passato. Lasci che il processo si svolga e faccia come noi: siate uniti in famiglia e siate forti – Richard*».

Mi rincuorava sapere che c'era anche qualcun altro dalla mia parte, perché William Boyce, nella sua brillante esposizione della tesi dell'accusa, aveva presentato ogni cosa sotto una luce incriminante. Ero stato scoperto a entrare di soppiatto a Kensington Palace alle tre e mezza di notte. Gli Spencer avevano detto alla polizia che non avrei dovuto avere alcun oggetto di proprietà reale a casa mia. Non avevo detto a nessuno che stavo prendendo degli oggetti in custodia.

Ma l'avevo fatto. *L'avevo* fatto. In una lettera al principe William del 1° aprile 2001. Cos'aveva quella gente?

Diedi voce alla mia collera e alla frustrazione in una saletta degli avvocati al primo piano. Era la nostra «stanza di sicurezza», dove potevamo conservare reperti e documenti, e potevamo discutere lontano dalle orecchie della polizia e del collegio accusatorio. «Andiamo al piano inferiore e discutiamo i fatti del giorno» annunciava lord Carlile alla fine della deposizione quotidiana.

Avevo osservato il mio difensore all'opera nell'aula giudiziaria con ammirazione crescente, mentre mescolava abilmente un'eloquenza affascinante con una mente acuta per le questioni legali e un occhio per i dettagli. Ma era in quella piccola stanza, circondati da casse di dossier e di libri, che si animava e alla fine mi aiutò a non diventare pazzo.

Andrew sedeva al tavolo e ci metteva al corrente delle sue opinioni dato che era stato lui a fare tutto il lavoro di base in preparazione della causa. Dietro di lui c'era Shona, il cancelliere, che scribacchiava su un banco in disparte nell'aula del tribunale. Poi c'ero io, schiacciato in un angolo, a chiedermi che cosa significasse quel gergo legale, ricordando le parole di Richard Madeley: «intorno a lei avviene di tutto».

Persi il conto di tutte le volte in cui lord Carlile esclamò: «È assolutamente ridicolo!» mentre noi eravamo totalmente assorbiti nelle tesi dell'accusa, nel modo in cui le portavano avanti e nelle prove che noi non avevamo mai considerato prove.

Non appena ci concentravamo su una questione particolare, il suo senso dello humour ci risollevava il morale. Le sue caricature dei personaggi in aula erano uno spasso e gli sono grato di averci fatto ridere in più di un'occasione.

A volte li lasciavo da soli e percorrevo avanti e indietro i corridoi, leggendo i nomi degli imputati nelle altre aule, chiedendomi se ci fossero altri innocenti che venivano fatti apparire colpevoli.

Al secondo giorno di processo, la sua natura farsesca venne sintetizzata in un'unica immagine, quando si vide un poliziotto in borghese entrare nell'aula, esibire il distintivo e prendere posto tra il pubblico. Colse lo sguardo di una delle donne che facevano parte della giuria e i due si scambiarono un cenno di saluto. Quando questa singolare connessione fu portata all'attenzione di lord Carlile, questi invitò la giuria a ritirarsi. La signora Rafferty chiese che venisse avviata un'inchiesta e il processo venne sospeso per tutto il pomeriggio. Il giorno dopo, l'aula numero uno rimase sconcertata davanti agli esiti dell'inchiesta. I detective di Scotland Yard stavano per dare un'altra dimostrazione del livello discutibile del loro buon senso.

William Boyce fu obbligato ad ammettere che l'ufficiale in

borghese, un ispettore dell'investigativa, aveva salutato sua moglie fra la giuria. Era il loro anniversario di nozze ed era venuto in tribunale per accompagnarla fuori a pranzo. Ma emerse anche che il detective in questione aveva lavorato nel Servizio di Sorveglianza reale tra il 1986 e il 1989: aveva fatto parte della Sezione Diplomatica Reale, incaricata di sorvegliare le ambasciate estere. Non solo, ma aveva svolto questo incarico nelle ambasciate che si trovano nei dintorni di Kensington Palace. Inoltre aveva prestato servizio come agente di polizia a Packham, Londra, nei primi anni Novanta, insieme niente di meno che all'ispettore capo Maxine de Brunner, l'investigatrice che si era occupata del mio caso. I due si erano ritrovati insieme anche a un corso di avanzamento professionale per gli ispettori della Polizia Metropolitana. L'investigatore lavorava ora per i Reparti Speciali.

Ero attonito.

«Ma l'ispettore de Brunner sostiene di non avergli parlato negli ultimi cinque anni. Non riesce nemmeno a dare un volto al suo nome» dichiarò William Boyce.

Lord Carlile non volle sentire scuse. «Se tra la giuria c'è la moglie di un ufficiale di polizia che potrebbe avere opinioni preconcette su questo caso, esiste il pericolo che tali opinioni vengano trasmesse ad altri membri della giuria. Non dev'esserci alcuna connessione tra questa giuria e la Polizia Metropolitana.»

Dopo una giornata di dibattito legale, la signora Rafferty accolse la richiesta. La giuria venne sciolta. Il processo Regina *versus* Burrell sarebbe ricominciato con una nuova giuria, composta da cinque donne e sette uomini.

Anche mentre il mondo della principessa veniva reso di pubblico dominio all'Old Bailey, io cercavo disperatamente di fare quanto era in mio potere per proteggere i suoi segreti. Segreti che non volevo venissero rivelati in un'aula di tribunale. Segreti che non ho menzionato nemmeno in questo libro. Quando consegnai alla polizia la mia dichiarazione di trenta pagine, all'epoca in cui venni arrestato, questa voleva essere solo un documento chiarificatore destinato a essere letto solo dal giudice, dagli avvocati e dalla giuria. Conteneva informazioni delicate di natura molto personale, incluse questioni mediche e il vero amore della principessa; tutto questo aveva il solo scopo di illustrare il mio ruolo e il rapporto speciale che avevo con il mio Boss. Non volevo che questi argomenti venissero sollevati in un'aula di tribunale, davanti alla stampa.

Nelle fasi iniziali del processo, William Boyce aveva permesso alla prima giuria di leggere la dichiarazione in privato. Come sottolineò: «È desiderio della difesa che alcuni paragrafi rilevanti non vengano letti pubblicamente e la Corona è disposta ad accettare questa condizione».

Ma non lo erano i media, che contestarono la mia richiesta. Fortunatamente la signora Rafferty si dichiarò d'accordo con noi e, servendosi della sua «facoltà di discrezione», stabilì che alcuni passi dell'incartamento che stava davanti alla giuria restassero confidenziali per proteggere i principi William e Harry. «CENSURA» strillò il giorno dopo il «Daily Mirror». «AFFRONTO ALLA GIUSTIZIA.»

I giornalisti e i membri della difesa usavano la stessa porta per uscire dall'aula. Quel giorno, mentre stavamo uscendo, una giornalista si voltò verso di me e disse: «Non ho mai saputo di un caso avvolto in tale segretezza. Non si sa mai quello che accadrà dopo».

Il sergente Roger Milburn era al banco dei testimoni e lord Carlile lo incalzava di domande perché gettasse luce su quello che stavano inizialmente cercando quando avevano perquisito la mia casa. I documenti relativi a una barca d'oro, disse il detective.

Quindi il mio avvocato continuò a incalzare a proposito del contenuto di un cofanetto di cui la polizia aveva continuato a chiedere: lo scrigno di mogano con incisa l'iniziale D sul coperchio. Lo scrigno dove la principessa teneva i documenti più personali, lo scrigno che secondo l'accusa io avevo rimosso da Kensington Palace.

«Che cosa sa del supposto contenuto di questo scrigno?» volle sapere lord Carlile.

La stampa intera sembrava trattenere il respiro, le penne sospese.

Il sergente Milburn esitò. «Gran parte di questo caso è di natura molto delicata» disse, prima di rivolgersi alla giudice e chiederle: «Posso scriverlo su un pezzo di carta?». La signora Rafferty annuì.

La stampa emise un sospiro di frustrazione; tutte le penne si posarono sui taccuini.

Poi la seduta venne aggiornata per il fine settimana; il giorno dopo le prime pagine dei giornali riportavano: «I SEGRETI DI DIANA» e «COSA CONTIENE LO SCRIGNO?».

Il lunedì successivo il segreto venne svelato; con il consenso della giudice, emerse l'intero quadro. Scotland Yard stava cercando un anello con sigillo regalato alla principessa dal Maggiore James Hewitt, una lettera di dimissioni da parte del suo segretario privato Patrick Jephson, alcune lettere del principe Filippo alla principessa, e un nastro, che dopo il processo divenne famoso come «il nastro dello stupro». Si trattava di una registrazione fatta dalla principessa nel 1966 quando intervistò in modo informale l'ex dipendente di Kensington Palace e soldato della Guardia George Smith. Questi le aveva confessato che nel 1989, dopo una notte di baldoria, era stato violentato da un membro dello staff che lavorava per il principe Carlo. La cosa era venuta fuori perché George, che aveva lavorato ad Highgrove, a St James Palace e a Kensington Palace, soffriva di incubi notturni, beveva pesantemente e il suo matrimonio stava andando a rotoli. Lui attribuiva la colpa di tutto questo a un incidente che, disse, cercava di dimenticare nell'alcool.

La principessa era affezionata a Gorge e, quando lui si confidò, ne rimase sconvolta. Armata di dittafono, andò a trovarlo alla clinica dove era stato ricoverato per un trattamento antidepressivo. Voleva registrare la sua testimonianza. (George Smith rivendicò sin da allora il suo diritto legale all'anonimato). Il

Boss aveva inciso quel nastro per proteggere gli interessi di una persona che le stava a cuore e giurò che avrebbe fatto qualcosa al riguardo. Ai suoi occhi, George era una vittima e il suo persecutore era ancora in libertà e lavorava per il suo ex marito. Aveva messo il nastro, con l'etichetta in bianco, nello scrigno dove sapeva che i suoi documenti esplosivi erano al sicuro. Ma era anche determinata a far sì che venissero presi dei provvedimenti, per cui telefonò al principe Carlo, gli riferì l'incidente così come le era stato raccontato, e lo pregò di licenziare l'individuo in questione.

Fece quella telefonata dal soggiorno di Kensington Palace. Io ero accanto a lei in qualità di testimone indipendente, e ascoltai ogni parola. Fremeva di esasperazione alla mancanza di interesse mostrata dall'ex marito per una vicenda che lei riteneva criminale. «Carlo, mi stai ascoltando? Quell'uomo è un mostro!» disse.

Io potevo sentire solo un lato della conversazione, ma era chiaro che il principe non aveva tempo da perdere per quello che considerava un inutile attacco d'isteria da parte della moglie. Le disse di «non dare retta alle chiacchiere del personale».

«Devi mandarlo via. Devi fare qualcosa.» Le sue suppliche incontravano un orecchio sordo.

La principessa conosceva bene il membro dello staff in questione. Da quel momento in poi lo detestò. «So quello che ha fatto quel delinquente. So quello che ha fatto a George e non lo perdonerò mai per questo» dichiarò indignata dopo il vano tentativo di ottenere giustizia.

Ben poco venne fatto. Nell'ottobre 1996 George Smith ricevette la visita dell'avvocato reale Fiona Shackleton. La conclusione fu che il presunto violentatore non venne punito; lo stress e la depressione di George furono imputati a una sindrome da Guerra del Golfo. Non ritornò più al lavoro e accettò un'indennità di fine rapporto di circa 40.000 sterline.

La principessa assicurò che la registrazione non avrebbe mai visto la luce. Ma il mistero della sua scomparsa e le minacce che conteneva emersero nel corso dell'indagine poliziesca sul mio caso. Lady Sarah McCorquodale aveva chiesto che Scotland Yard «accertasse» il contenuto dello scrigno. La principessa mi aveva mostrato la cassetta, ma non me l'aveva mai affidata. Dopo la sua morte, sia lady Sarah che io notammo la cassetta con l'etichetta in bianco nello scrigno, ma la lasciammo lì, chiusa a chiave. Solo lei ed io sapevamo dove fosse la chiave. Ma la serratura venne trovata forzata e rotta, disse la polizia.

In aula, il sergente Milburn dichiarò: «Cercavamo il contenuto dello scrigno».

Tutt'a un tratto era venuto a galla quello che c'era sotto la perquisizione della mia casa.

L'ispettore Maxine de Brunner si presentò al banco dei testimoni e tutte le persone presenti nell'aula numero uno tornarono con la mente a Highgrove, quel 3 agosto 2001, quando lei e il suo superiore John Yates avevano informato i principi Carlo e William delle indagini su di me – prima ancora che venissi accusato.

Secondo gli appunti della detective – confermati in seguito dall'inchiesta post-processuale condotta da sir Michael Peat – i due principi vennero informati che la polizia aveva per le mani un «grosso caso» perché «*era in grado di dimostrare che il tenore di vita e le finanze di Mr Burrell erano notevolmente migliorati dopo la morte di Diana, Principessa di Galles*» e che «*era in grado di provare che una grande quantità di oggetti era stata rivenduta a diversi acquirenti*». Dissero anche che «*Inoltre una fonte indipendente aveva mostrato alla polizia delle foto che ritraevano parecchi membri dello staff a una festa, con indosso abiti appartenenti a Diana, Principessa di Galles...*».

Niente di tutto questo era vero e l'ispettore de Brunner dovette ammettere che non avevano una sola prova, né mai la trovarono, per sostenere le accuse che mi dipingevano come un ladro che rivendeva in tutto il mondo i beni di Diana e andava in giro con i suoi vestiti. Dio sa che cosa pensarono di me il mio ex datore di lavoro e il ragazzo che avevo visto crescere.

Una relazione che avrebbe dovuto fornire «un quadro esaustivo» era stata infarcita di menzogne, perché si presumeva che le mie condizioni economiche fossero migliorate grazie alla vendita di oggetti provenienti da Kensington Palace. Le mie finanze erano invece cresciute per i proventi del mio libro, *Entertaining with Style*, e per le conferenze che avevo fatto per promuoverlo. A dimostrare quanto accurata ed esauriente era stata l'indagine condotta dalla polizia, l'ispettore de Brunner dichiarò di non essere a conoscenza del libro che avevo scritto né delle conferenze. Disse che il resoconto fatto ai principi si basava «sulle deduzioni che avevamo tratto».

A questo punto la signora Rafferty, che sembrava incredula come il resto della corte, intervenne per chiedere: «È corretto dire che lasciaste i due principi sotto questa falsa impressione?».

L'ispettore de Brunner, che non aveva mai ritratto le informazioni fuorvianti fornite ai principi, dichiarò: «Sì, è corretto».

Lord Carlile incalzò: «Non crede che questa omissione abbia portato a un grossolano errore di giudizio, danneggiando Mr Burrell?».

Ispettore de Brunner: «Tutto quello che posso dire è che non informai il principe dei cambiamenti».

Lord Carlile: «Non dovrebbe esserle stato difficile telefonare all'avvocato del Principe di Galles, Mrs Shackleton, e dirle che erano state fornite delle informazioni errate. Avrebbe potuto farlo, non è così?».

«Sì, avrei potuto.»

«Ma non lo fece?»

«No.»

Nell'inchiesta successiva di sir Michael Peat, fu messo in chiaro che «*Il Principe di Galles ricorda chiaramente che le rivelazioni che gli vennero riferite riguardo l'esistenza di prove contro Mr Burrell... influenzarono profondamente la sua opinione*».

Eppure due mesi prima dell'inizio del processo la mia squadra legale aveva cercato di far risuonare una campanella d'allarme sulla base degli atti che ci avevano mostrato. Aveva bussato alle porte di palazzo, gridato nei megafoni e aveva acceso dei fari segnalazione. A parte piazzare una gigantesca insegna al neon davanti a St James Palace con la scritta «Ascoltate, vi prego: siete stati ingannati», c'era poco altro che potessimo fare per attirare l'attenzione della famiglia reale.

Il 20 agosto 2002, lord Carlile ebbe un incontro con Fiona Shackleton e il suo specialista in diritto criminale, l'avvocato Robert Seabrook, per metterli in guardia che «*La decisione se il Principe di Galles dovesse sostenere una prosecuzione era stata presa sulla base di informazioni false, non supportate da prove...*» Un mese dopo, il 30 settembre 2002, lord Carlile incontrò nuovamente il signor Seabrook. Come stabilì l'inchiesta post-processuale, gli disse: «*La base della difesa era nella relazione speciale e molto intima di Burrell con la principessa... la loro intimità era come una bomba a orologeria... suggerii che questo caso poteva essere un disastro incombente sulla famiglia reale e che la loro decisione era stata influenzata con l'inganno da parte della polizia a Highgrove*».

Fuori dalle porte dell'aula numero uno era stato appeso su un tabellone un foglio di carta con il nome della causa che vi veniva discussa. Diceva: «Regina *versus* Burrell», un titolo ben lontano dalla verità. Non era stata la regina né la famiglia reale a volermi sul banco degli imputati. Il vero nome del processo avrebbe dovuto essere «Spencer *versus* Burrell». Quello che era stato un solido rapporto di lavoro tra un maggiordomo e la famiglia della principessa, si era spezzato.

Mi era stato riferito da una persona che conosceva bene la famiglia che gli Spencer «erano stufi fino alla nausea di sentire quanto quel dannato maggiordomo fosse una roccia per Diana». All'Old Bailey avevano avuto da Scotland Yard l'occasione perfetta di provare il contrario.

La signora Frances Shand Kydd avanzò a fatica davanti alla corte, due passi alla volta, reggendosi a un bastone. Era l'immagine della fragilità. Un'anziana signora dal fisico scarno e i capelli bianchi, la cui voce roca faceva pensare che fosse incapace di spaventare un'oca. Se la giuria si lasciò commuovere da quest'immagine, io la sapevo più lunga. Si sistemò dietro la balaustra di legno dei testimoni e la signora Rafferty si chinò su di lei per chiederle se andava tutto bene. «Mrs Shand Kydd, è più a suo agio in piedi o seduta?»

«Preferisco restare in piedi per un po'.»

«Le suggerisco di stare in piedi finché non sente il bisogno di sedersi e di cambiare pure posizione come crede.»

«Grazie, Vostro Onore» rispose con aria grata la signora Shand Kydd.

William Boyce si alzò per dare inizio all'interrogatorio. «Spero che non lo riterrà un segno di insensibilità, di scortesia o di mancanza di rispetto, ma nel corso di questo processo ci riferiremo alla sua figlia minore come a Diana, Principessa di Galles...»

Non si preoccupi per questo, signor Boyce, pensai dentro di me. Lei chiamava sua figlia molto, molto peggio.

Mentre il Pubblico Ministero la guidava attraverso una serie di dati archiviati, non le tolsi gli occhi di dosso. Lei non guardò mai nella mia direzione. Volevo che si voltasse e mi guardasse. Perché mi sta facendo questo?, pensavo. Ha dimenticato tutto il tempo che ha passato in casa nostra dopo la sua morte? La catena con la croce che mi ha dato perché mi proteggesse? La gentile offerta di pagarci un appartamento a Londra? Che cosa ho fatto per meritare questo?

Ma conoscevo già le risposte. Ero stato troppo in confidenza con sua figlia, la principessa mi trattava come un membro della famiglia più di quanto facesse con lei e questo disturbava gli Spencer. Nel corso della sua dichiarazione, si riferì a me come «l'imputato» o «Mr Burrell», mai come Paul.

La successiva domanda di Boyce mi riscosse dai miei pensieri. «Come descriverebbe i suoi rapporti con sua figlia?»

«Affettuosi e improntati alla fiducia reciproca» dichiarò. Io cominciai a spostarmi sull'orlo della sedia.

«È sempre stato così? O ci furono degli alti e bassi?»

La signora Shand Kydd si schiarì la gola. «Ci furono degli alti e bassi. Direi che era un situazione del tutto normale, in ogni famiglia ci sono dei disaccordi... e questi disaccordi non lasciano segno sul futuro.»

La mia mente ritornò al vivido ricordo di una scena a cui avevo assistito a Kensington Palace, sei mesi prima della morte della principessa, nella primavera del 1997. Ero nell'office quando udii dei singhiozzi provenire dal piano di sopra.

«Paul! Vieni... presto» gridò la principessa, sporgendosi dalla balaustra sulle scale.

Mi precipitai a salire le scale e in un attimo fui al suo fianco. La principessa, nel suo accappatoio bianco, raccolse la cornetta del telefono che era caduta sul tappeto, sganciata, davanti al caminetto di marmo bianco. Una voce urlava all'altro capo del filo. Avevo sentito spesso la principessa piangere di frustrazione quando si autocommiserava, ma quello a cui stavo assistendo in quel momento era vera e propria disperazione. Sedeva sul tappeto a gambe incrociate, stringendo il microfono all'orecchio e sporgendosi in avanti. Mi fece cenno di avvicinarmi. Mi inginocchiai accanto a lei, avvicinando più che potevo l'orecchio al microfono.

Riconobbi la voce impastata della signora Shand Kydd in piena sfuriata. La principessa singhiozzava e scuoteva la testa, incredula. Stava subendo una raffica di violenze verbali da parte della madre, che le gridava in faccia quello che pensava di lei e delle sue relazioni con uomini musulmani. «Non sei altro che una...» Usò delle parole che una madre non dovrebbe mai rivolgere a una figlia.

La principessa sbatté giù il ricevitore e scoppiò nuovamente a piangere. Io sedetti accanto a lei e le misi un braccio intorno alle spalle.

«Non voglio rivolgere mai più la parola a mia madre, Paul» giurò. In effetti non si parlarono più e ogni volta che la signora Shand Kydd scriveva una lettera a Buckingham Palace, la principessa riconosceva la sua calligrafia e la rimandava indietro intatta scrivendo sulla busta «Al mittente».

Nell'aula dell'Old Bailey, venne il turno di lord Carlile di condurre il controinterrogatorio. Doveva comportarsi con estrema cautela. «Per quanto riguarda i suoi rapporti con sua figlia Diana, non voglio addentrarmi nei dettagli, ma vorrei richiamare la sua attenzione su un unico aspetto. L'ultima volta che lei e sua figlia vi parlaste fu nella primavera del 1997.»

«È vero, ma questo riguarda tutta la famiglia. Aveva rotto con tutti noi e...» Poi, tutto d'un fiato, passò a ridimensionare l'importanza del mio ruolo nella vita della principessa. La signora Shand Kydd temeva la strada che avrebbe seguito il mio avvocato. «...ma credo che ci sia stato un leggero fraintendimento da parte di Mr Burrell... quando dice che si riferiva a lui chiamandolo "la mia roccia". Era un termine che usava spesso nei confronti di molte persone. Chiamava anche me la sua "roccia" e anche "stella"».

«Ma sua figlia considerava Paul Burrell, mettiamola in questo modo, una roccia?» domandò l'avvocato.

«Sì» rispose, «ma non più di altri, inclusi i suoi chauffeur... le sue guardie del corpo... la sua famiglia.»

Così la giuria apprese come chiunque, perfino quelli che avevano abbandonato il servizio della principessa, fossero le sue «rocce». E come la signora Shand Kydd, che io sapevo bene quale crepacuore avesse causato alla figlia, fosse la sua «roccia». Se solo la giuria avesse conosciuto tutta la storia così come si ripresentava alla mia mente. Avrei voluto che lord Carlile la portasse a galla, ma la legge, imparai, può essere un gioco molto sottile quando è in gioco la tua libertà.

In quella circostanza, tutto quello che vide la giuria fu un'anziana, fragile signora dai capelli bianchi il cui spirito acuto aveva fatto sorridere più di una volta la corte. Era la madre della principessa e un attacco diretto contro di lei in quel momento sarebbe stato disastroso. Avrebbe potuto far rivoltare contro di me alcuni membri della giuria, disse la mia squadra legale. Lord Carlile avrebbe dovuto smussare gli angoli e la verità avrebbe dovuto attendere la fine del processo. Per il momento, la signora Shand Kydd poteva calpestare la mia reputazione, stabilendo le distanze tra me il mio Boss.

Lord Carlile domandò: «Sapeva che Paul Burrell era la persona che era presente, se richiesto da sua figlia, dal momento in cui si svegliava al mattino fino a che gli dava il permesso di ritirarsi per la notte?».

Lei rispose: «Può darsi. Non parlava con me degli orari della servitù».

«Ma lei accetta che possa essere vero?»

«Non proprio. Perché per moltissimi giorni all'anno mia figlia non era a palazzo» preferiva credere la signora Shand Kydd.

Io non riuscivo a credere alle mie orecchie. Ma fu ancora peggio quando diede prova della sua conoscenza dettagliata della vita all'interno di Kensington Palace e disse la sua a proposito dei regali non richiesti. Riferendosi alla principessa, dichiarò: «Ci teneva molto, moltissimo, a tutti gli oggetti reali. Ci teneva molto anche ai regali che riceveva dagli altri... Le assicuro che non diede mai via nulla, se non i regali che comprava lei stessa per Natale e per i compleanni».

Ma, se non altro, fu sincera riguardo i documenti che aveva distrutto indiscriminatamente; quella cancellazione della storia che mi aveva spinto a ergermi in difesa del mondo della principessa e della sua memoria nell'incontro che ebbi con la regina nel dicembre del 1997. Come la mia deposizione diceva chiaramente: «*All'epoca della morte della principessa temevo che fosse in atto una cospirazione che mirava a cambiare il corso della storia e a cancellare alcune parti della sua vita. Mrs Frances Shand Kydd passò due settimane a distruggere lettere e documenti personali*».

Lord Carlile: «Lei passò diverse ore, o diversi giorni, a distruggere documenti, non è così?».

La signora Shand Kydd: «Diversi giorni».

«Quanti documenti ritiene di aver distrutto?»

«Fra i cinquanta e i cento.»

«E non disse mai a Paul Burrell che cosa stava distruggendo, vero?»

«No, non mi pare di averlo fatto.»

Lord Carlile si concentrò allora sulla mia battaglia per difendere il mondo della principessa. «Sapeva che Paul Burrell era sinceramente preoccupato che venisse mantenuto il ricordo migliore possibile di sua figlia Diana?»

«Sì.»

«Sapeva che temeva che la storia venisse riscritta in un modo che era in qualche modo critico nei confronti della principessa?»

«Non mi espose questo punto di vista.»

Mentiva fino in fondo. Al termine della sua deposizione, mentre mi passava accanto per l'ultima volta, la signora Shand Kydd non ebbe il coraggio di guardarmi negli occhi.

L'ultima volta che avevo visto lady Sarah McCorquodale era stato circa sei mesi prima, dopo il mio allontanamento forzato dalla Fondazione. Lei stava attraversando il ponte di Westminster, a Londra, e ci fermammo a scambiare poche parole. Ma l'incontro all'Old Bailey era essenzialmente il primo dopo quel pranzo con Anthony Julius nell'enoteca di Southampton Road.

Al banco dei testimoni, si presentò come una donna decisa, con la sicurezza propria dell'aristocrazia. Non distolsi mai lo sguardo da lei, sperando che prima o poi lo notasse. La Spencer numero due aveva avuto il coraggio di comparire come testimone a carico contro di me.

Lady Sarah era stata sicuramente il membro della famiglia più vicino alla principessa. Il mio capo aveva spesso detto che le piaceva il suo senso dell'umorismo. Era la ragione principale per cui l'aveva scelta come dama di compagnia per i viaggi ufficiali all'estero. Dopo la morte della principessa io e lady Sarah eravamo stati grandi alleati e avevamo lavorato bene insieme. Ricordo i gemelli che mi aveva messo in mano, l'abito di Versace che aveva regalato a Maria, la variazione del testamento per 50.000 sterline in riconoscimento della mia fedeltà. Forse mi ero avvicinato troppo a sua sorella, avevo troppo spesso indugiato nel suo ricordo. Ma mentre la sentivo parlare tutto quello che riuscivo a pensare era: come può avere fatto questa fine il nostro rapporto?

Le parole che rivolse alla corte spiegavano quanto detestasse il fatto che io avessi ritenuto mio dovere ergermi a difensore dei segreti della sorella.

William Boyce le chiese: «Cosa avrebbe dovuto avere legalmente in suo possesso Mr Burrell, per quanto è a sua conoscenza?».

Lei rispose: «Gemelli, fotografie incorniciate, scatolette smaltate, fermacravatte, cravatte. Credo sia tutto».

Quando sei seduto alla sbarra in un tribunale, tendi a osservare i vecchi amici e colleghi che all'improvviso fanno la fila per testimoniare contro di te. Nel mettere in piedi una linea di difesa non puoi non notare anche la reticenza di chi non è disposto a spendere una parola per aiutarti.

Avevo sempre pensato che il direttore amministrativo di Kensington Palace, Michael Gibbins, fosse un amico. Mi sbagliavo. Questo abilissimo contabile era arrivato a palazzo circa un anno prima della morte della principessa. Ciò non gli impedì di salire al banco dei testimoni a favore dell'accusa e di sostenere quali fossero i veri rapporti tra la principessa e il suo maggiordomo. Il che era strano, considerato che lui lavorava in un ufficio completamente separato dagli appartamenti 8 e 9. Non aveva idea di quanto accadesse nel salotto, nello spogliatoio e nella sala da pranzo della principessa. Ma dato che una volta mi ero lamentato con lui dei miei orari di lavoro interminabili ed estenuanti, si sentì autorizzato a parlare dei miei sentimenti di «insicurezza» sul lavoro.

William Boyce disse che il signor Gibbins aveva dichiarato alla polizia che il rapporto non era forte quanto io credevo. «Erano abbastanza vicini, ma le cose non stavano esattamente come le descrive Mr Burrell», disse l'avvocato dell'accusa. Sostenne addirittura che io stavo pensando di trasferirmi in America. Il che è vero, dato che è quello che stava facendo anche la principessa.

Venerdì 23 ottobre Michael Gibbins salì alla sbarra dei testimoni. In quello stesso giorno la regina, il Duca di Edimburgo e il principe Carlo si recarono alla vicina cattedrale di St Paul per una commemorazione delle vittime dell'attentato di Bali. La Rolls-Royce di sua maestà risalì Ludgate Hill e passò davanti alla strada che conduceva all'Old Bailey. Pochi giorni dopo, la conversazione che si svolse in quel momento avrebbe avuto un grande impatto sul caso «Regina *versus* Burrell».

Il lunedì successivo fui sorpreso di veder testimoniare anche la tata part-time Olga Powell. Era una delle preferite della principessa, di William e di Harry. Era anche l'ultima persona che mi sarei aspettato di vedere lì. Avevamo condiviso molti aspetti del lavoro a Kensington Palace. Prima del processo avevamo parlato e lei aveva detto che non aveva intenzione di testimoniare per nessuna delle due parti. «Non voglio preoccupazioni alla mia età», mi aveva detto.

Mentre parlava davanti alla giuria delle merendine preferite del principe William, mi chiesi perché ora si stesse mettendo contro di me. Capivo quello che stava facendo: stava difendendo William e Harry. Ma in quel modo impugnava anche lei il martello con cui l'accusa avrebbe voluto inchiodarmi al muro.

Tra le numerose cameriere con cui avevo lavorato, Helen Walsh era probabilmente la più religiosa, una cattolica praticante come Maria. Forse fu per questo che alla sbarra disse la verità. Percepii la sua riluttanza a testimoniare per l'accusa sin da quando la fecero giurare. Parlando con un candore che l'accusa non si aspettava di certo, disse come la principessa fosse solita lasciare sul pavimento gli abiti che non le piacevano più o regalare al personale i doni o i gingilli reali che non erano di suo gusto. Anche lei aveva ricevuto diversi regali.

Un signor Boyce preso in contropiede le chiese cosa avesse ricevuto. «La cosa non la riguarda affatto», rispose lei mentre io cercavo di trattenere una risata.

«Non sapevo che remasse per lui» disse un avvocato dell'accusa a un membro della mia squadra legale.

Le basi dell'accusa non reggevano all'esame. L'abitudine ai

regali, così diffusa tra i reali per così tanti anni, stava venendo alla superficie.

Fuori dal tribunale, vidi Helen nell'atrio di marmo. L'accusato e la testimone dell'accusa si corsero incontro e si abbracciarono. «Grazie, Helen, per essere stata tanto onesta» le dissi.

«Ho solo detto la verità, Paul. Non ho fatto altro.»

La legale del principe Carlo, Fiona Shackleton, aveva discusso per tutto il giorno con il comandante John Yates di Scotland Yard. Noi l'avremmo saputo solo l'indomani.

Martedì 29 ottobre iniziò come una qualsiasi altra giornata. La sera precedente la mia squadra legale aveva detto che avevamo conquistato terreno, che in termini di punteggio forense eravamo in testa. La mia opportunità di fornire la mia versione dei fatti era finalmente arrivata. Lord Carlile mi aveva preparato a salire alla sbarra dei testimoni il giorno dopo. La difesa sarebbe iniziata nelle ventiquattrore successive.

Nessuno di noi sospettò minimamente l'attività che si stava svolgendo dietro le quinte finché non entrammo in tribunale. La corte chiese alla stampa, a lord Carlile e al resto della difesa di lasciare l'aula. L'accusa si chiuse in camera di consiglio con la giudice Rafferty. La seduta venne sospesa per un'ora.

«Cosa sta succedendo? È bene o male?» chiesi a lord Carlile. Lui non ne aveva idea.

Quando la giudice Rafferty rientrò in aula, lasciò tutti sbalorditi. Si rivolse alla giuria e disse: «Signore e signori, mi dispiace ma vi è stato un leggero ritardo. La seduta non potrà essere tenuta oggi. Siete congedati».

Punto e basta. Mandò a casa la giuria e aggiornò il procedimento a data da destinarsi. Lord Carlile scattò in piedi. Chiese le ragioni del ritardo. La giudice Rafferty si rifiutò di comunicargliele. Si alzò in piedi. Tutti la imitarono. E la seduta finì così. Erano passate da poco le undici.

«Cosa diavolo sta succedendo? È normale?» chiesi ad Andrew Shaw.

«Be', no. È un po' strano» mi rispose.

Non sapevo cosa pensare. Mille idee mi turbinavano in testa. La stampa, altrettanto sconcertata, si assiepò fuori dall'aula. L'aria era satura di mistero e di voci di intrighi. Stava succedendo qualcosa, ma nessuno dei presenti sapeva di cosa si trattasse.

Nella stanza che ci era stata riservata al primo piano, iniziammo a vagliare le diverse possibilità.

«Potrebbe trattarsi di qualche altra prova? E se pensassero di avere trovato qualcos'altro?» chiesi in preda al panico.

«No, Paul. Se fosse così, lo sapremmo quasi certamente. Dev'essere qualcosa di più importante» disse lord Carlile. Pensò ancora un po'. «Paul» disse, «c'è qualcosa che ti venga in mente, qualcosa che non ci hai detto e che potrebbe avere una qualche rilevanza in questo caso? *Qualsiasi cosa?*»

Ce ne restammo lì seduti – io, lord Carlile, Ray Hermon, Andrew Shaw e Shona – a riepilogare ogni minimo dettaglio, come in quei film gialli in cui la squadra omicidi arriva a un punto morto delle indagini. Lord Carlile sapeva che un membro della famiglia reale mi aveva offerto un alloggio. Tutti quanti sapevano degli incontri con Mark Bolland. Era qualcosa che riguardava il principe Carlo? Il principe William? Il mio incontro con la regina?

Io avevo già rivelato *quell*'incontro con Sua Maestà. Ne avevo parlato alla polizia in una dichiarazione pre-processuale. Era stato menzionato anche in una dichiarazione di sessantaquattro pagine riservata ai membri della mia squadra legale. Vi si leggeva: «*Mi è sembrato che chiunque avesse conosciuto la principessa sentisse il bisogno di comunicarmi il suo dolore. Anche la regina (...) mi diede udienza per quasi tre ore nei suoi appartamenti privati di Buckingham Palace*». Non avevo scritto altro perché all'epoca pensavo non servisse scendere nei dettagli della conversazione che avevamo avuto.

Dopo l'improvviso rinvio della seduta, riuscivo a concentrarmi su una sola domanda: cosa stava succedendo? Nella nostra stanza iniziammo a pensare a un'eventuale testimonianza del principe Carlo e tutti convenimmo che era una prospettiva possibile.

Ma se fosse stato il principe William a salire alla sbarra dei testimoni? Non sopportavo l'idea di stare seduto in aula mentre il figlio maggiore della principessa stava lì di fronte a testimoniare contro di me. Non appena iniziai a pensare a quella possibilità, la mia immaginazione partì a briglia sciolta. Nella mia mente tutto ciò di cui si stava parlando dietro le quinte era un'orchestrazione della testimonianza di un membro della famiglia reale, e la cosa mi gettava in preda al panico.

Più tardi fummo informati che la corte non si sarebbe riunita per altri due giorni, fino a venerdì.

Quella notte non chiusi occhio. Più passavano le ore, più diventavo paranoico. Non sapere cosa stesse succedendo mi faceva impazzire. Era una tortura psicologica e mi faceva infuriare il fatto che il nostro sistema legale stesse giocherellando al gatto e al topo con me.

Dopo avere vagato per la casa degli Hart per tutta la mattina, sentii il bisogno di uscire. Dopo giorni in cui avevo pensato che il processo stesse procedendo bene, quel rinvio era stato un vero colpo. Non mi sentivo così giù dal primo giorno del processo. Trovai la scusa di comprare una pinta di latte e uscii per una lunga passeggiata.

Continuai a camminare e mi ritrovai a vagare negli spazi aperti di Bushey Park. Pioveva a catinelle e tutti quanti correvano a testa bassa lungo i sentieri. In lontananza sentivo i rumori del traffico e la pioggia che rimbalzava sugli ombrelli. L'unico a non preoccuparsi della pioggia ero io. Guardai l'orologio. Ero uscito per comprare il latte tre ore prima. Guardai il mondo scorrermi davanti e pensai che avrei dovuto essere all'Old Bailey a difendere la mia reputazione e non in un parco a chiedermi cosa stesse succedendo. Provai il desiderio di urlare. Decisi invece di fare qualcos'altro. Chiamai un amico giornalista che stava seguendo il caso e gli dissi quanto mi sentissi frustrato. Sommersi Steve Dennis di parole per quindici minuti. «Non so quanto potrò sopportare ancora... sto impazzendo. Come si permettono di giocare con me a questo modo? Perché ci mettono così tanto? So che è qualcosa di brutto. Lo sento.»

«Paul» disse Steve, «tu non sai di cosa si tratti. Potrebbe essere un altro testimone, potrebbe essere la fine di tutto quanto. Potrebbe essere qualsiasi cosa... e potrebbero essere anche buone notizie.»

Stava cercando di tirarmi su, ma io non lo ringraziai. «No, è impossibile, quindi non provare nemmeno a dirmelo.»

Quell'incertezza era esasperante.

Kevin Hart era uscito in auto a cercarmi in giro per tutta Hampton. Mi trovò al Bushey Park, mi mise un braccio al collo e disse: «Dai, andiamo a farci una pinta».

Giovedì sera tenemmo un consulto legale negli uffici londinesi di lord Carlile. Provammo ancora una volta a immaginare cosa stesse accadendo. Tornammo a esaminare la lettera che avevo spedito al principe William e il mio incontro con la regina.

«Di cosa hai parlato con la regina?» domandò lord Carlile.

«Di molte cose» risposi. «Di Maria, dei ragazzi, della sua famiglia, della principessa, di William e Harry. Le ho detto tutto quello che stava succedendo a Kensington Palace. Abbiamo parlato di un sacco di cose» dissi.

«Hai espresso le tue preoccupazioni sulla signora Frances Shand Kydd e sulla distruzione dei documenti?»

«Sì.»

A quel punto tutti gli occhi dei presenti scattarono su di me.

«Ah!» disse lord Carlile, evidentemente rimasto senza parole. «Perché non ce l'hai detto prima?»

«Si è trattato di una conversazione privata con la regina. Abbiamo parlato di molte cose.»

Non sono certo che avessimo colto nemmeno allora l'importanza di quella conversazione. Era utile saperlo, era un'informazione importante per la difesa. Potevamo parlarne nella mia testimonianza. È questo che pensammo al momento. Nessuno di noi pensò che avessimo in mano l'arma per destabilizzare il processo.

Sembra vi siano stati molta confusione, molto cinismo e molta dietrologia sull'incontro tra me e la regina e sulle cose che ci saremmo detti. Sì, avevo detto a Sua Maestà che avevo preso delle carte per salvaguardarle. Ma non le avevo detto più di quanto avessi rivelato al principe William nella mia lettera del 19 aprile 2001. E il Pubblico Ministero della Corona aveva visto quella lettera. Aveva visto la parola «salvaguardare» e non era sembrato trovarla particolarmente interessante. Alla luce della mia dichiarazione a William, il silenzio di St James's Palace e il fatto che Scotland Yard avesse deciso di incriminarmi mi diceva solamente che nessuno dei miei appelli scritti aveva avuto alcuna importanza.

Qual è in fondo la differenza tra parlare alla regina del fatto che conservavo degli oggetti per salvaguardarli e scriverne al principe William? Di fatto il 5 febbraio 2001 avevo scritto una lettera anche al principe Carlo in cui gli dicevo esattamente la stessa cosa. Mi fu detto che quella lettera non gli arrivò mai. Ma il suo vice segretario privato Mark Bolland l'aveva vista. Non capivo quindi l'importanza del fatto che avessi informato la regina delle mie intenzioni.

Ancora oggi non capisco perché la cosa fosse una tale sorpresa per il Pubblico Ministero, visto che i suoi agenti sapevano che avevo scritto al principe William della mia intenzione di salvaguardare degli oggetti. Ciò che William Boyce avrebbe detto alla corte avrebbe riassunto, ai miei occhi, la natura farsesca del processo e la cecità che aveva dimostrato sin dal gennaio 2001.

Venerdì 1° novembre, il giorno di Ognissanti, l'aria vibrava di aspettative. Sembravano esserci più giornalisti che mai. Io non volevo pensare a cosa mi avrebbe portato quella giornata. Nelle due settimane precedenti ero riuscito ad abituarmi alla routine giudiziaria, ma ora era come se dovessi ricominciare dall'inizio.

«Sta succedendo qualcosa di significativo» aveva detto la sera prima lord Carlile.

Per rendere ancora più drammatico il tutto, a metà mattina

scattò l'allarme antincendio dell'Old Bailey. Furono tutti evacuati e mandati in strada. Si scatenò il caos. Io ero in piedi sul selciato tra lord Carlile e Andrew Shaw. Le telecamere della TV e i fotografi si assiepavano intorno a me. Cercai di assumere un'aria rilassata, di concentrarmi sulla conversazione attorno a me, ma era inutile. Ero distratto e tesissimo.

Poi annunciarono che si poteva rientrare in tribunale.

Qualche minuto più tardi lord Carlile mi diede la prima rassicurazione della mattinata: «I poliziotti stanno iniziando ad andare in giro a raccogliere le loro cose. È un buon segno».

Aspettai fuori dall'aula numero uno. Squillò il mio telefono cellulare.

Era il giornalista Steve Dennis. Gli tremava la voce. Era in piedi dall'altro lato delle doppie porte, accanto alla scala. «Paul, se ne tornano a casa. Nessuno sa perché, ma è tutto finito. Ci sono agenti dell'ufficio stampa del Pubblico Ministero e della polizia dappertutto.»

Non capivo. «Cosa vuol dire?»

«Vuol dire che sono qui per ripulire tutto il casino che hanno combinato. Paul, è tutto finito. È sicuro!»

Non ci potevo credere. «No... è impossibile! Scusa, devo andare...» Spensi il cellulare.

«Paul, è ora di entrare» disse lord Carlile.

All'improvviso mi sentivo distantissimo da me stesso. Entrai in aula. Michelle, la guardia, mi sorrise. Tre colpi alla porta. La giudice Rafferty entrò di gran passo e sull'aula scese un silenzio terribile.

William Boyce si alzò in piedi. «Vostro Onore, un elemento fondamentale dell'accusa consisteva nel fatto che non vi erano prove che Mr Burrell avesse informato alcuno del fatto che conservava degli oggetti di proprietà degli esecutori testamentari di Diana, Principessa di Galles...»

Ero troppo occupato ad aspettare cosa avrebbe detto dopo per notare l'inesattezza di quella dichiarazione.

«...Inoltre sono stati esaminati e controesaminati dei testimoni per l'accusa sulla base della tesi che non sussistessero prove del fatto che l'accusato abbia mai detto ad alcuno di conservare oggetti di proprietà di Diana, Principessa di Galles...»

Falso, pensai. La lettera al principe William è stata sotto il vostro naso sin dall'inizio.

William Boyce proseguì: «Lo scorso lunedì l'accusa è stata informata dalla polizia che, durante un incontro privato con la regina nelle settimane successive alla morte di Diana, Principessa di Galles, Mr Burrell... le disse che...» Il signor Boyce spiegò così le «false premesse» dell'accusa. Si venne a sapere che la settimana prima il Duca di Edimburgo aveva detto al principe Carlo, mentre si recavano alla cerimonia in memoria delle vittime di Bali, che io avevo comunicato alla regina di aver preso dei documenti allo scopo di salvaguardarli. Il principe Carlo il giorno dopo aveva informato il suo segretario privato sir Michael Peat. Questi aveva verificato la faccenda con la regina. St James's Palace aveva poi riferito questa conversazione a Scotland Yard.

Poi sentii William Boyce dire: «...e riteniamo che a questo punto non sia più necessario assumere alcuna prova a carico di Mr Burrell. Invitiamo pertanto la giuria a dichiararlo non colpevole».

Ero lì seduto con il cuore che mi martellava nel petto e cercavo di cogliere il senso di quell'affrettata frase in gergo legale. Lanciai uno sguardo a lord Carlile. Mi sorrise. Guardai Andrew Shaw, che era stato con me da quando la polizia aveva messo a soqquadro la mia casa. Aveva l'aria di chi tira finalmente un sospiro di sollievo. E poi la giudice Rafferty disse sorridendo le parole che non dimenticherò mai: «Mr Burrell, lei è libero di andarsene».

Per un secondo o due non mi mossi. Guardai ancora lord Carlile. Lui annuì. «Forza» mi disse.

Non sapevo se le gambe mi avrebbero retto mentre mi alzavo nel silenzio calato sull'aula. Avevo un nodo di emozione alla gola. Ogni rumore che producevo – il movimento della sedia, il suono trascinato dei miei passi – veniva sentito da tutte quelle persone che mi stavano osservando. La stampa mi fissava in silenzio. Lasciai la sbarra dell'imputato, girai a destra, scesi tre scalini fino allo spazio riservato agli avvocati e mi sedetti mentre in assenza della giuria venivano pronunciati tre verdetti di non colpevolezza.

La giudice Rafferty si alzò e lasciò l'aula. La stampa schizzò fuori per spiegare al mondo l'importanza dello storico intervento della regina. L'unico testimone che sin dall'inizio sapevo di non poter convocare era intervenuto direttamente in mio favore: la regina che avevo servito tanti anni prima aveva parlato a difesa del mio ricordo di un altro grande membro della famiglia reale: Diana, Principessa di Galles. Mentre i giornalisti e le troupe televisive correvano in strada, io mi avvicinai a lord Carlile: «È finita?».

«Sì, è finita, Paul. È tutto finito.»

Non riuscii a trattenere il singhiozzo che mi fece appoggiare alle spalle del mio avvocato difensore, che era stato tanto coraggioso da sfidare la Corona in un caso che riguardava la famiglia reale. Aveva fatto un ottimo lavoro: ero libero di tornarmene a casa. Mentre gli bagnavo la toga di lacrime, mi diede qualche colpetto sulla schiena. «Credo che dovremmo andare tutti quanti a pranzo. Conosco un buon ristorantino a Covent Garden» disse.

Poi Andrew Shaw mi passò il suo cellulare: «È Maria».

Presi il telefono e la prima cosa che sentii furono le sue lacrime di gioia.

Credo che tutto ciò che riuscii a dire fu «Tesoro?», dopodiché scoppiammo a piangere insieme. «È stata la regina, tesoro. È tutto merito della regina» dissi. Ero circondato dalla mia squadra legale. Quella corsa sull'ottovolante era finalmente finita.

Maria non riusciva quasi a parlare per l'euforia, ma mi disse di ascoltare. Dal telefono uscì un'esplosione di gaudio. Era nel nostro negozio di Holt, dove si erano riuniti la famiglia e i clienti per urlare la loro gioia.

Io e Andrew Shaw uscimmo in strada. Camminavo a un metro da terra quando una folla di giornalisti, fotografi e cineoperatori mi si assieparono attorno, tenuti a bada da un cordone di poliziotti. Dovetti attaccarmi alle spalle degli agenti di fronte a me.

«Paul! Paul!» urlavano i fotografi. «Paul! Da questa parte!» Inciampai nella gamba di un giornalista che era caduto a terra. Alzai lo sguardo e vidi dei volti premuti contro le finestre degli edifici che torreggiavano sopra di me. Alcuni impiegati si sporsero dalle finestre e salutarono con la mano. Cercai di rispondere al loro saluto, ma riuscivo a malapena a muovermi.

Poi Andrew Shaw parlò ai giornalisti a nome mio. Avevamo già scelto una recinzione in fondo alla strada per tenere la conferenza stampa. Andrew Shaw ringraziò tutti quanti e disse quanto fossi sollevato. Tutti urlavano il mio nome. Io ero esausto e confuso, ma se ne fossi stato in grado avrei urlato al mondo: «Dio, come è bello essere liberi!».

Andammo a festeggiare in un ristorante di Covent Garden. Era un posto tranquillo, c'erano solo altri quattro clienti intorno a un tavolo. Mentre entravo, quella tavolata proruppe in un applauso spontaneo e tutti questi gentilissimi sconosciuti vennero a stringermi la mano.

Due persone speciali si unirono ai nostri festeggiamenti e resero ancora più bella quell'occasione: Richard Kay e Susie Kassem, amici della principessa. Non penso di avere mai abbracciato Susie con tanta forza. «Lassù qualcuno ti ama» mi disse, dopodiché scoppiammo tutti e due in lacrime.

Mentre ci sedevamo arrivò un'altra persona: Fiona Bruce, della BBC. Fuori pioveva, lei era fradicia ma sembrava non importarle. Era venuta a portare una bottiglia di champagne. «Volevo solo farti le mie congratulazioni, Paul.» Mi baciò sulla guancia e ci lasciò a brindare alla mia assoluzione.

Quella sera tornai nello Cheshire, nel rifugio della casa di un parente. Alla fine, nonostante mi fosse stata negata la possibilità di farlo in tribunale, potei pubblicare la mia autodifesa sul «Daily Mirror», così come sarebbe stata pronunciata davanti alla corte. Poi il resto dei giornali – in Gran Bretagna come in America – iniziarono a darmi addosso. Dopo essere sopravvissuto alla persecuzione dello stato, dovetti sopravvivere anche a una persecuzione di due settimane da parte della stampa. Mi ero venduto l'anima, dicevano. Avevo tradito la principessa. L'ignoranza di molti offuscò ancora una volta la conoscenza di pochi.

Anche mentre scrivo questo libro, io so di non avere tradito la principessa. Per capire la definizione di tradimento, devi prima sapere quanto conosci. È per questa ragione che so di esserle rimasto fedele. La principessa lo capirebbe. E questo la dice lunga sulla risposta alla domanda: e dopo?

Me ne andai dall'Old Bailey per iniziare una nuova vita, senza però rinunciare al mio passato. Non so se sia un pregio o un difetto. Ma dopo avere difeso la mia reputazione in tribunale, resta mio dovere difendere quella della principessa e assicurarmi che sia ricordata per la donna eccezionale che era. I ricordi servono per farne tesoro. Qualcuno pensa che io sia ossessionato, ma sono semplicemente posseduto da un fantasma eccezionalmente gentile.

Sono più forte di quanto sia stato per molto tempo e, nonostante le azioni della polizia, ho ancora fiducia nella natura umana e nei milioni di persone che credono come me che il ricordo della principessa debba restare vivido e vibrante come il segno magico che lei lasciava nelle vite delle persone.

Andrò avanti con la mia vita? Certamente.

Abbandonerò a se stesso il mio passato? Mai.

La principessa mi ha dato qualcosa di speciale e, condividendo con voi alcuni di questi affettuosi ricordi e di queste storie, spero di aver messo in luce la sua personalità. Io continuerò sempre, qualsiasi cosa possa accadermi, a stare dalla parte della principessa e a difendere la sua memoria. È ciò che si sarebbe aspettata da me.

So cosa abbiamo condiviso. So quanto fosse profondo il nostro rapporto. So verso quale futuro ci avviavamo. E la sola cosa che nessuno potrà mai portarmi via è l'ultima lettera che mi scrisse e che lasciò sulla mia scrivania nella stanza di servizio nello stesso mese in cui sarebbe morta.

La leggo spesso ed è per me una fonte di immensa forza e conforto. Si sarebbe rivelato un addio e mi sembra la migliore conclusione per questo libro:

Caro Paul,
come avevi previsto, il prossimo fine settimana sarà molto importante!
Lo so benissimo e volevo scriverti nero su bianco quanto sia enormemente commossa dal fatto che tu voglia condividere con me questa felicità. Che segreto!
È fantastico come tu sappia risolvere i miei problemi giorno dopo giorno ed è un po' fastidioso che tu abbia sempre ragione!
Ma, a parte gli scherzi, il tuo sostegno è stato come sempre inestimabile e mi ha impedito di impazzire nei momenti più terribili...
Ora la marea sta cambiando: possiamo essere tutti più tranquilli e aspettarci tempi più felici e case diverse!
Grazie, Paul, per essere la mia roccia.
Con affetto,

                                                              Diana

Qual era il segreto?
    Mi dispiace. È una questione che deve rimanere tra la principessa e il suo maggiordomo.

Indice

Prefazione	13
1. La giovinezza	21
2. Buckingham Palace	41
3. Una principessa innamorata	81
4. La regina e io	108
5. Le altre nozze reali	127
6. Inganno a Highgrove	149
7. Sotto il fuoco incrociato	199
8. Kensington Palace	224
9. «The Boss»	259
10. Il divorzio	290
11. Una questione di fiducia	312
12. Fianco a fianco	334
13. Addio, Altezza Reale	361
14. Una strana faccenda	379
15. Qualcuno alla porta	408
16. Cappa e spada	429
17. Regina *versus* Burrell	458

ESPERIENZE
TESTIMONIANZE DI VITA AUTENTICHE

1. Christel e Isabell Zachert, *Ci vediamo nel mio Paradiso*
2. Torey L. Hayden, *Una bambina e gli spettri*
4. Carol Schaefer, *L'altra madre*
5. Ursula Rütter Barzaghi, *Senza vergogna*
6. Kay Redfield Jamison, *Una mente inquieta*
7. Jean-Dominique Bauby, *Lo scafandro e la farfalla*
8. Rosangela Percoco, *Nato da un aquilone bianco*
9. Stefania Chiusoli, *Quasi tutto ancora da vivere*
10. Lukas, *Quattro anni all'inferno*
11. Torey L. Hayden, *Come in una gabbia*
12. Mavi Mohr, *Un elefante mi ha preso per mano*
13. Ruth Picardie, *Due o tre cose prima di andarmene*
14. Torey L. Hayden, *Figli di nessuno*
15. Marya Hornbacher, *Sprecata*
16. Susanna Kaysen, *La ragazza interrotta*
17. Christopher Reeve, *Sempre io*
18. Eva-Maria Sanders, *Vivere*
19. Laura Jaffé, *Max è importante*
20. Sarah Saffian, *Itaca*
21. Kirsten Kuhnert, *Ogni giorno un piccolo miracolo*
22. Richard F. Miniter, *Le cose che voglio di più*
23. Louise Longo, *Mia figlia dorme nel mare*
24. Tim Guénard, *Più forte dell'odio*
25. Hannah Merker, *In ascolto*
26. Barbara Samson, *Quando il primo amore uccide*
27. Hirotada Ototake, *Nessuno è perfetto*
28. Sigrid Schäfer, *Vi ho amato tutti così tanto*
29. Dan Savage, *Due uomini e una culla*
30. Torey L. Hayden, *Una di loro*
31. Dan Shapiro, *L'erba di mamma*
32. Mireille Makampé, *Per colpa di mio padre*
33. Richard Picciotto, *Ultimo a uscire*
34. Debra Ginsberg, *Mio figlio Blaze*
35. Torey L. Hayden, *Una bambina*
36. Michael J. Fox, *Lucky Man*
37. Judith Uyterlinde, *Cercasi bambino disperatamente*
38. Anna Sartorio, *L'arca di Nina*
39. Katia Rohde, *La ragazza porcospino*
40. Amal Rifa'i, Odelia Ainbinder, *Vogliamo vivere qui tutt'e due*
41. Lizzie Simon, *Deviazione*
42. James Frey, *In un milione di piccoli pezzi*
43. Ursula Rütter Barzaghi, *Un bambino piange ancora*
44. Torey L. Hayden, *La figlia della tigre*
45. Carole Mackie, *Io e la mia ombra*

Visita il sito internet della TEA
www.tealibri.it
potrai:

**SCOPRIRE SUBITO LE NOVITÀ DEI TUOI AUTORI
E DEI TUOI GENERI PREFERITI**

**ESPLORARE IL CATALOGO ON LINE
TROVANDO DESCRIZIONI COMPLETE
PER OGNI TITOLO**

**FARE RICERCHE NEL CATALOGO
PER ARGOMENTO, GENERE,
AMBIENTAZIONE, PERSONAGGI...
E TROVARE IL LIBRO CHE FA PER TE**

**CONOSCERE I TUOI PROSSIMI
AUTORI PREFERITI**

VOTARE I LIBRI CHE TI SONO PIACIUTI DI PIÙ

**SEGNALARE AGLI AMICI I LIBRI
CHE TI HANNO COLPITO**

E MOLTO ALTRO ANCORA...

Vieni a scoprire il catalogo TEA su
www.tealibri.it

Finito di stampare
nel mese di febbraio 2004
per conto della TEA S.p.A.
dalla Mondadori Printing S.p.A.
Stabilimento N.S.M. - Cles (TN)
Printed in Italy